Dr. Bülent URAN

En Derin Hipnozumuz Değersizlik İnancı

Kendisiyle Yüzleşmeye Hazır Olmayanların Okuması Tehlikelidir.

4. baskı

EN DERİN HİPNOZUMUZ DEĞERSİZLİK İNANCI

Dr. Bülent URAN

PUSULA YAYINEVİ
Pusula Kişisel Gelişim, Psikolojik Destek,
Danışmanlık ve Sağlık Eğitim Merkezi Tic. Ltd. Şti.
Kızılırmak Mah. 1443. Cadde, Can Apt. No: 33/3
Çukurambar/ANKARA
Tel: 0312 213 01 32 – Faks: 0312 213 01 33
www.pusulayayinevi.com
Yayıncı Sertifika No: 23004

Editör
Selen YAĞCI

Kapak
Osman ERDOĞAN

ISBN
978-605-4912-10-0

Basım
Bizim Büro Matbaacılık
Sanayi 1. Cadde Sedef Sokak No: 6/1
İskitler/ANKARA
Tel: 0312 229 99 28
Matbaa Sertifika No: 26649

4. Baskı
Ekim 2017

© Bu kitabın tüm yayın hakları Pusula Yayınevi'ne aittir.
Pusula Yayınevi'nin yazılı izni olmaksızın, kitabın içeriğinin bir kısmı ya da tümü hiçbir biçimde ve hiçbir yolla kullanılamaz, çoğaltılamaz ya da dağıtılamaz. Kitabın içeriği, kaynakları ve kitapta kullanılan fotoğraf ve görsellerle ilgili her türlü sorumluluk yazara aittir.

Yazarın Diğer Kitapları

Geçmişin Hipnozunu Bozmak; Gerçek İyileşmeye Açılan Kapı

EFT ile İyileşin, İyileştirin; Yeniden Hisseden İnsan Olmak

Hipnoz ve Beyin; Modern Araştırmaların Işığında Hipnoz Kavramına Bilimsel Bakış

Hipnoz Telkinleri; Terapistler İçin Hipnoz Telkinleri

EN DERİN HİPNOZUMUZ DEĞERSİZLİK İNANCI

Kendisiyle Yüzleşmeye Hazır Olmayanların
Okuması Tehlikelidir.

Dr. Bülent URAN

Yazar Hakkında

Dr. Bülent Uran 21 Temmuz 1955 İstanbul doğumludur. Kadın Hastalıkları ve Doğum uzmanı olan Bülent Uran son 10 yıldır alternatif iyileşme yöntemleri üzerine çalışmalarını yoğunlaştırmıştır. 2003 yılından beri hipnoz, hipnoterapi, regresyon hipnoterapisi, birikmiş duyguların hastalık yaratıcı etkisi ve kronik hastalıkların duygu boşaltma yöntemleriyle iyileştirilmesi konusunda hem çalışmalar yapmakta hem de eğitim vermektedir.

Bu arada öğretirken öğrenmeyi de sürdürmektedir. 2013 yılında Süleyman Demirel Üniversitesinden Aile Danışmanlığı eğitimi, Gazi Üniversitesi Tıp Fakültesinden Akupunktur tedavisi eğitimini almıştır. Nişantaşı Üniversitesinde Psikoloji Yüksek Lisans eğitimine devam etmektedir.

Halen Fethiye'de kendi özel muayenehanesinde çalışmalarını sürdürmektedir.

Yazdığı kitaplar Geçmişin Hipnozunu Bozmak, Hipnozun Kitabı, EFT ile iyileşin, iyileştirin, Hipnoz ve Beyin ve Hipnoz Telkinleri.

Yurt Dışından Aldığı Eğitimler;

Results Beyond Expectation Inc. Regression hypnotherapy. ABD.

Cal Banyan 5-Path regression hypnotherapy certification. ABD

Advanced EFT therapist certification (Gary Craig). ABD

Provocative Energy Therapy: Stewen Wells, Australia.

Perfect Affirmation Tecnique: Matt Sisson ABD.

Innovative ENERGY Techniques and Matrix Reimprinting, Australia.

NLP: NFNLP National Federation of Neurolingusitic Programming, W. Horton

İÇİNDEKİLER

Bölüm 1 17
Kitabın Amacı

Bölüm 2 23
Bu Kitap Nasıl Ortaya Çıktı?

Bölüm 3 33
Psikolojik Teoriler Hakkında

Bölüm 4 43
Değer Ne Demektir?

Bölüm 5 49
Değersizlik İnancı Nedir?

Bölüm 6 57
Dikkat Duygu Değil İnanç

Bölüm 7 67
Kitabın Bilgi Kaynağı

Bölüm 8 73
Duygular Sevilmeme Algısıyla Birikmeye Başlar

Bölüm 9 79
Değersizlik İnancı ve Davranışlarımız

Bölüm 10 85
Değersizlik İnancı Nasıl Ortaya Çıkar?

Bölüm 11 99
Değersizlik İnancının Pekişmesi

Bölüm 12 109
Anne Baba Değersizlik İnancını Bulaştırır

Bölüm 13 117
Değersizlik İnancını Besleyen Durumlar

Bölüm 14 133
Travmaların Etki Mekanizması

Bölüm 15 141
Yetersizlikten Değersizliğe Doğru

Bölüm 16 151
İnanç Nedir?

Bölüm 17 163
İnancın İnanç Oluş Süreci

Bölüm 18 175
Bilinçaltı Kavramı

Bölüm 19 185
Korku Hayatta Tutmaya Yarar

Bölüm 20 193
Hipnoz

Bölüm 21 201
Psikolojik Kuramlarda Değersizlik İnancı

Bölüm 22 211
Gizleme ve Gizlenme Yöntemleri

Bölüm 23 217
Bilinçaltı Uyum Uzmanıdır

Bölüm 24 223
Gizlenme Yöntemlerini Nasıl Seçiyoruz?

Bölüm 25 229
Ego Gizlenme Yöntemlerinin Toplamıdır

Bölüm 26 233
Takdir Kazanmaya Çalışmak

Bölüm 27 245
Suçlamak, Eleştirmek, Aşağılamak

Bölüm 28 259
İlişkilerde Değersizlik İnancının Etkisi

Bölüm 29 267
Değersizliği Gizlemek

Bölüm 30 275
Değersizlik İnancına Tepki Göstermek

Bölüm 31 283
Değersizlik İnancı Güçlü Bir Motivatördür

Bölüm 32 291
Kronik Hastalıklar ve Değersizlik İnancı

Bölüm 33 309
Cinsellik ve Değersizlik İnancı

Bölüm 34 317
Birey Grubu, Grup Bireyi Besler

Bölüm 35 329
Toplumlarda Değersizlik İnancı

Bölüm 36 337
İş Yaşamında Değersizlik İnancı

Bölüm 37 349
Değersizlik İnancından Özgürleşmek

Bölüm 38 361
Değersizliğin Karşıtı İnsan Olmaktır

Bölüm 39 367
İnsan Olmak Nedir?

Bölüm 40 377
Self Esteem ve Değersizlik İnancı

Bölüm 41 383
İnancı Nasıl Ortadan Kaldırabiliriz?

Bölüm 42 393
Bilinçli Bakış

Yararlanılan Kaynaklar 403

Dizin 409

BÖLÜM 1

Kitabın Amacı

Son on yılın en gelişen sektörlerin başında muhtemelen kişisel gelişim alanı gelmektedir. Bu alandaki seminerler, kurslar, kitaplar, DVD'ler önemli cirolar oluşturmaktadır. Yaşam koçluğu insanların kendilerine yardım için psikologlardan daha önce başvurduğu önemli bir meslek alanı olmuştur. Mesleğinden memnun olmayan yüksekokul okumuş kesimin büyük bir kısmı kendilerine yeni bir meslek alanı olarak kişisel gelişim alanını seçmektedirler[1].

Son yüzyılda psikoloji diye bir bilim dalının gelişmesi modern insanın kendi içine dönmesine, kendini tanımak diye yeni bir kavramın doğmasına yol açmıştır. İnsanlar kendi içlerine dönmek için bir merak oluşturduklarından dolayı mı psikoloji bilimi doğmuştur yoksa psikoloji bilimi doğduğu için mi insanlar kendilerini merak etmeye başlamışlardır, şahsen benim bir fikrim yoktur. Kendimi iflah olmaz bir pozitif bilimci olarak kabul eden ve psikoloji de dahil sosyal bilimlere pek de sıcak bir gözle bakmayan bir kişi olarak insanların kendilerini tanımalarına yardımcı olma iddiasında bir kitap yazmış olmam herhalde bu alaycı bakışımın bir cezası olsa gerek. Her neyse. Demek istediğim hiçte öyle önceden planlanmış, hedeflenmiş olmayan bu kitap hakkında öyle ulvi amaçlar sıralayacak değilim. Ama ulvi bir amaç gütmüyorum diye alttan alacak ya da mütevazılık gösterecek de değilim.

Bu kitaptaki bilgilerin kendini tanımaya kafasını takmış insanoğlu kesimi için son derece anlaşılır, makul ve gerçekçi bilgiler içerdiği inancındayım, inançtan da öte "eminim" diyesim bile geliyor ama hadi neyse.

İnsanlar sorunlu olduğuna inandırılmaktadır.

Günümüz insanı sorunludur demek doğru değil günümüz insanı sorunlu olduğuna inandırılmıştır ve inandırılmaya devam edilmektedir. Teknoloji, iletişim, çok hızlı gelişim günümüz insanının eksikli olduğu algısını yaratmakta, hadi daha iddialı konuşalım, egemen güçler tarafından sanki özellikle bu algı pompalanmaktadır.

Eksiklik inancı mutsuzluğu doğurmakta, mutsuz insan da mutsuzluğunun nedenleri konusunda araştırmalara başlamaktadır. Bu durumdaki ortalama insanın bakış açısına ve kanaatine göre eksiklikler tamamlandığı takdirde ancak, insan mutlu olabilir ve bu eksikliklerin tamamlanması için kendi içindeki eksikliklerin giderilmesi gerekmektedir.

---

[1] Bu görüş yazarın şahsi gözlemlerine dayanmaktadır.

Psikolojinin popülerleşmesi, insanın kendisini tanımasının ve anlamasının kendi arızalarını düzelteceği inancının yaygınlaşmasına sebep olmuştur. Ancak **Richard Bandler** ve **John Grinder** adlı iki kendini bilmezin burnunu psikiyatriye sokması ve bazı kalıpları kişisel gelişim alanına taşımasıyla başlayan NLP fırtınası psikologların hevesini kursağında bırakmıştır. Çünkü insanoğlu psikolojik sorunları çözmek yerine hazır kalıplar satın alarak kendini motive etmeyi ve arıza tamiri yerine eklemeler yapmayı çok daha makul ve uygulanabilir bulduğundan olsa gerek yaşam koçluğu almış başını gitmiştir. NLP de kendine göre kişinin kendisini tanıyabileceği değişik kalıplar ortaya koymuştur. Stratejiler, eski bozuk davranış kalıplarının değiştirilmesi, beynin yeniden programlanması için eski bozuk programların tanınması, bilinçaltının dayanılmaz gücü gibi günümüz sorunlu olduğuna inandırılmış ama bilgisayar mantığı ile de haşır neşir olmuş insanının beklentilerine daha güzel hitap etmiştir.

Konu ne olursa olsun (psikoloji, yaşam koçluğu ya da NLP gibi) günümüz insanının başka önemli bir takıntısı da açıklama arayışıdır.

Özellikle kendi içindeki sorun yarattığına inandığı mekanizmaların anlaşılmasının bu sorunlarını çözmede önemli bir etken olacağı inancı vardır ama bu kanıtlanmamış beklentinin psikoloji bilimi yüzünden beynine işlenmiş olduğunun farkında değildir. Aslında çağdaş kişisel gelişim teknolojisi diyeceğimiz NLP'nin açıklamalardan ziyade sonuca odaklı bir yöntemler manzumesi olması dikkatlerden kaçmakta ve özellikle açıklama yapan, kendini tanımak amaçlı sunumları ön plana alan kitap ve seminerlerin bestselır[2] olmasını engelleyememektedir.

Şimdi satırların burasına gelmiş sayın okuyucum, kısa kes aydın havası olsun misali kıssadan hisse olarak bu kitabın vermek istediği mesaj nedir ya da amacı nedir gibi bir beklentisini mırıldanarak da olsa ifade etmeye başlamış olabilir. Ama eğer bu kitabın 2 satırda özetlenecek bir mesajı varsa sayın okuyucum o zaman kitap yazmaya ne gerek kalır ki, yazarım birinci sayfaya mesajı, kalan sayfaları da boş bırakırım ki en azından defter görevi görsün. Yani üç yüz küsur sayfa kitap yazmış bir yazarın daha ilk sayfa da kitabın mesajını birkaç satırda vermeye kalkması, gerçekten de bu mesaj verilecek olsa bile kendi ayağına kurşun sıkmak ve öte yandan okuyucuyu enayi yerine koymak olmaz mı?

---

2 Bestseller; Çok satan

Sen dert etme sayın ve biraz anlaması kıt okuyucum, benim kitabı al, parasını ver ama hepsini okumana gerek yok ben sana birinci sayfada özetimi geçiyorum demek olur mu şimdi?

O halde kitabın tamamını sonuna kadar okuyan okuyucumun kendisi için kitaptan gerekli dersleri, anlamları ve tavsiyeleri çıkaracağını bilmemin yarattığı rahatlığa mesaj verme baskısından kurtulmuş olmanın da rahatlamasını ekleyerek yazmaya devam edebilirim.

Sayın okuyucu, kendini tanıyacaksın da neyi tanıyacaksın?

Bir insanın kendini tanıması ne demek?

"Bilinçaltında temizlik yapman gerekir" diyenler var.

"Öz inancını yeniden keşfetmen gerekir" diyenler var.

"Karanlık taraflarını açığa çıkarman gerekir" diyenler var.

Başarılı iş ve eş bulması için *ruhsal dönüşüm* geçirmesi gerektiğini önerenler var.

Psikoloğa gitmesinin iyi olacağını nedense çok fazla arkadaşı tavsiye etmiyor. Karikatürlerdeki o uzun koltuğa uzanmış ve çocukluğunu sivri sakallı terapiste anlatan sorunlu insan tiplemesiyle pek özdeşleşmek istemiyorlar herhalde. Zaten psikologlarında neyi çözdüğünü, ne sürede çözdüğünü, ya da neler yaptığı ile ilgili çok fazla bilgiye de sahip değiliz.

Psikoloji dünyaya ne kazandırmıştır bir bilgi var mı? Psikoloji bilim olmadan önce insanlar ne durumdaydı? Psikoloji çağından sonra ne durumda oldu? vs. Sorular uzatılabilir ama bir işe yaramaz.

Ama burnunu insan değişimine sokan her kişi, yaptığı işe ne derse desin (koçluk, moçluk gibi) istese de istemese de psikolojinin alanına girmektedir.

Kendini tanımak, davranışlarını anlamak, kendini yeniden yaratmak gibi zor bir işe soyunmuş her kişi psikolojiye bulaşmış demektir.

O halde psikolojinin o karmaşık dünyasında kendine en uygun yolu bulması gerekecektir. Her ne kadar kişisel gelişim amaçlı yardım ettiklerini söyleyenler psikolojik bir müdahale yapmadıklarını iddia etseler de bunun ne kadar dürüst bir ayırım olduğuna kendilerinin de o kadar emin olmaması muhtemeldir.

Şu kadarını söyleyebilirim, kitabın yazarı olarak gerçekten tesadüfen de olabilir, insanın kendisini tanıması için önemli bir keşif yaptım ve bu kitapta açıkçası tadını çıkara çıkara bu keşfimi anlatmayı amaçladım. Yani en önemli amacım kitap yazmaktır, yazma keyfini çıkarmaktır, yazma keyfini çıkarırken de benim birikimimden okuyucum kendisi için gerekli feyzi alırsa "bana ne mutludur" diyeceğim. Almazsa da artık kendi bilir. Ne demiş bilge kişi.

İyilik yap denize at, balık bilmezse, halik bilir.

Bu kitap **değersizlik inancını** anlatıyor.

Değersizliğin bilinçaltı bir **inanç** olduğunun iddia ediyor.

Bu inancın hemen tüm davranışları açıklayabileceğini, hatta davranışların ötesinde birçok **tıbbi, psikolojik, ruhsal, davranışsal sorunun nedeninin** değersizlik inancından kaynaklandığını iddia ediyor.

Bu sorunlardan kurtulmanın yolunun değersizlik inancının etkilerinin yumuşatılmasıyla mümkün olacağı ileri sürüyor.

Kendini tanımak isteyen insanın değersizlik inancını fark etmesinin yeterli olduğunu ileri sürüyor. Değersizlik inancını tanımak için de değersizlik inancının yarattığı gizlenme yöntemlerinin tanınması, kabul edilmesi ve ortadan kaldırılması için mücadele edilmesi gerektiği belirtiliyor.

BÖLÜM 2

Bu Kitap Nasıl Ortaya Çıktı?

"Bu kitap kendini zorla yazdırdı" desem yanlış bir şey söylememiş olurum.

Bazı kitaplar planlanır, bilgi toplanır ve sonra da yazılır. Bu kitabın konusu da bilgisi de kendisini buldurmuş ve yazdırmıştır.

Bir başka deyişle yazarın içindeki değersizlik inancı, kendisini yazardan gizlerken, yazara yaşamında yeni bir yol çizdirmiş ve zaman içinde kendisini fark etmesine neden olarak kendi hikâyesini yazdırmayı sağlamıştır. (Gerçekten çok spiritüel bir açıklama oldu ama tabiî ki bu da yazarın bir uydurmasıdır, yoksa değersizlik inancının bir canı yoktur, bir bilgeliği ise hiç yoktur ama açıklama dediğimiz şey de zaten böyle bir şeydir, önce durumlar vardır, olaylar vardır, sonuçlar vardır sonra da açıklamalar gelir.)

2004 yılının başından itibaren yaşamımda esen bazı rüzgârlar beni hipnoz dünyasına attı. Önce hipnozla tanıştım, sonra regresyon hipnoterapisiyle tanıştım. Özellikle o zamanlar Türkiye'de regresyon gibi pek fazla bilinmeyen bir konuyla tanışmış olmam beni heyecanlandırmıştı. Bilinçaltına inerek tedavi edilemeyen hastalıkların oluş nedenini bulmak ve tedavi edebilmek çok cazip bir iş olarak görünüyordu. Hem konu cazipti, hem de bu işe o zamana kadar Türkiye'de kimsenin soyunmamış olması iştahımı daha da kabartmıştı (kimsenin hakkını yemek de istemem belki de birileri soyunmuştur da benim pek dikkatimi çekmemiş olabilir).

Neden böyle bir işe soyunuyordum? Fethiye'de gayet huzurlu yaşamımda beni ne tatmin etmiyordu?

Tabi bahanelerim vardı. Ama bunların hiç biri bu kitapta okuyacağınız gerçek nedenle uzaktan yakından ilgisi olmayacaktı. Size "doktorluk artık batıyor (bana batıyor anlamında değil, mesleki bir değer olarak batıyor anlamında kullanılmıştır), geleceğimi daha garanti altına alacak bir şeyler yapmam gerekir" diyebilirdim (o zaman için 48 yaşına gelmiş bir kadın doğum uzmanı hala geleceğini düşünüyorsa varın hakkımda ne yargılar çıkaracaksanız çıkarın artık).

Ya da, "bu konu çok önemli, insanların gözünü açmam gerekir", gibi daha kutsal ve toplumsal bir neden de söyleyebilirdim.

"Kadın doğum beni çok yoruyor, bu iş çok daha az enerji harcayıcı ve daha fazla zekâ gerektiren bir iş", gibi sağlık nedenlerimi ileri sürebilirdim.

"Sıradan doktorluktan terapistliğe geçmek işçilikten yöneticiliğe yükselmek gibi bir şey", de diyebilirdim.

Ama artık esas gerçek nedeni biliyorum.

O zamanki değersizlik inancımın düzeyi beni bu yola sürükledi.

Yani işin içeriğinden daha çok zarfı beni ilgilendiriyordu. Bu işin insanlara çok yararlı olması da bir etken olsa da benim için değersizlik inancımı gizleyecek yönü çok daha önemliydi (önemliymiş demek daha doğru, çünkü bunu çok sonradan fark ettim). Sıradan bir kadın doğumcu olmaktan çıkarak çok nadir bulunan bir işin uzmanı olacaktım.

Bir iş olarak başladım hipnotik regresyonlara[3]. Hiçbir şeyin derinine farkında değildim. İşin sadece teknik yönüyle ilgiliydim. Teknikleri öğrendim ve uygulamaya başladım. Meselenin tam özünü anlamadan bazı tıbbi sorunlarda olumlu sonuçlar da aldım[4]. Ama çoğunda da beklediğimi bulamıyordum. Bu beni daha da hırslandırdı. Değersizlik inancımı gizleyen mekanizmalarım için pes etmek olmazdı. Başkaları bunu beceriyorsa ben de becerebilirdim. O burnu büyük Amerikalılardan ne eksiğim vardı? Onlara da ispat edecektim ne kadar değerli olduğumu.

Canımı dişime takarak çalıştım, gece gündüz. Hayatımda çalışmadığım kadar yoğun bir eğitimin içine girdim. Değersizlik inancının en güçlü motivasyon mekanizmalarından olan mükemmeliyetçi yanım dur durak bilmiyordu. Ne bulursam alıyordum, okuyordum, eğitimine katılıyordum. Tüm bunları kendi bilinçli seçimlerimle yaptığımı zannediyordum.

2 yıl kadar Fethiye'de çalıştıktan sonra daha ilginç vakalar bulmak için büyük bir şehre geçmeye karar verdim. Çünkü artık biliyordum ki Türkiye'de benim yaptıklarımı yapabilen çok fazla kişi yoktu (egom tavan yapmaya başlamıştı yani). Türkiye'de çağdaş regresyon hipnoterapisini uygulamakta belki de tektim. Sadece çağdaş regresyon uygulamasında değil, çağdaş temel hipnoz bilgilerini uygulamakta da tektim. Bunu sadece ben değil, benimle çalışmış, benden eğitim almış birçok kişi söylüyordu. Övgüler alıyordum ve bu övgüler değersizlik inancımı gizlemekte çok işe yarıyor, egomu çok

---

3 Hipnoz ortamında kişinin geleceğinin zihninde canlanması durumu

4 Bazı tıbbi sorunlar deyince basit bir iki ağrı zannedilmesin. Yıllarca klasik tıbbi yöntemlerle derdine çare bulamamış birçok hastalığın iyileşmesidir söz konusu olan. Konu daha önce yazdığım kitabım "geçmişin hipnozunu bozmak" da detayıyla anlatılmıştır.

güzel besliyordu⁵. Ama ben hala hiçbir şeyin farkında değildim.

Sürekli yeni danışanlarla çalışıyordum⁶. Başardıklarım, başaramadıklarım değişik şekillerde beni etkiliyordu. Kendimi kabul ettirmem gerekiyordu. Bu nedenle tekniğimle ilgili bir eleştiriye dayanamıyordum. Tepki gösteriyordum. Değersizlik inancımı gizleme derdinde olan bilinçaltım eleştiriye karşı öfke gizlenme mekanizmasını devreye sokuyordu. Tabi yaptığım iş nedeniyle bu tip tepkiler beni de rahatsız ediyor, kendi kendime bu tip duyguları temizleme çalışmaları yapıyordum.

Bir tıp doktoru olarak eleştirilecek, dalga geçilebilecek bir işe soyunmuştum. Bir tarafım bu işe değersizlik inancımı gizleyecek bir çare olarak soyunmuşken, bir tarafımda işin kendisinin değersizlik inancımı daha belirgin hale getireceğinden korkuyordu. Bu nedenle bu tip eleştirilerin geleceği, çatışmaların yaşanma ihtimalinin olacağı ortamlardan uzak durmaya çalışıyordum. Sistemi oturtana kadar fark edilmemem gerekirdi.

Bu arada gelen talepler üzerine hipnoz eğitimlerine başladım. Artık hoca da olmuştum. Takdirler artıyordu. Mükemmeliyetçi yanım en iyi ders programını ve dersleri hazırlamak üzere iş başındaydı. Dersler de anlattığım şeylere itiraz geldiği zaman da tepkimi ortaya koyuyordum. Hatta hipnoterapist⁷ arkadaşım Mehmet Başkak hakkımda yazdığı bir yazıda, "Bülent Hoca'nın içindeki Kadir İnanır tarafını uyarmayın", demişti. Bu çok yerinde bir tespitti. Kadir İnanır sert erkekleri temsil eden bir figürdür. İlerleyen bölümlerde de yazdığım gibi sert görünüm de değersizlik inancını gizleyen güçlü bir zırhtır.

Zaman geçtikçe, çalıştığım insan sayısı ve vaka çeşitliliği arttıkça yaptığım işin, teknik yanıyla ilgili fazla bir kaygım kalmayınca, felsefik yanını daha ayrıntılı öğrenmeye ağırlık vermeye başladım.

Yaptığım işin teknik yanını "Geçmişin Hipnozunu Bozmak" isimli kitabımda ayrıntılarıyla anlatmıştım. Kısaca aktarayım.

---

5 Değersizlik inancını gizleyen mekanizmalar ve egonun ne olduğu kitabın ilerleyen bölümlerinde ayrıntıyla incelenmiştir.

6 Danışan tabirinin hasta karşılığı olarak kullanıyorum. Müşteri demeyi tercih ederim ama bu tabir de kişiyi nedense değersizleştirmiş algısı yaratıyor. Konuşma terapisi dünyasında terapiye alınan kişiye danışan denmesi genel bir eğilim olmuş.

7 Hipnoterapist: hipnoz uygulayarak insanlara yardımcı olan kişi anlamına kullanılmıştır. Ülkemizde henüz bu kitap yazılırken hipnoterapistliğin hukuku meçhuldür.

Regresyon hipnoterapisinin amacı kişinin bilinçli iradesiyle çözemediği bir sorunu bilinçaltında aramak ve düzeltmektir.

Her türlü ruhsal, fiziksel hastalık, alışkanlık, takıntı, duygusal sorunlar, sorun olarak neyi tanımlarsak tanımlayalım yaklaşım tarzımız aynıdır. Geçmişte yaşanmış bazı olaylar bu sorunların ileriki yaşlarda ortaya çıkmasına neden olmaktadır. Çoğu zaman sorunun başlangıcı anne karnına kadar gider. Bilinçaltı tüm bu olayları canlandırma potansiyeline sahiptir.

Bu olayları nasıl buluruz?

Duyguları izleyerek...

Aslında geçmişte yaşanmış olaylara gitmeye çalışmamızın nedeni de bu olaylardaki duygusal dengesizliği ya da duygusal sıkışmışlığı halletmektir. Günümüz tıbbına sıkı sıkıya bağlı doktorlar bu yöntemlere pek sıcak bakmasa da klasik tıbbın halledemediği birçok tıbbi olayın bu yöntemle kısmen ya da tamamen çözülüyor olması yaklaşımımızın doğru olduğuna işaret etmektedir.

Duyguların boşalması iyileştirir mi?

Hayır, iyileştiren **sevgi**dir.

Bilinçaltında iyileşmeyi yaratan sevgidir. Bu nedenle bir şekilde sevgi ortaya çıkmadan iyileşme olmaz. Regresyon hipnoterapisine büyük katkıları olmuş Stephen Parkhill'in sözleriyle "sevgi kendisi gibi olmayan her şeyi ortaya çıkarır ve iyileştirir"[8].

Sorunların kökenlerini bilinçaltında takip etmeye başladıkça, çocukluğa ve oradan da bebekliğe doğru kaydıkça, sorun ne olursa olsun birbirine benzer algılar ön plana çıkmaya başlar. Bebek değişik olaylar karşısında sevilmediğini zanneder. Bu algı korku, öfke, suçluluk, üzüntü gibi değişik duyguların oluşmasına neden olur. Bebek tabiî ki bu duygularını ifade edemediğinden, ifade edilemeyen bu duygular bilinçaltında bir enerji olarak birikir ve büyüyen çocuğun algısını daha da bozmaya başlar. Sevilmediğine inanan çocukta buna bağlı değişik inançlar ve davranışlar yerleşmeye başlar.

Bireyler bu yaşadıkları ilginç ve şaşırtıcı durumları seans esnasında değişik şekillerde ifade eder. Belirttiğim gibi seans sırasında esas odaklandığımız,

---

8 S. Parkhill. Anwser Cancer.

zihinsel düzeyde yeniden yaşanmakta olan olay esnasında hissedilen duygudur. Genellikle bu aşamada konuşma şu şekilde ilerler.

Terapist: "Bu olay sana ne hissettiriyor?"

Danışan: "Korkuyorum."

Danışanlar "korkuyorum, kızıyorum, nefret ediyorum, çaresiz hissediyorum, suçluluk duyuyorum, utanıyorum" gibi çok değişik şekillerde olayla ilgili hissettikleri duyguları ifade etmeye çalışırlar.

Danışanlar tarafından en çok ifade edilen duygulardan birisi de *değersizlik duygusu*ydu. "Onun bu davranışı karşısında *değersiz hissediyorum*" cümlesiyle oldukça sık karşılaştım.

Genel olarak bir duygu ifade edildikten sonra bu duyguyu değişik şekillerde bilinçaltından boşaltmak isteriz. Ama bu "değersizlik duygusunu" boşaltmak beni çoğu zaman oldukça zorlamıştır. Aynı kişiye yapılan seanslarda değersizlik duygusu tekrar tekrar karşıma çıkmıştır. "Demek ki tam boşaltamamışız" diyerek tekrar değersizlik duygusunu boşaltmaya çabaladığım çok olmuştur.

Zaman geçtikçe, deneyimim arttıkça, duygu, his, inanç kavramlarını daha iyi hazmetmeye başladıkça bazı şeyleri sorgular olmuştum. Seans sayıları arttıkça hem bilinçaltını daha iyi tanıyordum, hem de hangi tip olayların ve hangi tip davranışların hangi duyguları yarattığını anlıyordum. Analitik ve matematiksel düşünmeye alışık zihnimle bu gözlemlerime uygun açıklamalar üretiyordum. Bu dönem zihnin işleyişini öğrenme ve farkındalık süreci ile paralel ilerleyen bir yolculuktu.

Regresyon hipnoterapisinde, danışan ne yapacağımızı, neyi çözeceğimizi, hedefimizin ne olduğunu ne kadar iyi anlarsa seanstan elde edeceğimiz verimde o oranda artar ve mesele de o oranda kolay ve hızlı çözülür. Bu nedenle danışanla seans öncesi görüşmeler önemlidir. Danışanlara sistemi anlamaları için görüşme sırasında işleyişi ve zihinsel yapıyı örneklerle anlatmaya çalışırım. Zaman geçtikçe, bilinçaltının sorun yaratan mekanizmalarını, daha önce çalıştığım vakalardan örneklerle anlatmaya çalışırken ben de bazı şeyleri daha iyi anlamaya başladım. Yani anlatırken öğreniyordum. Her anlatışımda zihnimde bazı şeyler daha iyi şekillenmeye ve yerine oturmaya başladı.

Bilinçaltı sadece program üreten ya da öğrendiklerini yüklenen bir aygıt değildir. Çok geniş bir bilgi bankası gibi çalışır. Kişinin tüm yaşamı boyunca elde ettiği bilgileri, deneyimleri harmanlar ve yeni sentezler üretir. Bu sentezler bir gün gelir kişinin zihninden bir anda dökülür. Birçok ünlü bilim adamının yaptığı önemli keşiflerde bu tip "aha" anları vardır.

Ne zaman, nasıl oldu bilmiyorum ama bir gün bir toplantıda değersizlik duygusunu tartışırken içimden bir ses şöyle bağırdı.

"Bu duygu değil, inanç!"

Belki de dilim sürçtü öyle söyledim, hatırlamıyorum. Bir şekilde bu geçiş ve değişim oldu. Ve meseleyi inanç olarak anlatmaya başlayınca bir aydınlanma yaşadım sanki. Sanki bir anda birçok açıklayamadığım ya da açıklamakta zorlandığım şey yerli yerine oturmaya başladı. Her yeni çalışmada bu buluşumu gittikçe geliştirerek anlatmaya başladım. Bu arada bilinçaltının değersizliği gizleme mekanizmaları da yerli yerine oturmaya başladı. Çalışmaya katılanların farkındalığı bir başka şekilde oluşmaya başladı ve seanslara daha olumlu yansımaya başladı.

Sonra bu görüşlerimi ilk kez bir yolculuk firmasının dergisinde açıkladım[9] ve beklemediğim kadar olumlu tepki aldım. Birçok kişi anlatılanlardan sonra büyük bir aydınlanma yaşadıklarını ve değişmeye başladıklarını bana yazdı. Ben de bu keşifle birlikte kendimde birçok şeyi fark etmeye başladım. Bunları fark ettikçe bir şeyler içimde hızla olumlu yönde değişmeye başladı. Daha sonra konu hipnoz eğitimlerinin bir parçası oldu. 7-PATH otohipnoz sistemini değersizlik inancına göre yeniden tasarladım ve o şekilde eğitimini vermeye başladım. Ayrıca 3-4 yıldır değersizlik inancından özgürleşme workshopları düzenlemeye başladım. Tüm bu çalışmalar bu kitaptaki bilgilerin birikmesine sebep oldu. Bu çalışmalara katılarak bu bilgilerin birikmesine katkıda olan tüm arkadaşlara teşekkürlerimi sunmak isterim.

Zamanla neredeyse insanların tüm davranış şekillerini bu görüş ve buluşlarımla açıklamaya başladım. Sadece davranışları değil hastalıkların mekanizmasını da değersizlik inancıyla açıklamalar getirmeye başladım. Sonuçta bu kitapta okuyacağınız bilgiler ortaya çıktı.

---

9 Nilüfer Turizm Dergisi

Bu tip kitaplara koyduğum uyarıları burada da tekrarlamak isterim. Bu kitapta ileri sürülen düşünceler, adı üzerinde düşüncedir. Herhangi bir tıbbi hastalığının tedavisinde alternatif değildir. Herhangi bir hastalığı iyileştirecek tıbbi tedavilerin yerine geçecek bir yöntemden bahsedilmemiştir. Bu yöndeki yakıştırmalar bu yakıştırmayı yapanların şahsi görüşü olacaktır.

BÖLÜM 3

Psikolojik Teoriler Hakkında

Günümüzde psikoloji insan davranışlarını inceleyen bir bilim dalıdır. Kendine özgü yöntemleriyle ruhsal ve davranışsal sorunları incelemekte, açıklamalar getirmekte ve iyileştirme seçenekleri sunmaktadır.

Psikoloji **pozitif bir bilim** değildir. Yani ölçümlemesi aletlerle yapılan bir bilim dalı değildir. Fizik, kimya gibi bilimlerde incelemeler aletlerle yapılır. Yani bir cismin ağırlığı dünyanın her yerinde mevcut ağırlık ölçerler tarafından aynı ölçülür. Aynı cihazda farklı kişiler aynı sonucu elde eder.

Işığın hızı bugüne kadar hep aynı ölçülmüştür. Matematik işlemler dünyanın her yerinde aynı sonucu verir. Belli kimyasal karışımların oluşturduğu reaksiyonlar her yerde aynıdır. Deneyi ya da hesaplamayı yapan kişiye göre farklı sonuçlar doğurmaz.

Tıp pozitif bir bilimidir. Bir yönüyle, evet öyledir. Mide kanseri teşhisi için teşhis kriterleri dünyanın her yerinde aynıdır. Kanda şeker ölçülmesi aynı kanda, dünyanın her yerinde yaklaşık aynı sonucu verir. Yani tıbbın ölçümlenebilen değerlere göre tanımlanmış hastalıkları vardır. Tüm bu ölçümlenebilen özelliklere objektif kriterler diyoruz.

Ölçülemeyen ve ancak bireyler tarafından varlığı bilinen ve bir şekilde gözlemlenen, deneyimlenen özelliklere de subjektif kriterler diyoruz. Örneğin ağrı subjektif bir kriterdir. Herkes ağrının varlığını bilir ama başkasının ne kadar ağrı çektiğini ölçemeyiz. Ağrıyı çeken kişi de ancak az ya da çok gibi kendine göre soyut bir değerlendirme yapabilir[10].

Duygular da böyledir. Herkes üzüntüyü bilir. Ama bir kişinin ne kadar üzüntü çektiğini ölçemeyiz. "Çok öfkeliydi" deriz. Çokluk, azlık herkese göre değişen bir kavramdır.

Psikoloji bilimi de bu nedenle pozitif bir bilim değildir. Tüm ölçümlemeleri *subjektif kriterlere* dayalıdır. Bilimsel denilen araştırmaları, *subjektif kriterler* için icat edilmiş istatistiksel karşılaştırmalara dayanır. Bu istatistik ölçümlemeleri bilimsel kabul edilir. İstatistik kendisine sunulan matematiksel datayı değerlendirir ve sonuç verir. Yani uygulanan istatistik yöntemi bilimseldir. Ama bu istatistik değerlendirmeye sunulan datanın ne kadar bilimsel olduğu tartışmaya açıktır. Toplama yöntemi objektif olmayan bir datayı değişik kabullenmelerle bilimsel bir analize tabi tutmak toplanan

---

[10] Beyinde bazı merkezlere elektrot yerleştirerek ağrı uyarısının beyin tarafından algılanmasını elektriksel olarak kaydetmek mümkündür anca bu kayıtların büyüklüğü ile kişini hissettiği ağrı algısı arasında pek paralellik olmaz. (Ayrıntıları 'Hipnoz ve Beyin' isimli kitabımda bulabilirsiniz.)

o datayı bilimsel yapmaz[11].

İstatistik kendisine verilen datanın doğruluğunu denetleyemez. Yani data verildikten sonraki işlemlerdir bilimsel olan. Ama o data ne kadar bilimsel yollarla elde edilmiştir? Bu soru işaretidir. Psikolojide, bilimsel araştırmalarda genellikle skorlama sistemi kullanılır. Yani hiç ağrı yoksa sıfır, az ağrı varsa bir gibi skorlar verilir. Denekten kendi ağrısını skorlaması istenir. Ondan sonra elde edilen rakamlarla istatistik yapılır. İşin içine rakam girince sanki kesin bir bilimsellik varmış gibi bir izlenim doğar. Ama bu izlenim aldatıcıdır.

Bilim gözleme ve planlı deneye dayanır. Bu planlı deneylerden ortaya çıkan sonuçları eleştirel yorumlarla genellemeye ve hipotezlere dayandırır. Meseleleri açıklayan teoriler üretir.

Teori bakmak ve görmek anlamınadır. Bir teorinin tüm gözlemlenen gerçeklerle tutarlı olması, gözlemlenmeyen gerçekleri de başarıyla açıklaması gerekir.

İyi bir teori açık ve net olmalıdır. Gerçekleri basit bir şekilde açıklamalıdır. Sınanabilir olmalıdır. Mantıksal çelişki içermemelidir. Yanlışlanabilir olmalıdır. Hiçbir şekilde yanlışlanamayan teoriler artık yasa kabul edilir. (Yer çekimi yasası gibi). Yasalar ve kurallar da bilimsel değildir. Tanımlama ve kabullenmelerdir[12].

Sahte bilim, bilimsellik tanımına uymayan özellikler taşır. Deneysel kanıtı yoktur. Ama deneysel sonuçlarla çatışmaz. Tekrarlanabilir değildir. Yanlışlanabilir değildir. **Occam'ın usturası** ile çatışır. Yani açıklamaları karmaşıktır. Bu kriterlere göre arkeoloji bile sahte bilim olmaktadır.

Ön bilim ise bilimsel yöntemlerle test edilememiş teorileri içerir. Ama var olan bilimsel bilgi ile uyumludur. Çalışmaları bilimsellik sınırları içindedir. Örneğin dünya dışı varlıklarla iletişim kurma çalışmaları önbilimdir. Ama UFO'ların varlığına inanarak bunu kanıtlamaya çalışmak sahte bilimdir.

Yirminci yüzyılda bilimsel araştırmaların bizi dünyanın doğru ve kesin bir tanımına götüreceğine dair güven artık yoktur. Herhangi bir açıklamanın nihai gerçekler olarak görülmekten ziyade mevcut problemlerin çözülmesine

---

11 S O. Lilienfeld. Science and Pseudoscience in Clinical Psychology

12 S. Tarlacı. Kuantum beyin

en uygun olanları olarak kabul edilmesi daha gerçekçidir.

Günümüzde zihin bilim diye bir kavram henüz yerleşmemiştir. Çünkü zihinsel olayların hiç biri ölçümlenebilir değildir. Beyin üzerine yapılan araştırmalar zihinsel olayları açıklamaktan henüz çok uzaktır.

Düşünce nasıl üretilmektedir?

Duygular nerede birikmektedir?

Davranış kalıpları nasıl oluşmaktadır?

İnançların gücü nereden gelmektedir?

Bu gibi sorulara bilimsel kanıtlı açıklamalar bulmak henüz mümkün değildir. Mümkün olma olasılığı da yakın zaman içinde ufukta görünmemektedir.

Bu nedenle zihinsel iyileştirme çalışmaları günümüzde sonuçları gözlemsel ve subjektif olarak değerlendirmeyle ilerlemektedir[13].

Hipnoz, NLP, EFT gibi zihinsel düzeyde değişim yaratarak kişilerin fiziksel ve ruhsal sorunlarında iyileştirme yaptığını iddia eden ve bu yönde gözlemsel sonucu da olan tekniklerde de durum böyledir. Her ne kadar son zamanlarda bu tekniklerin yararını gösteren bilimsel normlara uygun araştırmalar yapılmaktaysa da bu araştırmalardaki ölçüm kriterlerinin çoğunun psikolojik araştırmalardan farkı yoktur.

Psikoloji ve daha genel anlamda davranış bilimi gözleme dayanmaktadır. İnsan davranışları gözlemlenmekte daha sonra da bu gözlemlere uygun teoriler üretilmektedir. Freud'dan beri üretilen teorilerin hepsi böyledir. İlginç olan, bu teorilerin, uygulayıcıları tarafından sanki bir doğa yasasıymış gibi doğru kabul edilmesidir. Bugüne kadar hiçbir psikoloji teorisi kanıtlanmamıştır. Bu nedenle de adı teori olarak kalmıştır. Tabi ki bu teorilere dayanarak icat edilmiş olan terapi teknikleri bazı anormal zihinsel durumları düzeltmekte faydalı olmuştur. Ama salt bu etkiye dayanarak bu teorilerin doğru olduğu ileri sürülemez.

Tüm psikoloji teorileri normal insanı temel alır. Normal denen bir davranış tanımlanıp bu davranışa uymayan davranışlar anormal kabul edilir. Ama normalin normal olduğuna kim karar vermektedir? Bu belli değildir. Normal niçin normaldir? Yine belli değildir.

---

13 http://en.wikipedia.org/wiki/Psychotherapy.

Psikiyatri dalının hali ise daha da içler acısıdır.

Günümüz psikiyatrisi davranışsal, ruhsal(!), zihinsel kaynaklı sorunları ilaç adı altında sunulan kimyasal ajanlarla tedavi etmektedir. Bu ilaçlar deney hayvanlarında geliştirilmektedir. Hayvanların davranışlarını etkileyen ilaçlar daha sonra insanlarda denenmektedir. Denemeyi geçen ilaçlar piyasaya sunulmaktadır. İlaçların bazı davranışsal bozuklukta ya da ruh hastalığı denilen durumlarda "yararlı" olduğu gerçektir. Ancak bu gerçek, ilaçların aşırı ve kötü kullanıldığı gerçeğini örtmez.

İlaçların insan davranışı üzerindeki etkisine bakarak davranışsal bozuklukların beyindeki kimyasal bozukluklara bağlı olduğuna dair geniş ve yaygın bir inanç vardır. Bu tipte çıkarımlar yanıltıcıdır. Sonuçtan nedene gitmek de bir bilimsel yöntem olabilir ama ispatlanması koşuluyla. Henüz canlı bir insanın beynindeki kimyasal değişimleri anında ölçebilen bir yöntem yaratılamamıştır. Tüm ölçümler beyindeki bazı elektromanyetik değişimlerin kaydedilmesiyle sınırlıdır.

Tersten sonuçlar elde ederek "o halde bir hastalığın mekanizması budur" demek bilime hile karıştırmaktır.

Ne demek istiyorum?

Psikiyatride bugün için birçok hastalık tanımlanmış ve hemen her hastalık içinde ilaç tedavileri **icat** edilmiş durumdadır. Kendi ölçüm kriterlerine göre normal dışıyı ve normali tanımlayan psikiyatri ilaçların etkinliğini bu kriterlere göre değerlendirmektedir. Psikiyatrik alanda kullanılan ilaçların beyindeki bazı kimyasal maddeleri etkilediği iddia edilmektedir. Bu ilaçlarda normal dışı davranışları azalttığına göre bu hastalıkların nedeni o zaman beyin kimyasındaki bozukluktur denir. Psikiyatrinin bu ters ve doğruluğu kanıtlanamaz mantığı birçok tarafsız bilim adamı tarafından eleştirilmektedir. [14]

Tümden gelim bir bilimsel yöntemdir. Yani sonuçtan nedene yönelik araştırma. Ama dediğim gibi bu araştırmanın en azından gözleme ve somut bilgilere dayalı olması gerekmektedir. Bu nedenle benim bu kitapta kendi çalışmalarımdan elde ettiğim bilgilere dayanarak ileri sürdüğüm görüşler en azından basit gözlemsel verilere dayalıdır.

Occam'ın Usturası bir ilkedir.

---

14 J. Moncrieff. İlaçla Tedavi Efsanesi; Psikiyatrik İlaç Kullanımına Eleştirel Bir Bakış

Bu ilkeye göre başlıklar gerekli olandan daha ileriye çoğaltılmamalıdır. Eşit olanlar arasından **en basiti** seçilmelidir.

Diğer bir deyişle en basit en doğrudur.

Bu ilke 14. Yüzyıl düşünürü William of Occam'a atfedilir[15]. Bir sorunu açıklayan birden çok teori varsa, bu teoriler arasında en az kabullenme yapan, en az başlık açan teori en doğrusudur. Burada ustura, gereksiz fazlalıkları temizlemeye yarar.

20 yüzyıldan önce doğanın basit olduğu ve doğayı açıklayacak basit açıklamaların yeterli olduğu yönünde bir eğilim vardı. Hipotezler bir olaya doğru açıklamayı yaratmak için kurulur. Basitlik bu açıklamanın önemli bir kısmıdır. Çünkü açıklamayı anlaşılır yapar. Bu durumda eğer iki hipotez eşit şekilde doğruysa ve diğeri bir diğerinden daha olası gözükmüyorsa basit olan karmaşık olana tercih edilmelidir. Basitlik pratiktir.

Bilim filozofu **Karl Popper** basit teorileri deneysel içeriğinin daha kolay test edilebileceği nedeniyle seçmemiz gerektiğini söyler. Basit teoriler karmaşık olanlarına göre çok daha fazla vakaya uygulanabilir. Bu nedenle de daha kolay yanlışlanabilir.

Filozof **Elliot Sober**, Popper gibi basitliğin olması gereken bir şey olması için gerekmediğini belirtir. Basitlik aynı zamanda içinde bilgiyi de taşımalıdır. Eğer bir soruya yanıt vermek için daha az bilgi kullanıyorsa basit teori daha bilgi vericidir.

Richard Swinburne basitliği mantık açısından tartışır. "... Diğer şeyler eşit olmak koşuluyla... Basit hipotez olayın açıklamasını muhtemelen diğer mevcut hipotezlerden daha doğru yapar. Tahminleri, öngörüleri daha doğrudur. Bu durumda basitliğin doğruluğun kanıtı olması gerekliliği öncül (apriori) epistemik (bilgi felsefesi açısından) bir ilkedir."

Basitlik her zaman ciddi bilimsel araştırmalarda aranan özellik olmuştur. Einstein'ın rölativite teorisi basitliği nedeniyle devrim yaratmıştır. Kuantum mekaniklerinin açıklanmasında da teorisyenler basitliğin arayışı içinde olmuşlardır.

Fizikte her zaman basit teoriler karmaşık olanlardan daha iyi tahmin yapamayabilirler. Dünyanın fiziksel olaylarının basit teorilerle açıklanması gerektiği yönünde bir bilimsel kanıt yoktur. Ama bilim adamları

---

15 http://en.wikipedia.org/wiki/Occam's_razor

açıklamalarında öncelikle basitin arayışı içinde olmuşlardır. Ama özellikle son yıllarda **string teorisi**nin gelişmesine neden olan matematiksel formüller son derece karmaşık ve ancak çok ileri uzmanların anlayacağı düzeydedir. Ancak bu matematiksel teorilere rağmen teorinin açıklaması basittir ve birçok fiziksel gücü bir tek teoriyle açıklayabilmektedir.

Bilimsel metotların bilimsel kabul edilmesi içinde bazı kabullenmeler gereklidir. Bu kabullenmelere aksiyom denir. Bilimsel metotlar için üç aksiyom kabul edilmiştir. Birincisi objektif gerçekliğin mevcut olması gerekir. Doğal gözlemlenebilir kanunların varlığı kabul edilir. Bu gözlemlenebilir doğal kanunların sürekliliği kabul edilir. Bir bilimsel gözlemi bilimsel yapan en temel ilke de bana göre üçüncüsüdür. "Bugüne kadar bir gözlem hep aynı sonucu vermişse bundan sonra da aynı sonucu verecektir" kabullenmesi vardır. Yani bir eşya her bırakıldığında yere düşmüşse bundan sonra da sonsuza kadar yere düşmeye devam edecektir. Ama bu kabullenme asla ispat edilebilir bir şey değildir.

Biyolojide, doğal seleksiyon olaylarını açıklarken hayvanlarda gözlemlenen bir davranışı açıklamak gereği doğmuştur. Bazı hayvanlar bazı durumlarda kendi çıkarları aleyhine davranışlar sergilerler. Grubun yararına olan bir davranıştır bu. G.C. Williams bu durumu evrimin **altruistik** –grup yararına olan genleri seçtiği yönünde açıklamak yerine basit bir teoriyle açıklanması gerektiğini söyler. Çünkü hayvanlar arasındaki davranışlarda o güne kadar gözlemler hayvanların basiti karmaşığa yeğlediğini göstermiştir. Burada basitlik kendi bireysel çıkarını grubun çıkarından önce düşünmektir. Grup yararına düşünmek daha üst düzey bir beyinsel organizasyonu gerektirir. O nedenle bu altruistik davranışında basit bireysel davranış açısından bir açıklamasının olması gerektiği ileri sürülür.

Ama evrimsel gelişmeye bireyin korunması açısından değil de genin korunması açısından bakıldığında altruistik davranışı açıklamak kolaylaşır. Richard Dawkins "bencil genler" isimli kitabında evrimin doğada en yaygın geni koruma yönünde seçimleri olduğunu ileri sürer[16]. Örneğin kurtlara karşı muskokslar[17] kendilerini korumak için erkekleri dişilerin etrafında bir halka oluştururlar. Buradaki temel amaç kendi genlerini çocuklarını koruyarak korumaya çalışmaktır. Eğer erkek musklar bu durumda çocuklarını bırakıp kaçarlarsa genleri doğada yayılamayacaktır ve bu evrimsel gelişme teorisine

---

16 R. Dawkins. Gen Bencildir.

17 Özel bir koku saçan, küçük mandaya benzeyen bir memeli.

ters bir durum olacaktır. Sonuçta Dawkins'in teorisi daha basit bir açıklamayla daha önceki teorilerin açıklayamadığı durumu açıklayabilir olmuştur.

Daha karmaşık bir teori basit bir teoriye karşı seçilemez mi? Tabi ki seçilir. Eğer karmaşık teori hem basit teorinin açıkladıkları açıklıyor ve hem de onun açıklayamadıklarını açıklar hale geliyorsa karmaşık teori daha geçerli olacaktır. Biyolojik sistemler karışık sistemlerdir ve çoğu zaman biyolojik sistemlerin davranışlarını açıklamak için karmaşık teorilere gereksinim olabilir.

Tıbbi bilimleri inceleyen ve araştıran doktorlar, bilim adamları ve filozoflar basitliğe özellikle tıbbi teşhislerin oluşturulmasında oldukça önem verirler. Bir hastalığın, bozukluğun, sakatlığın tanısı yapılırken doktorların mümkün olan en az nedenin tüm belirtileri açıklaması yönünde tanı koymaya çalışmaları istenir. Bu şu şekilde ifade bulur. "Nal sesleri duyduğunda aklına zebra değil at gelsin."

Ancak bu çaba tıpta komik denecek düzeyde bol sayıda nadir görülen hastalıkların tanımına neden olmuştur. Birden fazla hastalık bir kişide göründüğü zaman bunu eski doktorlar birden çok hastalığın aynı anda aynı kişide bulunabileceğini kabul etmek yerine yeni bir hastalık olarak tanımlamaya kalkmışlardır. Bu nedenle de **Hickam**'ın deyişiyle "hastalar kendi keyiflerine göre istediği kadar hastalığa sahip olabilirler" şeklinde açıklamışlardır[18]. Bu kitabında konusu olan tek bir nedenin birçok durumu açıklaması ayrı bir şeydir, her yeni durum için yeni bir şey tanımlamak ayrı bir şeydir. Benim de bu kitapta tam tartışmak istediğim budur. Psikologlar her değişik durum için yeni bir şey tanımlarken ben değişik durum olarak açıklanan durumların çoğunluğunun tek bir nedenle basitçe açıklanabileceğini düşünüyorum.

Benim ileri sürdüğüm basitlik nedir?

Tüm psikolojik davranışları, kişilik durumlarını, eylemleri, seçimlerimizi değersizlik inancını gizleme çabasıyla açıklayabiliriz. Benim şu ana kadar bu temel kabullenmeyle açıklayamadığım bir davranış şekli olmamıştır.

Basit anlaşılabilirdir...

Anlaşılabilir olan uygulanabilir...

---

18 Hickam's Dictum; http://en.wikipedia.org/wiki/Hickam%27s_dictum

Uygulanabilen iyileştirir...

Her karmaşık şey basite indirgenebilir...

Basitlikten kaçmak değersizliğinle yüzleşmekten kaçmaktır...

Değersizlik inancı derin olanlar kolay yollardan iyileşmeyi bile kabullenemezler...

Gözlerinin içi parlayarak "ben zor vakayım değil mi?" diye soranlarla sık karşılaştım.

Sistem basittir.

Bilinçaltı değersiz olduğuna inan(dırıl)mıştır.

Asli görevi canlıyı korumaktır.

O halde değersizliğini gizlemelidir.

Gizlemek ve gizlenmek için her yol mubahtır.

Sağlam gizlenmenin yolu değersizliği bilinçten bile gizlemekten geçer.

Bu nedenle bilinçli akıl değersizlik inancını kabul etmekte zorlanır.

Basiti uygulamak zordur.

Çaba gerektirir. Bu kitap kendiyle yüzleşmeye hazır, değişmek için çaba göstermeye hazır kişiler için yazılmıştır.

Şu anda "hadi canım sen de" demeye başlayanlar... Özellikle sizler okumaya devam edin...

Biraz acıtacak ama...

Acı çekmeden gerçek iyileşme olmuyor...

BÖLÜM 4

Değer Ne Demektir?

BÖLÜM

4

Değer bir malın ya da hizmetin bir canlıyı hayatta tutma potansiyelini gösteren bir ölçü birimidir. Günümüzde en önemli değer ölçü birimi paradır. Dünya piyasasında her malın ve her hizmetin matematiksel bir rakamla ifade edilir bir değeri vardır. Her türlü değer içeren şey birbiriyle mukayese edilebilir, böylece de bu rakamsal sıralamaya bağlı değerlilik sıralaması yapılabilir.

Değer somut değildir. Değer rölatif bir kavramdır. Bir şeyi ancak başka bir şeyle mukayese ederek daha değerli ya da değersiz olduğuna karar verebilirsiniz.

Değerli bir malı değerli yapan onun gerçekten içsel özellik olarak bir insanı hayatta tutma gücü olması gerekir. Bu anlayışa göre en değerli şeyin su ve hava olması gerekir, çünkü her türlü karada yaşayan canlının hayatta kalması için ilk ihtiyacı olan şey hava (oksijen) ve sudur (Denizde yaşayanında suya ve suda erimiş oksijene ihtiyacı vardır). Ama hava ve su bedavadır[19], yani değer piyasasında bir değeri yoktur[20].

Değer paraya transfer edilebilen bir içsel özelliktir, değer paraya transfer edilemezse bir değeri kalmaz.

Para yiyecek ve barınma gibi hayatta kalma ihtiyaçlarımızı sağlayan şeyleri satın almamıza yarar. O halde bir mal ya da şey ne kadar çok miktarda paraya dönüştürülebilirse ona sahip kişinin o kadar uzun süre hayatta kalma şansı artacaktır. Yani malın kendisinin değil bir canlıyı belki bir karıncayı bile hayatta tutmaya yarayacak özelliği olmasa da, tüketilen ve mal alınıp satılan piyasada bir değeri olması yeterlidir ve bu değer teorik olarak hayatta kalacak ihtiyaçları temin edecek paraya dönüşebilir (Burada sürekli değişim yapacak kadar bol kaynak ve insan olduğunu kabul ediyoruz. Yoksa 2-3 kişinin ıssız bir adada yaşadığı bir durumda dünyanın en değerli taşlarının ya da mallarının bir değeri olmayacaktır. Çünkü o mallar karşılığında kıt yiyeceğini satan kişi kendinin yiyeceğe ihtiyacı olduğu zaman aynı malı yeni yiyecek bulmak için kullanamayacak ve bu durumda malın değeri sıfırlanmış olacaktır.).

İnsan insan olmaya başladıktan sonra da en önemli derdi yiyecek bulmak olmaya devam etmiştir. Herhâlde bir günde (her ne kadar din kitapları böyle

---

19 Pet şişelerde satılan sular hariç. Burada da esas değeri olan pet şişe ve ulaşım masraflarıdır.

20 Her ne kadar bir zamanlar uyanık bir girişimci New York çeşme suyunu tüm dünyaya pazarlayarak oldukça hatırı sayılır bir servet yapmış olsa da...

olduğunu ileri sürse de bilimsel düşünmeye devam edeceğiz) hayvanlıktan insanlığa bir atlayış yapmamıştır ve bu nedenle de hayvani alışkanlıklarını sürdürmeye devam etmiştir. İnsanı biraz da hayvanlardan ayıran özellik ya da onu insanlaştıran tıynetleri yiyeceği elde etme tekniklerinde yarattığı yenilikler, keşifler ve ustalıklar olmuştur. Yiyecek elde etmek için hayvan avlaması gerektiğine göre, hayvanları hele bol etli güçlü ve iri hayvanları avlamak için geliştirdiği akılcı teknikler insanlaşmasını hızlandırmıştır. Hayvanın başını ezmek için taş kullanmış, mızrak icat edip zayıf yerlerine sokarak öldürmeyi keşfetmiş, çukur ya da ağ gibi tuzaklar hazırlayarak avlanma yöntemlerini geliştirmiştir.

Yöntemler geliştikçe, daha kolay avlanarak, tarım yaparak, evcil besin hayvanları besleyerek yiyecekler birikmeye başlamıştır. Bazı grupların elinde tarım yiyecekleri birikirken bazı gruplarda et fazlalık vermeye başlamıştır ve bunların birbiriyle değiştirilmesi yani ticaret ortaya çıkmaya başlamıştır[21].

Ticaretin yaygınlaşması ile malların daha kolay değiştirileceği bir pratiğinde kendiliğinden ortaya çıkmasına sebep olmuştur. Az bulunan elementlerin nedenini bilmediğimiz bir nedenden dolayı ilk insanlar tarafından her şeyden daha değerli kabul edilmeye başlamasıyla kendiliğinden paranın ilk modeli ortaya çıkmıştır. Altın ve benzeri madenler ya da mücevherler kıymetli değişim araçları haline gelmiştir. Değişim aracının kendisi değişimine sebep olduğu mallardan çok daha kıymetli hale gelmiştir.

Daha sonra resmi devletlerin ortaya çıkması paranın değersiz malzemelerden yapılmasını sağlamış ama yine de hala günümüzde bile basılan para kadar kıymetli elementin karşılığının kasada olması sağlanmaya çalışılmıştır (Kasadaki mevcut altından daha fazla değerde para bastığınız zaman devalüasyondan yani paranın değerinin düşmesinden bahsedilir). Özetle bir mal varsa mutlaka genel geçer bir değeri vardır, ya da malsız değer olmaz tarzı anlayışlar âdemoğlunun yaşam dünyasına giren ve yaşamını kolaylaştıran bir kavram olmaya başlamıştır. Para kendi başına değerdir çünkü içinde yaşamını garanti eden gücü taşımaktadır.

Paraya sahip olan yaşama sahip olur...

Paraya sahip olan güce sahip olur...

---

21 J. Diamond. Tüfek, Mikrop ve Çelik.

Para sayesinde seni koruyacak insanları hizmetine alırsın...

Para sayesinde sana hizmet edecek, daha fazla mal üretecek insanları hizmetine alırsın.

Ne olmuş o zaman?

İnsanın da bir değeri olmaya başlamış.

Önce yiyeceği kolay ele geçiren insan daha kıymetli olmuş... Kol gücü olan, mızrağı ya da taşı iyi sallayan insan, tarımı iyi beceren insan, atların kulağına fısıldayan insan, başka insanları iyi edecek bilgiye sahip insan, her biri farklı fiziksel güçte olsa da değerli insan sınıfına, sıradan insandan farklı insan sınıfına girmeye başlamış. Akılda güç kadar kıymetli bir mal olmuş.

Malın değeri olduğuna göre, bir mala bir değer biçilebildiğine göre, insanında bir değeri olduğuna göre, yaptığı işe bir değer biçilebildiğine göre, o halde insanında bir değeri olmalı, değeri olan her şey mal olduğuna göre, o halde, insanda mal olmalı.

Böylece insanın mallaşması süresi başlamış ve mal mal bakan insan sözlüğümüze dahil olmuş.

Malların değişimi, insanın değeri, daha fazla mal elde etmek için yapılması gerekenler, değişimin kuralları vs. değer üzerine bir kültür doğmasına neden olmuştur. Kültürel değerler dediğimiz belki de budur. Değer olmadan, değeri koruma amacı olmadan kültür gelişmez. İlkel primatlarda bile malın satın alma gücü kullanılmaktadır. Şempanzeler, dişilere et vererek daha fazla cinsel ilişki satın alırlar, ya da grup içindeki konumunu güçlendirmek için diğer şempanzelere sahip olduğu etten verirler[22].

Değer soyut bir kavramken hayatımızı somutu olmuş...

Değer üzerine hipnozlar yaratmışız, yaratmaya devam ediyoruz...

Doğduğumuz andan itibaren değer verilmekle ilgili kavramları öğrenmeye başlıyoruz...

Konuşmayı öğrenmeden paranın önemini öğreniyoruz...

Değer kelimesi o kadar önemli olmuş ki... Neyin doğru neyin yanlış olduğunu belirleyen sosyal anlayışlarımız da değer kelimesiyle ifade edilmeye başlanmış...

---

22 F. Waal. İçimizdeki maymun.

Moral değerler... Ahlaki değerler... Kişisel değerler...

Böylece değer kelimesine hak ettiğinden daha ulvi anlamlar yüklemeye başlamışız...

İnsanın bir değeri olup olmadığı tartışılmaz bir kabul olmuş... İnsani değerler olduğuna göre, insanın da bir değeri olmalı denmiş... Her ne kadar insanın değeri hiçbir şeyle ölçülemez dense de... Bu her şeyin alınıp satıldığı günümüz dünyasında bu lafın hiçbir değeri kalmamış durumda...

Kültürümüz bile insanın bir mal olduğunu belirten deyişlerle dolu...

Kızı gönlüne bırakırsan ya davulcuya varır ya zurnacıya (davulcu ve zurnacı değersizdir)...

Eşeğe altın semer vursalar eşek yine eşektir (eşekler değersizdir, değersiz insanlar eşekle eşdeğerdir)...

BÖLÜM 5

Değersizlik İnancı Nedir?

Değersizlik inancı bir bireyin bilinçaltında değersiz olduğuna dair mevcut bir inanca verdiğim isimdir. İnancın içeriği farklı şekillerde okunabilir[23]. Birinci ve en genel okuma *ben değersizim*dir. Bunun daha içerikli okunması *ben bazı ademlerden daha değersizim*dir[24].

Başka bir ademle ya da ademoğullarıyla mukayese edilmeden değerin ya da değersizliğin bir anlamı yoktur. O halde inancın birçok farklı okuma şekli olabilir.

Bunlar;

Ben değersizim;

Ben değerliyim;

Ben bazı kişilerden daha değersizim;

Ben bazı kişilerden daha değerliyim, ben bazı kişilerden daha değerliyken bazı kişilerden daha değersizim olabilir. Tüm bu okumalar bilinçaltı düzeydedir.

Bilinçaltında mevcut her türlü inancın bilinçli yaşamımıza bir yansıması vardır. Günlük yaşamda eylemlerimizi inançlar belirler. Bilinçaltı kişinin bu inanç doğrultusunda eylemler yapmasını bekler. Değersizlik inancı da kişilerde değişik davranış kalıplarına ve bu kalıplar doğrultusunda eylemlere neden olur. Ancak kişiler bu davranışlara bakarak kendilerinde bir değersizlik inancının mevcut olduğunu düşünmezler. İnançların bilince yansıması hisler aracılığıyladır. O halde bilinçli olarak kişi değersizliğini eğer fark ederse ancak bir his olarak fark eder ve "kendimi değersiz hissediyorum" şeklinde ifade eder.

Bilinçaltı olarak adlandırdığımız yapının temel yapı taşı inançlardır. İnançlar doğruluğu kanıtlanmamış olsa da bilinçaltı tarafından doğru olarak kabul edilen fikir ya da önermelerdir. Bilinçaltı için inanç korunması gereken bir fikirdir. Bu inançlar sayesinde gün içinde karşılaştığımız değişik durumlar test edilir ve ne yapılacağına karar verilir.

Kişiler bazı inançların farkındadır ve bilinçli düzeyde de bu inancı benimsemiştir. Bazı inançlar ise farkındalığımızın dışındadır. Değersizlik inancı farkındalık dışı inançlar sınıfındadır. Yani çoğu zaman kişi bilinçaltında

---

[23] Yazar burada bilinçaltının sanki kendi devrelerinde yazılmış yazıları okuduğunu anlatmak istiyor.

[24] Bu kitabın kavramı olarak insan ve değersizlik bir arada olamayacağı için değersizlik inancına sahip varlık adem olarak çağrılacaktır.

böyle bir inancın mevcut olduğunun farkında değildir.

Yazarın iddiasına göre hemen her âdemoğlunda *değersizlik inancı* değişik düzeylerde mevcuttur. Bu inancın yerleşimi bir süreçtir. Süreç değersizlik inancının bilinçaltı tarafından okunacak kadar belirginleşmesi için hem belli bir sürenin geçmesi gerektiğini, hem de kaçınılmaz olarak aşılması gereken basamakları ifade eder.

Değersizlik inancının yerleşmesi kaçınılması çok zor olan hatta mümkün olmayan bir süreçtir.

Örneğin bir çocuğun yürümeyi öğrenmesi de bir süreçtir. Yürümeyi öğrenmesi ve eyleme çevirmesi için belli bir zaman gereklidir. Hiçbir çocuk yürümeyi bir günde öğrenemez. Aynı zamanda kaçınılması mümkün olmayan ve geçilmesi gereken bazı basamaklar vardır. Önce desteksiz oturmayı, sonra bir yerlere tutunarak ayakta durmayı, sonra ellerini bırakarak ayakta durmayı, sonra emeklemeyi, sonra emeklerken ayağa kalkmayı, sonra adım atmayı, sonra da yürümeyi öğrenir. Hemen her çocuk bu basamakları eksiksiz ve aynı sırayla geçer.

Ancak değersizlik inancı yerleşim süreci genetik olarak yerleşmiş yürüme öğrenme programından çok farklı etkenlerle yaratılır (Aslında bu düşüncenin tersi de iddia edilebilir. Somut eylem planlarının veya fiziksel özelliklerin genetik geçtiği bilinen ve kabul edilen bilimsel bir gerçektir, ama kimse inançların da genetik geçmeyeceğini iddia edecek durumda değildir. Neden geçmesinler?).

Bu süreci ağırlıklı olarak biyolojik veya fizyolojik etkenler değil sosyolojik etkenler yaratır. (Yine itiraz ediciler fiziksel etkenlerin de değersizlik inancı yaratacağını, kitabın değişik yerlerinde bu durumun zaten altının çizildiğini söyleyeceklerdir. Ancak bir fiziksel kusuru ya da farklılığı değersizlik inancının işlediği bir enerjiye çeviren şey yine de kusurun doğrudan kendisi değil, sosyal grupların bu kusura verdiği değerdir.)

Bir inancı bireyin hem diğer bireylerle, hem de toplumla etkileşmesi süreci açığa çıkarır.

Sosyal bireysel etkileşimler biyolojik veya fizyolojik olmamakla birlikte (yani bir insandan diğer bir insana madde ya da enerji tarzında bir şeyler, henüz **karanlık madde**nin[25] içeriğinde bulunan bir şeyler

---

[25] Karanlık madde; astronomik incelemelere göre evrende mevcut maddesel yapının ancak yüzde 4 ü bilinen ve tesbit edilen elementlerden ibarettir. Geriye kalan yapının içeriği henüz bilinmemektedir ve bu madde ışıkla

gönderilip gönderilmediğini bilmiyoruz), yine de substansının[26] ne olduğunu bilemediğimiz etkileşim olayı psikolojik, fizyolojik ya da biyolojik sonuçlara neden olabilir.

(Bir insanın tansiyonunun ölçümlerinin değişimi fizyolojik bir değişikliktir. Bir insanın yemek yemeye başlaması ise biyolojik bir olaydır. Ama psikolojik derken hem fizyolojik olandan hem de biyolojik olandan farklı olan nedir?)

Bu sürecin ayrıntılarını ilerleyen bölümlerde göreceğiz. "Hemen her insan bu inanca sahiptir" dedim. Ama özellikle bizim toplumumuzda ve diğer geri kalmış toplumlarda inancın şiddeti, kendini değişik göstergelerle belli etmesi gelişmiş ülkelerdeki insanlara göre daha şiddetli ve yaygındır. Bu yaygınlığın nedenlerini de ilerleyen bölümlerde tartışacağım.

Değersizlik inancı, **temel bir inanç** olarak işler. Bu inanç kendine bağlı değişik **mini inanç**ların doğmasına neden olur.

"Değersizsem güçsüzüm."

"Değersizsem zayıfım. "

"Değersizsem insanlar beni sevmez."

"Değersizsem insanlar bana zarar verir."

"Değersizsem değersizliği yok etmem gerekir."

"İnsanlar bana değer vermiyor, o hal de değersizim."

"Mutlu olmam için kendime değer vermem gerekir."

Saymakla bitmeyecek **uydu inanç**lar...

Tüm bu üreyen uydu inançlar bilinçaltında **koruma amaçlı** değişik **davranış modelleri**nin gelişmesine ve güçlenmesine neden olur.

---

görünür hale gelmemektedir. Bu nedenle bu maddeye karanlık madde denmektedir(http://en.wikipedia.org/wiki/Dark_matter).

26 Substans ; bir fiziksel olayın maddesel içeriği. Örneğin havanın substansı oksijen ve azot gibi elementlerdir. Ama elementlerin substansı atomlardır. Atomların da proton ve elektron gibi substansı vardır. Elektrik gibi olayların da bir substansı vardır. Substans ile maddeyi eşit anlamda kullanmıyoruz. Madde katı, sıvı veya gaz olan ve içeriği bilinen elementlerden oluşan ve uzayda yer kaplayan fiziksel gerçekliklerdir. Substans ise bir içeriği olabileceğini düşündüğümüz ama henüz ne olduğunu bilmediğimiz fiziksel gerçeklikleri de içermektedir. Örneğin elleriyle şifa veren ve gerçekten fiziksel düzeyde bir iyileşme yaratan psişik bir şifacının bu iyileşmeye neden olan bir substansı olmalıdır.

Sendrom nedir?

Sendrom tıbbi bir terimdir. Aynı etkenin bedenin farklı organlarında birbirine benzer belirtilerinin ortaya çıkmasına **sendrom** denir.

Örnek olarak **Behçet Sendromu**nu[27] inceleyelim.

Bu hastalıkta aynı tip yaralar hem ağızda, hem gözde, hem de cinsel organların cilt bölümlerinde ortaya çıkar. Çünkü aynı anda birçok organ aynı tip mekanizma ile hastalığa yakalanmış olur. Sendrom diyebilmemiz için hastalık belirtilerini yaratan mekanizma ortak olmalıdır. Behçet Sendromunda bedenin bağışıklık sisteminde bir bozukluk söz konusudur. Beden kendini yabancı bir madde olarak algılayıp kendi bedeninde tahribat yaratır. Ama aynı sebep değişik belirtilerle kendini gösterir. Gözde yerleşirse görme bozukluğuna neden olur. Ağızda yaralara bağlı olarak yeme bozukluğu ortaya çıkar. Bacaklarda damarlarda tıkanıklıklar yapabilir.

Eğer belirtileri yaratan mekanizmalar farklıysa o zaman sendromdan bahsedemeyiz. Bu durumda oluş nedenleri farklı iki hastalığın aynı kişide bulunması söz konusudur. Ama aynı mekanizma farklı hastalıklar ortaya çıkarabilir. Bu durumda sendromdan bahsederiz. Altta yatan neden aynıdır ama görüntüler çok farklı olabilir. Aynı etken kalpte yerleşirse kalp hastalığına, böbrekte yerleşirse böbrek hastalığına, pankreasta yerleşirse şeker hastalığına neden olur.

Değersizlik inancı sendromu nedir?

Değersizlik inancı değişik kişilerde değişik davranış modellerine neden olur. Bu değişik davranışların nedeni bilinçaltının bu *değersizliği* gizleme çabalarıdır. Bilinçaltı sanki *değersiz* olduğunu gizlemeye çalışır. Hayatta kalmak için bunu yapmak zorundadır.

Bilinçaltının görevi budur.

Ait olduğu canlıyı hayatta tutacak önlemleri almakla yükümlüdür.

Önce hayatta kalmak için nelerden uzak durması gerektiğini öğrenir. Sonrada canlıyı bu tehlikelerden uzak tutacak sistemleri uyarır.

Bir taraftan diğer bireylerden *değersiz* olduğunu öğrenirken bir taraftan da bu *değersizliği* gizleyecek önlemleri öğrenmeye başlar.

---

27 Hulusi Behçet. Türk Doktoru. Kendi adıyla anılan bu hastalığı 1937 de tanımlamıştır. Tüm Dünyada hastalık bu isimle bilinir.

Değersizliği gizleme çabaları bilincin farkındalığının dışında işler. Kişiler arasında farklı ve birbirine tezat gibi görünen davranışların ardında hep bu gizlenme ve gizleme amacını bulacağız. Çok farklı davranış kalıplarının aynı amaca hizmet ettiğini fark edeceğiz.

Ama bu kitapta ben bu farklı gibi görünen davranış şekillerinin hemen hepsinin *değersizlik inancı*ndan kaynaklandığını açıklamaya çalışacağım. Temel mekanizma aynı olunca tüm bu davranış, duygu ve düşünce şekillerini sendrom adı altında inceliyorum. Adına da *değersizlik inancı sendromu* diyorum.

Burada tekrar vurgulamak istiyorum. Ben sadece bir model öneriyorum.

Yoksa gerçekte böyle bir inanç var mıdır veya böyle bir sendrom var mıdır?

Bunu kanıtlayacak durumda değilim. Ben sadece bu modelin insan yaşamında bir **matematik denklemi** gibi işlerliğini ortaya koymaya çalışıyorum.

Bu model hemen birçok farklı davranış şekillerini **basitlik**le açıklamaktadır. Bu açıklama için **hipnotik zihin modeli**[28] temel olarak alınmıştır.

Bir kişiye anlamsız gelen davranışlar akla yatkın bir mekanizma ile açıklandığı ve kişinin aklı da bu açıklamaya yattığı andan itibaren kişide olumlu değişimler başlamaktadır[29].

Doğru açıklama iyileşmeye giden ilk adımdır.

Bu açıklama temelinde organize edilen zihinsel çalışmalar eğer iyi sonuç veriyorsa o zaman bu açıklama fizyolojik düzeyde gerçek olmasa da yararlı olmaktadır. Ben de kendi pratiğimde bu açıklamayı kişisel gelişim çalışmalarımda ve zihinsel yoldan hastalık iyileştirme gayretlerimde temel aldığım zaman çok daha etkin sonuçlar almaya başladım[30].

Bu açıklama modelini dinleyen kişiler değişik düzeyde tepki göstermişlerdir. Kendi içindeki çatışmaları çözmek isteyenler modeli benimsemiş ve anladıkça kendilerinde değişim yaratmaya başlamışlardır.

---

28 Hipnotik zihin modelinin ayrıntıları için yazarın "Hipnozun Kitabı"na bakabilirsiniz.

29 Ayakları yere basan felsefesi olmayan iyileşme sistemlerinin yarattığı iyileşmeler yarım ya da geçicidir.

30 Ama mantığımız da şöyle diyor. Bir felsefeye göre yapılan çalışmalar sonunda iyileşme elde ediliyorsa o zaman bu felsefe evrensel gerçeklerle uyum içinde titreşmektedir.

Ama kendi içinde böyle bir şey olmadığını ileri sürenler hala bu **inancın esiri** olarak yaşamaya devam etmektedirler.

Bilimsel ölçü kriterleriyle ölçülmeyen, test edilmeyen bir açıklamanın doğru olup olmadığını kanıtlayamayız. Ama bu model değişik davranış kalıplarını akla uygun bir şekilde açıklayabilmektedir. Bu kitapta da benim oluşturduğum bu davranış modelinin birçok davranışı açıklamada ne kadar **başarılı** olduğuna siz karar vereceksiniz.

Ancak en azından "Ne kadar basit, o kadar doğru!" ilkesi benim modelim için geçerli gibi görünmektedir.

BÖLÜM 6

Dikkat Duygu Değil İnanç

Değersizlik bir algı değil, bir his değil, bir inançtır.

Duygu ile inanç arasındaki fark önemsiz görünebilir.

"Değersizlik değil mi, inanç olsa ne olur, his olsa ne olur?" diyebilirsiniz.

Ama inançla his akla kara kadar birbirinden farklı iki kavramdır.

His bedenimizde hissettiğimiz **fiziksel bir deneyim**dir. Bir duyumdur. Genellikle de belli olayların, uyarıların tetiklediği bir duyumdur. Duygusal değişimin bedendeki yansımasıdır. Her an şiddeti değişebilen bir şeydir. Yani üretilebilir ve boşaltılabilir bir enerjinin yansımasıdır.

İnanç ise sanki taşa yazılmış yazı kadar değişmez bir durumdur. Yani hisle inancı birbirinden ayıracak en önemli etken değişebilirliği olmaktadır.

Kızgınlık durumunda bedenimizde bir his oluşur. Biraz önce çok rahat hissederken, bir kişinin bir davranışı sizi bir anda kızdırabilir. Bir şekilde bu kızgınlıktan kurtulabilirsiniz. Bağırırsınız, ifade edersiniz ve bir şekilde kurtulursunuz. Bir süre sonra kızgınlığınızı unutmuş tekrar rahat hissedebilirsiniz.

His değişkendir, inanç değişmezdir.

Hissin **yeri, şiddeti, vasfı subjektif** olarak deneyimlenir.

İnanç deneyimlenemez, ancak varlığı tahmin edilebilir.

His eylemleri yaratır.

İnanç ise eylemler tarafından yaratılır.

Hisler bedeni canlı tutmak için vazgeçilmez bir fiziksel yapıdır.

İnançlar ise toplumları korumak içindir, bugün vardır, yarın yoktur.

Hisler bedenin alarm sistemidir.

İnançlar ise vahşi ormanda yol göstericidirler.

Değersiz hissediyorum!

Ben de başlangıçta *değersizlik* kavramını his olduğunu zannetmiştim.

Çünkü genellikle insanlar tarafından ifade edilen bir şeydi. İnsanlar bazı olaylar karşısında "kendimi değersiz hissediyorum" ifadesini kullanır. Bu yerleşik ifade tarzı sanki böyle bir duygu varmış izlenimi yaratır.

Aslında olan şudur;

Kişi bir davranış karşısında kötü hisseder. Bu kötü hissetmenin sonucunda kendisine karşı kişi tarafından *değer verilmediği* yargısına kapılır ve bu denklem sonucunda "değersiz hissediyorum" ifadesini kullanır.

Ama esas hissettiği farklı bir duygudur.

Muhtemelen bir korkudur, ya da utanmadır.

Bir tehlike karşısında bilinçaltı korku duygusunu harekete geçirir. Bu duygu bedende olumsuz bir his olarak algılanır. Yani bedende hissedilen tüm kötü hisler bir tehdit ya da tehdit algısı karşısında ortaya çıkar.

Bilinçaltı için değersizliğinin fark edilmesi ya da fark edilme ihtimali bir tehdittir.

Mevcut ölçütlerine göre karşısındaki kişinin davranışı kendi değersizliğinin fark edilme olasılığını ortaya koymaktadır. Bu durumda kötü bir his oluşturarak tehlikeyi haber vermeye çalışmaktadır. Kişi bu hissi yanlışlıkla "Kendimi değersiz hissediyorum." şeklinde ifade etmektedir.

İnsanlar genellikle bir hissin bedende **somut bir deneyim** olduğunun farkında değillerdir. Eğer değersizlik diye bir his varsa, o anda kişinin bedeninde bir yerlerde bu hissin karşılığı olan somut bir şeyleri algılaması gerekir. Ya göğsü sıkışmalı, ya bedeni gerilmeli, ya da boğazına bir yumruk varmış gibi oturması gerekir.

Duygu boşaltma çalışmaları sırasında en çok sorduğumuz soru "bu duyguyu nerende hissediyorsun?"dur. Kişilerde bedeninde bir his bulup yanıt verirler.

"Karnımda hissediyorum." gibi.

Kişiye geçmişte yaşadığı bir olay karşısında ne hissettiğini sorarız. Örneğin 5 yaşındaki bir olay canlanmıştır zihninde. Annesiyle babası kavga ediyordur ve o sırada çocuklarının etkilenmesine aldırmıyorlardır.

"Bu olay sana ne hissettiriyor?"

diye sorarız. Genelde verilen yanıt

"korkuyorum"

olur. Ama bazen de

"değersiz hissediyorum"

diye yanıtlar alabiliriz (*Korkuyorum* diyorsa gerçek bir hipnotik regresyon söz konusudur, o yaştaki çocuk *değersiz hissediyorum* demez, *korkuyorum* der, *değersiz hissediyorum* diyorsa, kişinin bilinçli aklı regresyona parazit yapıyor ve çocuk adına çocuğun hissettiği hissi yargılıyor demektir).

Bir şekilde 5 yaşındaki çocuk, anne babanın çocuğa önem vermediğini düşünebilir (Çocukların dilinde değer ya da önem verilmemenin karşılığı sevmektir. Çocuk içinde bulunduğu olumsuz duyguyu *annem beni sevmiyor* diyerek ifade eder).

Çocuğa göre onlar için çocuğun ne hissettiği umurlarında değildir. Bir kişi sizi önemsemediği zaman *değersiz hissetmeniz* sanki son derece doğalmış gibi gelir. Kişi bu duygunun bedendeki hissi karşılığını da söylediği zaman ister istemez böyle bir hissin varlığını kabul ederiz.

Günlük konuşmaların içinde de *değerli ya da değersiz hissetmek* kavramları vardır.

Sevdiğimiz birinin onaylamadığımız bir davranışı ya da sözü bize kendimizi *değersiz hissettirir*. Ya da aksine olumlu bir davranışı kendimizi *değerli hissetmemize* neden olur.

Bu hissetmeler otomatiktir. Kişiler muhtemelen iyi ya da kötü bir şeyler hissediyorlardır. Ama düşünce düzeyinde yaptıkları yorumlarla bu iyi ya da kötü hissetmemin değerli ya da değersizlik olduğuna karar veriyorlar, hissettikleri o iyi ya da kötü durumu değer üzerinden damgalıyorlar.

Çoğumuz iyi ya da kötü hissettiğimizi fark ederiz de bu iyi ya da kötü hissetmeye nasıl karar verdiğimizi araştırmayız. İyi hissediyorsak iyi hissediyoruzdur, kötü hissediyorsak ta kötü hissediyoruzdur. Böyle hissetmemize neden olan mutlaka bir şey olmuştur. Bu olay o anda yaşadığımız bir şeydir. Zihin olarak dış olayların bizi iyi ya da kötü hissettirdiğini düşünürüz ve bu durumu sorgulamadan kabul ederiz.

Hislerin hipnozunda yaşarız.[31]

Kötü hissediyorsak bizi kötü hissettiren şey mutlaka kötüdür.

Yani değersizleştiren bir davranışta bulunulduğu için kötü hissetmeyiz...

---

31 İnşallah bundan sonraki kitabım hislerin hipnozhanesinde yaşamak üzerine olacak.

Kötü hissettiğimiz için o davranışa değersizleştiren bir davranış damgası vururuz.

Karşımızdaki kişi, bizim değer anlayışımıza göre değer vermeyen bir davranışta bulunuyorsa ve bizde bu nedenle kötü hissediyorsak o kişinin bu davranışının bizi değersiz hissettirdiği yargısına varırız. Hissettiğimiz kötü durumun adına da *değersiz hissetmek* deriz. Bu bakış o kadar doğal gelir ki bunu sorgulamayız bile.

İşte **hipnozda yaşamak** budur.

Kötü hissediyorsak yapılan eylem kötüdür yargısına varırız.

Değersiz *hissediyorsak* yapılan eylem karşısındaki kişiyi değersizleştiren bir eylemdir yargısına varırız.

Tüm bu yargılara bilinçli aklımızla karar verdiğimizi zannederiz.

Kötü hissettiğimiz içinde *değersizlik hissi* diye bir hissin varlığına inanırız.

Hisler devreye girdiği zaman **kritikal faktör**[32] devre dışı kalır.

Hisler devredeyken bilinç 11. Türkiye Cumhurbaşkanından farklı değildir.

Bilinçaltını onaylamaktan başka bir iş yapmaz.

Değersizlik inancı altındaki bilinç kukla oynatıcısıdır. Kendinden bir şey katamaz. Bilinçaltının suflediklerini söyler, ama kendi ürettiğini zanneder.

Aynı durum regresyon çalışmaları sırasında da karşıma çıktı. Regresyonda açığa çıkan olayda kişi "değersiz hissediyorum" dedikçe doğal olarak uzun bir süre bu "değersizlik hissini" sorgulamadım. Böyle bir hissin varlığını kabul ettim.

Ama zaman içinde bir şeylerin tam yerine oturmadığını fark etmeye başladım. Hisleri daha yakından tanımaya, anlamlarını, işlevlerini teknik bilginin ötesinde anlayarak çalışmaya başladıkça *değersizlik hissi* bir şekilde beni rahatsız etmeye başladı. "Değersiz hissediyorum" cümlesi bilinçaltı duygu üretim mekanizmalarında pek bir yerlere oturmuyordu. Bilinçaltı bir duyguyu korunma amacıyla üretir. Duygu bir tehdit algısına karşı canlıyı

---

[32] Bilinçle bilinçaltını ayıran hayali sınıra verilen isim. Bir şeyi kritize edersek bilincimiz devrede demektir. Etmezsek otomatik kabul hali yani hipnoz var demektir.

hazırlayan ve harekete geçiren bir mekanizmadır. Temel duygular korku ve öfkedir. Öfke bile korkudan sonra ortaya çıkan bir duygudur.

Bilinçaltı bir kişiyi değersiz hissettirerek nasıl koruyabilir ki?

Bu soru zihnimi uzun süre meşgul etti.

Ayrıca bir sorun daha vardı.

Regresyon çalışmalarında amaç bedende *birikmiş duyguyu* boşaltmaktır. Zamanında ifade edilmemiş duygular bedende birikir ve sorun çıkarır. Eğer bir şekilde bu birikmiş enerjiyi boşaltırsak bedenin enerji kanalları açılır ve beden yine düzgün çalışmaya başlar. Bir duygunun birikmesi için kullanılmamış olması gerekir. Kişi korktuğu olaydan kaçamamıştır ya da kızgınlığını ifade edememiştir ve bu nedenle duygu birikmesi söz konusudur. Korkunun ya da kızgınlığın ifade edilmemesi mümkündür. Ama *değersizlik hissinin* nasıl biriktiğini açıklamak kolay değildi.

Bu sorgulamalar zamanla değersizliğin bir kavram olduğunu ve bu kavramı yaratanında bir inanç olduğu sonucunu doğurdu.

Özetle;

Değersizlik duygusu yoktur.

Değersiz hissetmek yoktur.

Değersiz hissettirmek yoktur.

Değer veren bir davranış yoktur.

Değer vermeyen bir davranış da yoktur.

Kimse kimseye değer verme gücüne sahip değildir. Ancak para verilir, hediye verilir, değer verilmez. Hediye vermek de değer vermek anlamına gelmez.

- Onun bu hediyesi beni çok değerli hissettiriyor...

- Nerende ne hissediyorsun canikom?

- Ayy yerini söyleyemem, ayıp!

Değer almak ya da almamak sadece bir algı sorunudur.

Bu algıyı yaratan bilinçaltının koruduğu canlının değersiz olduğunu zannetmesidir.

Yani değersizlik inancıdır.

Değersizlik sadece ve sadece bir inançtır.

Adler'in aşağılık kompleksi

Değersizlik psikolojide bilinen bir başlıktır. Ancak tüm psikoloji kitapları ve öğretileri bunun sanki doğuştan gelen bir duygu olduğunu ileri sürerler. Örneğin Psikiyatrist **Engin Gençtan**'ın çok bilinen kitabı İnsan Olmak içinde bir bölüm değersizliğe ayrılmıştır. Ama tüm bölüm boyunca değersizlik bir duygu olarak ele alınır ve açıklanmaya çalışılır.

> *"Değersizlik duyguları yaşayan bir insan, kendi "değersiz" varlığına tanımadığı hakları başka insanlara tanıma eğilimindedir. Ancak genellikle kendi yakınları, daha doğrusu kendine bağımlı olan eş, çocuk, vb. kimseler bunun dışında kalır. Çünkü kendisi gibi onları da küçümser ve değersizliğinin bir uzantısı gibi algılar. Kendisini reddetme olasılığı olan kişilere önem vermesine karşılık, kendisini kabul edici tutumlar içinde olan kişileri küçümseyebilir. Ona göre, değersiz birini kabul eden bir insanın kendisi de değersizdir."[33]*

Bu kavramın babası olan **Alfred Adler**[34] tüm hastalıkların içinde bir aşağılık kompleksi olduğundan bahseder. Bizde de halk arasında bu kavram **aşağılık kompleksi** olarak bilinir.

Aşağılık kompleksi bir insanın kendini diğer insanlardan aşağı hissetmesidir. Ama burada aşağı olmanın ne anlama geldiği bilinmemektedir ve tarif edilmemiştir. Bu kompleksin açıklamasına bakıldığı zaman benim bu kitapta anlatmaya çalıştığım değersizlik inancıyla pek benzerliği olmadığı görülecektir. Adler birçok sorunun zamanla aşağılık kompleksine yol açtığını ileri sürer ama bu tezlerini dayandırdığı sağlam bir teorisi yoktur. Ayrıca hangi mekanizmaların nasıl ve ne zaman aşağılık kompleksini yarattığını açıklayamamıştır.

Adler'e göre kişi önce yetersizliğini fark eder ve bu yüzden aşağılık kompleksi hissetmeye başlar[35]. Sonra bunu bastırmak için nevrotik semptomlar [36]geliştirir.

Yani sanki kimsenin etkisi altında kalmadan *ben yetersiz ve değersizim*

---

33 E. Geçtan. İnsan Olmak.

34 Alfred Adler; 1870-1937. Avusturyalı doktor. Psikoterapist. Bireysel psikolojinin kurucusu.

35 A. Adler. Bireysel Psikoloji.

36 Nevrotik semptom; Normal dışı kabul edilen davranışların genel ismi. Örneğin takıntılar, kaygılar, fobiler gibi.

kararını verir. Adler'in aşağılık kompleksinin sonucu her zaman olumsuzdur. Kişi ya aşırı hırsın etkisi altında, ya da yetersizlikleri altında çöker gider. Çökmese de **nevrotik semptomlar** geliştirir. **Kompleks** aşağılık duygunsun oluşturduğu fikirlerin toplamına denir. Yani kişinin kendi hakkındaki olumsuz düşüncelerini kapsar.

Hâlbuki bu kitapta da göreceğiniz gibi değersizlik inancı çoğu zaman gizli kalır. Kişi kendisinin çok değerli biri olduğunu düşünebilir. Gerçekten çok başarılı biri olabilir. Çoğu ciddi başarıların ardında güçlü bir değersizlik inancı neden olarak durur. Ama sosyal durumu ne olursa olsun bilinçaltındaki değersizlik inancı değişmez bir yazı gibi durur.

Aşağılık kompleksi bir hakaret olarak algılanır. Bir kişiye böyle bir şey dediğinizde size tepki gösterecektir. Bu tepki bile aslında aşağılık kompleksinin bir duygu değil de mevcut bir özellik olarak algılandığını göstermeye yeter. Kişiler bir tarafıyla değersizlik kavramının bir duygu değil de yerleşik bir özellik olduğunu *hissetmişlerdir*. Bir yönüyle bu tepkiye hoş bakabiliriz. Ama değersizlik inancını iyi anlamamız gerekir. Bu bir süreçtir. Gelişimin bir parçasıdır. Kimse bu süreçten kendini kurtaramaz. Bu nedenle alınacak, kızacak bir şey yoktur. Ret etseniz de bilinçaltınız bildiğini okuyacaktır.

Herhangi bir inanca sahip olmak aşağılanacak bir özellik değildir.

Nasıl fiziksel özelliklerimiz aşağılanacak bir şey değilse, zihinsel özelliklerimiz her ne olursa olsun aşağılanacak bir şey değildir.

Değersizlik inancı zihinsel bir gerçekliktir.

Gerçeklikler ret edilmekle yok olmaz.

Değersizlik inancı siz ret etseniz de, yok saysanız da, bu teoriyle dalga geçseniz de orada bilinçaltınızda duruyor ve siz onu yok saydıkça sadece ellerini ovuşturuyor.

BÖLÜM 7

Kitabın Bilgi Kaynağı

Dışarıdan tarafsız olarak gözlemlediği olayları arka arkaya sıraya dizen kişisel ve tamamen bilimsel yöntemlere göre çalışan bir kişi (diyelim ki bir kişisel tarih yazarı), benim, bu kitabın yazarının, değersizlik inancının keşfine giden yolun ve bu yolda karşısına çıkan bulguların tesadüflerden kaynaklandığını ileri sürecektir. Ama öte yandan yaşamını spiritüel bir anlayışla bezemiş, ilahi güçlerin ya da bilemediğimiz büyük bir planlayıcının her şeyi ince ince tasarladığına inanan bir kişi için tabiî ki tesadüf yoktur ve her şey bizim hiçbir şekilde etkileme gücümüzün olmadığı yaşamımızda önceden planlanmıştır. Ben kendim şahsen, kendimi bildim bileli öğrendiklerimi matematiksel bir titizlilikle bilimsel süzgeçlerden geçirmeyi alışkanlık haline getirmiş bir kişi olarak tabiî ki yaşamımızın bir rastlantılar yumağı olduğunu ileri süren birinci seçeneğe daha yakınım. Kendi atalarımızın tarihini izlediğimiz zaman hayata gelişimizin bile ne kadar basit ve kırılgan tesadüflere bağlı olduğunu görmemek için doğuştan kör olmak gerekir.

Anneannemin dedesi babasına rest çekip Tokat'a yerleşmeseydi... Orada o Çerkez güzeli Fatma'yı görmeseydi... Ondan Pembe olmasaydı... Pembe'yi o sırada yine babasına rest çekerek asker olmuş ve Zile'ye komutan yardımcısı olarak gönderilmiş Hasan Yüzbaşı görmeseydi... Ondan olmayacak Zekiye, hem annesi, hem de babasını erken yaşta kaybetmiş ve teyzesinin ve teyzesinin kocasının bakımı altındayken, yine Mısırlarda İngiliz generallerini öldürdükten sonra zindanlardan kaçmış, Mısır kralları soyundan gelen inhisar müdürü Hakkı Bey, onların evine yerleşmemiş olsaydı, Zekiye'yi görmeyecek ve evlenmeyecekti... Ve bu durumda Zekiye'den doğma Özen Hanım, 3 kardeşinin öldüğü tifo salgınından sağ çıkmasaydı vs vs... (daha baba tarafının tesadüflerini saymıyorum bile!) benim de bu dünyaya gelme gibi bir durumum olmayacaktı. (Yine kaderciler ya da her şey ilahi güçler tarafından yönetilmektedir savını ileri sürenler burada anlattıklarımdan büyük bir ilahi yazı veya plan bulabileceklerdir; kim bilir belki de onlar haklı olsalar da, aklım bu kadar güçsüzlüğü ret ediyor).

Yaşama gelmemizin bu kadar tesadüflere bağlı olması, burada yine de insanların kendi akıllarıyla bir takım seçimler yapmış oldukları gerçeğini gizleyemez, rastlantısal bir yaşam bir taraftan baktığınızda, tanımsal olarak bilinçli özgür seçimlerimizin yarattığı bir yaşamdır. İnsanlar yaşamlarında keyfi ya da zorunlu bir takım kararlar vermişlerdir; bu kararlarını eyleme koymuşlardır; bu eylemler sonucunda da bir takım yeni insanlar bu dünyaya gelmişlerdir.

Kendi yaşamıma şöyle kuşbakışı, bugünden geçmişe doğru baktığımda, aynı tesadüfi sürüklenmeyi görebiliyorum, öyle anlar, basit gibi görünen, kritik kararlar, bir anda makas değiştiren bir hayat, her şey tesadüfi gibi görünse de... Yumuşak yumuşak akan bir sudaki küçük bir tahta parçasının suda izlediği yol da tesadüfi gibidir... Ama bir fizikçi tüm bilinmeyen bilgiler bir araya getirildiğinde, yani suyun akış hızı, toprağın eğimi, arazinin santim santim yapısı, rüzgar durumu, sürtünme güçleri vs. mutlaka çok gelişmiş bir bilgisayar programı o tahta parçasının milimetrik kesinlikle nasıl bir yol izleyeceğini bilir der ve haklıdır da... Teorik olarak bilinebilir, ama bilinebilir olması, önceden hesaplanabilir olacağı anlamına gelmez, çünkü bunu yapabilecek bir teknolojimiz yoktur ve bu nedenle tahta parçasının izi bilinemez sınıfına girer.

Bu nedenle yaşamda geriye doğru bakıldığında, o karar alınınca, bu sonuç, sonra bu karar alındığında da bu sonucun çıkması çok aşikârdır diye kestirilebilir gibi görünse de, bu günden geçmişe bakıldığında, çok net bir çizgi gibi görünen izlerin, geçmişten bugüne doğru bakıldığında hiçbir şekilde kestirilemeyeceğini söylememiz gerekir. Ama benim kadın doğum uzmanı iken birden hipnozla ilgilenmem, sonra bu konuda çalışmalar yapmaya başlamam, sonra kendi mesleğimi bırakıp bir anda tamamen kişilerin bilinçaltlarını anlamaya, sadece anlamaya çalışmakla kalmayıp aynı zamanda çözümlemeye ve hastalıkları ortadan kaldırmaya niyet etmem önceden kestirilemez ve benim herhangi bir şekilde yaşam planımda (yani benim bir masa başına oturup elime kalem kağıt alıp şu yaşta şunu yapacağım gibi bir planı kast ediyorum) olan şeyler değildi. Ama tüm o kararların alınmasında ve seçimlerin yapılmasında ve adımların atılmasında nasıl bir gücün devrede olduğunu artık biliyoruz...

Bu gücün kaynağı değersizlik inancıdır.

Bilinçaltında insanları motive eden ama bir taraftan da paçasından tutmaya ve durdurmaya çalışan gücün aynı inançtan kaynaklandığını keşfetmem öyle o kadar kolay olmamıştır ve oturup düşünerek, ya da fal açarak, ya da beyin fırtınası yapılarak bulunabilecek bir şey değildir... "Newton'un kafasına elma düşmeseydi yerçekimini bulamayacaktı" diye iddia edebiliyorsak eğer, ben de hipnozla ilgilenmeseydim, bilinçaltlarına dalıp, hastalık yaratan etkenleri aramaya başlamasaydım, daha önceki hipnoterapistlerin ve özellikle **Stephen Parkhill**'in görüşlerini okumasaydım (ki onun görüşleri de sonuçta yine bilinçaltlarında karşılaştığı bulgular sonucunda ortaya çıkmıştır), çalıştığım insanların bilinçaltları bana konuşmasaydı, değersizlik inancının keşfi de muhtemelen başka bir zamana ve başka bir âdemoğluna kısmet olacaktı.

Değersizlik inancı görüşümü bilinçaltından toplanmış bilgilere dayandırdığımı söylemem, tabi bilinçaltlarının kendilerinde mevcut en doğru bilgileri hipnoterapiste döktüğü anlamına yorulmaması gerekir... Ama tersi de bilinemez bir şeydir, yani toplanan bilgilerin yanlış olduğunun kanıtı da yoktur.[37]

Değersizlik inancının nasıl ortaya çıktığını kitabın değişik bölümlerinde anlatmaya çalışmaktayım. Ama burada şunu söylemem gerekiyor; hangi vakayla çalışırsanız çalışın, sorun ne olursa olsun, ister migren ya da epilepsi gibi bir fiziksel sorun, ister depresyon, ister herhangi bir fobi ya da takıntı, ister bir alışkanlık hepsinde tüm sorunların kaynağında değersizlik inancını bulmamız kaçınılmazdır. Tabi bir bilinçaltının çalışmaya başlar başlamaz,

"Hey bütün bunların nedeni bu âdemin kendini değersiz olduğuna inanmasıdır" demeyeceğini tahmin edersiniz.

Çalışmanın akışı, karşımıza çıkan olaylar, o olaylar karşısında o anda olayın muhatabı kişinin düşünceleri, algısı, hissettikleri, maruz kaldığı davranış ve tüm bunların toplamı sonucunda ortaya çıkan sorunlar analiz edildiğinde ve parçalarına ayrılmaya başlandığında ve bulunan parçalar tekrar farklı bir şekilde birleştirildiğinde, en sonunda sorunun sürdürülmesinin esas nedeninin olayların oluşumundan değil, bu olayların yarattığı değersizlik inancından olduğu ortaya çıkacaktır.

---

[37] Bazı psikologlar **false memory** yani yanlış hatırlama olabileceğini bir takım gözlemsel çalışmalarına dayandırarak ileri sürseler de hakiki bir **regresyon**da yaşananlarla suni bir gevşeme yaratılarak geçmişi hatırlatmaya çalışmak aynı şey değildir.

BÖLÜM

**Duygular Sevilmeme
Algısıyla Birikmeye Başlar**

Burada regresyon, dolayısıyla bilinçaltından bilgi toplama çalışmamı nasıl yaptığımı anlatmak istiyorum. Kişi yaşamıyla ilgili bir sorun tanımlar… Bu sorun bel ağrısı gibi fiziksel bir semptom olabileceği gibi, panik bozukluk gibi ruhsal hastalık sınıfına dahil edilen[38] bir sorunda olabilir, ya da kötü bir alışkanlık ya da takıntı da olabilir. Sorun ne olursa olsun, eğer bilinen klasik tıbbi iyileştirme yöntemleriyle kesin olarak iyileştirilemediyse (örneğin bir enfeksiyonun antibiyotikle kesin olarak iyileştirilmesi gibi; ama bir şeker hastalığında insülin kullanılması ile kan şekerinin normale döndürülmesi iyileştirme değildir çünkü insülin kullanılmazsa şeker tekrar kanda hastalık seviyelerine çıkacaktır) bu sorunu bilinçaltında birikmiş yani zamanında ifade edilip **boşaltılmamış duygular** yaratır.

Korkup kaçamadığımız ya da korktuğumuzu söyleyip büyüklerden destek alamadığımız, kızıp bunu ifade edemediğimiz ya da kızdığımızın bile farkında olmadığımız, üzülüp ağlayamadığımız, acının bedende sıkışıp kaldığı durumlarda duygu bedende birikmeye başlar. Biriken her duygu beden enerji kanallarında ki buna **enerji bedeni** de diyoruz, bu duygunun oluşmasına neden olan olayların herhangi bir ögesi tekrar o anda yaşanan bir olayla titreştiği zaman, bu titreşim fiziksel bedende bir his olarak kendini belli eder.[39] Duygu titreştiği zaman hissedilen his danışanı geçmişe gönderen bir izdir ve hipnoterapist bu izi izleyerek sorunu yaratan geçmiş olayları açığa çıkarır. Kişi duygusuna odaklanır, onu güçlü olarak hissetmeye başlar. Kişinin bu duyguyu hissetmesi için bazı teknikler uygulanmaktadır ama amacım regresyonun nasıl yapıldığını tüm ayrıntılarıyla anlatmak değil sadece değersizlik inancının keşfine giden yolda bu keşfimi sağlayan çalışmaların nasıl yapıldığını aktarmaktır[40].

Duygu yoğun olarak hissedildiği zaman, bu duygunun hala boşalmadığı geçmiş olaylar kişinin zihninde canlanmaya başlar. Tüm regresyon çalışmalarının amacı sıkışmış duyguları bedenden boşaltmaktır. Ancak zihin yapısı her koşulda duyguların boşalmasına izin vermez. Zihin **holodekdir**, yani 3 boyutlu hayali görüntülerle çalışır. Sıkışmış duyguyu

---

38 Dahil edilen diyorum çünkü benim anlayışıma göre ruh hasta olmaz ama tıp psikiyatrik bozukluklara aynı zamanda ruhsal bozukluklar dediği ve genellikle halk arasında da bu sınıflandırma benimsendiği için bu kelimeyi kullanıyorum.

39 Gerek enerji bedeni, gerekse duygu sıkışması, gerekse de enerji kanalları ve duygunun titreşmesi gibi söylemlerimiz aslında gözlemlerimizi açıklamak için yarattığımız metaforlardır; yoksa henüz bilimsel olarak bu söylediklerimizi kanıtlayacak durumda değiliz.

40 Ayrıntılı bilgi için; B. Uran. Geçmişin Hipnozunu Bozmak.

yaratan olaylar zihinde bu duyguyla birlikte kodlanır ve saklanır[41]. O zaman duyguyu boşaltmak için önce bu olayların canlanması ve holodek boyutunda yaşanması gerekir. Sonuçta kişi geçmişte bir olaya gider, olayın ne olduğunu anlar, o olayda olaya dahil olmuş (ya da olması gerekirken olmamış) kişilere karşı içinde hala hangi duyguların ve algıların birikmiş olduğunu fark eder ve tamamlanmamış işi tamamlar, yani söylenmesi gereken ne varsa söyler, ifade edilmesi gereken ne varsa ifade eder, duygularını yaşar, enerjisini boşaltır. Duygu boşaldıktan sonra olayı yeniden değerlendiren zihin oradaki yanlışlıkları, yanlış algılamaları, bu olayın çocuğu nasıl etkilediğini, çocuğun neden istediği gibi davranamadığını anlar. Bu oluşan farkındalık ve duyguların boşalmış olması bilinçaltında yeni bir denge yaratır[42].

Birikmiş duygu algıları çarpıtır. Kişi bu duygu bulutu altında olayları farklı algılar. Söylenen bir sözü saldırı olarak algılar. Normal bir yetersizliğini kendi beceriksizliği olarak algılar. Bu algı bozuklukları biriken duyguları daha da pekiştirir, yani bir sarmal oluşur, duygu algıyı çarpıtır, algı yeni duygu üretir, yeni duygu algıyı daha da çarpıtır ve sürekli huzursuzluk hali devam eder.

Amacımız bu algı bozukluklarını düzeltmektir, yani olumsuz duygu üreten mekanizmayı ortadan kaldırmaktır. Çocuk yaşlarımızda algımız çok daha farklı işler, çünkü yanlış algıyı fark edecek bilinçli yapı henüz gelişmemiştir. Çocuk bu nedenle söylenen her söze inanır, her davranışı kendini merkeze alarak değerlendirir. Bir bebek ağladığı zaman beklediği sarılmayı bulamazsa, sevilmediği algısına kapılır. Birkaç kez bu benzer davranışlar sürdükçe algı gittikçe güçlenir ve inanca dönüşmeye başlar.

İnsan yavrusu dünyaya geldiği zaman korunmayı arar. Emniyette ve güvende olup olmadığını test eder. Kısa sürede bu emniyeti kendisinin sağlayamayacağını anlar. Başkalarına muhtaçtır. O halde emniyette ve güvende olduğunu belirtecek işaretlere ihtiyaç vardır. Bu işaretlerden biri sevgidir. Sevginin ne olduğunu bilmez. Kendini emniyette hissettiren her davranış sevgidir.[43] Annenin sarılması sevgidir. Ağzıma meme verilmesi

---

[41] Bu saklanmanın fizyolojik mekanizmaları tam olarak anlaşılmamıştır ancak birçok yapılmış ciddi bilimsel çalışma sonucu bazı bilgiler birikmeye başlamıştır.

[42] Regresyon hipnoterapisi ile ilgili birçok kaynağa ulaşmak mümkündür. Kitabın sonundaki kaynakça bölümünde bu kaynakların isimlerini bulabilirsiniz.

[43] Stephen Parkhill sevgiyi şöyle tanımlar: Sevgi ne olduğunu bilmediğimiz, ancak bulduğumuz zaman bizi emniyette ve güvende hissettirecek herhangi bir şeydir.

sevgidir. Sevgi emniyettir. Sevginin olmadığı her durumda tehdit vardır. Sevginin olmadığı her durum bu nedenle duygu üretmeye başlar. Korkar, kızar, üzülür. Ama bebek bu duyguları ifade edemez. İfade etmeyi bilemez. Biriken bu duygular, ilerde göreceğimiz tipik anne baba davranışlarıyla pekişirse bebek kendinde sorun olduğunu zannetmeye başlar.

Bu nedenle yaşamın ilk duyguları emniyette ve güvende hissetmediği durumlarda birikmeye başlar. Bu durumların zihinsel ifadesi sevilmemektir. Bilinçaltı amansız bir sevgi arayıcısına dönmeye başlar. Her olayı sevilme, sevilmeme penceresinden değerlendirmeye başlar. Yıllar geçtikçe değişik olaylar bu duyguları güçlendirir. Duygu biriktirmek de ayrı bir inanç olur. Biriken bu duyguların sonucunda ortaya çıkan sorunları ortadan kaldırmak için bu duyguların kaynaklarını ilk olaylara kadar izleriz. İzlediğimiz olaylarda geçmişe doğru gittikçe karşımıza değişmez bir kural olarak çocuğun ya da bebeğin sevilmeme algısı çıkar.

Sevilmeme algısı değersizlik inancına giden yola döşenen ilk taşlardır.

Bu bulgu sadece benim yaptığım regresyonlarda değil dünyaca ünlü hipnoterapistlerin regresyonlarında da aynıdır. Bilinçaltı sonsuz bir enerji ve bilgi kaynağıdır. Bilinçaltı sorunların kaynağını geçmiş olayları canlandırarak ortaya koyar. Buna **regresyon** diyoruz.

Psikoloji teorileri üreten teorisyenler bilgileri nereden toplamaktadır? Sorunlu kişiyi dinleyerek ya da gözlemleyerek... Sonra bu bilgileri normal kabul edilen insanlarla karşılaştırmakta ve soruna yol açan bazı mekanizmalar ileri sürmektedirler. Sorunlu kişi sizinle bilinçli düzeyde konuşur. Bilinçaltı tamamen devre dışıdır. Bilinçli aklı ne kadar bilgi verebilirse o kadar bilgiyle yetinmek zorundasınız (hem karşınızdaki kişinin zihnini sorunlu kabul edeceksiniz, hem de onun zihninin bilinçli kısmını normal kabul edip verdiği bilgilere göre sonuçlar üreteceksiniz, işte psikolojinin paradokslarından bir daha).

Sorunu tanımlamak için normali tanımlamak zorundasınız. Yani bu tanımlamanızda öyle ince bir çizgi vardır ki, çizginin bu tarafında normal, öteki tarafında ruh hastası olmaktasınız. İşte psikiyatrik tanılar bu kadar saçma bir temele dayanmaktadır. Hâlbuki değersizlik inancı normal falan tanımlamaz. Bu inancı anormal sınıfına da sokmuyoruz. Onu her normal kişide mevcut olan bir inanç olduğunu belirtiyorum. Ancak bu inanç, kişide zaman içinde kişinin memnun olmadığı sorunlar ortaya çıkarmaya başlamaktadır. Yani klasik psikolojide olduğu gibi kişileri normal/anormal sınıflamasına tabi tutan faşizan bir bölümleme yapmıyorum.

Bir insanın davranışları anormal midir? Normal midir? Davranışları değerlendirmek için bile sürekli o kişiyle yaşamanız gerekir. Ya da 24 saat boyunca alınmış gizli kamera görüntüleri gerekir. Olsa da hangi uzman saatlerce kameranın başına oturup hastayı izler? Bu mümkün olmadığına göre davranış bilgisi de ikinci elden toplanmaktadır. Ya sorunlu kişinin kendi algısına göre verdiği bilgiden ya da yakınlarının ağzından[44].

Değersizlik inancının süreci her çocuk için kaçınılmazdır.

Beynimiz sanki her türlü davranışa sevilmeme algısını yerleştirmek üzere programlanmıştır.

Belki de evrimsel açıdan bu algıya sahip olan genlerin yaşam şansı daha fazla olmuştur.

O nedenle hiçbir anne baba çocuğunun değersizlik inancını yerleşme sürecine engel olamaz.

Ancak onların bu durumu daha erken fark edip gerektiğinde tedbir alabilecek donanımlara sahip olacak şekilde yetiştirebiliriz.

---

[44] Son yıllarda psikoloji daha ciddi ve bilimsel temellere dayalı bilgi üretmeye başlamıştır. İnsanların değişik durumlardaki davranışların deneylerle ortaya konmaktadır. Ancak hala psikolojiye sadece ampirik gözlemlerine dayanarak teori üretmiş düşünürlerin görüşleri hakimdir.

BÖLÜM 9

Değersizlik İnancı ve Davranışlarımız

Artık içinizdeki değersizlik inancının varlığını öğrendiniz. Üstelik sadece sizin değil çevrenizdeki herkesin bu inanca sahip olduğunu da öğrendiniz. Ama hemen herkesin yine bunun farkında olmadan bunu gizlemeye çalıştığını da öğrendiniz. Gizlenme çabalarının kişiden kişiye çok farklılık gösterdiğini ama sonuçta amacın aynı olduğunu da öğrendiniz.

Artık hemen etrafınızdaki kişilerin davranışlarını incelemeye başlayın. Herkeste bu inancın belirtilerini yakalamaya başlayacaksınız. Değersizlik inancı herkeste mevcuttur. Hepimizin bilinçaltı hayatta kalma savaşı veriyor. Hayatta kalmak için tehlikeliyle tehlikesizi birbirinden ayırmak zorunda. Tehlike karşısında ya savaşacağız, ya da kaçacağız. Değersizliğinin fark edilmesi bilinçaltı için bir tehlike olduğuna göre bu tehlikeyi bertaraf edecek şekilde davranacaktır.

İlerde ayrıntılarını anlattığım gizlenme mekanizmaları kişilerin içindeki değersizliğin fark edilmemesi amacına yöneliktir. Bu amaçla ya karşıdaki kişi değersizleştirilmeye çalışılır(2. Grup). Ya da kişi kendisini değerliymiş gibi pazarlamaya çalışır(1. Grup). Eğer her iki durum da işlemezse kişilerden uzak durmaya çalışır (3. Grup). Aynı gizlenme çabası aynı kişi tarafından kullanılsa bile kişiden kişiye farklılıklar vardır. Her bir kişinin diğer kişi karşısında değersizlik algısı farklı olduğundan yöntem seçimi ve dozun ayarı farklı olacaktır.

O halde bir kişi;

Ne kadar eleştirelse (2. grup),

Ne kadar başkalarının eleştirilerinden korkuyorsa (3. grup),

Ne kadar başkalarını kırmaktan, üzmekten korkuyorsa (3. grup),

Ne kadar başkalarının sözlerinden, davranışlarından kırılıyor ya da üzülüyorsa(3. grup),

Ne kadar başkalarının onu anlaması için uğraşıyorsa (3. grup),

Ne kadar kendini başkalarına beğendirmeye, sevdirmeye uğraşıyorsa (1. grup),

Ne kadar çok fark edilmek için çabalıyorsa (1. grup),

Ne kadar çok fark edilmemek için çabalıyorsa (3. grup),

Ne kadar çok takdir almak için çabalıyorsa (1. grup),

Ne kadar çok takdir görmekten korkuyorsa (3. grup),

Ne kadar başkalarından sırlarını(!) gizlemeye çabalıyorsa (3. grup),

Ne kadar çok söz veriyorsa (3. grup),

Ne kadar çok güçlü görünmeye çalışıyorsa (1. grup),

Ne kadar çok inkâr ediyorsa (2. grup),

Ne kadar çok kendini sudan çıkmış ak kaşık gibi göstermeye çalışıyorsa (1. ve 2. grup),

Ne kadar çok kendisine yöneltilen eleştirileri gargaraya getirmeye çalışıyorsa (2. ve 3. grup),

Ne kadar çok duygularını gizlemek için çaba gösteriyorsa ve yüzüne sahte bir görüntü oturtmaya çabalıyorsa (3. grup),

Ne kadar çok paraya ve kariyere önem veriyorsa (1. grup),

Ne kadar çok başka insanları aşağılıyorsa, her suçu onlara atıyorsa (2. grup),

Ne kadar çok iyi ve dürüst bilinmek için çaba gösteriyorsa (3. grup),

Ne kadar çok samimi olmaktan kaçıyorsa (3. grup),

Ne kadar çok başka insanların kendi hakkında ne düşündüğünü merak ediyorsa (3. grup),

Ne kadar çok başka insanlara benzemeye çalışıyor ve farklılıklarını göstermemeye çalışıyorsa (3. grup),

Ne kadar çok farklı görünmeye çalışıyorsa (1. grup),

Ne kadar çabuk ve sık öfkeleniyorsa (2. grup),

Ne kadar kibirliyse ve başkalarına yukardan bakıyorsa (2. grup),

Ne kadar çok onur, gurur gibi lafları kullanıyorsa (1. ve 2. grup),

Ne kadar çok kendini bir role sokmaya çabalıyorsa (1. grup),

Ne kadar çok kendini bir gruba sokmaya çabalıyorsa (3. grup),

Ne kadar çok mükemmeliyetçi olmaya çalışıyorsa (1. grup),

Ne kadar çok kendini acındırmaya çalışıyorsa (1 ve 3. grup),

Ne kadar çok başkalarının beklentilerini karşılaması gerektiğini düşünüyorsa (3. grup),

Ne kadar çok başkalarının beklentilerini karşılamak için çaba harcıyorsa (3. grup),

Ne kadar gösterişe meraklıysa (1. grup),

Ne kadar çok haklı çıkmaya çalışıyorsa (1 ve 2. grup),

Ne kadar çok kendini savunuyorsa (2. grup),

Ne kadar çok ben yerine biz diyorsa (2. grup),

İçindeki değersizlik inancı o kadar güçlü yerleşmiş demektir.

Şimdi geriye ne kaldı zaten diyeceksiniz. İşte ben de bu kitapta zaten tam bunu diyorum.

Geriye bir şey kalmıyor.

Yani "değersizlik inancı günümüz âdemini diğer canlılardan ayıran ve psikolojik bir varlık yapan yegâne etkendir" gibi iddialı bir görüşü ortaya atıyorum.

Tüm başarıların, başarısızlıkların, duygusallığın, duygusuzluğun, iyi olmanın, kötü olmanın, hırsın, hırssızlığın, hırsızlığın, rüşvet almanın, şaşalı saraylarda yaşamaya çalışmanın, lüks gösterişliliğin, görgüsüzlüğün, görgülü olmaya çalışmanın vs. ardındaki tek etken değersizlik inancıdır.

Yukarıda saydığım her davranışın değersizlik inancıyla olan bağlantılarını ilerleyen sayfalarda ortaya koymaya çalışacağım.

BÖLÜM 10

Değersizlik İnancı Nasıl Ortaya Çıkar?

İnançlar doğuştan gelmez. Sonradan oluşur. Ancak bilinçaltında bir inanç bir günde inanç olmaz. Bir sürecin sonunda ortaya çıkar (inanç oluşumunun ayrıntılarını *inancın oluşumu* bölümünde bulabilirsiniz).

Değersizlik inancının oluşmasında ilk tohumlar anne karnında atılır.

Anne karnındaki bebeğin bilincinin olmadığı, etrafındaki uyarıları yorumlayamayacağı ve bu nedenle de gelecek yaşamına etkisi olmadığını ileri sürecek çok bilim adamı olacaktır ama bu şekilde itiraz edenlere verilecek tek bir yanıtımız vardır.

- Olmadığını nereden biliyorsun?

Bir şeyin varlığını kanıtlayamamak o şeyin olmayacağı anlamına gelmez; Bu şekilde yürütülecek mantık ancak çocuk mantığı olarak kabul edilebilir. Dört yaşındaki çocuğun zihinsel devrelerinin bilimsel bakışa uydurulmaya çalışılması bilimin ilerlemesinin önündeki en büyük engeldir ve ne yazık ki bağnaz bilim adamları bilimi kullanarak kendi dar görüşlerini, seçenekli düşünme beceriksizliklerini gizlemeye çalışmaktadırlar (bilim adamlığı kılıfıyla gizlenmiş değersizlik inancı).

Fetüs[45] anne karnındayken birçok uyarı almaktadır. Bu uyarılar hem beynin gelişmesine katkıda bulunurken hem de dış dünyayı algılamaya ve tanımaya yardımcı olmaktadır.

Uzun yıllar kadın doğum uzmanı olarak anne karnındaki bebeklerin davranışlarını ultrasonda gözleme şansına sahip oldum. Fetüsün gözleri kapalı olduğundan (açık olsa da zaten bir şey göremeyecektir), daha çok dokunma ve işitme ağırlıklı duyu sistemleri kayıt yapar. Anne karnında sıkışık bir şekilde duran fetüs kollarına, bacaklarına, başına ve sırtında oluşan baskıları algılar (kendini yaşamda sıkışmış hisseden kişilerin bu etkileri ilk anne karnında hissettiklerini regresyon çalışmaları açığa çıkarmaktadır) ve kaydeder.

Bilinçaltı sistemleri ilişki kurarak yaşamı öğrenmeye çalışır. İki şey aynı anda oluyorsa biri diğerinin nedenidir (zil çaldıktan sonra köpeğe yiyecek verirseniz ve bunu birkaç kez yaparsanız, daha sonra zil çaldığı anda köpeğin salyaları akmaya başlar çünkü ona göre zil yiyecek vermektedir).

O halde fetüs anne karnında rutin dışı baskı algıladıkça o anda bu

---

[45] Anne karnındaki canlı

baskıyla beraber algıladığı ne varsa kaydetmeye başlar.

Annenin stresli anlarında uterusun[46] aşırı kasıldığı bilinen bir gerçektir. Bu kasılma anlarında anneyi stresli yapan her ne varsa o stresi yaratan uyarıların fetüs tarafından da algılandığını ve kaydedildiğini söyleyebiliriz. Bu uyarı bazen bir ses olabilir (örneğin baba anneye bağırmaktadır) ya da aşırı kaygı olabilir ve bu kaygının yarattığı enerji ya da kimyasal uyarılar fetüste da aynı annede olduğu gibi birçok etki yaratacaktır (Yaygın kaygı bozukluğu ve depresyonun hamilelik sırasında tedavi edilmezse doğacak çocuk üzerinde birçok olumsuz etkileri olduğuna dair yayınlar vardır. [47] Tedavi edilmemiş depresyonlu annelerin bebeklerinde kortizol düzeyleri normalden yüksek çıkmıştır. Bu durum yenidoğanın stres sisteminin daha anne karnındayken harekete geçtiğinin göstergesidir.[48]).

Fetüs muhtemelen anne karnında anneden akan duygu ve düşünceleri enerji paketleri şeklinde algılamaktadır.[49] Annenin değişen ruh halinin anne kan kimyasına olan yansımaları da kısmen bebeğe kan yoluyla geçebilir ve onun beyninin gelişmesinde etkili olabilir. Klasik tıp bu tip geçişlerin sadece kimyasal maddeler (adrenalin ve diğer hormonlar) yoluyla olduğunu kabul eder. Ama enerji tıbbıyla uğraşanlar için insanlar arasında bilgilerin enerji paketleri veya dalgaları şeklinde aktarıldığının bir gün kanıtlanması şaşırtıcı olmayacaktır. Duygular zaten enerjidir, düşüncelerin de bir enerji gücü vardır.[50] Her düşüncenin bir frekansı, amplitüdü, periyodu olması gerekir. Muhtemelen bu enerji frekanslarını doğrudan algılayan reseptörlerimiz vardır ve bu mevcut frekans beyinde sinaptik bağlantılar şeklinde depolanmaktadır. O halde bir düşüncenin sözlü iletilmesi kadar enerji şeklinde iletilmesi de beyinde aynı sinapsların kurulmasına neden olacaktır.

Örneğin bir annenin çocuğuna "sen işe yaramaz aptal bir çocuksun" diye bağırması sonucunda beyin nasıl bir kayıt tutuyorsa, hangi sinaptik devreleri kuruyorsa, bu bilgiyi korteksde nasıl depoluyorsa annenin bu

---

46 Fetusun içinde bulunduğu döl yatağı

47 Alicja Fishell. Depression and Anxiety in Pregnancy. Presented at: Drugs in Pregnancy and Lactation Symposium, June 4, 2010, Toronto, Canada

48 Brennan PA et al. Maternal depression and infant cortisol: influences of timing, comorbidity and treatment. J Child Psychol Psychiatry 2008 Oct;49(10):1099-107.

49 T. Verny. Doğmamış Çocuğun Gizli Yaşamı.

50 Ünlü fizik profesörü William Tiller düşüncenin bir kristale yüklenebileceğini ve bu kristaldeki düşüncenin fiziksel gerçeği değiştirdiğini yaptığı bilimsel çalışmalarla kanıtlamıştır. O halde bir kristalin ya da bir bilinçaltının bir düşünceyi kayıt altına alabilmesi için bu düşüncenin bir enerji içermesi gerekir.

düşünceleri aklından geçirmesinin de çocuğun enerji algılayan sistemleri tarafından algılanıp aynı şekilde depolanması mümkündür (telepatik düşüncenin insanlar tarafından algılandığını ciddi olarak düşündürten yapılmış birçok çalışma vardır).[51]

Fetüs duyguları emer.

Evet. Bugüne kadar regresyon hipnoterapisi ile yapılan çalışmalar fetüsün kayıt tuttuğunu ve bu kayıtları daha sonra çözebildiğini, yani okuyabildiğini şüpheye bırakmayacak şekilde ortaya koymuştur.

Benim çalışmalarım da anne karnında ortaya çıkan olayların çoğu taraflar tarafından doğrulanmıştır. Örneğin uçak korkusu olan bir genç hanımın bu korkusunun kaynağı anne karnında çıkmıştır. Anne merdivenden yuvarlanmakta ve anne karnında bebek sarsılmaktadır. O kısa anda annenin bebeği ile ilgili kaygıları bebeğe akmaktadır. Hanım seanstan sonra annesine bu durumu sormuştur. Annesi "senin bunu bilmene imkân yok, nasıl bilebilirsin?" diyerek şaşkınlığı belirtmiştir.[52]

Gizli tutulan birçok bebek düşürme teşebbüsü regresyonlar sırasında ortaya çıkarılmıştır. Birçok ağır fiziksel hastalıkların ardındaki muhtemel bilinçaltı kayıtları regresyon yoluyla araştırdığımız zaman anne karnına kadar giden birikmiş olaylarla karşılaşırız[53]. Bu tip olaylar genellikle istenmemekle ilgilidir. İstenmeyen bebek kavramı halkın diline de yerleşmiştir. "Annem babam beni istememiş, kazayla olmuşum" sözlerini sıklıkla duymuşuzdur. Ancak buradaki istenmeme bir bilgiden öte bir şeydir. Bir şekilde kişinin kendisiyle ilgili tüm algısını etkileyen bir güçtür. Bilinçaltında "ben istenmeyen bir varlığım" inancının yerleşmesini sağlayan bir tohumdur.

Bilinçaltı sistemleri doğrudan istenmemekle, istenmeme algısını birbirinden ayıramaz.

Anne "bebeğime acaba yeteri kadar iyi bakabilecek miyim" kaygıları yaşayabilir.

Zaten bir bebek neden istenmez? Neden aldırılmak istenir?

Anne ya da aile bu bebeğe bakacak gücü kendilerinde görmüyordur.

---

51 R. Sheldrake. The Sense of Being Stared at; and other Unexplained Powers of Human Mind

52 Regresyon hipnoterapisi ile çözümlemeler. Seans kayıt çözümlemeleri-4. Bülent Uran Eğitim Danışmanlık eğitim materyeli. www.bulenturan.net.

53 D. F. Swaab. We Are Our Brains: A Neurobiography of the Brain, from the Womb to Alzheimer's.

Bu nedenle bebeğin geleceği ile hissedilen her türlü kaygının aynı tipte reaksiyon ve bilinçaltı kalıp oluşturması beklenmelidir. İstenmemenin dolaylı ya da doğrudan olması gelecekteki etki açısından çok fazla bir fark yaratmaz. Anne-babanın iyi niyetli kaygıları bile bilinçaltı tarafından tehdit olarak kaydedilir.

Paradoksik olarak bebeğin istenirliği arttıkça bebekle ilgili kaygılar da artar.

Örneğin uzun yıllardır bebek sahibi olamamış bir anne düşünün. Büyük çabalar sonunda hamile kalmıştır. Biz buna ironik olarak kadın doğum pratiğimizde *kıymetli bebek* deriz. Sanki kıymetsiz bebekte varmış gibi. Ama burada kastettiğimizi üzerine titrenen bebektir. Bir şeyin üzerine ne kadar çok titrerseniz o bebekle ilgili o kadar çok kaygı üretirsiniz.

"Acaba bebeğim sağlıklı olacak mı?"

"Düşürmeden ya da erken doğurmadan hamileliğimi tamamlayacak mıyım?"

" Ya doğumumda bir terslik olursa, ya doğduktan sonra başına bir şeyler gelirse" vs.

Büyük olasılıkla bu kaygılar da bir enerji formu olarak anne karnındaki bebeğe geçer ve kayıt altına alınır.

Belki de insan varlığı olarak tüm yaşamımız boyunca en yoğun duyguyla doğrudan muhatap olduğumuz dönem anne karnıdır. Çünkü anneyle doğrudan temas halindeyiz. Gelen bilgiyi ya da duygu enerjisini kritize edecek bir yapıdan yoksunuz. Annenin bedeninde üreyen her türlü enerji doğrudan fetüse akmaktadır. Son yıllarda hipnozla ilgili yapılan çalışmalar beynin bazı bölgelerinin duygusal etkiyi engelleyebildiğini göstermektedir.[54]

Ama anne karnında beynin bu koruyucu etkisinin henüz gelişmemiş olma ihtimali yüksektir.

Meditasyon ve yogayla ilgilenen kişilerin gözlemlediği bir durum vardır. Zihni sessizleştirdiğimiz zaman beş duyunun ötesinde bir şeyler algılamaya başlarız. **Extra sensory perception** (duyu ötesi algılama) denen bu kavram ancak beş duyumuzun çalışmasını sessizleştirdikçe etkin

---

54 Bu konuları "Hipnoz ve Beyin" isimli kitabımda ayrıntılarıyla tartıştım.

olmaya başlar. Bu konuda ustalaşmış kişiler parapsişik dediğimiz güçlere sahip olurlar. Yani bir şekilde görme, duyma, hatta dokunma duyumlarından arındıkça bu parapsişik güçleri harekete geçirmek mümkündür ve uzak görü, telepati gibi özellikler açığa çıkmaya başlar.[55]

İşte aslında anne karnında fetüsün durumu tam da böyledir. Görmez, duymaz, muhtemelen dokunma reseptörleri tam algılama gücüne ulaşmamıştır. Zaten su içinde durduğundan son aylar dışında su içinde yüzer durumdadır. Yani bir çeşit doğal parapsişik algılama durumundadır. Bu nedenle de farklı boyutlarda gelen enerji dalgalarını çok daha güçlü alabilecek bir ortam mevcuttur.

Esas sorulması gereken soru şudur;

Neden anne karnında algılanan olumsuz duygular değersizlik inancına ilk tohumları atmaktadır?

Bilinçaltı pekiştirme sistemine göre bilgileri alır ve güçlendirir.

Pekiştirme sistemi şudur;

Bilinçaltına daha önce karşılaşmadığı bir konuda ilk gelen telkinin gücü zayıftır. Telkin dediğimiz zaman sadece söylenen bir sözü anlamayalım. Tüm düşünce formları, gözlemler, duygu enerji paketleri de bilinçaltı için telkin etkisi taşır.

İlk telkinler zayıf bir kayıt olarak tutunur.

Bilinçaltı çoğu zaman bu telkinleri kritikal faktör denen alanda tutar. Daha sonra benzer bir telkin gelirse kritikal alanda tutulan ilk telkin bilinçaltı bölümüne geçer ve kayıt altına alınmaya başlanır. Benzer yönde gelen telkinler artık kritikal faktörü kolaylıkla geçer ve zayıf olan telkini güçlendirmeye başlar. Burada yerleşmiş telkinin aksi yönde gelen telkinler ise artık kritikal faktöre bir duvara çarpar gibi çarpar ve kayıt altına alınmaz. Ret edilir. Her gelen telkin beyinde bu telkinle ilgili kurulmuş nörolojik devreleri güçlendirir.

Buna **pekişme kuralı** diyoruz.

Normal yaşamımızda bu mekanizmanın örnekleri çoktur. Kaç kez iletişim sırasında söylediğiniz bazı sözlerin karşınızdaki kişi tarafından algılanmadığını saptadınız? Yüzlerce kez değil mi? İşte sizin o söylediğiniz

---

[55] R. Kelly. The Human Antenna: Reading the Language of the Universe in the Songs of Our Cells.

sözler kritikal faktöre çarpar ve muhtemelen **kara madde**nin derinliklerinde kaybolur.

Hangi duygular anne karnında fetüste değersizlik inancının ilk tohumlarını atmaktadır?

Anneden akan her türlü olumsuz olarak niteleyeceğimiz duygu bu tohumları atar.

Annenin bebekle ilgili duygu taşıması da gerekmez. Fetüs kendisine akan duyguların niteliğini ayırt edecek düzeyde değildir. Her türlü duyguyu kaydeder. Örneğin annenin kendi geleceği ile ilgili kaygılarını da kaydeder. Eşine karşı hissettiği olumsuz duyguları da kaydeder. Eşinin seks talebi karşısındaki hoşnutsuzluğu bile fetüse akar.

Regresyon çalışmaları ortaya ilginç bir bilgi çıkarmıştır.

Kişiler anne karnında kaydedilen ve kaynağı anneye ait olan duyguları kendi duygusu zannetmektedir.

Örneğin anne babadan nefret ediyorsa ve bu duygu bir şekilde bebeğin bilinçaltı sistemine de kaydedilmişse bu kişi normal yaşamında nedeninin bilmediği bir şekilde babasından nefret eder ya da ondan korkar. Ya da anne doğumdan korkuyorsa bu korkuyu da kaydeder ve eğer bebek dişiyse zaman içinde onda da güçlü bir doğum korkusu gelişir.

Bilinçaltının ilginç bir öğrenme sistemi vardır.

Kendi yarattığı puta tapan cahiliye devri insanlarının davranışına benzer bir durum yaratır.

Arabistan'da **cahiliye devri**nde kişiler tahtadan tanrı niyetine putlar yaparlarmış ve sonra da bu putlara tapar, onlara adaklar adar ve hatta onlardan korkmaya başlarlarmış.

Bilinçaltı riskli olarak niteleyeceği bir durum karşısında bedende kaygı üretir.

Kaygının amacı o ortamdan uzaklaşmayı sağlamaktır. Kaygıyı hisseden bir canlı, hangi düzeyde canlı olursa olsun o ortamdan refleks olarak uzaklaşır. Kaygıyla riskli durum arasında zaman içinde bir ilişki kurulur ya da bu ilişki zaten genetik olarak mevcutta olabilir.

Bilinçaltı eğer bir şekilde bir durum karşısında kaygı hissediyorsa o durum onun için tehdittir ve o ortamdan uzaklaşması gerekir.

Eğer bir şekilde anneden akan duygular kaygı enerjisi taşıyorsa ve bilinçaltında da aynı titreşimleri yaratıyorsa artık anne karnı o bebek için ya da o bebeğin bilinçaltı için tehdit algısı içerir (erken doğum ya da düşük nedeni olabilir mi?). Bilinçaltı gerçekten bir tehdit olup olmadığını değerlendirecek bir yapı değildir. Bu görev bilincin işidir. Kaygının kendisi kaçılacak bir durum yaratır. Yaşamımızın her döneminde bu sistem işleyecektir. Kaygı hissettiğimiz durum ya da davranışlardan farkında olmadan uzaklaşma eğilimi içine gireriz.

Değersizlik inancının kendisi de zaman içinde kaygı üreten bir mekanizma olacaktır.

Bilinçaltı değersizliğinin fark edileceği yerlerden uzak durma eğilimine girecektir.

Annenin fetüsle ilgili kaygıları da olabilir. Bebeği sağlıklı doğacak mıdır? Doğduktan sonra iyi bir anne olacak mıdır? Bebeğin ihtiyaçlarını karşılayacak mıdır? Babası gereken ilgiyi gösterecek midir? Hemen tüm annelerin yaşadığı bu kaygılar fetüs tarafından olumsuz olarak algılanır ve kayıt altına alınmaya başlanır.

Ama o zaman hepimizin anne karnındayken değersizlik inancı başlamış demektir.

Teorik olarak böyledir. Ama pratikte durum farklı işler. Eğer bu kaygılar geçiciyse ve doğumdan sonra bebek olumlu bir ortamda büyümeye başlarsa atılan bu ilk kayıtlar erimeye ve yok olmaya başlar ya da ancak çok uzun yıllar sonra eğer kişinin yaşamında işler olumsuz gitmeye başlarsa aktive olur ve harekete geçer.

Ama zaten ailenin çocuğa, hayata bakışı olumsuzsa, anne ve babanın kendi içlerinde tuttukları değersizlik inançları güçlüyse bunlar çocuğa da yansımaya başlar. O zamanda anne karnında kaydedilen bu olumsuz bilgiler ve değersizlik inancı güçlenmeye başlar.

Hele bir de istenmeyen bebekse. Anne zaten bebeği doğurmak istemiyorsa çok güçlü olumsuz duygular fetüse kaydedilmeye başlanır. İleriki yaşamı için ciddi sorun olacak hastalıkların ilk tohumları atılmaya başlanır[56].

---

56 S. Parkhill. Answer Cancer.

Anne ya bebeği doğrudan istemez. Ya da istemez ama eşine karşı bir silah olarak doğurmak istiyordur. Çoğu kadın için doğan çocuk evliliğin bir garantisidir. Çocuklu ailelerin boşanması çok daha güçtür. Birbirinden ayrılmak isteyen çoğu çift çocuk yüzünden ayrılamaz. Bu kadın tarafından bilinen bir etkendir ve özellikle evliliğinde kendisini emniyette hissetmeyen kadın için çocuk kurtarıcıdır. Bu tip ailelerde daha bebek anne karnındayken bebek üzerinden tartışmalar başlar. Bu konuda yüzlerce örnek regresyonlar sırasında ortaya çıkmıştır.

Anne karnında sadece anneden değil babadan da duygular bebeğe akar[57].

Bu bebekler doğumdan itibaren son derece kaygılı ve sürekli emniyette ve güvende olduğunu test etmek ihtiyacı içinde olan bebeklerdir. Sürekli ağlarlar. Abartılı ağlarlar. Annenin bağırması, kızması bir işe yaramaz. Aksine bebek için iyidir. Annenin sesini duydukça emniyette ve güvende demektir.

İşte tam burada bilinçaltı sisteminin ilginç bir yapısı karşımıza çıkar.

Bilinçaltı emniyette ve güvende kalabilmek için sürekli program üreten bir sistemdir. Yeni üretilen programların daha önce üretilen programlarla çatışıp çatışmaması bilinçaltını ilgilendirmez. Böyle programların birbiriyle uyumluluğunu test eden bir sistem de yoktur zaten. Bir taraftan "annem bağırıyorsa emniyetteyim" inancı yerleşmeye ve anneyi bağırtma üzerine bir program gelişmeye başlar. Ama öte taraftan bu bağırışlar bilinçaltı tarafından tehdit unsuru olarak da algılanabilir ve bu tehdidi ortadan kaldıracak çareler de aranmaya başlanır. Aynı zamanda annenin kendisini sevmediği ile ilgili bir inançta güçlenmeye başlar. Yani bir taraftan da ne olursa olsun anneye kendisini sevdirmek zorundadır.

Ama ortada samimi bir sevgi yoktur. Çünkü gerçekten sevilmek üzere doğmamıştır. Bir amaca hizmet etmek üzere doğmuştur. Ailenin zamkı projesinin en önemli parçasıdır. Bu nedenle anne, babaya kızdıkça hırsını çocuktan alacaktır. Baba da anneye kızdıkça hırsını çocuktan alacaktır.

Belki daha bebek bir yaşına gelmeden "ben istenmeyenim, ben sevilmeyenim" inancını tamamen yerleştirmiştir.

Yeni doğan bebekte gelecek ile ilgili hiçbir bilgi yoktur.

---

57 B. Uran. Geçmişin Hipnozunu Bozmak

Yani "anne baba ne olursa olsun bana bakarlar" bilgisinden yoksundur.

Ya da "bende sorun yok, esas sorunlu olanlar anne ve babadır" analizini yapacak bir bilince sahip değildir.

Kendisini sorunlu zanneder.

Bir tarafı "ben sevilmeyi hak etmiyorum, ben eksikliyim, fabrikadan hatalı çıkmışım" olarak tercüme edilecek algıları yerleştirmeye başlar.

İşte değersizlik inancına giden taşlar döşenmeye başlamıştır. Artık bu taşları sökmek kolay değildir. Bu taşlar zamanla daha da güçlenecektir. Çünkü anne baba aynı anne babadır. Kendi sorunları, kendi değersizlik inançlarıyla boğuşmaktadır. Yani birden sihirli bir değnek değecek de, anne baba "yahu biz ne yapıyoruz, bu çocuğun ne günahı var" diyecek durumda değildir. Aksine çaresizlikleri arttıkça daha çok çocuk suçlu ilan edilecek, çocuk büyüdükçe kendi deliklerini, eksikliklerini giderme görevini çocuktan istemeye başlayacaklardır.

Anne karnındaki algılamaların kişinin gelecek yaşamını ne kadar etkin bir şekilde etkilediğini ikizleri örnek vererek açıklama istiyorum[58].

Anne karnında ikizlerin biraz sıkışık bir yaşamı vardır. Bir bebeğin sığması gereken yere iki bebek sığmak zorundadır. Bebekleri besleyen kordonların plasenta ile yaptığı ilişki bebeklerin gelişme ve beslenmesi üzerine etkindir. Bu nedenle çoğu zamanlar fetüsler birbirinden farklı gelişme düzeylerine sahip olurlar. İkiz gebeliklerin çoğunda bir bebek daha rahat ve daha bol amnios sıvısına[59] sahipken diğeri daha az sıvı içinde büyür. Daha az sıvı içinde olan bebeğin hareketleri anne tarafından daha kolay algılanır ve çoğu zamanda rahatsız edicidir. Anne istemeden de olsa her iki bebeğe farklı duygular beslemeye başlar. Kendisini rahatsız eden bebeğe "yaramaz, beni üzüyor" gibi yakıştırmalar yaparken bol sıvı içinde olan bebek daha *uslu*dur.

Bir taraftan anneden bebeklere akan duyguların kalitesi farklılaşır. Öte yandan sıkışık bebek daha fazla fiziksel duygu yaşamaktadır. Bilinçaltı aynı anda fiziksel bir duygu yaşarken, olumsuz duygu üretimi de varsa bu duyguyu fiziksel duyguyla birleştirir. Yani anne bebeğe "yine beni üzüyor" diye kızarken bebeğinde zaten boynu sıkışıksa *suçlanma*nın yarattığı duygu

---

[58] Why Are Identical Twins Different? Studies Explain the Differences In Twins With Supposedly Matching Genes. http://multiples.about.com/od/funfacts/a/differenttwins.htm

[59] Bebeğin anne karnında yüzdüğü sıvı

boyunda sıkışır.

Sıkışık bebeğin duygusal alt yapısı böylece diğer bebekten daha uyarılmış halindedir. Yani bir şekilde kendisinin sevilmediği algısı yerleşmeye başlar. Bunun dışında anneden akan diğer olumsuz duygular da olabilir. İkiz gebelik her zaman tekiz gebeliklerden daha fazla kaygı uyandırır. Bu kaygı her iki bebeğe de eşit oranda dağılır. Ama sıkışık *yaramaz* bebekte daha güçlü etki yaratır.

Bebekler doğduktan sonra bu duygusal alt yapı ikiz bebeklerin davranışlarına yansır. Rahat bebek hayatta da rahat davranırken, sıkışık bebek tedirgindir, değersizlik inancının diğerinden daha güçlü olması beklenen bir durumdur. Davranışları anneye daha bağımlıdır, anneyi kaybetmekten daha çok korkar. Diğer bebeğin onaylanan davranışlarını takip ederek onları taklit etmeye gayret eder.

Yani tüm genetik özellikleri aynı olmasına rağmen davranışları tamamen farklı olacaktır. Anne karnında atılan bu ilk tohumları ciddiye almamız gerekir. Tohumlar atılır ve sonra çıkması beklenir. Sulanmayan hiçbir tohum filizlenip topraktan çıkamaz. Bilinçaltına atılan tohumlarda böyledir. Sulandıkça, gübrelendikçe güçlenmeye ve inanç haline dönüşmeye başlar.

Anne karnı etkilerini anlatan bu bölümden okuyucular kendi adına önemli çıkarımlarda bulunacaklardır. Her şeyden önce anne karnının bir bireyin gelişiminde ne kadar önemli olduğunu anlamış oluyoruz.

İlerdeki nesillerin sağlıklı olmasını istiyorsak daha anne karnından başlayan bir etkinin farkında olmalıyız.

Ne amaçla çocuk istediğimiz konusunda kendimize karşı samimi olmalıyız.

Terapi ve iyileşme açısından da bu bölümde kısaca değinmem gereken önemli bir husus var. Diğer bireylerden, özellikle anneden geçen duygular duygu katmanları içinde en altta yani en derindedir ama etkisi en güçlü olanlardır. Bir şekilde bu duyguların bize ait saf duygular olmadığını anlarsak bu duyguları bedenden boşaltmak ve böylece değersizlik inancını ortadan kaldırmak kolaylaşacaktır. Bu konuya ilerleyen bölümlerde tekrar değineceğim.

Doğum eyleminin de değersizlik inancına katkısını belirtmem gerekir.

Özellikle ağrılı normal doğumlar sırasında annenin yaşadığı kaygılar, korkular bebeğe akar. Aynı süreçte sıkışık bir süreçten geçen bebek duygularla birlikte bu hisleri kaydeder. Bu durum ilerleyen yaşlarına değersizliğin hissi olarak yansır. Değersizlik inancının titreştiği durumlarda doğum sırasında kaydettiği sıkışıklık hislerini bedeninde hisseder.

Bazı doğumlar zordur. Anne bağırabilir. Acı çeker. Bu duygular da bebeğe suçluluk olarak akar ve değersizlik inancının pekişmesine neden olur.

Sezaryen doğumların etkisinin ne olduğu ise henüz meçhuldür.

Anne karnının bu olumsuz duygularından kendini bugüne kadar korumuş bir insan yavrusunun olabileceği düşünülemez.

Yani hepimiz, istisnasız bu olumsuz duyguları, çoğu zamanda yanlış algıları üstüne sos yaparak aldık.

Duygular ne kadar acı ve olumsuzsa ileriki yaşamda ortaya çıkan sorunlar da (alkolizm, ağır depresyon, kanser gibi...) o kadar ağır olacaktır.

O halde değersizlik inancı her insan canlısının anne karnındayken edindiği bir süreçtir.

Özellikle klasik tıbbi yöntemlerle ya da alternatif bir takım yöntemlerle sorunlarını çözememiş kişilerin anne karnından akan bu duygularla muhatap olması gerekecektir. Bu duyguların altına gizlenmiş değersizlik inancın açığa çıkarmanın başka çaresi yoktur.

Deneyimlerime dayanarak şunu söyleyebilirim.

Anne karnından yerleşmiş duygularını boşaltmış ama sorununu çözememiş bir kişi yoktur.

BÖLÜM
11

Değersizlik İnancının Pekişmesi

Bir insanın doğal gelişimi engellendiği oranda değersizlik inancı ortaya çıkmaya ve güçlenmeye başlar.

Her insanın içinde doğuştan gelen gelişme potansiyeli vardır. Fiziksel bir engel yoksa her insan yavrusu aynı gelişme sürecini gösterir. Beş duyusuyla etrafı tanır, öğrenir ve öğrendiklerini gelişmek ve hayatta kalmak için kullanmaya başlar.

İnsan doğası gereği doğuştan gelen bir yetersizliğe sahiptir. Kendi başına bırakılırsa kısa sürede ölür. Canlılar dünyasında insan yavrusu başkasının bakımına en uzun süre muhtaç olan yaratıktır. Yani belli bir aşamaya gelene kadar yaşaması başka insanların bakımına bağlıdır. İhtiyaçlarını belirtmek için ağlamaktan başka bir aracı yoktur. Ağladığı zaman bir şeyler geldikçe, bir takım ihtiyaçları karşılandıkça bu silahını çok daha güçlü kullanır. Ağlamanın bir gücü olduğu algısına bile kapılır.

Bilinçaltı öğrenen bir yapıdır.

Tersini söylemek de mümkün. Öğrenen yapımız bilinçaltıdır. Öğrendiklerimiz bilinçaltının toplamıdır. Doğuştan gelen doğal içgüdülerimiz bu öğrenme sürecini yönetir.

En güçlü güdü hayatta kalma güdüsüdür.

Bir şekilde bilinçaltı en kısa sürede kendi başının çaresine bakacak hale gelme çabası içine girer. Diğer insanlara olan bağımlılığından kurtulmak ister (Gözlemler her zaman doğru açıklamaları yapmamızı sağlamaz. İnsan yavrusu taklit ederek öğrenir. Yürümek, konuşmak, büyüklerin yaptığını yapmaya çalışmak eylemleri gözlemlendiği zaman sanki insanın bir an önce başının çaresine bakmak istediği sonucu çıkar, ama bu sadece bir yorumdur, belki gerçekte böyle bir istek yoktur ve sadece eylemler vardır).

Bilinçaltı düzeyde ilk öğrenme eylemi başka insanları modellemekle olan bir şeydir. Onların davranışlarını modelleyerek öğrenir. Yürümeyi modelleyerek öğrenir. Konuşmayı sesleri taklit ederek öğrenir. Bir şekilde insanlardan ayrı düşerek büyümüş çocukların 7-8 yaşına gelmiş olmasına rağmen yürümeyi öğrenemediği görülmüştür. Keza konuşmayı da öğrenememişlerdir. Bu nedenle her bebeğin bir öğrenme süreci vardır. Bir insan yavrusunu engellemezsen, ona model olursan doğallıkla modelleyerek öğrenir. Ama çoğu anne babanın bu öğrenme sürecine tahammülü yoktur. Bazıları sabırsızlıktan, bazıları kendi değersizlik inançlarının zorlamasından bazıları da yardımseverliğinden bebeğin doğal öğrenme sürecine müdahale ederler.

Bebek etrafını tanımaya çalışır. Yararlıyla yararsızı birbirinden ayırır. Her eşyayı ağzına götürür. Yenebilecek şeyleri diğer şeylerden ayırmaya başlar. Bakıcılarına düşen birinci görev onun temel ihtiyaçlarını karşılamaktır (hava, su, besin, barınma gibi). İkinci görevi ise ona hayatı tanırken gerçek tehlikelerden uzak tutmaktır. Bu iki temel maddenin dışında yapılan müdahaleler bebeğin doğal gelişimini bozar.

Bugüne kadar hiçbir araştırıcı çocukların gelişimini incelerken çocuğa ne hissettiğini sormamıştır. Konuşma öncesi dönemde zaten soramazsın. Konuşma sonrası dönemde çocuk ne hissettiğini nasıl anlatacak? Anlatacak bilince sahip olsa da doğru yanıtı içerdiğini nereden bileceğiz?

Araştırıcılar çocuğun hangi olay karşısında ne hissettiğine çocuğun davranışlarını gözlemleyerek karar vermiştir. Ya da bunu hissetmesi gerekir diye büyük aklıyla yargıda bulunmuştur. Büyüğün aynı durum karşısında ne hissettiğine göre karar vermiştir. Belki bir çocuğun büyükle olan iletişiminde de bu durum önemli bir sorundur. Büyükler kendi hissettiklerine göre çocuğunda aynı şeyleri hissetmesine karar vermektedirler. Daha da kötüsü çoğu büyüğe göre çocuk bir şey hissetmemektedir.

Çocuk gerçekte ne hissetmektedir? Doğduğu andan itibaren hisleri çalışır mı? Anne karnında bebekler hisseder mi? Ya da çocuk konuşmaya başlasa bile ne hissettiğini bilebilir ve doğru olarak bize yansıtabilir mi?

Bunları bebekten ya da çocuktan doğrudan öğrenmenin bir yolu yoktur. Ama dolaylı bir yolu vardır.

Bu da **hipnotik regresyon**dur.

Hipnotik regresyonda büyük bir insanın bilinçaltındaki kayıtlardan alınan bilgiler doğru mudur? Bunun doğruluğunu kanıtlayacak verilere bazen ulaşabiliyoruz, bazen ise ulaşamıyoruz. Olayların seyrini kanıtlamak daha mümkündür. Ama çocuğun ya da bebeğin hissettiklerinin ne kadar o zamanın gerçeği yansıttığını bilemeyiz. Burada kullandığımız regresyon tekniği hakkında biraz daha ayrıntı vermek istiyorum, çünkü bebeğin hissettiklerini ancak bu teknik sayesinde anlayabiliyoruz. Hipnoz hakkında az çok bilgisi olanlar regresyon sözünü de duymuşlardır. Basitçe geçmişte yaşananların daha kolay hatırlanması olarak bilinir. Bu doğrudur. Hipnotik ortamda geçmişte yaşanan bir olayın ayrıntıları daha kolay hatırlanmaktadır. Hipnozun bu özelliğinden, bu nedenle, şahitlerin bazı olayları hatırlamasında yararlanılmaktadır. Hızla kaçan bir aracın plakasını hatırlamak gibi...

Ama terapi sürecinde kullanılan hipnotik regresyon tekniği basit hatırlamanın çok ötesinde bir çalışmadır. Burada hatırlamanın çok ötesine geçilir. Tamamen kayıttan silindiği zannedilen olaylar yeniden yaşanır. Bu nedenle bu duruma hatırlama değil **revivifikasyon** (=yeniden yaşama) denir.

Sanki o anı yeniden yaşıyor gibisinizdir.

Aynı rüyalarda yaşadıklarımız gibi.

Bir olayı yeniden yaşıyormuş algısını yaratan nedir?

Duygu.

O olayı duygusuyla beraber yaşamak. İşte regresyonun farkı budur. Olay sadece basit bir film seyretmenin ötesindedir. Çünkü o anda yaşanılanın duygusunu da hissedersiniz.

Korkuyu yaşarsınız.

Tedirginliği yaşarsınız.

Öfkeyi yaşarsınız.

Suçluluğu yaşarsınız.

Üzüntüyü yaşarsınız.

Regresyonu farklı kılan budur. Hipnozdaki kişi o anda zihninde canlanan olayı duygusuyla birlikte yaşar. Çünkü zaten o duygu onu o olaya getirmiştir. Bilinçaltı o olayı duygu sayesinde ortaya çıkarmıştır. O duygu sayesinde olay zihinde kayıtlarda durmaktadır.

Kişi seansın ilerleyişi sırasında bedeninde bir duygu hisseder. Bu duyguyu izlediğimiz zaman, örneğin, bir anda bebeklikte yaşanan bir olay sis perdesinin dağılmasıyla ortaya çıkan bir görüntü gibi kendini belli etmeye başlar.

Şaşırtıcı bir andır.

Nefeslerin tutulduğu bir andır.

Mistik bir andır.

Kişinin yüzüne bir bebeğin gülümsemesi yansır. Bedeni gevşer. Bir taraftan şaşkındır.

Çoğu zaman "uyduruyor muyum acaba?" diye sorarlar.

Bir taraftan ne yaşadıklarını anlarlar, bir taraftan da o anda ne hissettiklerini birebir yaşarlar.

"Bu kadar küçükken bunları hissetmiş olmam ne kadar tuhaf!" derler.

Olaylar büyük gözüyle çok basittir.

Örneğin anne bebeğin altını temizlerken "öff" diye yüzünü buruşturur. Ya da bebeği uyumuyor diye her zamankinden daha haşin bir şekilde sallar. Ya da aynı odada olmasına rağmen bebeğe ilgi göstermez. Odada kimse yokken abla ya da abi bebeğe cimdik atar. Danışanlarımdan bir tanesi "çimdirmesene lan or..." diye bağırmıştı bir anda. Daha olayın görüntüleri tam canlanmadan ne yaşadığını anlamış ve birikmiş duygusunu bu sözlerle boşaltmaya başlamıştı. Bu sahnede kendisinin çocuğu olmayan teyze bebeği gizli gizli çimdirmekteydi (Evet burada bir saptama yapalım. Hiç bir şey sır kalmaz. Sadece bebekle sizin aranızda olan ve bebeğin hatırlamayacağını düşündüğünüz olaylar gün gelir ortaya çıkar. Bu nedenle bebeğinize karşı bile ayağınızı denk alın).

Büyük kişilerin sorunlarına regresyon hipnoterapisiyle çözüm arayan bir terapist anne karnındaki çocuğun bile ne hissettiğini öğrenme şansına sahiptir.

Yani hisler her şeyden önce mevcuttur.

Düşünceden önce hisler vardır.

Kavramsal düşünceden önce hisler vardır. Basit hisler zaten tüm canlılarda vardır. Korku ve öfke bunların en bilinenidir. Ben de çalışmalarımda hangi durumda çocuğun ne hissettiğini, bu hissi hangi algılarla bağdaştırdığını birinci ağızdan öğrenme şansına sahip oldum.

Çocuk zihni doğru yanlış, iyi kötü, güzel çirkin zıtlıklarına dayanan bir yargı sistemine göre işlemektedir.

Eğer bir şey güzel değilse çirkindir, ailem bana sevgi göstermiyorsa beni sevmiyor demektir, yaptığım onaylanmıyorsa demek ki yanlış yaptım, baba kızıldığına göre ben kötü bir çocuğum, ağabeyime aferin deniyor bana denmiyorsa ben arızalıyım, o işi benim yapmam istenmediğine göre ben eksikliyim, demek ben kaygı duyulacak kadar zayıfım algıları yerleşmeye başlar.

Bebek düşünce ve algılarını söze dökemese de kayıt eder. Bu nedenle değersizlik inancının ancak bebek laf anlamaya başladıktan sonra yerleşebileceği gibi yanlış bir saptama içinde olmayalım.

Çocuğunuz laf anlamaya başladığı zaman iş işten geçmiştir.

Çoğu anne baba şaşkındır zaten çocuklarının kendi laflarını dinlememesi konusunda. Çünkü çoktan çocuğun bilinçaltında inançlar ve programlar yerleşmiştir.

Bu algılar bazen sevilmediği inancı, bazen yetersiz olduğu inancı şeklinde ortaya çıkar. Bu inançları yaratmış olan olaylar bazen anne karnından başlayarak kendini gösterir.

Sorun ne olursa olsun meselenin özü hep aynı inanca dayanmaktadır.

İster fiziksel bir sorun olsun, ister duygusal bir sorun olsun öz hep aynıdır.

Bir takıntı mı var? Sorunun kökü aynıdır. Bir alışkanlık mı var? Sorunun kökü aynıdır. Sosyal fobi, panik atak, kaygı bozukluğu, depresyon, kanser, cinsel sorunlar. Hepsi gidip aynı inanca dayanmaktadır.

Bebek değersiz olduğuna nasıl karar verir?

Tabi ki böyle bir karar vermez. Bebeklikte ilk tohumlar atılır. İlk tohumlar ancak sonradan güçlenirse etkin olmaya başlar. Bebeklik çağında bebeğin gözlemleri onun telkinleridir. Belki sözlerden de anlar ama bunun ne kadar telkin etkisi yaptığını söyleyecek durumda değiliz. Gözlemler önemlidir. Gözlemler öğreticidir.

Bebek yukarıdaki basit örneklerde olan durumlar karşısında gerçekten olumsuz kayıtlar yapar mı?

Kesinlikle yapar.

Çünkü hiçbir olumsuz davranış duygudan bağımsız değildir. Yani bir anne bebeğinin kakasından iğrenirken o anda bedeninde olumsuz duygular titreşir ve bu duygular doğrudan bebeğin algı sistemlerine kaydedilir. Hemen o anda bu olumsuz titreşimler çözümlenip bir anlam ifade etmese de sonradan bu titreşimlerin olumsuzluk anlamına geldiğini öğrenen bilinçaltı bu olaylara da olumsuz kayıt muamelesi yapmaya başlar. Bazı annelerde aynı cümleleri bebeklerinin kakaları için kullanmışlardır ama aslında o sözlerde sevgi yüklü olduğunda aynı olumsuz titreşimler bu sözlere eşlik etmeyeceğinden dolayı, bilinçaltının da herhangi bir kayıt yapması gerekmez.

Bebeklik döneminde bebeklere yapılan ve değersizlik inancının gelişmesine temel atan yaklaşım ve davranışlar neler olabilir?

Normal bir insanda değersizlik inancını yerleştiren her türlü davranış bebekte de aynı etkiyi yaratmaya başlar. Bebeğin ihtiyaçlarının giderilmemesi, özellikle kucağa alınmaması, ağlamasıyla ilgilenilmemesi, yüksek sesle bağırılması, dokunulmaması, sıkı kundağa alınması, hareketlerinin engellenmesi, yaptıklarına ilgi gösterilmemesi zaten herkesin bildiği ve bebeği olumsuz etkileyen davranışlardır.

Ancak daha az bilinen etkileşim doğrudan duygular aracılığıyla bebeğe gönderilen olumsuz mesajlardır. Bebeğin varlığından mutsuz olmak ya da sadece mutlu olamamak, öfkelenmek, kaygılanmak doğrudan bebeğe akan olumsuz duygu halleridir.

Evet, ne yazık ki kendisi değersizlik inancıyla boğuşan anne ya da baba kendi gizlenme çabalarını, kendi yetersizliklerini, kendi ezikliğinin nedenleriyle doğrudan yüzleşemediklerinden gerçekten mutsuzluklarının ve çaresizliklerinin nedenini bebekte ararlar ve çocuklarına karşı olan bu bakışlarını ölene kadar muhafaza ederler[60].

İnsan zihninin holografik özelliğinden birçok zihin araştırıcısı bahsetmektedir.

Holografi en küçük birimin tüm bütünün bilgisini içinde tutması anlamına gelir.

Bu holografik özellik zaman içinde geçerlidir, yani her an tüm anların bilgisini içinde tutar. İnsan zihni açısında hangi olayın hangi olaydan önce olduğunun önemi yoktur[61]. Geçmiş geleceği etkilediği ölçüde, gelecekte geçmişi etkiler (bu konuda yapılmış bir çalışma geçmişe yapılan iyileştirici duaların etkisi olduğunu bilimsel olarak ortaya koymuştur)[62]. Hadi bu kadar kuantumvari açıklamalara gerek olmadan da en azından şu kadarını söyleyebiliriz.

Bilinçaltı rutin dışı deneyimlerini bir şekilde kaşede tutmaktadır.

---

60 V. Satir. Conjoint Family Therapy.

61 M. Talbot. Holografik evren.

62 D. Church. The genie in your genes.

Zaman içinde yaşayabileceği benzer deneyimler bebeklikte geçici hafızaya alınmış bu deneyimleri kalıcı hafızaya aktarırken sonradan yaşanmış olayın etkisinin gücünü de arttırır. Matematiksel olarak ifade edecek olursak, bebeklikte yaşanan olayın 100 üzerinden 5 şiddetinde bir tehdit ihtimali olarak geçici hafızaya aldığını düşünelim. Sonradan yaşanan olayın tek başına etkisinin 10 olduğunu kabul edelim. Ancak bu olay geçici hafızadaki olayı titreştirdiği anda her ikisinin birlikte titreşmesi 15 değil 30 şiddetinde bir etki yaratır (=kaotik etki).

Bebeklik çağındaki her masum gibi görünen davranış değersizlik inancının yakıtı olmaya devam eder.

İngilizce öğrendiği halde konuşamayan bir danışanımın pekiştirici ilk olay bebeklik çağında çıkmıştı. Tıpta uzmanlık imtihanı için hazırlanan anne, hem bir taraftan bebeğini ayağında sallıyor hem de İngilizce ders kitabını bebeğin üzerine dayamış ders çalışıyordu. Bebek hem İngilizce ders kitabının ağırlığı altında kalmış, hem de ilgisizce ve hızla sallanmasına karşı öfke hissediyordu. Danışanın İngilizce hakkındaki kanaati zaten şuydu; "Bu İngilizce bana ağır

geliyor. Annenin bebeğine yeteri kadar o anda ilgi göstermemesinin bebek tarafından yeteri kadar değer verilmemek olarak algılanması çok beklenen bir durumdur. Ama bu duygunun İngilizceyle bağdaştırılması ve bu yüzden İngilizceden kaçarak değersizlikten kaçmaya çalışması ancak holistik bir bilinçaltının başarabileceği bir bağdaştırma gücüdür.

Yani buradan hangi dersleri çıkarabiliriz (Biliyorum, anne babalar bu kitabı çok okuyacak ve her satırından mesaj çıkarmak isteyecektir. Onlara hizmet Türkiye'nin geleceğine hizmettir misyonuyla birkaç mesajı aktarıyorum).

Bebeğinizi sallarken bile kalbinizi sevgiyle doldurun.

Uykusuz kaldığınız gecelerde bile duygularınızı olumlu yönde tutacak çerçeveler yaratmaya çalışın.

Sakın ola yarım kundak bile yapmayın. Bu durum bebeğe özgürlüğünü kısıtlıyorum mesajını ve sen özgür olmaya layık değilsin mesajını içerir.

Kötü hissederken meme bile vermeyin. Sütünüzün tadı acı olarak algılanır. Özellikle erkek bebekler ilerde büyük memeli kadınlara eğilim duyar. Ancak onların yanında kendilerini emniyette ve güvende hissederler.

Her ağladığında ağzına bir şeyler tıkıştırırsanız, ilerde kendini yalnız hissettikçe ağzına bir şey koymak isteyecektir. Bu durum ya sigara, ya tıkınma bağımlılığına neden olur. Kendi değersizliğini bastıracak yeni bir araç keşfetmiş olur.

O halde çoğu kişi değersizlik inancıyla barışmadan sigara bağımlılığından kurtulamaz, kalıcı kilo veremez.

BÖLÜM
12

**Anne Baba Değersizlik
İnancını Bulaştırır**

Değersizlik inancı bulaşıcıdır. Nesilden nesle aktarılan bulaşıcı bir hastalık gibidir. Anne-babası ve çevresi bu sendroma yakalanmış bir çocuğun bu bulaşıklıktan korunması mümkün değildir.

Çocuk yaşamı modelleyerek ve taklit ederek öğrenir[63].

Her anne-babanın içinde değişik düzeyde değersizlik inancı vardır. Anne-babalar çocukla olan iletişimlerinde değersizlik inancını gizleyen kalıpları otomatik olarak kullanırlar. Çocuk bu kalıpları modellediği için otomatik olarak değersizlik inancı kalıbını yerleştirmeye başlar. Yani çocuk hem değersizlik inancını yerleştirmeye hem de bu değersizliği gizleme çabalarını kullanmaya aynı anda başlar.

Değersizlik inancı sendromuna yakalanmış bireylerin bilinçaltının amacı değersizliğini her türlü bireyden gizlemektir. Bu inancı gizlemek için bilinçaltının kullandığı değersizliği gizleme çabaları iş başındadır. Bilinçaltı değersizliğini gizleyecek mekanizmaları ya icat etmeye ya da öğrenmeye başlar. Değersizliğinin başkaları tarafından fark edilmesini önleyecek davranış kalıplarını yerleştirmeye ve uygulamaya başlar.

Zamanla bu kalıplar hemen herkesle iletişimini belirleyen bir yapı oluşturmaya başlar. Ailede, aile bireyleri kendi aralarındaki iletişimde kendi değersizliklerini gizleyecek silahları birbirlerine karşı kullanırlar. Örneğin baba, anneye karşı farklı, çocuğuna karşı farklı, kendi anne ve babasına karşı farklı gizleme kalıplarını kullanır.

Bilinçaltının değer değerlendirme merkezi babayı aile içinde bir yere yerleştirmiştir. Bu yerleşime göre baba kendinden daha değersiz olanlara karşı kendini daha değerliymiş gibi gösterme ve onlar değersizleştirme kalıplarını devreye sokarken, anne ve babasına karşı muhtemelen uzak durma kalıplarını daha belirgin kullanır. Çocukların ve eşinin davranışlarını eleştirir, alaya alırken, babasına karşı sessiz, saygılı, mesafeli davranır. Evin erkek çocuğu hayatta kalacak yöntemleri öğrenmek için gözlem yapma seçeneğini kullanırken erkeği modellemesi gerektiğine inandığından, o da annesine karşı babası gibi, sert, öfkeli, aşağılayıcı davranmaya başlar. Babasına karşı, kendi babasının babasına karşı davranış şeklini taklit etmeye başlar. Kardeşine karşı babasının davrandığı şekilde davranır.

---

63 Ayna nöronlar hakkında ayrıntılı bilgi için Rizzolatti, Giacomo; Craighero, Laila (2004). "The mirror-neuron system". Annual Review of Neuroscience 27: 169–192.

Ama özellikle annesiyle bir çatışma yaşaması kaçınılmazdır. Çünkü anne de kendi bilinçaltı değersizlik değerlendirme merkezinin değerlendirmesine göre iletişim modelleri biçimlendirmeye başlamıştır. Baba yani eşi kendisinden güçlü ve değerli algılanmışsa, eşinden ve kendinden büyüklerden uzak durmaya, takdir alacak davranışları uygulamaya çalışırken çocuklarına karşı daha sert, alaycı, eleştirel bir yaklaşımı benimseyecektir. Kendi erkek çocuğu da zaman içinde annesine karşı değersizleştirme politikası uygulamaya başladığı anda her iki bilinçaltı aralarında kavgaya başlayacaktır.

"Sen mi daha güçlüsün, ben mi?"

Anne çocuğun değersizleştirmesine aynı değersizleştirme yöntemiyle yanıt verecektir. Onu cezalandırabilir, daha sert konuşabilir, hatta fiziksel şiddet uygulayabilir. Bu durumda çocuk babasının annesiyle olan iletişimini modellemenin kendisi için uygun olmadığını, kendisinin annesine karşı daha farklı yaklaşması gerektiğini anlayıp tamamen farklı stratejiler icat etmeye başlayacaktır. Bazen yalakalık, bazen uzak durma, bazen babasını arkasına alıp saldırma ya da tüm bu kalıpların bir karmaşasını veya uygun yerde uygun olan davranış kalıbını seçme kalıplarını devreye sokacaktır.

Aile içinde hangi kalıplar daha ön planda olursa olsun, belli bir süre sonunda çocuklar anne ve babalarının kendi aralarında ve aile bireyleri dışındaki diğer insanlarla olan iletişimlerini birebir modellemeye başlayacaktır. Bu davranış kalıpları zaman içinde bilinçaltında değersizlik inancının şekillenmesine yol açacaktır. Değersizlik inancını temsil eden birçok inanç içeriği belirmeye ve artık bilinçaltı bu inanç içeriklerini okuyarak davranmaya başlayacaktır.

Daha öncede belirttiğim gibi davranışlar inançtan önce öğrenilir.

Öğrenme aşamasında, öğrenilen davranış kalıpları inançları şekillendirmeye başlar, ama inançlar şekillendikten sonra artık çocuk (bilinçaltı) bu inancı okuyarak kendi yolunu çizmeye başlar. Örneğin anne ve baba dışarıya karşı uzak durma ve aman bir açığımız ortaya çıkmasın kalıbının göstergesi olan iletişim şekilleriyle davranıyorsa, çocukta dışarıya karşı bu davranış kalıplarını özümserken, değersizlik inancı da içerikleşmeye başlar. Başkaları tehlikelidir ve her an değersizliğini fark edip saldırabilirler.

Çocuk okula başladığı zaman inanç içerikleşmişse, okulda sessiz, çekingen ve içine kapanık davranmaya başlayacaktır. Kendini topluluk önünde ifade etmeye çalıştıkça daha çok korkmaya ve telaşlanmaya başlayacaktır. Bu yeni deneyim, değersizlik inancını besleyen yeni bir inancın tomurcuklanmasına yol açar.

"Ben çekingenim, topluluk önünde konuşmaktan korkuyorum."

Anne baba -nın bilinçaltları- bir taraftan kendi değersizliklerini çocuktan bile gizleme telaşı içindeyken, öte yandan da çocukları kendi değersizliklerini gizleyecek bir araç muamelesi görmeye başlayacaktır. Bilinçaltına göre gizlenme mekanizmalarını kat kat kuşanılması gereken zırhlar, örtüler, ya da bir çatı gibi algıladıkça, her zaman bu zırhlarda zayıf yerler, örtülerde yırtık, damlarda delik mevcuttur. Her fırsatı bu zayıflıkları güçlendirmek için bir fırsat olarak kullanacaktır.

Çocuk **delik tıkamak** için çok elverişli bir araçtır.

Kendi istediği şekli vererek çocuğun şeklini deliği tıkayacak şekle uydurabilir. Çocuk başkaları tarafından takdir edildikçe, kendilerine bir pay çıkacaktır. Artık imkânları ölçüsünde çocuğa ne yapılacaksa yapılmaya başlanır. Çocuk kendi uzantılarıdır. Çocuğun sahip olduğu özellikler sanki kendi özellikleridir. O halde çocukları hiçbir şekilde kendilerindeki değersizliği belli edecek davranışlarda bulunmamaları gerekir. Çocuğun davranışları kendi değersizliğini ortaya çıkarabilir.

Anne misafirliğe giderken, evden çıkmadan kızının midesini keklerle, pastalarla şişirir, çünkü misafirlikte yememesi gerekir, yerlere ya da üstüne dökerse, rezil olmaktan, ne kadar yetersiz, beceriksiz çocuğunun olduğunun açığa çıkacağından korkmaktadır. Kızına ikram getirdikleri zaman, telaşla atılarak, onun karnı tok, o evde yedi diyerek hem yalan söylememiş olacak, hem kızı gerçekten karnı tok olduğu için, yiyecekleri ret edecek, hem de uslu çocuk muamelesi görecektir. O sırada çocuğu boynu bükük diğer çocuklar neşe içinde yerlerken, bir köşede oturuyormuş, anne için ne gam. Ama regresyonda bu olayı hatırlayan danışan, kendinin ne kadar diğer çocuklardan daha değersiz olarak algıladığını fark eder. İçinde anneye karşı konulmaz bir öfke vardır, öfkesini yastığa vurur, vurur, ağlar, "neden anne neden" der.

Üç yaşındaki kız çocuğu evinin kapısının önündeki merdivende otururken dedesi karşıdan sinirle gelir, sert ve kızgın "çabuk doğru otur" der. Çocuk şaşkındır, doğru oturmak nedir, nasıl oturulur, kendi oturuşunun nesi yanlıştır. Bilinçaltı "demek ki üç yaşındaki bir çocuk doğru oturmasını bilir, ben bilmediğime göre daha eksikli ve yetersizim" kanaatinin tohumlarını biriktirmeye başlamıştır. Regresyondaki danışan, yabancı insanların arasındaki sıkılma korkusuna çocuklukta bu tip basit olayların neden olduğunu keşfetmenin şaşkınlığı içindedir.

Değersizlik inancıyla bulaşmış ailelerin bilinçaltları toplum tarafından onaylanmayacak her türlü davranıştan, özellikten çocuklarını uzak tutmaya çalışır. Çocukları kendilerini utandırmamalıdır.

Bu nedenle çocuk mükemmel olmaya doğru teşvik edilir. Bu tip aileler teşvik edici ailelerdir. Bir şekilde kendileri de mükemmel olmak çabası içindedirler.

Bir diğer grup ise gizlenemeyen sürekli açık veren ailelerdir. Yani kendilerini değerli gösterecek silahları zayıftır. Ya fakirlerdir, ya toplumsal kategorileri düşüktür. Sanki savunmaları delik deşiktir. Bu delikleri çocuk kapatmak zorundadır. Bu nedenle her türlü silahla çocuğa bu görev yüklenmeye başlar.

"Akıllı ol. Uslu ol. Çalışkan ol. Birinci ol. Büyük adam ol. Bizi utandırma. El âlemin diline düşürme. Yüzümüzü kara çıkarma. Ben seni bunun için mi doğurdum?"

Anne babaların çoğu çocukların bilinçaltında beklenti yaratır. Bilinçaltı bu beklentileri sorgulamaz, sorgulayamaz. Peşinen uymak zorunda hisseder. Hele değersizlik inancı yerleşmeye başlamışsa daha çok uymak zorunda hisseder. Kendisini beğendirmek zorundadır. Anne babaya bile beğendirmek zorundadır. Öğrendiği gizlenme mekanizmalarından biri budur.

Ama insandır ve ne kadar çaba gösterirse göstersin bu beklentilerin hepsini karşılayamaz. Gücü sınırlıdır. Hele anne baba kolay beğenen bir yapıda değilse ne yaparsa yapsın bu karşılama yetersiz kalır.

Tüm çabalarına rağmen bu yetersizliği yüzüne vurulmaya devam eder. Yetersizliği değersizliğe doğru gittikçe pekişmeye başlar.

Çoğu zaman yetersizlik çocuğun aslında aşırı yeterli olmasından ortaya çıkar.

Örneğin dört yaşında çocuk bulaşık yıkamaya çalışmaktadır. Ama büyük tepsileri tutamamakta ve elinden kaymaktadır. Bu arada bir tane de bardak kırar. Anne tarafından azarlanır.

Dört yaşında bir çocuktan nasıl bunlar beklenir? Anne hava atacak. "Benim çocuğum artık bulaşık bile yıkıyor" diyecek. Bilinçli akıldan eser yok. "Kızım sen daha oynaman gerekir, bunları yapacak yaşta değilsin" diyeceğine, üstüne üstlük azarlıyor. Çocuk da daha dikkatli olmaya çalışıyor. Yani dört yaşında çocuğun aslında bu becerikliliği onu yetersiz olduğu algısını da yerleştirmeye başlıyor. Aslında en başta şöyle beş on bardak tabak kırsa hem de bulaşık yıkamaktan kurtulacak hem de yetersiz olduğu inancından.

Çocuk anne babanın davranışlarını modelledikçe gizlenme yöntemlerini doğrudan satın almış olur. Yoksa bilinçaltında karşıdaki insanların bilinçaltındaki inançları okuyan özel bir okuyucu sistem ya da dekoder yoktur. Yani çocuk anne babanın bilinçaltını okuyacak oradaki inançları gözden geçirecek onlardan istediğini seçecek. Ya da aksine anne baba kendi inançlarının bir dökümünü yapacak ve Kur'an belletir gibi her gün inançları çocuğa ezberletecek. Yok böyle bir şey... .

Çocuğun satın aldığı sadece davranışlardır.

Her bilinçaltında inanç yeniden ve kendiliğinden şekillenir. Satın alınan her davranış ve bu davranışla beraber duygusu, mevcut önceki duygu ve bilgilerle harmanlanır. Her bir davranışı bir yapbozun parçası gibi düşünebiliriz. Yapboz tamamlandıkça ortada havuz gibi bir kalıp oluşmaya başlar. İşte ortada oluşan bu kalıp otomatik olarak inancı yaratır. Şekil tamamlandıkça inanç güçlenir. Önce eylemler, davranışlar ve korkular satın alınır ve bunlar çocuğun bilinçaltında birleştirilir. Birleştikçe ortaya çıkan resim "ben değersizim" şeklinde dekode edilmeye başlanır.

Süreç olarak sanki çocuk gizlenme yöntemlerini henüz değersizlik inancı yerleşmeden önce kullanmaya başlar. Ama daha önce de belirttiğim gibi bilinçaltı holodektir. Daha resim ortaya çıkmadan, gelen ilk parçadan sonra hangi parçaların geleceğini ve bu parçalar sonucunda nasıl bir resmin ortaya çıkacağına peşinen *bilir*.

BÖLÜM 13

**Değersizlik İnancını
Besleyen Durumlar**

gerekli " insanı çok erken yaşta yetişmeye başlar. Başkalarının bizi iyi gözle görmesi bize değer vermesi ile özdeşleşmeye başlar.

Bütün somut düşüncelerden soyuta kayınca yetersizlikten değersizliğe kayış başlar.

Soyuta kaçış hipnoza kaçıştır.

Hipnoz ilkelliğe dönüştür.

Değersizlik, insanın modern toplumda ortama kanunlarıyla yolunu bulmaya çalışan bilinçaltının yaşantısının bir ürünüdür.

Hipnozu fark etmeyen değersizlik inancını fark etmez.

Hipnozda olduğunu fark etmeden hipnozdan çıkma şansı yoktur.

Hipnozdan çıkmadan değersizlik inancını temizlemek mümkün değildir.

İşte temel hipnozun değersizlik inancıdır.

Büyüklerin gözünde çocuk saygı duyması gereken ama saygı duyulacak bir varlık değildir. Onlara göre çocuğa bakmak ve yetiştirmek sanki zaten çocuğa yapılmış en büyük iyiliktir ve çocuk bunun karşılığını bir şekilde vermelidir. Bu nedenle çocuğa her türlü müdahalede bulunmaya, karışmaya kendilerinden hak görürler.

Anne babanın **temel iki görevi** dışında – çocuğun ihtiyaçlarını karşılamak ve onu gerçek tehlikelerden korumak- çocuğa müdahalelerde bulunmaya çabalaması çocukta *ben yetersizim* inancını yerleştirmeye başlar.

Hâlbuki çocuğun içinde *ben de yapabilirim* hazır programı vardır.

Çocuğun kendi başına öğrenme çabası engellendiği oranda bu olumlu programın yerini yetersizlik düşüncesi almaya başlar. Örneğin kendi çabası ile koltuğa tırmanmaya çalışan çocuğa arkadan iterek yardım edilirse çocuk *ben tek başıma yapamam* düşüncesini yerleştirmeye başlar. Ya da tek başına yemek yemeye çalışan çocuğun elinden kaşığı alır ve ona yedirmeye çalışırsak *sen yapamazsın* mesajını vermiş oluruz.

Bir gün küçük kızımı seyrediyordum. Henüz yeni yeni yürüyordu. Eğitim merkezimizde alçak koltuklar vardı. Büyük bir çabayla ona tırmanmaya çalışıyordu. İçimde dayanılması güç bir duyguyla savaşıyordum. Bir tarafım ona destek olmak istiyordu. Ama bu mekanizmaları bilen tarafım ise onun kendi işini yapmasının önemini biliyordu. Uzun uğraşılardan sonra koltuğa tırmandı. Oturdu. Şöyle bir geriye yaslandı. Gözlerinde büyük bir ışıltı ve zafer havası vardı. Sanki o anda yüz binlerce kişi çılgınca onu alkışlıyordu. Eğer ben o anda müdahale etseydim hem onun bu güzel anı yaşamasını engellemiş, hem de ona *sen tek başına yapamazsın* mesajını vermiş olacaktım. Bu tutumum sayesinde kızım şu anda kendi yapabileceği işe kimseyi müdahale ettirmez. Ayakkabısını kendi giymek ister. Yemeğini kendi koymak ve kendi yemek ister.

Kiloyla ilgili sorunu olan bir danışanımın seansında bebeklik ile ilgili bir olay canlanır. Masadaki yiyeceğe uzanmaya çalışan çocuğu annesi sırtından çekiştirmektedir. Bebek bunu annesinin tuttuğunun farkında değildir. Bu nedenle *bende bir şeyler eksik, yapamıyorum* algısı yerleşmeye başlar. Bir an elinden kurtulur ve elleriyle makarnaya gömülür. Masadakilerin ilgisi bir anda bebeğe yönelir. Gülerler. Yemek sayesinde ilgiyi çekmiştir. İleriki yaşamında bu kişi kendini engellenmiş hissettikçe yemeğe sarılır. İlerleyen çocukluk dönemlerinde engellemeler devam ettikçe bebek bir şeyleri elde etme denemelerinden vazgeçmeye başlar ve değersizlik inancını yiyerek bastırmaya çalışır.

Çoğu anne sabırsızdır. İşlerin bir an önce bitmesini ister. Bu nedenle bebeğin döke saça ve yavaş yemesine dayanamaz. Hızlı hızlı yedirmeye çalışır. Etrafı pisletmesine kızar. Titizlik, temizlik düşkünlüğü, çocuğun üstünün kirli olacak olması çocuğun engellenmesine, öğrenme çabalarına karşı saygısızlık gösterilmesine neden olur.

Benim **regresyon tarihim** o kadar çok bu tip çok basit gibi görünen olayların etkisini keşfetmekle doludur ki…

Tabi farkında olmayan anne babalar için basit gibi görünen olayların çocuğun bilinçaltında yarattığı fırtınaları tahmin etmeleri zordur.

Çocuğun doğal gelişimine saygı duymamak anne babaların genel eğilimidir.

İnsanın gücü sınırlıdır. Her yaş için yapacakları sınırlıdır. Bunun **doğal bir gelişim** olduğu mesajını çocuk almalıdır. Aksine bu sınırlılık sanki doğal değilmiş gibi mesajlar verilirse yetersizlik inancı yerleşmeye başlar. Annelerin içindeki değersizlik inancının derinliği ve şiddeti çocukta da bu inancın yerleşmesini hızlandırır.

Ya da çocuğun yapacaklarından daha fazlasını çocuktan talep etmekte çocukta yetersizlik inancını yerleştirir. Örneğin beş yaşındaki çocuktan bulaşıkları yıkaması istenirse ve bu yönde zorlanırsa çocuk kendiliğinden ya da anneden gelen eleştirilerle *ben yapamıyorum* inancını yerleştirir. Büyük bir tepsiyi yıkayamaz. Bardağı kırar. Anne kızar. Aslında çocuk yetersiz olmak bir yana, yaşından çok daha yeterli olmaya çabalamaktadır. Çoğu zaman durum budur. Çocuk gereğinden fazla çaba gösterir. Yaşından beklenenden daha fazlasını verir. Bu durumda aile çocuktan bu fazladan daha fazlasını talep eder. Yani çocuk bir bilebilse, çocuk kadar verebilmeyi bir bilebilse, kendisinden bu fazla iş talep edilmeyecek, o da doyasıya çocukluğunu yaşayabilecektir.

Sormak gerekir; beş yaşında bir çocuğu gayretkeşlik göstermeye iten çabanın kaynağı nedir?

Ben seans sırasında daha beş yaşındaki çocuğun bu gayreti gösterdiğini gördüğüm zaman danışanımı uyarırım.

"Bak, farkında mısın, daha beş yaşında işin bitmiş. Yani beş yaşına kadar neler yaşadın ki artık kendini gizlemek için kendini gösterme ve kabul ettirme çabası içine girdin?"

Bir başka örnekte de anne her akşam baba ile kavga etmektedir. Daha dört yaşındaki oğlundan baba eve geldiği zaman, yanında olmasını ve onu korumasını ister. Ama kavga sırasında çocuk bir şey yapamaz. Anneyi koruyamaz. Kendinden istenilen bir görevi yapamadığı için kendini yetersiz ve çaresiz *hissetmeye* başlar. Tekrarlayan bu olaylar bilinçaltında çaresizlik hissini ve akabinde de yetersizlik inancını yerleştirmeye başlar. İlginç olan bu çaresizlik hissi büyük yaşlara taşınır.

Çocukken gerçekten çaresizken çare arama çabası içinde olan çocuk, büyük yaşta da aksine çareler varken sanki hiç çaresi yokmuş inancı içindedir ve bu yüzden atılacak basit adımları görmez.

Çocuklar dışarıda oynamaktadır. Annesi çocuğunu dışarı göndermez. "Hava soğuk üşütürsün" der. Ama öteki çocuklar üşütmeden keyifle oynamaktadır. Bilinçaltı bu durumda kayıt atmaya devam eder.

"Ben diğer insanlardan daha güçsüzüm, benim diğer çocuklar gibi oynamaya ve hayattan keyif almaya hakkım yok".

Çocuktan beklentileri olmak

Çoğu büyük için çocuk sanki kendi içindeki değersizliğini gizlemek için dünyaya gelmiştir.

Anne babanın bilinçli düzeyde böyle bir niyeti olmayabilir. Onlara çocuktan olan beklentileri son derece doğal gelir. Çocuk bir şeyler başardıkça sevinirler, öğünürler. Ses çıkardığı zaman sevinç çığlıkları atarlar. Çoğu büyük çocuğa gülümser ama çocuk gülümsediği zaman daha bir başka sevinirler. Çocuğu güldürmeye çalışırlar. Bunlar büyüklerle bebekler arasında son derece doğal ilişkiler gibidir.

Ama çocuğun bilinçaltı kayıt tutar.

İster istemez "büyükler benden bir şeyler bekliyor" inancı yerleşmeye başlar.

Bu durum kaçınılmaz bir süreçtir. Yani hiçbir insan yavrusu "ben büyüklerimin beklentilerini karşılamak zorundayım. Benden bu bekleniyor" sürecinden kurtulamaz.

Bebek büyüdükçe bu *beklentiler* artmaya ve çeşitlenmeye başlar. Bir şeyler başarmak zorundadır. Diğer çocuklardan daha iyi olmak zorundadır. Daha çalışkan olmak zorundadır. Uslu olmak zorundadır. Saygılı olmak zorundadır. Toplumsal kurallar sürekli beklenti yaratan bir makine gibidir. Beklentinin yerine getirilmesi kendine gösterilen ilgiyi arttırır. İlgi sevgi demektir. Sevgi emniyet ve güvenin garantisidir.

Bu doğal süreç değişik şekillerde bozulabilir. Örneğin bazı anne babalar çocuk iyi bir şeyler yaptığı zaman ödül verir ama diğer zamanlarda ilgilenmez. Ya da ilgilenmeye başladığı zaman yine ondan özel bir şeyler yapmasını bekler. Masum oyunlar sırasında bile zekâsını ve becerilerini göstermesini bekler. Bu durumda daha bebeklik çağından itibaren çocuk dikkat çeken eylemleri ayırt etmeye ve uygulamaya başlar. Burnunu karıştırmak bile ilgi çekme davranışı olmaya başlar.

Çok eğitimli ve anlayışlı gibi görünen ailelerin çocuklarında da yetersizlik inancı olması ilginçtir. Bu tip ailelerde gizli eleştiri ve beklenti yaratma vardır. Yani çocuk iyi bir şey yaptığı zaman takdir alır. Ödül alır. Ama iyi bir şey yapmadığı zaman bir şey almaz. İlgi görmez. Bu durum çocuk tarafından "sevilmem için hep onların beklediği şeyleri yapmam gerekir" inancını yerleştirir. Yapamadığı zamanlarda da kendini yetersiz hissetmeye başlar.

Çocuklar **doğal duygu okuyucu**larıdır.

Anne babanın yüzünden ne hissettiklerini ve düşündüklerini anlarlar. Anne baba hayal kırıklarını gizlemeye çalışsa bile yüzleri onları ele verir. Çocuk anne babayı üzdüğünü düşünmeye başlar. Zamanla "onların beklentilerini karşılayamazsam üzülürler" inancı yerleşmeye başlar. Üzülmek kötüdür. Eğer üzülürlerse onu sevmezler. Çocuk düşünce sistemine göre hem üzüntü hem sevgi aynı anda olmaz. Birbirinin zıddıdır.

İçinde değersizlik inancı derin olan anne babalar çocukları için yaşam gittikçe acılı olmaya başlar. Hep başarılı olmak ve onları memnun etmek zorundadır. Erken yaşlarda müzik ve spor kurslarına gitmeli ve başarmalıdır. Kimse ona bu gittiği kurslardan hoşlanıp hoşlanmadığını sormaz. Çocuğun seçme hakkı yoktur. O sadece başarılı olmalıdır. Anne babayı mutlu etmelidir.

Gizli antlaşma budur. Çocuklar anne babayı mutlu etmek için doğarlar.

Bu **misyon** hiç dillendirilmese de her hareketle kodlanır ve enerji paketleri içinde çocuğun bilinçaltına gönderilir.

Çocuğa çocuk muamelesi yapmak güçlü bir değersizlik inancı güçlendiren davranış şeklidir.

Hepimizin içinde doğuştan gelen derin bir bilgi vardır.

Bu yüce varlığımızın içimize koyduğu bilgidir.

Çocukta olsak özgür bir bireyiz. Ve bir birey gibi davranılmayı hak ediyoruz.

Ama bu derin bilgi bilinçaltının programlanması karşısında ya çaresiz ya da öğrenme sürecine müdahale etmek istemeyen bir gözlemci gibidir. Sanki her çocuğun bu dünyada bir kaderi ve yaşam çizgisi vardır.

Her çocuğun kendine özgü bir *değersizleşme süreci* vardır.

Bu sürece saygı duymak gerekir.

Bu dünyaya önce bu derin, insan olduğumuz bilgisini unutmaya, unuttukça değersizleşme inancının yerleşmesi sürecini yaşamaya gelmiş gibiyizdir. Bize insan olduğumuzu unutturan her türlü davranış otomatik olarak değersizlik inancını besler. Ama bu ne bilincin, ne de bilinçaltının bildiği bir bilgidir. Bu derin insan bilgeliğimizin[64] bildiği bir şeydir. **Derin bilgeliğimiz** bunu bilmesine rağmen bilinçaltına yine de değersizlik kayıtlarını yapmasına izin veriyor gibidir.

Şanslı olanlar, zamanı gelince kendini sorgulamaya başlayanlar içlerindeki bu değersizlik inancını fark edeceklerdir. O zaman sahte inançtan arındıkça yeniden içindeki insan bilgisiyle buluşmaya ve insanlaşmaya başlayacaklardır.

Tekâmül dediğimiz şey belki de budur.

Günümüz Türkiye'sindeki **eğitim sistemi** sanki özellikle çocuklarımızı değersizleştirmek için yaratılmış gibidir.

Çocuk **yarışmak ve kazanmak** zorundadır.

Daha beş yaşına gelmeden çocukluk çağı bitmiştir. Artık yarışma ve kendini ispat etme çağı başlamıştır.

Çocuklar her şeye güler ve keyif alır. Beş yaşındaki çocukların gelişim süreci arasında farklılıklar olması normaldir. 1-2 aylık büyüklük bile becerilerde belirgin farklar yaratır. Diğerlerinden geri kalan çocuklar

---

64 Bazıları buna üst bilinç demektedir.

kendilerinin yetersiz olduğuna inanmaya başlar. Hele bir de diğer çocuklar tarafından alaya alınırsa ya da gülünürse bu değersizleşme çok daha hızlı ve güçlü olacaktır.

Toplumsal gelir dengesizlikleri de düşük gelirli ailelerdeki çocukların *değersizleşme sürecine* katkıda bulunacaktır. Özel okullara özel arabalarla gidip gelen çocuklar bir tarafta, devlet okulunda kalabalıklar içinde ezilen çocuklar diğer tarafta.

Ama özel okula giden çocuklar arasında da dengesizlikler vardır. Hatta özel okuldaki eşitsizlikler devlet okullarına göre çok daha belirgindir. Çoğu orta halli aile çocukları daha iyi imkânlarla okusun diye büyük fedakârlıklarla çocuklarını özel okula gönderir.

Ama zenginliğin üst sınırı yoktur.

Değişik yollarla zenginleşmiş anne babaların içindeki değersizlik inancı kaçınılmaz olarak çocuklar üzerinden hava atmalarını sağlatır. Marka giyinmeler, ilkokul çocuğunun elinde son model cep telefonları aynı imkânlara sahip olmayan çocuklarda *değersizliğin* yerleşmesine neden olacaktır.

Çocuk üst sınıflara doğru ilerledikçe başarı daha da önem kazanmaya başlar. Çocuklarının başarısı ailelerin tek yaşam amacı olmaya başlar. Başaranlar mutlu hissederken başaramayanlar utanç hissetmeye başlar.

Utanç duygusu değersizlik inancının markasıdır.

Anne babalar ne kadar iyi niyetli olsalar da artık bu zamanda güçleri sınırlıdır. TV oyunları, çocuk kanalları, çocuk kanallarındaki reklamlar, internet, facebook, instagram arkadaşlıkları çocuklar üzerinde anne babalarından çok daha güçlü hipnoz yaratmaktadır. Anne baba tüm imkânları ile çocuklarının bu çağdaş(!) ihtiyaçlarını tamamlamaya çalışsa da mutlaka bir şeyler eksik kalacaktır.

Playstation 3 ü alsan daha sen taksitleri bitirmeden 4 ü çıkar.

Daha I-pod 4'ün tüm fonksiyonlarının nerede olduğunu öğrenemeden 6 sı piyasaya verilmiştir bile.

O nedenle anne babaların bu konuda kendi **anayasa**larını yazmaları ve çocukların eksiklik duyguları karşısında sağlam durmaları gerekmektedir. Bu bir süreçtir. Bu çağın çocuklarının yaşaması gereken süreç... Ne yazık ki onlar bizlerden çok daha fazla değersizlik inancıyla savaşmak zorunda kalacaklar. Ama eğer tohumu sağlam atmışsanız bundan etkilenmeleri çok daha az olacaktır. Her türlü olumsuzluğa ve global şirketlerin **bilinçli değersizleştirme politikaları**na rağmen, bizimki gibi kozmopolit bir ülkede bile **gezi parkı ruhu** nüvesinin bulunması bizden sonraki nesillerin değersizlik inancının etkilerinden olumsuz yönde daha az etkileneceğinin göstergesidir.

Çocuğu utandırmak

Değersizlik inancını yerleştiren ve besleyen en güçlü etkenlerden biri **utanç**tır.

Çocuk çevresini tanımaya başladığı andan itibaren utanmayla tanışır.

Davranışlar ikiye ayrılmıştır; Utanılacak olanlar ve olmayanlar.

Çocuğun sahip olduğu özellikleri de ikiye ayrılmıştır; Utanılacak olanlar ve olmayanlar.

Ayrıca anne babayı da utandırmaman gerekir. Oturman, konuşman, yemek yemen yani doğal olarak yaptığın her şeyin mutlaka bir utanılacak şekli vardır ve bundan uzak durmak gerekir.

Doğallıkla utanç birbirine karışmıştır.

Doğal bedenimizden utanırız. Bedensel fonksiyonlarımızdan utandırılırız. Gaz çıkarsan, karnın guruldasa, burnun aksa çok ayıp. Bedenden çıkan her türlü salgı pistir ve fark edilmesi utanç yaratmalıdır.

Anne baba ne kadar utanç doluysa bu utançları yaratan inançlarını çocuğa da yansıtmaya başlar.

Toplumsal olarak onaylanmayan her şey ayıptır ve gizlenmesi gerekir.

"Aman başkaları görmesin!"

Bu, çocuğa bazı şeyleri gizlemesi gerektiğinin bir mesajı gibidir. Çocuk bazı şeyleri yapmanın değil de fark edilmesinin *ayıp olduğunu* öğrenir. Böylece bilinçaltı değersizliği de gizlemesi gerektiğini öğrenmeye başlar. İyi gizlersen bir tehlike yoktur. Gerektiğinde yalan söyleyebilirsin. Yalan söylediğin anlaşılmadığı sürece sorun yoktur.

Böylece çocuk daha yaşamının başında başkalarının onaylamadığı ve fark ederse kendisi için tehdit arz edeceğine inandırıldığı her şeyi gizlemeye başlar.

Bilinçaltı için değersizlik inancının mevcudiyeti tehlike değildir. Başkalarının değersizliği fark etmesi tehlikedir. Aksine zamanla inanç koruyucu bir görev işlevi üstlenir.

Zamanla utanılacak özellikler arttıkça değersizlik inancının bilinçaltında işgal ettiği alan genişlemeye başlar.

Çocuk için en ağır travma yok sayılmaktır.

Varlığın büyükler tarafından yok sayılmaktadır. Gözlerinin önündesindir ama fark edilmezsin. Hatırın sorulmaz. Yaptıkların önemsenmez. Gerçekten sanki hiçbir değerin yoktur. Ancak büyüklerini çok rahatsız edecek şeyler yaparsan fark edilirsin. Evde misin, değil misin kimse fark etmez. Gece yarılarına kadar sokakta gezsen arayan yoktur. Bir sürü çocuğun arasında herhangi bir çocuksundur. Bu nedenle de büyüyünce ancak kalabalıklar arasında kendini rahat hisseder.[65] Ayrı bir birey gibi davranılmaya başlandıkça huzuru kaçar. Annesinin onu eve çağırması bile onun varlığının fark edildiğine bir işarettir.

Anne çalışır, baba çalışır, çocuk akşama kadar evde yalnız kalır, sokaklarda tek başına dolaşır. Ne yer, ne içer sorulmaz. Sadece evde kuru ekmek vardır. Biraz da içine konacak katık. Sevginin tek işareti budur çocuk için. Bu nedenle ilerde ne kadar zengin olursa olsun, yine de gizli gizli ekmek arasına bir şeyler koyup yemekten kendini alamaz.

En gizli, en yaralayıcı değersizlik inancı yerleştiren davranış şekli budur. Özgüven eksikliği nedeniyle terapi alan bir bayan regresyonda yedi yaşına gider. İçinde öfke ve üzüntü karışımı bir duygu vardır. Çünkü bir resim yapmış ve televizyonun üzerine görünür bir şekilde yaslamıştır. Annesi de "bu ne" deyip çöpe atmıştır. Annesine resmi sorduğunda "ne vardı ki onda?" diye yanıt alır. Bu tipik bir yok saymadır.

Bir çocuk yaptığı bir resmin neden görünmesi için uğraşır ki?

Yanıt annenin davranışındadır zaten.

Bu sahne bayanda çok yoğun duyguların boşalmasına neden olmuştur.

Kalabalık ailelerde bu fark edilmeme daha da artar. Sonradan gelen çocuklar daha bir kendi haline terk edilir. Ya da daha büyük çocukların sorumluluğuna bırakılır. *Annem babam beni sevmiyor* düşüncesi değersizlik

---

[65] Günümüzde alışveriş merkezlerinin bu kadar dolmasının nedeni biraz da budur. Bireyliğin yok olmakta ama herkesin arasında olduğun halde fark edilmeden yaşayabilmektesin.

inancına giden yollara taş döşemeye başlar.

Çocuk sevmeyi beceremeyenin anne baba olduğunu bilemez.

Onlar sevmediğine göre *demek ki ben sevilmeyi hak etmiyorum* gibi düşünmektedir.

Çocuğun da duyguları vardır. Korkar, üzülür. Çoğu anne baba sanki bunu bilmez. Duygularını yok sayar.

Çocuğun duygularının yok sayılması çocuğun yok sayılmasıdır.

Anne babanın çocuk önünde tartışması tipik bir örnektir. Kendilerini kaybetmiş bir şekilde kavgaya dalmış anne baba aynı odada çocuk olduğunu fark etmez ya da umursamaz. Hatta çocuğun orada olmasını ister gibidirler. Nasılsa kavgada haklı olan taraf kendisidir ve çocuk da sanki bunu fark edecektir.

Anne babanın içinde değersizlik inancı kendi haklılığının çocuk tarafından onaylanmasından bile medet ummaktadır.

Dayak bile çocuğu yok sayılmaktan daha fazla mutlu eder. Çünkü dayak olduğu sürece çocuğun bilinçaltına göre anne babanın çocuktan umudu vardır. Bu nedenle çocuk sürekli dayak yiyecek bir şeyler icat etmeye çalışır.

Regresyon çalışmalarında en zor açığa çıkan çocukluk sahneleri yok sayılmayla ilgili olanlardır. Çünkü bilinçaltında ne titreşecek bir duygu vardır ne de kayıt altına alınmış bir hareketli olay. Kendisini yok sayan bilinçaltı kendisini yok etmiş olayları bulmakta zorlanır.

Aile bireylerinden birinin çocuğu terk etmesi

Anne ya da babanın çocuğun hayatından çıkması ciddi bir travma yaratır.

Ayrılık, boşanma ya da ölüm şeklinde olabilir. Çoğunlukla görülen durum babanın aileyi terk etmesi şeklindedir.

Çocuk babası olmadığı için etrafından utanmaya başlar.

Çocuklar anne babalarının ayrıldıklarını çevreden gizlemeye çalışırlar.

Boşanma ile oluşan ayrılıklarda çocuk kendini suçlayabilir.

"Yeteri kadar sevilseydim annem/babam beni terk etmezdi."

Burada tekrar bir saptama yapmak istiyorum. Bilinçaltında sanki lineer bir mantık varmış gibi görünse de bu izlenim yanlıştır. Bilinçaltı bu sonuçları çıkardıktan sonra *o halde ben değersizim* kararına varmaz.

Bilinçaltı **holistik**tir.

Zaman ve mekân kavramı yoktur. Her şey aynı anda olur. Bir taraftan utanç, bir taraftan değersizlik inancı, bir taraftan gizlenme yöntemleri aynı anda gelişir ve işlemeye başlar. Ama bilinçli aklımıza göre sanki bir sıra varmış izlenimi doğar. Sanki önce olay olur. Sonra bu olay değerlendirilir. Bu utanılacak bir durumdur denir. Sonra değersizlik inancı oluşur, sonrada bunu gizleyecek yöntemler geliştirilir gibi zamansal bir sıra varmış gibi görünür.

Çevrenin anne/babası ayrılmış ya da ölmüş çocuklara olan davranışları da değersizlik inancını yerleşmesinde ve güçlenmesinde önemli bir faktördür. Bu çocuklara daha çok acınır. Arkadaşlarıyla yaptığı bir kavgada kendi haksız olsa bile diğer çocuğa kızılır. Hataları daha hoş görülür. Daha çok yardım edilir. Öğretmeni torpil geçer.

Çocuklar aptal değildir. Aptalı oynayan akıllı yaratıklardır.

Ortada bir acınma ve kayrılma olduğunu anlar. Zamanla bu ebeveyn eksikliğinin utanılacak veya acınacak bir durum olduğuna inanmaya başlar.

Acınma hali çoğu bilinçaltının işine gelebilir. İlerleyen yaşlarda acı çektiğinin bilinmesinden nemalanmaya çalışır. Acı çektiğinin fark edilmesini sağlayarak değersizliğini gizlemeye çabalar.

Ama *güçlü görünmem gerekir* programı yerleşmiş çocuklarda acınma zayıflıkla eşdeğerdir ve gizlenmelidir. Çocuk kendisi **acınacak durumda** olduğuna inanmıştır ama bunu gizlemeye gayret eder. Üzüldüğü halde hiç üzülmüyormuş gibi yapar. Hatta annesinin üzüntüsünü giderecek çaba içinde olur.

Utanmak ya da utandırılmak kendi başına değersizlik inancını yerleştiren bir duygudur.

Çocuk utandığı için değersiz olduğuna inanır.

Değersiz olduğuna inandıkça daha çok utanır.

Başka bir terk edilme şeklinde de çocuk anne ve babasıyla beraberdir. Ama her türlü ihtiyacı diğer aile bireyleri tarafından karşılanır. Anneanne ya da babaanne sanki çocuğun annesi gibidir. Anne kendi havasındadır.

Bazen yıllarca yurt dışına bile gider. Bir de kendini hatırlatmak ister gibi oralardan hediyeler göndermektedir. Bu durum çocuğun bilinçaltında güçlü bir değersizlik inancı yerleştirirken anneye karşı da ileriki yaşlarda çok daha belirgin olacak güçlü bir nefretin oluşmasına sebep olur.

Babanın şehit düşerek bile ölmesi çocukta öfke ve utanç biriktirir.

"Babam beni sevseydi bu kadar erken bırakıp gitmezdi."

Buna benzer düşünceler değersizlik inancının pekişmesinde rol oynar.

Çocuğun duygularından utandırılması

Çocuk ağladığı zaman kızılır. Ya da öfkelendiği ya da bağırdığı zaman azarlanır. Duygularının gösterilmesi istenmez. Zaten aile içi iletişimde duygular gizlenmektedir. Anne üzüntüsünü gizlemeye çalışır. Öfkesini bastırmaya çalışır.

- Erkekler ağlamaz.

- Güçlüler ağlamaz.

- Kızmak sana yakışmıyor.

- Ağlayınca çirkin oluyorsun.

- Senin üzülmen beni de üzüyor.

- Bu davranışından utanmalısın.

- Ayıp orta yerde bağırılmaz.

Bu tip aileler zaten kendi aralarında da duygularını gizleyen ailelerdir. Duyguların ifade edilmesinden rahatsız olan ailelerdir. Çocuk bir taraftan duyguları yüzünden suçlu hissettirilir; öte yandan zaten duyguları göstermemesi gerektiğini iletişimi modelleyerek de benimser.

Bazen istemeden duygusunu gösterse de suçlu hissetmeye başlar.

Zamanla yerleşen **suçlu hissetmek** korkusu duyguları bastıran güçlü bir mekanizma olmaya başlar.

Biriken her duygu değersizlik inancının yakıtı olmaya başlar. Değersizlik inancını pekiştirir.

"Ben yanlışım, ben hatalıyım, ben utanç dolu bir kişiyim" algısı oluşmaya başladıkça değersizlik inancı güçlenmeye başlar.

Çocuk zamanla anne babasının özelliklerinden utanmaya başlar.

Öyle ya, anne babası kendisinden utandığına göre, **aynalama ilkesi**ne göre o da anne babasının özelliklerinden utanmalıdır. Bu nedenle de utanılacak özellikler arar bulur; bulamazsa da icat etmeye başlar.

Eeee, etme bulma dünyası. Annesinin cahilliğinden utanır. Köylülüğünden utanır. Annesinin yetersizliklerini çevresinden gizlemeye çalışır. Onun okula gelmesini bile istemez. Onun varlığının kendisini arkadaşları karşısında rezil edeceğinden korkar. Alkolik babasından utanır. Sakat bir aile bireyi varsa onu gizlemeye çalışır.

Fakirliğinin anlaşılacağından korkar. O kadar utanır ki aç olmasına ve evde sıcak et yemeği yiyememesine rağmen okulda fakir çocuklar için arada sırada verilen yemeklere katılmaz.

İnsan olduğunu ortaya koyan varsa gizlemeye çalışır.

Çocuk doğduğu zaman spiritüel bir varlıktır.

Bedeninin farkında değildir.

Sadece hisleri ve enerjisi vardır. Kendisine bakan kimseleri onlardan gelen enerjiye göre değerlendirir. Olumlu enerji aldıkça yani sevildikçe kendini emniyette ve güvende hisseder. Sanki çocuklar ruhlarıyla yaşarlar. Bedenleri o ruhu taşıyan bir araçtır.

Ama kısa sürede **bir madde** olduğunu öğrenmeye başlar.

Bu maddeye bir değer biçildiğini öğrenmeye başlar.

Ruhunun bir değeri yoktur. Önemli olan maddedir.

Güzelliği öğrenir. Bedensel faaliyetlerine verilen önemi fark eder. Yürümesi, yemek yemesi, gülmesi ilgi çekmektedir. O halde beden kullanılması gereken önemli bir araçtır. Anne ya da baba o bedene sarılmaktan zevk almaktadır. O bedenle bir şeyler yaptığın zaman *aferin* alırsın. O bedenden çıkan salgılar dikkat çeker.

Kızdıkları zaman bazı anne babalar o bedeni acıtmaya çalışırlar.

Maddeleşme değersizleşmedir.

Ancak maddi şeyler birbiriyle karşılaştırılır. Bazı eşyalar daha değerlidir. Anne baba ya da büyükler ne kadar çok senin bedeninle ilgiliyse, senin bedeninden yararlanmaya çalışıyorsa o kadar *maddeleşmişsin* demektir.

Maddeleşmek zaten değer karşılaştırmasını gerektirir.

Bedeninin büyükler tarafından kullanılma şekli artık ne derecede değerli ya da değersiz olduğunu belirleyecektir.

Bedenin büyüklerin çıkarı doğrultusunda kullanıldığı ölçüde değersizliğin güçlenmeye başlar.

Çocuk bedeninin büyükler tarafından kendi çıkarları doğrultusunda kullanılmak istenmesi çocuk bilinçaltı tarafından bir şekilde fark edilen ama hakkında herhangi bir muamele yapılamayan, aksine itiraz edilemeden kabul edilen bir durumdur.

Acıtıcı olmayan **tacizler** özellikle bu sınıfa girer. Sanki çocuk bir şeylerin ters gittiğini fark eder. Normal olmayan bir şeyler vardır ama canı da acımamakta, aksine hoşuna gitmektedir. Ne olduğunu tam da bilmediği bu tip taciz olaylarını çoğu zaman anne babasından gizler. Çocuk aklıyla bu değerlendirmeyi yapması bir taraftan çocukta gizli bir aklın varlığını bize düşündürtse de aslında durum fecaat demektir. Daha o yaşta çocuk başına gelenleri anne babayla paylaşmaktan korkmaktadır.

En temel inançlardan biri olan *etrafımda bir şeyler yanlış gidiyorsa suçlu benimdir* daha o yaşlarda anne-baba tarafından çocuğun bilinçaltına ekilmiştir ve artık çocuk ne yaparsa yapsın büyükleri tarafından onaylanacağı güvenini kaybetmiş demektir. Bu durum bir taraftan bilinçaltına sıkıştığı durumlarda kurtulmak için bedenini sunabileceğinin öğretmiş olsa da öte yandan *ben sadece bedenim için seviliyorum, insan olarak değil* bilgisinin de içerdiğinden, değersizlik inancı yine pekişmeye devam eder.

Bedenin kullanıldıkça değersizleşirsin, bedenini sundukça değersizliğini gizlersin.

BÖLÜM 14

Travmaların Etki Mekanizması

Çocukların travmalara karşı duyarsız olduğunu düşünenler vardır. Psikiyatri kitaplarında bu düşünceler dillendirilir.

Konuşamayan bir çocuğun travmadan nasıl etkilendiğini doğrudan nasıl bilebiliriz ki?

Çocuk kendini nasıl doğru olarak değerlendirebilir? Ne hissettiğini nasıl ifade edebilir? Neyin his olduğunu nasıl ayırt edebilir? Ya da doğruyu söylemesi gerektiğini nasıl bilebilir? Biz onun doğruyu söylediğini nereden bileceğiz? O andaki hislerinin bilincinde[66] hangi düşünceleri tetiklediğini kendisi bile anlayabilir mi?

Ama hafıza kayıt sistemi devrededir. Çocukların erken yaş dönemindeki travmalardan etkilendiğini gösteren birçok gözlemsel çalışma vardır.

Seymuor Levine'in hayvan çalışmaları bunu kanıtlamıştır.

Çocuklar travmalara yetişkinlerden daha duyarlıdır.

Gelişen beyin deneyimlere daha duyarlıdır. Daha kolay etkilenir. Bu nedenle çocuklar büyüklerin öğrenmekte zorlandıkları becerileri hızla öğrenirler.

Çocukları travmaya duyarsızlaştıran bilinçaltıdır. Bilinçaltı için acıyı ortadan kaldırmak sanki korumaktır. Çocuk kısa süre içinde acı *hisleri uyuşturmayı* öğrenir.

İlaçların beyinde iki olumsuz etkisi olur. Bu etkiler duyarlılaşma (sensitizasyon) ve toleranstır.

Duyarlılaşma zamanla aynı şiddetteki uyarıya daha şiddetli tepki vermektir. Birkaç stresten sonra düşük dozdaki uyarı bile beyinde aşırı tepkiye neden olur.

Tolerans ise ayni şiddetteki uyarılar zaman içinde daha az tepki verme halidir.

Bu mekanizmalar hafızanın oluşmasında rol oynar. Tolerans acıtıcı deneyimlerin altında ezilmemizi önler. Hassaslaşma ise uyarılara karşı daha korunmalı olmamızı sağlar.

Bu iki zıt etki aynı ilacın aynı dozuyla oluşturulabilir. Farkı yaratan ilacın uygulanma kalıplarındaki farklılıktır. Örneğin bir sıçana düşük dozda

---

[66] Çocukta bilinç ve bilinçaltı birbiri içine girmiştir

morfin sık aralıklarla verilecek olursa kısa süre içinde etkisi azalmaya başlar.

Bağımlılık budur.

Bağımlı sık aralıklarla ilacı kullandıkça aynı keyfi almak için zamanla daha fazla ilaca ihtiyaç duymaya başlar.

Davranışlarda da aynı etki gözlemlenir. Eğer bir anne sıklıkla çocuğuna kızarsa, baştaki yaptırım gücünü zamanla kaybetmeye başlar.

Aksine morfini azar azar, sık aralıklarla vermek yerine toplam dozu birkaç parçaya bölüp daha seyrek aralıklarla verirsek ilaç gittikçe güç kazanmaya başlar. İki hafta içinde hafif bir etki yaratan ilaç dozu şiddetli ve uzun süren bir reaksiyona neden olur. Bu hassasiyet bazen ölümle sonuçlanır. İlaç kullananlarda beklenmeyen ölümlerin nedeni de budur.

Bir baba çocuğuna zaman zaman şiddetli tepki gösterirse, zaman içinde çocuk babanın tepkilerine karşı hassaslaşır ve onun tepki göstermesinden korkmaya başlar.

O halde kişinin travmaya karşı olan bu duyarlılığı ya da duyarsızlığı çocukluk çağlarında travmayla karşılaşış şekline ve sıklığına bağlıdır. Beyinin gelişmesinin bir kas sisteminin gelişmesinden farkı yoktur. Belli merkezler uyarıldıkça, bu sistemde daha fazla sinir hücresi birbiriyle **sinaptik bağlantı** kuracaktır.

Güçlü bir kas yaratmak için aynı ağırlığı düzenli ve belli bir kalıp içinde kaldırmak gerekir. Eğer aynı ağırlığı düzensiz bir sıklıkta ve düzensiz sayılarla kaldırırsak beklediğimizden daha az kas gelişmesi ortaya çıkar.

Beyinde de güçlü bir hafıza yaratmanın yolu deneyimin kalıplı ve tekrarlayıcı olmasıdır. Beyindeki sinirsel ağların sayısı arttıkça belli becerileri yerine getirme gücümüz artar.

Biyolojik sistemlerde bu sistemleri güçlendirmenin yolu ise sistemlere belli oranda yükleme yapmaktan yani onları biraz **stres** altına sokmaktan geçer.

Bir çocuk yeni bir kelime öğrendiği zaman bu yenilik beyinde çok hafif bir stres yaratır. Bu stresin etkisinin sürmesi için aynı kelimeyi tekrar tekrar duyması ve söylemesi gerekecektir. Stres olmadan beyin yeni bir şeyin varlığından haberdar olmaz. Yani stres her zaman kötü değildir, aksine öğreticidir. Uygun ve öngörülebilir dozda ve belli bir rutini tekrar ederek verilecek stresler bir sistemi güçlü ve işlevsel yapar.

Yeni bir jimnastik salonunda ilk kez idmana gittiğinizi düşünün. Hiç alışık olmadan bir anda yüz kilo ağırlığı kaldırmaya kalkarsanız kaslarınız güçlendirmek yerine yırtarsınız. Yani bir sistemi bir anda kapasitesinin üstünde zorlarsanız sonuç o sistemin aleyhine olacaktır. Tüm biyolojik sistemler için aynı ilkeler geçerlidir.

Bu durumda iki farklı kişi aynı şiddette strese maruz kalırsa sonuç ne olacaktır? Daha önce daha düşük dozda benzer streslere maruz kalmış kişi daha az etkilenirken, bu tip stresle ilk kez karşılaşan bir kişi ciddi bir şekilde etkilenecektir.

Çocuklar bu nedenle bir anda karşılaşacakları streslere büyüklere göre daha hassas durumdadırlar. Büyükte tepki uyandırmayacak dozda bir etken çocukta ciddi travmaya yol açabilir. Çocuğun hem beyin hassasiyeti daha fazladır hem de beyin kapasitesi bu tip yüklenmeyi kaldıracak güçte değildir.

Genetik olarak ne getiriyoruz?

Tüm insanlarda doğuştan gelen ben yetersizim bilgisi var mıdır?

Ya da sen diğer insanlardan daha zayıf olursan hayatta kalmazsın bilgisi genetik midir?

Ya da daha doğuştan bir insanın genleri içine sen diğer insanlardan daha değersizsin bilgisi yerleşmiş midir?

İnsanın hücre çekirdeğindeki gizli şifrelerde uzun ve sağlıklı yaşamanın sırları var mıdır?

Mendel'in bezelyelerle yaptığı çalışmalarla açığa çıkan **genetik geçiş** bilgisi günümüzde hemen her hastalığın irsi bir geçişi olabileceği şüphesini doğurmuştur. Döllenme anında anne babaların fiziksel özellikleri çocuğa matematiksel ihtimallere göre aktarılır. Bazı hastalıklar belirgin olarak genetik olarak geçerken, bazı hastalıkların genetik geçme ihtimalinin yüksek olduğunu ortaya koyan gözlemler vardır. Ama bazı psikolojik özelliklerin ve ruh hastalıklarının genetik geçişine dair somut bir kanıt yoktur. Buna rağmen bazı çevrelerde psikolojik sorunların genetik geçişine dair ciddi inançlar mevcuttur. Bu inananların günümüz genetik anlayışının nerede olduklarını bildikleri şüphelidir.

Genler **protein sentezini** yönetir. Bu nedenle her hücrede aynı şifre olmasına rağmen her farklı organın, hatta organ içindeki her farklı bölgenin hücrelerinin protein sentezleri birbirinden çok farklıdır. Hatta aynı hücrenin, değişik koşullarda değişik proteinler sentez ettiğini söyleyebiliriz.

Günümüz genetik bilgisi çok değişti. Genlerin durağan değişmez şifreler değil sürekli bilgi depolayan ve çevreden etkilenen bir yapısı olduğu anlaşılmaya başlanmıştır. Bu nesilde depolanan bilgilerin hemen bir sonraki nesle taşınması mümkündür. Ama bu taşınan bilgilerin fiziksel yapıda kalıcı değişim yapması için aynı bilginin süreklilik kazanması gerekir. Evrim teorisi böyle işler.

Bir özelliğin genetik geçtiğini söyleyebilmek için öncelikle bu özelliğin hücre çekirdeğinin hangi **kromozom**unun hangi bölgesinde olduğu, şifrelerin ne olduğu, özelliğin hangi genetik geçiş kuralına göre bir sonraki nesle geçtiğinin açık ve net bir şekilde belirlenmiş olması gerekmektedir. Aynı durumların akrabalarda da ortaya çıkması geçişin genetik olduğunun bir kanıtı değil sadece olsa olsa şüphe uyandırıcı bir durum olarak nitelenmesini gerektirir. Bu nedenle psikolojik özelliklerin genetik geçtiğini ileri sürmenin, sorunların nedenlerini bulamayan, çözemeyen ama bilgisinin yetersiz olduğunu açıkça söylemek yerine uyduruk nedenler üreten bilim adamlarının kendi değersizlik inançlarını gizlemenin bir çabası olarak görmemiz gerekir.

Çocukların anne babalarına birçok yönden benzediklerini herkes bilir. Anne babanın konuşmasını, ses tonlamasını, aksanını, yürüyüşünü, bakışlarını, kişilerle ilişkilerini, aynı durumlarda aynı duyguları hissetmelerini çocuk birebir kopyalar ve uygulamaya başlar. Bilinçaltı öğrenme sistemlerinin ve beyin **ayna nöronlar**ının bu taklitçilikte başrolü oynadığını söyleyebiliriz.

Spiritüel alandaki bazı görüşler ve bu kitabın yazarının da bazı gözlemleri nesilden nesle bilgi aktarımın olasılığını düşündürtmektedir. Spiritüalistlerin **karma** dedikleri bu anlayış, regresyon çalışmalarında hipnozdaki kişinin hiçbir şekilde kendisinin yaşamadığı, bilmediği bilgilerin zihinsel kayıtlarında mevcut olduğunun gösterilmesiyle desteklenmektedir.

Kişiler kendi atalarının bilgilerine ulaşabilmekte, onların başlarına gelen travmatik olayları birebir yaşayabilmekte ve bunlardan bir şekilde etkilenmiş olduklarını ve farkında olmadan bu etkilenmeye göre davranış ve kararlarını seçtiklerini fark etmektedir.

Örneğin bir doktor yıllardır anlayamadığı bir cinsel takıntının nedenlerinin kendi babasının çocukluğunda yaşadığı tecavüzle ilgili olduğu bilgisine ancak kendi babasının üvey abisi olduğu ortaya çıktıktan sonra ulaşmaya başlamıştır. Bu bilgiler sadece bir vahiy gibi içe doğan düşünceler ya da sezgiler değildir; kişi bire bir bu olayları babasının gözünden görmekte, ona tecavüz edenleri gayet net olarak tarif edebilmektedir.

Bu bilgi kayıtlarının nasıl ve nerede tutulduğu ile ilgili bir bilgi kırıntısına bile sahip değiliz. Zaten bilimsel dünyada böyle bilgi geçişinin kabul edilmesi de söz konusu değildir. Her ne kadar bazı karmik görüş savunucuları bu geçişin genetik olduğunu ileri sürseler de bu savlarının bilimsel sağlamlığı, psikiyatrik bozuklukların genetik geçtiğini ileri sürenlerden daha güçlü değildir. Bu karmik diyeceğimiz geçişlerin kişilerin bilinçaltlarında değersizlik yönünü destekleyen inançların yaratılmasındaki rolünü de ancak speküle edebiliriz. Psikolojinin büyük bölümünün zaten spekülasyonlara dayandığını bildiğimize göre psikolojik bazı durumları açıklamaya çalışan bir kitabın biraz spekülasyon yapmasını sanırım okuyucular hoş göreceklerdir.

Bu spekülasyonlar şunlardır.

İnsanın sadece organik moleküllerden ibaret olan bir yapı değildir. Henüz mevcut bilimsel yetersizlik nedeniyle saptanamamış bir enerji formu söz konusudur. **Matriks** dediğimiz bu enerji ortamının her biriminin tüm evrensel bilgiyi **holografik** olarak içermektedir. İnsan bedeni bir anten vazifesi görerek bu holografik bilginin kendi frekansıyla uyumlu kısımlarına ulaşabilir. O zaman bilinçaltımızın değersizlik inancına sahip atalarımızın bilgilerine, inançlarına, davranış kalıplarına ulaşabildiğini ve bunu şimdiki yaşamı için bir alt yapı olarak kullanabileceğini ileri sürebiliriz.

BÖLÜM 15

Yetersizlikten
Değersizliğe Doğru

Değersizliği ne zaman öğrenmeye başlarız?

Neden insanlar yeterli olmaya değil de değerli olmaya daha çok önem verirler?

Neden bir kadın bir erkek tarafından beklediği ilgiyi bulmadığı zaman "o bana beni değerli hissettirmiyor" der de "o bana beni yeterli hissettirmiyor" demez?

Neden ancak yeteri kadar yeterli olduğuna kanaat getirdiğimiz insanlara değer veririz de yetersiz gördüklerimizi küçümseriz?

Somut değerlendirmeleri bilinç, soyut değerlendirmeleri bilinçaltı yapar.

Yetersizlik ya da yeterlilik değerlendirmesi somuttur. Bilincin malıdır.

Değerlilik ya da değersizlik ise bilinçaltına aittir.

Bir insan güçsüzleşmişse, yaşama karşı olan mücadele gücünde biraz zayıflama olmuşsa neden bir anda gözümüzde değersizleşiyor? Sevmiyoruz hatta nefret ediyoruz, güvendiğimiz, sevdiğimiz, bel bağladığımız, beklentimizin yüksek olduğu insanların bu şekilde güçsüzleşmesinden, savaşmamasından, teslim olmasından, yani yetersiz olmasından. Ve gurur duyuyoruz, seviniyoruz, keyif alıyoruz çocuklarımızın başarılarından, diğer çocuklardan önde olmalarından, yeterli olmasından da öte yeterliden daha fazla olmasından. Yeterli olması bile yetmiyor aksine, çünkü böyle bir kelimeye sahip değiliz, yetersizin zıddı yeterli değil, bir çocuk ya başarılıdır ya da yetersiz, başarılı olmayabilir ama yeterli olabilir diyemiyoruz çocuklarımız için.

- Bunu bana nasıl yapar?

Bu söz bilinçaltından gelir. Değersizliğin yönetimindedir.

- Neden böyle davranıyor, anlamam lazım.

Bu bilinçten gelir. Yetersizliği değerlendirmek içindir. Hoş görücüdür.

Eşimin, kızımız okuma öğrenirken tek derdi sınıfta kaç kişiden daha iyi, daha hızlı, daha başarılı olduğudur. O sınıf sonuncusu olabilir ama yine de benim için yeterlidir diyemez, diyememiştir de. (Neyse ki, yüce tanrıma şükürler olsun, şu dünya gözüyle bana bu değersizlik inancını fark ettirdi de ben bu sıkıntılardan kurtuldum ve gerçekten çocuklarımın yapamadıklarına üzülmek ve kahrolmak yerine sadece yaptıklarından keyif duymayı başarabiliyorum ve onları da elimden geldiğince bu zararlı değersizleştirme eylemlerinden korumaya çalışıyorum).

O halde değersizlikten yetersizliğe geçişten daha çok yeterlilik değerliliği sağlayan bir ön koşul oluyor gibi görünüyor.

Yeterlilik daha kolay tanımlanan bir şey, ölçülebilen bir şeydir. Yetersizliği tanımlayabilmek için yeterliliği tanımlamamız daha mantıklı. Yeterliliği yetersizlik üzerinden tanımlamak yerine yetersizliği yeterlilik üzerinden tanımlamamız gerekir diye düşünüyorum.

"Eğer yeterli değilsem ancak o zaman yetersizim" diyebilirim.

O zaman yeterliliği her konu, her durum için önce somut ve ölçülebilir olarak tanımlamam gerekir.

Örneğin "yüz metreyi 15 saniyede koşuyorsam bu yeterlidir" derim. Bunu daha da açabilirim. "19 yaşında bir erkeğin yüz metreyi en az 15 saniyede koşması gerekir" diyebilirim. Burada bile birçok şey tartışılabilirdir. Neden 15 saniye de 16 saniye değil. Neden 19 yaş da 20 yaş değil gibi. Eğer bu tip yeterlilik tanımları genel geçer kurallar gibi tanımlanmaya başlarsa itiraz hakkımız vardır. Ama polis okuluna öğrenci seçiminde bu sınır konmuşsa buna itiraz edemeyiz. Sonuçta polis olmaya aday kişiler için yapılan istatistiki çalışmalar sonucu bir sınır belirlenmiştir. Eğer bu sınıra itirazınız varsa seçmeye katılmazsınız. Ama seçilmek istiyorsanız bir şekilde polis adayı olmak için yeterli olduğunuzu kanıtlamanız gerekir. Kimse sizin tipinize, sesinize, ya da göz renginize bakarak yüz metreyi 15 saniyede koşacağınıza karar veremez.

Ama yalnız başımaysam, polis okuluna girmeyeceksem yüz metreyi kaç saniyede koşmamın ne önemi olabilir ki?

Bu bakış açısını çocuklarımıza projekte edecek olursak, kızımın okumayı üç ayda değil de beş ayda sökmesinin ne anlamı, ne önemi olabilir ki?

Ama her şeye rağmen ortada tanımlanabilir somut bir durum vardır. Her anne babanın da kendi zihin arşivinde kendi çocukları için bu şekilde kayıtlı yetersizlik sınırları vardır (Ama bu sınırlar akıl yoluyla, bilimsel araştırmalarla belirlenmiş falan değildir, sınırın ne olduğunu belirleyen rakamlar değil, çocuğunun yaptıkları karşısında anne babanın iyi ya da kötü hissetmeleridir. Anne ya da baba çocuk için iyi hissediyorsa, çocuk yeterlidir, iyi hissetmiyorsa çocuk yetersizdir ve bu sefer çocuktan önce yetersiz bir çocuğa sahip olduğu için anne-baba *değersiz hissetmeye* başlar).

Çocuklar için bilimsel olduğu iddia edilen çizelgeler vardır. Bunlara **gelişim normları** denir. Tamamen istatistiksel bilgiye dayalıdır. Yani diyelim ki bin tane çocuğun iki yaşındaki boyları ölçülür ve bunlar bir grafiğe yerleştirilir. Bu tip ölçümlerin grafikteki görüntüsü **çan eğrisi** şeklindedir. Ölçüm değerleri ortalama etrafına yığılırken uçlara doğru olan ölçümlerin sayısı azalır. Ölçüm sayısı arttıkça bu eğri çok daha belirgin hale gelir. Ortalamadan iki **standart sapma**dan[67] daha fazla ya da daha az değere sahip ölçümler normal dışı kabul edilir. Örneğin iki yaşında bin çocuğun boy ortalaması 50 cm, standart sapmada 5 cm olsun. Bu durumda 39 cm boyu olan çocuğun boyu yetersiz yani gelişmesi geri kabul edilir.

Tüm tıbbi sorunlar, hastalıklar, laboratuvar ölçümleri bu ilkeye göre değerlendirilir. Erişkin bir erkeğin ortalama kan şekeri değerinin üst sınır örneğin yüz kabul edilirse, sizin kan şekeri ölçümünüz yüz bir çıktığı anda şekeriniz yüksek kabul edilir. Ya da normal kabul edilen davranışın dışında davranışlar sergilerseniz anormal davranışlara sahip kabul edilirsiniz. Kan şekeri gibi ölçülebilen kriterler için en azından tanımlama yapmak kolaydır. Ama davranış gibi ölçümlenmesi zor durumlarda somutla soyut birbirine karışmaya başlar.

Soyut ile somut birbirine karışmaya başladığı zaman bilinçaltı imdada yetişmeye ve o durumu değerlendirmeye başlar.

Davranışların değerlendirilmesinde çoğu zaman kriterler somut ölçülere bağlı olmaktan çok uzaktır.

Örneğin sokağa dizlerinize kadar uzanan beyaz bir iç donu ile çıksanız ahlaka aykırı davranmaktan tutuklanırsınız ama kasıklarınızı zor geçen bir kot pantolon giymişseniz kimse size karışmaz.

Farkındasızlık içindeki anne baba da sanki ortada çok somut bir değerlendirme varmış hipnozuna kapılarak çocuklarının yetersiz olduğuna karar verirler ve çocuklarını daha yeterli hale getirmek için çaba göstermeye başlarlar. Çocuklarını doktora, terapiste, eğitmene vs götürmeye başlarlar. Bu süreçte çocuk *sen de bir sorun var* bilgisiyle bombardımana uğradığından değersizlik inancı daha da güçlenmeye başlar.

---

[67] Bir istatistiksel dağılım kriteri (SD)

Yetersizlikten değersizliğe kayış, somuttan soyuta kayıştır.

Somut olan gözlemdir, deneyimdir, beş duyuyla yapılan algılamalardır. Yani gördüğümüz, duyduğumuz, dokunduğumuz aletlerle ölçebildiğimiz şeyler somutumuzdur.

Somutluk fiziksel bedenimizle dışımızdaki dünyadan ya da bedenimizden aldığımız elektromanyetik enerjilerin algılanması ve anlaşılır duyumlara dönüşmesidir.

Soyutlama dille başlayan bir şeydir. Çocuk dili öğrendikçe, kelimelere anlam yükledikçe somut algılamadan soyut düşünceye doğru kaymaya başlar. Kavramları değişmeye başlar. Anlamadığı ama bir şekilde kötü olduğu belirtilen kavramlardan uzak durur. Somut şeyler bilinçaltında bir bilgi olarak durur, soyutlar ise ancak inanca dönüşerek etki göstermeye başlar.

Bir gün beş yaşında bir çocuk getirmişlerdi bana. Aşırı hareketli diye. Çocuğa niçin burada olduğunu sordum.

- Ben çok yaramazım.

- Yaramaz ne demekmiş?

- Bilmem, ama annem babam kızıyor işte, yaramaz olmamam lazım.

Çocuk için yaramazlık soyut bir kavramdı. Ne olduğunu bilmediği ama olmaması gereken bir şeydi.

Çocuklar soyut kavramların anlamını önemsemeden, bilmeden bilinçaltında somut karşılıkları oluşturmaya başlar.

Değer ya da değersizlikte böyle bir kavramdır. Anlamını bilmeden, sorgulamadan kabul edilen bir kavramdır. Bu varmış gibi kabul edilir. Çocuğun dünyasında soyut yoktur. Somutmuş gibi kabul edilir.

Yetersizlik insan için doğal bir durumdur. İnsan doğanın gücü karşısında yetersizdir. Fiziksel gücü yetersizdir. Birçok hayvandan birçok yönde daha güçsüzdür. Kedi gibi tırmanamaz, köpek gibi hızlı koşamaz, atmaca gibi uzağı göremez. Doğduktan sonra başkalarının bakımına muhtaçtır. Bu muhtaçlıkta doğadaki en güçsüz varlıktır. Doğal olaylar karşısında yetersizdir. Fiziksel olarak kendisinden güçlü olanlar karşısında yetersizdir.

O halde insan gücü sınırlı bir varlıktır.

Ama gücünün sınırlı olması güçsüz olduğu anlamına gelmez. Gücü ne ise odur.

İnsan yavrusu için yetersizlik doğal bir durumdur.

Yetersizdir, ama bu yetersizliği yetersizlik olarak yorumlamaz. Yorumlama yetisi gelişmemiştir henüz. Zamanla değişik kanallardan aldığı telkinler bu doğal durumun o kadar da doğal olmadığı kanısını uyandırmaya başlar. Ya yetersizliği yüzüne vurulur. Ya da davranışlarla *yetersiz olduğu* mesajı verilir.

Değerli olmak, akıllı olmak, becerikli olmak, sevmek, sevilmek, aferin almak, başarmak gibi birçok soyut kavramı tanımaya başlar.

Aptal, salak, tembel, sakar, ahmak, geri zekâlı gibi terimleri öğrenmeye başlar. Ayıp kavramıyla tanışır. Hata, yanlış, suç, günah, kusur diye şeylerin varlığını öğrenmeye başlar. Tüm bu soyut tanımlamaları gerçek olarak algılamaya başlar.

Yani **hipnoz**lanma başlamıştır

Hipnoz gerçek olmayan bir durumun gerçek olarak algılanmasından başka bir şey değildir.

Doğada aptallık diye bir şey yoktur.

Doğada hata diye bir şey yoktur.

Suç, günah, kusur diye bir şey yoktur.

Bunlar insanların tanımladığı soyut kavramlardır. Ama çocuk bunu bilecek bir bilgi düzeyine sahip değildir. Ve bilinçaltı dediğimiz aygıt tüm bunları gerçekten varmış gibi kaydeder. Hepsi kaçınılması gereken riskli durumlardır.

Zihin anlayamadığı şeyleri anlaşılır hale getirmek durumundadır.

Kayıtlar beş duyuyla yapılır. Öğrenilen her şey beş duyumuza uygun bir şekle döndürülmelidir. Biz farkında olmasak da her türlü soyut kavramın bilinçaltında somut bir karşılığı vardır. Ama bu somut karşılık herkes için farklı olabilir.

Zihin soyutu somuta dönüştürmek için değişik araçlar kullanır. Bunlar arasında en çok bilinenleri neden sonuç ilişkisi kurmak, kompleks eşitlikler yaratmak, nominalizasyonlar oluşturmak ve metaforları kullanmaktır.[68]

Kompleks eşitlik olmaması gereken bir eşitliği sanki varmış gibi kabul etmektir. Bunun bir eşitlik olmadığını fark edememektir. Değersizlik eşittir yetersizlik gibi bir eşitlik kurmaktır.

Neden sonuç ilişkisi ise kanıtlanmamış ama sanki öyleymiş gibi ilişkiler yaratmaktır. Değersizsem insanlar beni ezer gibi bir çıkarsamada bulunmaktır.

Nominalizasyon eylem olan fiilleri durağan sahte isimlere çevirmektir. Tüm kavramlar soyut isimlerdir. Tüm soyut isimler eylemlerden türetilmiştir. Değer böyle bir kavramdır. Bir şeyin değeri geçici bir şeydir. Bu gün değerli olan bir şey yarın değersiz olabilir. Ya da bugün değersiz olan bir şey yarın değerli olabilir.

Yani aslında değer sürmekte olan ve her an değişebilen bir şeydir.

Bunun en tipik örneğini borsada görebiliriz. Her an hisse senetlerinin değeri bir aşağı bir yukarı oynar. Keza başarı da böyle bir kelimedir. Bize çok somut gelse de başarı kelimesi sahte bir isimdir. Sürmekte olan bir başarıdan söz edebiliriz ancak. Ama zihnimizde başarı elde edilmesi gereken bir malmış algısı yaratır.

Soyutu somuta indirgemede en güçlü araçlardan biri metaforlardır.

Metafor bilinmeyen bir şeyi bilinen bir şeye benzeterek açıklamaktır. Örneğin zihnimizi bir bilgisayara benzeterek açıklarız. Bu tip benzetmeler zihnimizde sanki zihnimiz gerçekten bilgisayar gibi çalışıyormuş izlenimi yaratır. Buna inanmaya başlarız ve zihnimize, gerçekte olmayan ama bilgisayarda olan özellikler yüklemeye başlarız.

İlerleyen bölümlerde de tartışacağım gibi anne babaların kendilerinin bilinçaltlarında yerleşmiş olan değersizlik inancı kendi çocuklarının değerlendirmesinde çok etkin bir rol oynamaya başlar.

Bilinçaltı riskten kaçmak zorundadır. O halde bu durumlardan kaçmak gerekir.

Hatadan, suçtan, günahtan, aptallıktan uzak durmalıdır.

Ama ne kadar uzak durursa dursun etrafından bu özelliklere sahip olduğu yönünde telkinler almaya başlar.

---

[68] M Hall.Communication Magic.

Hatalıdır, yanlıştır, ayıplıdır, suçludur vs.

Sanki fabrikadan kusurlu imalatla çıkmıştır. Kusurlu malların değeri düşüktür. İnsanların bir malın değerini ölçtüklerini öğrenir. İnsanında bir değeri vardır. Zamanla bunu öğrenir. Etrafı başka insanlara değer veren ya da vermeyen insanlarla doludur.

Hatalı olan, kusurlu olan, aptal olan, suçlu olan insanlara fazla değer verilmiyordur. "Bu da ne demek?" diye sormaz. Soramaz. Sorgulamadan bu kavramı da kabul eder. Etmek zorundadır. Zamanla bu yaşamının temel bir kavramı olmaya başlar.

Bilinçaltı öğrenme mekanizmaları sorgulamaz. Seçenekli düşünmez. Orada tehlikeli ve güvenli kavramından başka bir şey yoktur. Güvende değilsen tehlikedesindir. Ya da tam tersi... Tehlikedeysen güvende değilsindir. O halde tehlikeden uzak durman gerekir.

Çok görece bir kavram olan değersizlik bilinçaltında siyah beyaz gibi bir somutluk kazanmaya başlar. İnsanlar ya değerli ya değersiz diye iki sınıfa ayrılmaya başlanır. Kendisi değersiz sınıfındadır ama bir şekilde bunun üstesinden gelmek durumundadır.

Yetersizlik daha somuta indirgenebilir bir kavramdır. Somuta indirgeyecek sorular daha kolay sorulur.

Hangi konuda yetersizsin?

Hangi kritere göre yetersizsin?

Kişi bu sorulara yanıt ararsa soyuttan somuta inmeye başlar.

Ama değer kavramı yeterlilik kavramına göre daha soyuttur. Ölçülebilir kriterler daha azdır. Çok daha subjektif değerlendirmeye açıktır. Diğer insanların bize verebileceği bir şey gibidir. Bu nedenle yetersizliğe göre daha kolay kabul edilebilir ve telafi edilebilir bir kavram olmuştur.

Başka insanlar bize yeterlilik veremez ama değerlilik verebilir.

Yetersizliğimiz yerinde saysa da bir şekilde başkalarının gözünde değer kazanabiliriz.

Çocukluk döneminde aldığımız telkinlerin çok büyük bir kısmı başkalarının bizim hakkımızdaki düşünceleriyle ilgilidir.

"Yaşamımızı sürdürmemiz için başkalarının bizi iyi gözle görmesi gerekir." inancı çok erken yaşta yerleşmeye başlar. Başkalarının bizi iyi gözle görmesi bize değer vermesi ile özdeşleşmeye başlar.

Zihin somut düşünceden soyuta kaydıkça yetersizlikten değersizliğe kayış başlar.

Soyuta kaçış hipnoza kaçıştır.

Hipnoz ilkelliğe dönüştür.

Değersizlik inancı modern toplumda orman kanunlarıyla yolunu bulmaya çalışan bilinçaltının şaşkınlığının bir ürünüdür.

Hipnozu fark etmeyen değersizlik inancını fark etmez.

Hipnozda olduğunu fark etmeden hipnozdan çıkma şansın yoktur.

Hipnozdan çıkmadan değersizlik inancını temizlemen mümkün değildir.

En temel hipnozun değersizlik inancındır.

BÖLÜM 16

İnanç Nedir?

Tanımların amacı soyut olan bir kavramı en sonunda somut öğelerle açıklama yapabilecek bir hale getirmektir. İnanç kelimesi özünde soyuttur çünkü el arabasına koyup taşıyamazsın, başına "sürmekte olan" kelimelerini getirdiğimizde, "sürmekte olan inanç" tamlamasını elde ederiz ki anlamlı bir ifade ortaya çıkar. Bu iki test inancın soyut bir durumu açıklayan kelime olduğunu ortaya koyar.[69]

Şimdi benim inanç tanımını veriyorum.

Doğruluğunu sorgulamadan kabul ettiğimiz her türlü fikir inançtır.

İnancı basit bir fikirden ya da varsayımdan ayıran özelliği yaptırım gücü olmasıdır. İnancın kendisi soyuttur ama etkisi somuttur.

Fikir nedir?

Basit cümlelerdir. Özne, fiil ve yüklemlerden oluşur. Fikirlerin yaptırım gücü olabilir ya da olmayabilir. Fikirler doğru ya da yanlış olabilir ya da olmayabilir. Fikirler evrensel doğrularla uyuşabilir ya da uyuşmayabilir.

İnançlar bilinçaltına aittir, fikirler ise bilince...

Kural olarak inançlar evrensel gerçeklerle uyuşmaz.

İnançlar özünde yanlıştır. Ama yaptırım gücü vardır. Bir inanç evrensel bir gerçekler uyuştuğunda bilgi sınıfına girer. Evrensel gerçekle uyuşma olasılığı olan fikirlere varsayım ya da hipotez deriz.

O halde inanç tanımımızı genişletelim.

Doğruluğunu sorgulamadan kabul ettiğimiz, evrensel gerçeklerle uyuşmadığı halde yaptırım gücü olan her türlü fikir inançtır.

İnançlar bilinçaltının yazılımıdır. Ancak ve ancak bilinçaltı inanır. Bilincin sözlüğünde inanç yoktur. Bilinç düşünebilir, varsayabilir, kabul edebilir. Bilinç bilgiye dayalıdır. Bilinç her türlü bilgi ve fikri sorgulayabilir. Bilinçaltı ise sorgulamaz. Her türlü yanlışlık bilinçaltının doğrusu olabilir.

Bilinçaltı sorgulamayan bir organizasyondur.

Bilinç ise sorgulayan bir aygıttır.

---

69 NLP jargonunda böyle kelimelere **nominalizasyon** denir. Nominalizasyon sahte isim anlamına gelir. Aslında isim olmayıp fiil olması gereken durumları isimleştirip durağanlaştırıyoruz. Durağan olan şey ise maddedir. O zamanda eylemleri durağanlaştırarak sahte bir şekilde maddeleştiriyoruz demektir.

Doğruluk kimsenin itiraz etmeyeceği ya da aksini kanıtlayamayacağı fiziksel gerçekliklerdir. Bilgidir.

- İnsanlar iki bacaklı, köpekler dört bacaklıdır, doğru mu, yanlış mı?

- Doğru

- Dünya güneşin etrafında döner, doğru mu yanlış mı?

- Doğru.

- İnsan midesi tahtayı eritir, doğru mu yanlış mı?

- Yanlış. Asitlerin tahta eritme gücü yoktur.

- Don Kişot'un yazarı Dostovyeski'dir, doğru mu yanlış mı?

- Yanlış. Cervantes'tir.

Bu soruların her birine verilen yanıtlar doğrudur ve aksi kanıtlanamaz. Bu nedenle de bu cümleleri *inanıyorum*la bitiremeyiz. Örneğin "midemin tahtayı eriteceğine inanıyorum" diyemeyiz. "Eritmediğini biliyorum" deriz (Ama bir kişinin bilinçaltında midenin tahtayı eriteceği inancı olabilir).

İnanç sorgulanmaya başlandığı andan itibaren gücünü kaybetmeye başlar.

Değersiz olup olmadığımı sorgulamaya başladığım anda artık bilinçaltında o inançla ilgili bir şeyler sarsılmaya başlar. O halde bir kişi ileri sürdüğü bir fikri ya da davranışını sorgulamadan doğru kabul ediyor ya da sürdürüyorsa, yani doğru olduğuna inanıyorsa (inancı inanmak fiiliyle açıklama çaresizliğine düştüğünün yazar burada farkındadır) ancak o zaman inanç dediğimiz şey inanç sınıfına girmiş olur.

Burada kendi naçizane görüşlerimizi bir süreliğine bir kenara koyarak, içinde yazanların doğruluğuna kesin olarak inandığımız internetin en çok başlık içeren *Wikipedia Ansiklopedisine* başvuralım ve bakalım inanç hakkında neler diyor, hep birlikte anlamaya çalışalım[70]. Öncelikle inancın bir psikolojik durum olduğunu söylüyor (ama bu psikolojik durum nasıl bir şeydir, onun hakkında bir açıklama yok) ve bu psikolojik durumun bir varsayım ya da öngörünün doğru kabul edilmesi olduğunu belirtiyor. Bu tanım yaklaşık benim yaptığım tanıma uyuyor, ben sadece inancı bir psikolojik durumdur diye kategorize etmeyerek psikolojik durumun ne

---

[70] http://en.wikipedia.org/wiki/Belief (Her ne kadar entellektüel çevrelerde Wikipedia'nın güvenilmez olmadığına dair bir inanç varsa da mevcut kurgu ve yapısı bana tam aksini düşündürtmektedir.)

olduğunu açıklama zahmetinden kurtulmuş oluyorum. Hoş Wikipedia Hocamızda böyle bir zahmete girmemiş ya...

Wikipedia inançları ikiye ayırmış; dispozisyonel inançlar (depo halinde hafızada tutulanlar) ve occurrent inançlar (düşünülen inançlar).Ben ise farkında olduğumuz inançlar ve farkındalık dışı olarak inançları ikiye ayırıyorum. İnanç üzerinde düşünüyorsak artık farkındayız demektir.

Bilgi ile inanç arasında da bilginin doğruluğu kanıtlanmış inanç olduğunu söyleyerek bir bağlantı kurmuş (doğruluğu kanıtlandığı anda zaten o fikir inanç olmaktan çıkar ve bilgi sınıfına girer). Psikologlar inançların mental süreçlerin temel taşları olduğunu kabul ederler. Wikipedia inancı açıklamaya çalıştıkça daha yeni soyut kavramların ağına düşmeye başlamaktadır.

Kabul etmek ne demek? Biraz aşağıda ayrımını yapacağım gibi kabul etmek fiilide aslında *fiiliyat* sınıfında fiillere örnek oluyor. Gözümüzde bir eylem canlanmıyor. Ancak açıklama yapabiliyoruz. Kabul etmek kabul etmektir.

- Gökyüzü mavidir, kabul ediyor musun?

- Evet.

- Denizler sıvıdır.

- Evet.

- Kardeşin şizofrendir.

- Kabul ediyorum, öyledir.

- Sende şizofrensin.

- Hayır değilim ama hakkımda böyle düşünmeni kabul ediyorum.

Aslında eskiler arife tarif gerekmez derler. Kabul etmek fiilide tarif edilemeyen ama ne demek istediğimiz anlaşılan bir kelimedir.

İnanç hali bir kabul halidir. Her kabul hali ise inanç değildir.(İnsanlar inançlarla kabulü birbirine karıştırıyor. Tanrının varlığını kabul ederiz. İlla bilinçaltında inanç olması gerekmez).

-Değersiz olduğumu kabul etmiyorum ama değersizlik inancına sahip olduğumu kabul ediyorum çünkü bilinçaltım öyle kabul etmiş.

Bir fikre itiraz etmiyorsak, itiraz etmeye gerek görmüyorsak o fikre karşı **kabul hali** var demektir. Ama bu kabul hali bize bir eylem yapmamıza gerek kılmaz.

İnançta ise hem kabul hali hem de bir yaptırım gücü söz konusudur. İlginç olan evrensel gerçekle ilgili bir durumun yaptırım gücü olması gerekmez. Zaten de yoktur. Ancak gerçekle uyumsuz olan fikirlerin bu uyumsuzluğa rağmen davranışı yönlendirmesi için bir güce ihtiyacı vardır.

O halde inançlar hem kabul edilmiş fikirlerdir, hem de eylemlerle bağlantılıdır. İnancı sadece kabul etmekle sınırlı kalmayız, aynı zamanda bu yazılmış inanca göre mevcut eylemlerden birini seçeriz, ya da eylemsizliği.

Bir şeyi yapmak kadar yapmamak da bir inancın gücünü ortaya koyar.

Bir fiziksel gerçek ya da bir düşünceyi ifade ederken, insanlar farkında olmadan cümlelerini bitirdikleri fiile göre bir bilgiden mi yoksa inançtan mı bahsettiklerini ortaya koyarlar.[71] İnanıyorum fiiliyle biten bir düşünce için kişi (daha doğru ifadeyle kişinin bilinçaltı), "aslında bu konuştuğum fikirlerle ilgili somut, kanıtlanmış bir bilgiye sahip değilim ama yinede yaşamımı bu fikir doğrultusunda çerçeveliyorum" demeye çalışıyordur. Eğer bilimsel (ya da somut) bir kanıta sahip değil ama o ifadeler ya da fikirler hayatını da o kadar çerçeveleyemiyorsa o zaman cümlesini düşünüyorum ile bitirecektir.

- Ben böyle olduğunu düşünüyorum…

- Ben böyle olduğuna inanıyorum…

- Ben böyle olduğunu biliyorum…

- Ben böyle olduğunu hissediyorum…

Bu dört seçenekten biri bizim bilinçaltımızın o içerikle ilgili içerde ne tuttuğunun belirgin göstergesi olacaktır.

Hissediyorum ile biten cümleler de *inanıyorum*la bitenler gibi bilinçaltına ait bilgileri aktarır.

"Ben bu konuda böyle hissediyorum" diyen bir kişi, "aslında bir fikrim yok ama bilinçaltına yerleşik bir inanç beni böyle düşünmeye ya da davranmaya zorluyor, yoksa kötü hissederim" demeye çalışıyordur.

Görüldüğü gibi, bilinçaltı hiçbir şeyi gizlemiyor, yeter ki onun dilini

---

[71] **Freud dil sürçmeleri**ne bilinçaltını analiz etmek için çok önem vermiş, akıcı bir hızla konuştuğumuz zaman sürekli bilinçaltından mesaj taşıdığımızı söyleyebiliriz ve bilinçaltı yanlış mesaj vermez, veremez.

çözebilecek bilgi ve bilince sahip olalım.

İnanç bilmemektir.

İnançla bilgi farklıdır.

Bilgi kanıtı olan gerçeklerdir.

"Havaya atılan her katı nesne yere düşer" önermesi bir bilgidir. Havaya attığınız bir şeyin yere düştüğünü görerek bunu kanıtlarsınız. Bu nedenle de kimse "ben bu cismin yere düşeceğine inanıyorum" demez. Ama her cismin yere düşmesini yerçekimi diye bir gücün kanıtı olduğunu ileri sürerseniz işte bilimsel bir yanılgıya düşmüş olursunuz, çünkü henüz fiziki dünyası yerçekiminin varlığını kanıtlayamadı. Bu durumda en uygun cümle "bu göstergelere dayanarak yerçekiminin var olduğunu düşünüyorum" olacaktır(Burada yanlış olarak "yer çekiminin varlığına inanıyorum" diyenler de olacaktır).

Ama şimdi başka bir âdemi beşer "erkekler ağlamamalıdır, ben erkeklerin ağlamaması gerektiğine inanıyorum" derse, bu durumda bu inancın aksine davranan bir erkek gördüğü zaman ona göre "o tam bir erkek değildir", çünkü inancının aksine davranmaktadır. Tabi bu inanca sahip ademi beşer bu inancı ifade etmeden önce erkekliğin tanımını yapması gerekir. "Bir erkek kadına göre farklı cinsel organa sahip ve kromozom analizlerine göre XY kromozom çiftini taşıyan insan cinsidir" diyerek bir tanım yaparsak, ağlama ya da ağlamama bu tanımı ilgilendiren bir eylem olmaktan çıkar. Ama bu erkekler ağlamaz inancının sahibi kişi gidip ağlayan yaratığın tenasül organına bakar ve onu gördüğü halde "sen erkek misin" derse, bunun ne anlamda sorduğunu da açıklamak zorunda kalacaktır. Ayrıca ortada biyolojik ölçütlere göre bir erkek varken, ama ağlayan bir erkek varken ve ağlarken de o organın aynen mevcudiyetini koruduğunu rahatlıkla kanıtlamak mümkünken, "ben erkeklerin ağlamadığına inanıyorum" derse bir kişi, bu *inanıyorum* fiili bizim inanç olarak anlamlandırmaya ve tanımlamaya çalıştığımız kavramımıza ters bir durum yaratmış olacaktır.

Çünkü inancın inanç olması için inancın içeriğinin bilimsel verilerle kanıtlanamayacak bir argüman olması gerekir; yoksa sadece görsel olarak bile kanıtlanabilecek ve elle tutulabilecek bir somut veri orta yerde sallanırken hala ben o sallanan şeyin erkek organı olmadığını düşünüyorum diyen bir şahsı psikiyatristlere (maalesef) havale etmekten başka bir çare kalmaz. Ha kişi kendini peygamber İsa zannediyordur, ha sallanan bir organı orta yerdeyken "ben bunun erkek olduğuna inanmıyorum" diyordur; zihin sağlığı açısından arada pek bir fark yoktur. Bu kadar somut gerçeği, gözleri sağlam olmasına rağmen reddeden bir kişiyle artık psikiyatrinin muhatap olması gerekir.

O halde bu şekilde rahatlıkla gerçekliği kanıtlanabilecek içerikler için, hala "ben aksine inanıyorum" diyenlerin *inanıyorum* kelimesini yanlış amaçla kullandığını ilan etmekten ve o fiilin yerine, *hezeyanı içindeyim* mealinden bir fiili getirmenin daha uygun olacağını söyleyebiliriz.

Peki, buradaki paradoks nedir?

Paradoks erkeklik tanımında yatar. Bilinçaltı erkeği somut anlamda değil soyut anlamlarıyla da öğrenmiştir. Bu kişi gerçekten de ağlayamaz. İnancın kanıtı ağlayamamasıdır. Ağladığı zaman kötü hisseder. Çünkü erkek olmadığı değil ama *zayıf ve değersiz bir erkek olduğu* fark edilecektir. Yani bilinçaltı gerçek inancı gizlemek için sahte bir inançla bilinci oyalamaktadır. (Buradan bir çıkarımda bulunabiliriz; somut bir şekilde yanlış olduğu kanıtlanmış bir inanca rağmen kişi bu inançtan korunmuyorsa bu sahte inancın altında evrensel gerçekle uymayan gerçek bir inanç var demektir).

O halde inançlar kişisel bir durumdur. Kişilerin bilinçlerinin değil bilinçaltlarının gerçeğidir. İnsan zihninin çıkmazı da budur. Bilinç aksine kanıt bulsa bile inancı doğrultusunda davranmaktan kendini alıkoyamaz. Çözemediğimiz her sorunun ardında bilinçaltında henüz içeriğini keşfedemediğimiz bir inanç var demektir. Her inanç en derinde değersizlik inancı tarafından yönetilmektedir.

Bir dilin zenginliği "Aynı anlama gelen birçok kelimeye sahip olmak değil, aksine her biri farklı anlama gelen birbirinden farklı birçok kelimeye sahip olmasıdır." dersek herhalde doğru bir saptamada bulunmuş oluruz. Bu nedenle kullandığımız her kelimenin, eş anlamlı olduğunu düşündüğümüz her kelimenin, birbirinden ayrışan incelikleri olması gerekir, yoksa da yaratmak lazım.[72]

İnanmak ile sanmak da bu nedenle eş anlamlı değildir ve de olmamalıdır. **Sanmak** fiiliyatı bilgi eksikliğinden dolayı yanlışı doğru olarak kabul etmektir. O halde bu durumlarda inancın yerine **sanı** kelimesini

---

[72] Ben bu tip yaratmaları seviyorum ve iletişimimi kolay hale getirdiğini düşünüyorum. Örneğin *kabul etmek* ile *onaylamak* için birbirinden farklı anlamlar yüklüyorum. Onaylamak kabul etmeyi içeriyor ama kabul etmek onaylamayı içermiyor, gibi.

kullanmak daha uygun olacaktır. Sanılar kişi doğru bilgiyle karşılaşınca kendiliğinden ortadan kalkar.[73] *İnanmak* ise henüz doğruluğunu bilmediğimiz ne doğrulanabilir, ne de yanlışlanabilir durumlar için de kullanmamız gereken bir fiildir, ya da öyle olmalıdır. İster yanlışlansın, ister doğrulansın (ki inançlar sadece yanlışlanabilir), her iki durumda da inanç bilgi haline gelmenin yüce mutluluğunu yaşayacaktır ve belki de kurtuluş ve özgürleşme partisi verecektir.

Bu noktada inanmak fiiliyatının ilginç bir özelliği ortaya çıkmaya başlıyor. Bir kişi "ben inanıyorum" dediği zaman o konuda bir şey bilmediğini bildiğini, yani inandığı şeyin doğru da olmayabileceğini otomatik olarak ifade etmiş oluyor. Bu şekilde ifade edince de aslında o inandığı içeriği sorgulamaya başlamış oluyor; sorgulanan bir içerik artık bilinçli aklımız tarafından doğru olmayabileceğinin ilanı da olmuş oluyor. Bu durumda iki ayrı durum söz konusu olabilir.

Birincisi kişinin gerçek bir inancı vardır ama artık bu inancın farkında olmaya başlamış ama henüz inancını söküp atamamıştır.

İnancı fark etmek demek inancın içeriğinin evrensel gerçekle uyuşmamasını fark etmek demektir.

O halde buradan şu sonucu da çıkarmak mümkün. Bilinçaltındaki hemen tüm inançların –değersizlik inancında olduğu gibi- evrensel gerçekle bir ilişkisi yoktur. Ama evrensel gerçeklikle bağdaşmayan bu inançlar yine de insanların mutlu yaşamasına neden olabilir.

İkinci durum ise aslında kişinin o söylediği konu ile ilgili bir inancı yoktur ve fiiliyatı yanlış kullanıyordur; inanmak fiili yerine düşünmek fiilini kullanması gerektiği ile ilgili yeterli dil bilgisi aydınlanmasını henüz geçirmemiş demektir.

Çoğu zaman durum budur.

Sınavda başarılı olacağıma inanıyorum dediğim zaman aslında bir inancı ifade etmiyorum. Bir temenniyi ya da çalışmalarıma dayanarak olması gereken bir durumu ifade ediyorum. Ama henüz o durum olmadığı için biliyorum diyemiyorum. Umut ediyorum dersem sanki içinde olumsuzluğu

---

[73] Burada **fiiliyat** ile eylemi de birbirinden ayırıyorum, eylem gelmek, gitmek gibi enerji harcayan fiillerimiz oluyor, fiiliyatı ise fiille ifade ettiğimiz ama dıştan enerji harcandığını saptayamadığımız *düşünmek, kanmak, sanmak* gibi zihinsel süreçlerimiz için seçiyorum.

da taşımış oluyorum.⁷⁴ Bilinçli olarak ifade edilen tüm *inanıyorum* çekimlerinin inanç ile ilgisi yoktur.

Bilinç *ben inanıyorum* demez, *bilinçaltında böyle bir inanç olduğunu fark ediyorum* der.

Ama inanmak fiilini 2. veya 3. şahıslara atfettiğimiz zaman, yani "sen inanıyorsun" ya da "o inanıyor" dediğimiz zaman *senin veya onun bir inancı olduğunu* ifade etmeye çalışıyoruz demektir. Aynı şeyi kendi bilinçaltımız için de söyleyebiliriz. "Bilinçaltım hala değersiz olduğuna inanıyor" dediğimiz zaman, bilinçli aklımızla artık bu inancı ret etmeye başladığımızı ama henüz bilinçaltımızla bir konsensüs oluşturmadığımızı kast ediyoruz demektir.

Kişi doğrudan "ben değersizim" diyorsa burada bilinçli bir farkındasızlık söz konusudur. Bilinçaltındaki değersizlik inancından bağımsız olarak kişinin bilinçli yargısı da artık böyle bir kategorizasyonu onaylıyor demektir. Bu durumda kişi gerçekten değerini arttıracağını düşündüğü davranışları sergileyecektir.

İnanç için ulaştığımız tanım şuydu;

İnanç varlığı ya da doğruluğu kanıtlanamayan ama yine de gerçekliği varmış gibi doğru kabul edilen önerme, ya da fikirlerdir.

Buraya kadar inanç tanımını tamamen zihin bilinçten ibaretmiş gibi yaptık. Ama bir de bilinçaltımızın gerçeği var.

Yaşamımızda, geçmişimizde aslında doğruluğu ya da yanlışlığı rahatlıkla kanıtlanacak durumları, sırf bilgisizliğimizden, küçüklüğümüzden, ya da aklımızın yetmezliğinden dolayı sorgulamadan doğru kabul ettik. Bu fikirler (ya da yanlış bilgiler) o zamanki bilincimiz tarafından doğru kabul edildi. İşte doğru kabul ettiğimiz her fikir aynı zamanda bizi hayatta tutan bir bilgiyi içerdiği izlenimiyle verilmişse bizim bilinçaltımızı oluşturmaya başladı.

Bu bilinçaltının malı olan fikir aynı zamanda zihin için bir **kritikal faktör** oldu. Yani bu aksi bir bilginin eskisini silerek bilinçaltına yerleşme şansı pek kalmadı. Bu yerleşmiş fikir kritikal faktör tarafından korundukça bilinçli farkındalığın dışında kalıyor demektir. Bu durumda artık

---

74 İngilizcedeki expect fiili (olacağını bilmek düzeyinde ummak) bu durum için en uygunudur. Ama Türkçe de bu anlamı içeren bir karşılık kelime yoktur.

bilinçaltındaki bu fikir için inanç tanımını yapabiliriz.

Peki, bir bilinçaltı inanç, bilinç tarafından sorgulanmasa bile o fikrin gerçekliğine aykırı bilgiler evrensel olarak kanıtlanmışsa biz bu fikre hala inanç mı diyeceğiz? Evet, ama artık farkında olduğumuz inanç sınıfına girecekler.

İnançlar bilinçaltının malıdır, bilinçaltının yapısı içindedirler. Bilinçaltına doğruluğu sorgulanmadan yerleşmiş bir fikir, bilinçaltı tarafından inanç muamelesine tabi tutulur. Bilinçaltının önemli yapı taşlarından biridir inanç. İnanç nasıl doğar, nasıl şekillenir, bir sonraki konu başlığımızda ayrıntılarına gireceğiz, ayrıntılarına girdikçe inançların insan için önemi de gittikçe açığa çıkmış olacak. Ama kısa bir özet yapacak olursak, tüm inançların toplamı bilinçaltı dediğimiz zihinsel yapının omurgasını oluşturur. İnançlar bilinçaltının iskeletidir, diğer tüm bilinçaltı içerikler (anılar, düşünceler, alışkanlıklar, hisler, rüyalar, güdülenmeler, duygular, fanteziler) inançlar iskeletine tutunur, inançların iskeletine şekil verir.

Bu arada inancın yapısının da bir fikirden farklı olduğunu bir kez daha belirtmem gerekecektir.

İnancın anatomisi fikir ya da basit düşünceden farklıdır.

İnancın içeriği düşünce ile ortak olan kısımdır. Ama esas fark inancın çerçevesinden kaynaklanmaktadır.

Bu çerçeve, inancı işleten gücü yani birikmiş duyguyu, yani yaptırım gücünü içinde taşır.

Her **inancın çerçevesi** farklı olabilir. Ama temel yapı aynıdır.

İkili bir düğme sistemine bağlı olan bir çerçevedir bu.

Bu ikili sistemler doğru/yanlış, iyi/kötü, tehlikeli/emniyetli, günah/sevap, ayıp/uygun şeklinde olabilir.

Erkekler ağlamaz saf bir içerik gibi görünürken arka planda *erkeklerin ağlaması ayıptır*, ya da *erkeklerin ağlaması yanlıştır* gibi ikinci bir inanç içeriği işlemektedir.

Çerçeveyi bulmak için basit sorular sorarız.

-Erkekler ağlamaz.

-Ağlarsa ne olur?

-Rezil olur.

Bu şekilde hızlı soru yanıtlar, hem çerçeveyi açığa çıkaracak, hem de uygun iyileştirme çalışmalarının yapılmasına yol gösterici olacaktır.

BÖLÜM 17

İnancın İnanç Oluş Süreci

İnancı bir taşa kazılmış yazıya benzetebiliriz. Özel bir çaba göstermediğiniz takdirde o taştan yazı yok olmaz. Olmadığına binlerce yıl önce taşa yazılmış ve hala kendisini korumuş yazıtlardan anlayabiliriz. Taşa yazılmış yazı kelimelerden oluşmuş ve anlamı olan bir cümledir.

O halde her inancın içeriği bir cümle ile temsil edilir.

Her ne kadar çoğu kişi için sadece bu cümle tüm inancın kendisiymiş gibi zannedilse de inancın yapısı bölümünde gördüğümüz gibi bu cümle tüm inancın hepsi değildir, anatomik bir bölümüdür[75]. Bilinçaltında birçok inancın varlığından bahsetsek bile, bugüne kadar bilinçaltında bu inançları okuyabilecek, gerçekten cümlelerin kelime yapılarını analiz edecek herhangi bir teknolojik cihaz keşfedilmiş değildir.

O halde bir inancın içeriğinin şu ya da bu olduğunu nasıl biliyoruz?

Bilinçli aklımızla çıkarımda bulunuyoruz.

"Olsa olsa bu inancın içinde yazan şudur" diye tahminde bulunuyoruz ve sonra bu tahminimizin doğru olduğuna inanıyoruz. (İnançlarımız için inanmak fiilini kullandığımıza göre bu tahminimizin yanlış olacağını da kabul ediyoruz demektir. Böyle düşünenler için ne büyük bir farkındalık ve kendiyle barışıklık hali!)

İnancın içeriğinin tüm yaşamımızı yöneten en önemli unsur olduğuna inansak da, bilinçaltı bu inancı doğru olarak okumadıkça, inancın yaşamımızda bir yaptırımı bulunmayacaktır. Bu nedenle bilinçaltında inanç okuyucu bir yapının olduğunu kabul etmemiz gerekiyor. Her saniye, atılan her adımda, verilen her karar da *inanç okuyucu sistem*, o atılan adımın, düşünülen şeyin, verilen kararın tüm yazılımlarla uyumlu olup olmadığını kontrol etmek durumundadır. Ne kadar yüksek hafızalı bir bilgisayara ihtiyacımız olduğunu bu yapılan işlemden tahmin edebiliriz.

Bilinçaltında *"erkekler pembe ceket giymez"* diye bir inanç olduğunu varsayalım. Bu inanç diğer renk ceketlerin giyilmesine otomatik olarak izin verecektir. Kişi bir ceket almaya ya da giymeye niyet ettiğinde öncelikle *"bu adam ne yapıyor?"* sistemi devreye girer. Bu adam ne yapıyor sistemi, adamın niyetini, eylemini, hayallerini anında değerlendirir ve ceket giymeye

---

[75] Anatomi görünen bir organın, o organı yapan fonksiyonel olarak bir bütünlük teşkil eden değişik bölümlerini ortaya koyan bilim dalıdır. Örneğin safra kesesinin kese, kısmı, boyun kısmı, içindeki safra sıvısı ve kanallar kısmı vardır ve tüm bunların hepsi safra kesesinin tümünü oluşturur, ama her anatomik parçası farklı bir görev görür. İnancın yapısı bölümünde inancın farklı parçalarını açığa çıkarmaya ve her bir parçasının farklı işlevlerini incelemeye çalıştım.

niyeti olduğunu fark eder.

(Belki sistem bu kadar hızlı karar vermiyor ve soru cevaplarla bu sonuca varıyor olabilir. Bu adam ne yapıyor sisteminde bu adam bir şey giymeye niyet ediyor, ne giymeye niyet ediyor, ceket giymeye niyet ediyor, ne renk ceket giymeye niyet ediyor, yeşil renk ceket giymeye niyet ediyor gibi sürekli geri beslemeli ve elemeli bir iletişimin olması ihtimali daha yüksektir, böylece daha verimli ve ekonomik bir sistem yaratılmış olacaktır.)

Sonuçta kişinin yeşil ceket giymeye niyet etmesi inanç okuma sisteminde herhangi bir alarm yaratmayacaktır. Ama inanç okuma sistemi o inancın aksine bir eylem niyeti olduğunu fark ettiği anda muhtemelen inançla bağlantılı başka bir sistemi -sakın bunu yapma sistemini- harekete geçirecektir. Bunu yapma sistemi artık alarm sistemlerini, duygu sistemlerini, hareketi engelleme sistemlerini, yeniden düşün sistemlerini uyararak bu eylemi engellemeye çalışacaktır.

Bu kadar karmaşık işleyen bir sistemin nasıl olup bazı fikirleri elerken bazı fikirleri inanç haline getirdiği ise farklı bir hikâyedir.

Bir düşüncenin, bir fikrin, bir gözlemin, bir deneyimin inanç olarak yerleşmesi ve inanç sistemlerine göre diğer sistemlerle bağlantı kurması için **hipnotik ilkelerin** güçlü bir şekilde işler olması gerekir.

İnanç bir fikrin eleştirilmeden, yargılanmadan, sorgulanmadan doğru kabul edilmesidir. O zaman bir fikrin eleştirilmeden, sorgulanmadan, yargılanmadan doğru kabul edilmesi için zihnimizin hangi modda olması gerekir? Tabiki bu fikrin içeriğini kritize edemez bir zihinsel modda olması gerekir.

Yani o fikirle ilgili daha önceden yerleşmiş hiçbir bilginin kaydının bilinçaltında olmaması gerekir.

Tüm erkeklerin pembe ceket giydiği bir toplulukta acaba o topluluk içinde doğmuş ve büyümekte olan bir çocuğun bilinçaltına erkekler pembe ceket giymez diye bir inanç yerleştirebilir miyiz? Tabi ki yerleştiremeyiz; çünkü bilinçaltı bu konuda gerekli olan bilgiye sahiptir. Hiçbir güç bu bilgiyi çocuğa inanç olarak yerleştiremez, aksine "sen ne saçmalıyorsun abi" yanıtını alır çocuktan.

O halde birinci gereklilik zihnimizin telkine açık halde olması, yani gelen bilgi için **kritikal faktörü**nün açık olması gerekecektir.

Ama kritize edilmeyen her fikir bilinçaltında inanç muamelesi görecek midir?

Pembe kanatlı kuşlar uçamaz içerikli bir fikir inanç olarak yerleşir mi?

"Bana ne" diyecektir, bilinçaltı, "ister uçsunlar ister uçmasınlar, benim bu bilgiden ne çıkarım var?"

O halde bir fikrin inanç olarak yerleşmesinin ikinci kuralı o bilgiden bizim yaşamsal açıdan bir çıkarımız olması gerekliliğidir.

Bu bilgi benim için önemli mi?

Beni bir şeylerden koruyor mu?

Pembe ceket giymemek nasıl koruyacak? Kimsenin pembe ceket giymediği bir toplulukta pembe ceket giymeye kalktığın takdirde, dalga geçilir, eleştirilir ve erkekliğin sorgulanır. Toplum dışı kalmak, yalnızlaşmak, bilinçaltı için ciddi bir tehdittir, bu durumun işlemesine asla izin vermez. Demek ki çok daha erken dönemde, pembe ceket fikrinin henüz duyulmadığı bir dönemde, bu temel inanç ya da bilginin yerleşmiş olması gerekir (hangisinin doğru olduğu zaten bu kitabın konusu olup başka bir bölümde ayrıntılı olarak tartışılmıştır).

Bir düşünce **otoriter olarak** verilirse, içinde **duygu yüklüy**se ve **sık tekrar** edilirse hipnotik etki yaratır.

Yani verilen telkin bilinçaltı tarafından kalıcı olarak kabul edilir.

Aynı ya da birbirine benzer telkinler süreklilik kazandıkça bilinçaltına yerleşmeye ve doğru kabul edilmeye başlanır.

Duygu yüklü vermek demek içine **korku** yükleyerek vermek demektir.

Eğer bu telkinin tersine davranırsan başın belaya girer bilgisinin de telkinin içinde olması gerekir.

Örneğin *toplumun kabul ettiği normların dışında davranırsan başın belaya girer* telkini birçok diğer telkinin daha verilmeden işlemesini garanti altına almaktadır. Bu bilinçaltının da işine gelir. Sadece toplumun neleri onaylayacağını öğrenmesi yetecektir.

Değersizlik inancının oluşması ve yerleşmesi de bu aşamalardan geçer.

Çocuk doğduğu andan itibaren sürekli telkin alır.

Telkinler beş duyuya yönelik her türlü mesajlardır.

Bazen söz olarak, bazen davranış olarak, bazen gözlem olarak telkin alır.

Çocuk için kendinden büyük herkes otorite etkisi yaratır.

Bilinçaltının görevi yaşamda kalacak, yaşamını tehlikelere düşmeden sürdürecek organizasyonları yapmaktır. İnançların seçiminde bu tercih rol oynar. Tehlikeliyle tehlikesizi en kestirme yoldan ayırmak zorundadır.

Bu durumda en garantili öğrenme yöntemi **gözlem**dir.

Deneyim risklidir, öğrenirken tehlikeyle yüz yüze gelebilirsin. Senden büyük kişiler hayatta kaldığına göre onlar doğruyla yanlışı, iyiyle kötüyü, tehlikeliyle, koruyucu olanı birbirinden ayırmış demektir. O halde bu ayırımı yapma bilgisine sahip bir kişi çocuk için otorite olacaktır ve onun yaptığını ya da yap dediğini uygulamak, hayatta kalmak için yeterli olacaktır.

Otorite doğrudan ya da dolaylı olarak çocuğun yetersiz olduğunu belirtiyorsa, çocuğun bunu kabul etmekten başka çaresi yoktur.

Yetersizdir, beceriksizdir, kendinden beklenileni yerine getiremiyordur.

Anne bir taraftan, baba bir taraftan çocuğun beyninin yıkar. Anne ya da baba ne kadar eleştirel bir yapıya sahipse çocukta o kadar hızlı değersizlik inancı yerleşmeye başlar. Bu sözlü telkinler özellikle çocuk konuşmayı öğrendikten ve bazı şeyleri kendi kendine yapmaya başladıktan sonra artar. Bu dönemden önce sözsüz telkinler daha ön plandadır.

Örneğin bir çocukla oynanmaması sözsüz verilen bir değersizlik telkinidir.

- Sen vakit geçirilmeye layık değilsin.

Çocuk bir fikrin ya da bir telkinin doğru olup olmadığını ilk karşılaştığı zaman bilemez.

Bir **otorite** tarafından bu telkin verilmişse doğru kabul edilir.

Günümüzde anne, baba, aile büyükleri, TV, sokak arkadaşları, okul birer otoritedir.

Eğer bir konuda ilk bilgi TV den öğrenilmişse anne baba çocuğa doğrusunu öğretmeye çalışsa da artık bu doğrunun geçerliliği kalmaz. TV deki çizgi filmden aldığı yanlış bilgi onun doğrusudur.

Çocukların dünyayı algılama gücü, düşünceleri kategorize etme şekli bir inancı oluşturma ve sürdürme açısından çok uygundur. İlginç olan çoğu büyümüş bireyde de aynı **çocuksu-hipnotik düşünce tarzı**nın devam etmesidir.

Nedir çocuksu-hipnotik düşünce tarzı?

Çocuk bir olayı ya öyle ya böyle şeklinde algılar. Yani bir ihtimal olmazsa tamamen zıddının olacağını düşünür.

Örneğin baba "sınıfını takdirle geçersen sana bisiklet alacağım" diye söz verir. Çocuğun zihninde ödüllendirilme sevilme ile ilişkilendirilir.

"Sevilmem için takdir almam gerekir" diye düşünür.

"O halde takdir almazsam sevilmeyeceğim" sonucunu çıkarır.

Hâlbuki ailenin öyle bir bakışı yoktur ama bunu özellikle belirtmezse bu düşünce tarzı değersizlik inancına giden yolu açar, ya da destekler.

İkinci düşünme şekli aşırı **genelleştirme**dir.

Yani çocuk yukarıdaki örnekte bir tek olaydan sonuç çıkarır.

"Babamın beni sevmesi için hep takdir almam gerekir" diye düşünmeye ve inanmaya başlar.

Üçüncü düşünme şekli **çarpıtma**dır.

Çocuk babanın farklı niyetinden kendine göre neden sonuç ilişkisi kurarak "babam beni sevmeyebilir" yanlış sonucuna varır.

Bir çocuğun bilinçaltının nasıl şekillendiğini anlamak için uzun teorik söylemler yerine basit ama etkin örneklerden yola çıkmayı daha uygun buldum.

Burada vereceğim vaka açıklaması bana ait değil. Çünkü benim örneklerim büyük insanların bilinçaltlarından toplanmış bilgilere aittir. Büyük insanların da bilinçaltları çocuktur. Ama regresyon hipnoterapisinde toplanan bilgiler her zaman tüm resmi yansıtmayabilir. Bu nedenle travma altında kalmış çocukların beyinlerinin ve davranışlarının bu travmaya bağlı olarak nasıl şekillendiğini anlamak bilinçaltının işleme ve neden sonuç ilişkisi kurma mekanizmalarını anlamamızı daha da kolaylaştıracaktır.

Bu bölümdeki bilgiler bir çocuk psikiyatristi olan **Bruce D. Perry**'nin "The Boy Who Raised As a Dog (köpek gibi büyütülen çocuk) isimli kitabından derlenmiştir[76]. Bu kitapta Perry dokuz çocuğun öyküsünü anlatır. Önce yaşadıklarını, sonra bu yaşadıklarının çocukların davranışlarını nasıl etkilediğini ve sonra da çocukları bu travmatik etkilerden nasıl iyileştirmeye çalıştığını anlatır.

Kitapta her hikâye birbirinden ilginç kurgulanmıştır ama bir inancın gelişmesi açısından en öğretici olduğunu düşündüğüm yedi yaşındaki kız çocuğu babasız büyüyen Tina'yı aktaracağım.

Tina,Perry'i ilk gördüğü anda doğrudan onun pantolon fermuarına yönelir ve açmaya çalışır.

Tina'nın çocuk psikiyatristine yönlendirilmesinin nedeni okulda saldırgan ve uygunsuz davranışlar içinde bulunmasıdır.

Erkek çocuklara saldırmakta, onlarla seks içerikli oyunlar oynamaya çalışmaktadır.

Tina 4 ile 6 yaş arasında cinsel istismara maruz kalmıştır. Bunu yapan kişi 16 yaşında bir erkek çocuğudur. Tina'nın annesi işe giderken kızını komşu kadına bırakmaktadır. Kadın bu iş için düşük bir ücret almaktadır. Ama annenin bilmediği, bakıcı kadının da başka bir işi olduğudur. Bu nedenle kadın gündüzleri Tina'yı kendi oğluna bırakır. Oğlan kızı iplerle bağlayıp tecavüz etmiştir. Birçok sapık cinsel girişimlerde bulunmuş, eğer bunları açıklarsa kendisini öldürmekle tehdit etmiştir. Sonunda oğlanın annesi durumu fark eder ve bu işkence sona erer.

Tina'nın bu uzun ve tekrarlayan deneyimlerden erkeklerle ilgili yargısı oluşmuştur. Erkek davranışı nedir? Erkekler bir kız çocuğundan ne ister? Erkekler cinsel avcılardır. Daha önceki deneyimlerinde seven bir baba, amca ya da dede yoktur. Tek tanıdığı erkek annesinin zaman zaman eve gelen erkek arkadaşıdır ve bu erkek arkadaş da Tina'ya uygunsuz, cinsel içerikte davranışlarda bulunmuştur. Bilinçaltı tüm bu deneyimleri birleştirdiğinde erkeklerin sadece seks isteyen yaratıklar olduğu yargısını yerleştirmiştir.

Dr. Seymour Levine yaptığı çalışmalarla stresin erken dönemde beyin üzerinde nasıl etkiler yarattığını ortaya koymaya çalışmıştır. Sıçanlarda erken dönemde verilen kısa süreli streslerin bile strese bağımlı hormonların aktivitesini uzun süre değiştirdiğini göstermiştir. Bebek sıçanların bir dakika kadar bile insanlar tarafından dokunulması stres yaratmaktadır. Bu

---

[76] B. Perry. The Boy Who Was Raised as a Dog

dokunmalar gelişim dönemine denk geldiği zaman stres hormon sitemindeki değişimler erişkin yaşlara kadar sürmektedir. Beyinde 100 milyar nöron (sinir hücresi) ve her nöron içinde ortalama on tane destek hücresi (glia) vardır. Tüm hücreler gelişme döneminde birbirleriyle karmaşık bir iletişim sistemi kurarlar.

Beyin içten dışa doğru organize olmuştur. En aşağı ve merkezdeki kısımlar en basit olanlarıdır. Bu bölümler beyin sapı ve diensefalondur. Bunlar ilk evrimleşen ve çocuk büyüdükçe de ilk gelişen bölümlerdir. Beyinde bu bölümlerden daha yukarı ve daha dışarı doğru ilerledikçe limbik sisteme ulaşırız ve işler karışmaya ve daha karmaşık olmaya başlar. Beyinin en dışında beyini kabuk gibi saran korteks ise çok daha karmaşık bir sistemdir.

En içteki beyin sapının işleyişi ile kertenkelenin beyninin işleyişi birbirine çok benzer. Ortadaki limbik sistemin işleyişi ise memelilerdeki gibidir. Dış kabuğu ise sadece maymun grubuyla paylaşmaktayız.

En içteki beyin sapı bizim en temel hayati işlevlerimizi kontrol eder. Bunlar kalp hızı, solunum, beden ısısı ve kan basıncıdır.

Diensefalon ve limbik sistem ise davranışlarımızı yöneten korku, öfke, neşe gibi duygularımızı yönetir.

Korteks ise insana ait karmaşık görevleri üstlenmiştir. Konuşmak, düşünmek, karar vermek gibi. Normalde her dört bölüm birbiriyle uyumlu bir şekilde işlev görür. O nedenle bir sistemdeki bozukluk tüm sistemlerdeki işlevleri etkiler.

Tina'nın sorunları her dört bölümü de ilgilendirir. Uyku ve dikkat sorunları beyin sapıyla, motor işlevlerde ince işleri yapamamak korteks ve diensefalonla, sosyal ve bireysel ilişki kurma sorunları limbik sistemle alakalıdır. Konuşma güçlüğü çekmesi ise yine korteksi ilgilendiren bir durumdur.

İnsanı stresle ve tehditle başa çıkma için organize olmuş sistemler en alt sistemlerdir ama beynin diğer bölümleriyle doğrudan ilişki halindedir. Bu ilişki sayesinde bir tehdit olgusuyla başa çıkmak mümkün olur. Eğer stresle başa çıkma sisteminde bir arıza olursa bu arıza dört beyin bölümünün fonksiyonlarını etkilemeye başlar.

Sıçanlarda yapılan çalışmalar stres altındayken öğrenmenin zorlaştığını ortaya koymuştur. Erken dönemde strese maruz kaldıkları zaman strese karşı uyarıdan sorunlu sistemlerden aşırı adrenalin ve noradrenalin –stres hormonları- deşarjı olur ve bu deşarj beynin diğer bölümlerinde de değişikliğe neden olur. Aşırı hormon deşarjı hücrelerdeki reseptör hassasiyetini arttırır. Reseptör hassasiyetinin artması şöyle bir sonuç doğurur. Eskiden bir birim hormon bir birim tepkiye neden olurken, hassaslaşmış reseptörlerin bulunduğu hücrelerde bir birim hormon örneğin iki birim tepkiye neden olur. Yani normal düzeydeki hormonlar sanki hep tehdit varmış algısı yaratmaya başlar.

Erken yaşlarda çocuk kendisine yapılan davranışları tehdit olarak algıladığı zaman stres sistemi uyarılacaktır. Ardı ardına gelen stresler stres uyarı sistemini sürekli mesaide tutmaya başlar. Her an her yerden tehlike gelecekmiş izlenimi içinde yaşamaya başlar. Tina'da olan da budur. Okul onun için yabancı bir ortamdır ve her an her yerden tehdit gelebilir. Bu nedenle sürekli uyanık olması gerekir. Sürekli uyanık olması için ise stres sisteminin sürekli ayakta olması gerekir. Artık her ortamda ormandaki tavşan gibidir. Ya ortamdan uzaklaşacak ya da her an tetikte olacaktır. Zaten bilinçaltı onun zayıf ve güçsüz olduğu, sevilmediği, bu tip davranışları hak ettiği ile ilgili algıları da yerleştirmiştir. Eğer zayıf ve güçsüzse yine bu tip davranışlara maruz kalacaktır. O zaman ya güçlü görünmek zorundadır ve bu nedenle sürekli saldırgan haldedir, ya da kendisinden bekleneni yerine getirecektir. Kendisinden beklenen nedir? Erkeklerin seks ihtiyaçlarını karşılamak... Karşılarsan öldürmezler. Bu nedenle okulda sürekli olarak erkeklere cinsel içerikli davranışlarda bulunmaya başlar.

Burada oluşmuş bir sonuçtan bahsediyoruz artık. Bazen bu tip sorunlara açıklama getirirken *tavuk mu yumurtadan çıkar, yumurta mı tavuktan çıkar* tarzı çıkmazlarla karşılaşabiliriz.

Yani Tina'nın beyni hassaslaştığı için mi Tina sürekli alarm durumundadır, yoksa öğrenme sistemleri her şeyi tehdit olarak algıladığı için mi stres uyarı sistemleri ayaktadır? Belki her ikisi aynı anda ortak bir değişim içindedir. Zamanla Tina bazı şeylerin yanlış olduğunu öğrense de davranış modelini değiştiremez. Ama aksine davranışlarını gizlemeyi öğrenmiştir. Yani yine erkeklere oral seks yapmaya devam eder ama artık bunu daha gizli yerlerde yapmaktadır.

Tina'nın büyümesi, farklı erkekler tanıması, sosyalleşmesi bu davranışlardan kolayca kurtulmasını sağlayamaz. Bilinçaltı kayıt sistemleri kendiliğinden çözülen sistemler değildir. Tina zamanla ne kadar yanlış davrandığını da fark eder. Ama yine de o gelişim döneminde sanki beynine kazınmış olan alışkanlıktan kurtulamaz. Büyük bir iradi güç kullanarak bu davranışlarını belli durumlarda, belli yerlerde engelleyebilir ama olayın zorlayıcı etkisi hafızadan silinemez.

Tina'nın öyküsünde Tina'nın davranışlarını değersizlik inancı görüşümüz açısından yorumlayabiliriz. Tina tabi ki davranışlardan, beklentilerin neler olduğu kanaatine varırken, yaşamda hayatta kalma savaşı veren bilinçaltı kayıt tutmaktadır.

En güçlü telkin deneyimlerle bilinçaltına yerleşenlerdir.

Tina yaşamı kendi deneyimleriyle, acılarıyla, yalnızlığıyla öğrenmiştir. Başına gelenlerden, *ben sevilmeye layık değilim, ben sadece beklenenleri yapmaya programlı bir yaratığım* algısı yerleşirken, hayatta kalması ve bu değersizliğini gizlemesi için *erkeklerin beklentilerini yerine getirmem gerekir* inancı son derece güçlü olarak yerleşmiştir.

Bu nedenle öncelikle burada **hafıza** denen şeyin ne olduğuna biraz bakmamız gerekiyor. Hafıza biyolojik sistemlerin en temel özelliğidir. Hafıza deneyimlerimizi geleceğe taşıma kapasitemizdir. Kasların bile hafızası vardır. Bunu egzersiz yaparken, bisiklet kullanırken biliriz. Ama çoğunlukla hafıza beynin işleyişi ile ilgilidir.

Beyin kayıtlarını ilişki üzerine kurar.

Farklı iki uyarı aynı anda olmuşsa ikisini aynı anda kaydeder ve ilişkilendirir.

Geçmişte yaşanmış deneyimler nöral yollarda kayıtlıdır. Alışkanlık haline gelmiş davranışlar bu yolların harekete geçmesiyle tekrarlanır. Bu tip kalıplar ilkel beyin kısımlarına kaydedilir. Çoğu zaman bilincimiz bu kalıpların farkında olmaz.

Tina'da bu nedenle bir erkekle ilk karşılaştığı zaman yaptığı davranışın farkında değildir.

BÖLÜM 18

Bilinçaltı Kavramı

Bilinçaltı kavramı yaklaşık üç yüzyıllık bir geçmişe sahiptir. Bilinçaltı Freud'un keşfetmediği ama zihinsel süreçleri açıklamak için tıp dünyasına soktuğu bir buluştur. Freud'un Almanca olarak kullandığı terimin *bilinçaltı* mı yoksa *bilinçdışı* mı anlamına geldiği tartışma konusudur. Kimi psikologlar bilinçdışı terimini kullanırlar. Ama halk arasında daha yaygın kullanılan bir terim olduğundan ben de bilinçaltı seçeneğini kullanıyorum. Klasik hipnotistler ve hipnoterapistler de bilinçaltı terimini kullanmaktadırlar[77]. Bu terim bilinçli farkındalığımızın dışında kalan ve otomatik olmuş her türlü biyolojik süreçlerin tümünü kapsayan zihinsel faaliyetleri içermektedir. Bunlar arasında otomatik ve kendiliğinden oluşan düşünceler, duygular, hareketler ve unutulmuş anılar vardır.

Bilinçaltı diye bir insani yapı yoktur. Yani insan bedeninde beyinde ya da farklı bir yerde "işte burası bilinçaltıdır" diyebileceğimiz bir bölge ya da yapı yoktur. Dolaşım sistemi vardır. Damarlar ve kalbin bütününe dolaşım sistemi denir. Bedende fiziksel bir karşılığı vardır. Ya da bağışıklık sistemi dediğimiz zaman kanın beyaz hücrelerini, bunların yapıldığı timus ve kemik iliğini anlarız. Hatta bu hücrelerin salgıladıkları yüzlerce kimyasal maddenin neler olduğu tek tek bilinir. Ama bilinçaltı ile ilgili bedende ne bir organ, ne ölçülebilen fizyolojik bir olay ne de bir madde vardır.

Bilinçaltı bu nedenle psikolojik bir icattır.

İnsan davranışlarını anlamak için icat edilmiştir. Ama gerçekten açıklamalarımızı çok kolaylaştırmaktadır. İnsan zihninin işleyişini daha iyi anlatabilmek için uydurulmuş bir kavramdır.

Gerçekte ise farkında olduklarımız ve farkında olmadıklarımız vardır.

Kavramlar soyuttur. Beş duyumuzla algılayamayız. El arabasına koyup taşıyamayız. Ama isim haline getirdiğimiz zaman sanki *gerçekte varmış* izlenimi yaratırlar. Hele bilinçaltı gibi bir yeri tanımlayan bir isim olduğunda bu yerin varlığından şüphe etmeyiz bile. Algılarımızı bunun gerçekliği üzerine kurarız.

İşte bu bir hipnozdur.

Olmayan bir gerçekliği varmış gibi algılamak hipnozdur.

Hipnozdaki bir kişiye "gözlerini açtığında karşında koca bir dinozor

---

[77] Zaten zihni anlatırken buz dağı çizerler ve suyun üstünde kalan kısmına bilinç derler, suyun altında kalan buzdağının o büyük parçasını da bilinçdışı olarak gösteriyorlar, bilinçdışı bu durumda bilincin altında kalmış oluyor zaten.

göreceksin" diye telkin verirsek, o da gözlerini açtığında o dinozoru görür.

Hipnozda zihin sorgulamaz. Aynen kabul eder ve yaratır.

Bilinçaltının bir gücü daha vardır. Fiziksel olarak mevcut olmayan bir gerçekliğin algısını yaratır. Ona karşı fizyolojik karşılıkları olan bir korku üretir. Kendi gerçek olmayan ama gerçek etki yaratan bir yapıdır bilinçaltı.

Freud bilinçaltının istemediğimiz, sosyal olarak kabul edilmeyen duygu, düşünce ve davranışlarımızın bastırmasıyla doldurulduğunu söylemiştir. Ama yaşamda kalmak için öğrendiklerimiz de bilinçaltının içeriğini oluşturur. Bilinçaltı öğrendiklerini bir kalıp halinde tutar ve öğrendiği bu kalıpları doğal ve sosyal yaşamda kendini korumak amacıyla kullanır.

Bilinçaltının bir bilgisayarın işletim sisteminden farkı yoktur. Yani bilinçaltı hardware değil bir softwaredir. Hardware olan bedendir. Beden hücrelerinin bilgiyi saklama kapasitesidir. Software ise programlardır. Öğrenilen her kalıp, her bilgi bir program gibi otomatikleşir. Otomatikleşme için öncelikle bu öğrenilenlerin inanç haline gelmesi gerekir.

Bilinçaltı öğrenilmiş ya da doğuştan gelen tüm otomatik bedensel işlevlerin ve davranışların toplamıdır. Bedensel otomatik işlevler arasında kalbin çarpmasını, sinir sisteminin ve hormonların işleyiş mekanizmalarını sayabiliriz. Tüm bu otomatik bedensel davranışlar genetik kalıplarla taşınır. Anne karnından itibaren başlayan bir kayıt sistemi ise öğrenilmiş davranışları yaratır.

Bilinçaltı öğrenme sistemi milyarlarca yıllık deneme yanılma süreciyle ortaya çıkmıştır. Her canlıda kendi ölçüsünde mevcut bir sistemdir. Evrim sürecinde çevreyle uyum gösteren sistemler varlığını sürdürürken, uyumsuz sistemlere sahip türler ya da tür bireyleri yok olur.

İnsan türünün gelişimi sürecinde de büyük olasılıkla türünün davranışlarını modelleyen ve bunu bir program kalıbı şeklinde koruyan sistemler varlığını sürdürmüştür. Örneğin korku duygusunu tehlikeler karşısında hisseden türler güçlü hayvanlar karşısında bile varlığını sürdürebilirken bu duygudan yoksun çok güçlü varlıklar zamanla yok olup gitmişlerdir.

Bilinçaltı sistemi telkinleri eleştiremez, yargılayamaz. Öğrendiği kalıbı doğru ya da yanlış diye sınıflayamaz. O sadece öğrendiklerini hayatta kalacak şekilde kullanmak zorundadır.

Yetersiz olduğuna inandıkça bu yetersizlik bir inanca dönüştükçe bu inancı korumaktan ve bu inançla korunmaktan başka seçeneği yoktur.

Zayıfların ve uyumsuzların yok olup gideceği bilgisi de milyarlarca yıllık evrimin sonunda tüm canlıların genlerine yerleşmiştir. Bilinçaltı zayıf, güçsüz olduğu bilgisine sahip oldukça kendini korumak için önlemler alacaktır.

Zihin dediğimiz zaman duygu, düşünce ve davranışların toplamını anlamamız gerekir.

Zihin insan varlığının bir parçası olan yapıdır. Ancak zihin bugünkü bilimsel inceleme yöntemleriyle ölçülebilen bir yapı değildir. Kişiden bağımsız olarak ölçülebilen bir yapı da değildir. Yani bir kişinin düşünce, duygu ve davranışlarını ancak o kişi ifade ederse ya da gözlemlersek bilgi sahibi oluruz. Ya da farkına varırız. Var olduğunu bildiğimiz ama kişiden bağımsız ölçemediğimiz bir yapıdır zihin.

Bilinçaltı da zihnin bir bölümüdür. Hemen hemen tüm bölümüdür. Duyguların kaynağı ve yerleştiği yer bilinçaltıdır. Düşüncelerimizin büyük çoğunluğu duyguların, inançların yani bilinçaltının güdümü altındadır. Davranış kalıplarımız tamamen bilinçaltının yönetimi altındadır. Yani neredeyse tüm zihinsel yapı bilinçaltından ibarettir.

Bilinç dediğimiz zaman karar veren, mantık yürüten, irade ortaya koyan zihinsel eylemleri anlarız.

Ama çoğu zaman bu eylemler duyguların kontrolü altındadır. İnançların güdümü altındadır.

Bu nedenle içimizdeki inançları bilincimiz zannettiğimiz sürece bir değişiklik yaratmamız mümkün değildir.

Bilinçaltı nasıl öğrenir?

En temel öğrenme mekanizması ilişki kurmaktadır.

Bilinçaltı aynı anda ya da bir biri ardına yaşanan uyarılar arasında neden sonuç ilişkisi kurar. *Bu bundandır* tarzı ilişki kurar. Bu koşullanma olarak da bilinir. **Pavlov**'un klasik deneyinde zil çalar arkasından yemek gelir. Bu sıralı uyarı olay zinciri birçok kez tekrarlanır. Bilinçaltı zil ile yiyecek arasında ilişki kurar. Zil çalmaya başladığında köpeğin ağzından salyalar akmaya başlar.

Sokakta oynayan ayılar da bu şekilde eğitilir. Ayı sıcak bir metalin üzerine çıkarılır ve aynı anda müzik çalmaya başlanır. Ayı ayağı yandığı için tepinmeye başlar. Birçok kez aynı deneyimi yaşar. Sonrasında müzik çalmaya başladığında ayağının yanacağını zannettiğinden tepinmeye başlar. Müzik tehlikedir. Tepinmek ise ayağının yanmasını engeller. Bundan sonraki deneyimlerinde artık ayağı yanmasa da bilinçaltı bu değişikliği kaydetmez. Program otomatiktir. Müzik çaldığı anda zıplamaya başlayacaksın.

Yeni doğan insan yavrusu da hayatı ilk bu tip koşullanmalar ile öğrenir. Karnı acıkır. Sahip olduğu tek uyarma silahı ağlamaktır. Acı karşısında ağlamak otomatiktir. Ağladığı zaman yiyecek geliyorsa bu alışkanlığı sürdürmeye devam eder. Her ağladığında meme gelir ve emmeye başladığı zaman ağzına süt akmaya başlar.

Bir deneyimin içinde birden fazla unsur varsa tüm bu unsurlar o deneyimin uyarıcıları olur. Bu uyarıcılardan hangisi önce gelirse gelsin deneyimi tetikleyen uyarıcı olabilir.

Çocuk kapıyı hızla çarpar. Yer titremeye başlar. Arkasından anne baba panik halinde çocuğu da alıp bir yere doğru kaçmaya başlarlar. Aslında deprem olmaktadır. 2-3 yaşındaki küçük çocuk için bu ilk deneyimdir. Ama çok güçlü bir deneyimdir. Kendisi ne olduğunu anlamasa da anne ve babadan akan güçlü panik duygusunu o da algılar. Bilinçaltı için tehlikeli bir deneyim yaşanmıştır. Bilinçaltı için bu deneyimin tüm öğeleri tehlikenin parçasıdır. Hangisinin tehlikeyi başlattığını birbirinden ayıramaz. Kapının çarpması mı? Yerin titremesi mi? Babanın onu acıtacak kadar sıkı sıkı tutması mı? Tüm bunların hepsi ilk kez yaşanmaktadır. Daha sonraki yaşamına bir kapı hızla çarptığında aynı panik duygusunu yaşar. Kendisi kapıları çarpmaya korkar. Hatta kapıyı kapatırken bile tedirgindir. Herhangi bir titreme olayı karşısında irkilir. Evin yanından geçen büyük bir kamyon evi titretir. Hemen panik duygusunu yaşar. Çoğu zaman bu duyguya neyin neden olduğunu anlayamaz. Ya da bir erkek kendisini sıkı sıkı tuttuğunda paniğe kapılır. Ya da en azından tedirgin olur. Babasının sarılmalarından tedirgin olur. Eğer kimse ona, o deneyimde neyin ne olduğunu açıklamamışsa, bu ilişkiler fark edilip uygun yöntemlerle çözülmediği sürece bilinçaltı bu ilişkiyi ömür boyu tutar.

Yaşamımızda bu şekilde kurgulanmış binlerce ilişki vardır. Bu ilişkilerden çoğu bizi fazla rahatsız etmeyebilir. Ama çoğu da bir şekilde yaşamımızı rahat yaşamamızı engelleyici etki yaratır.

Bazı bilgilere sahibizdir ama nasıl bildiğimizi bilemeyiz.

Bilinçaltı bilinçli farkındalığın altında, sadece öğrenir.

Buna en iyi örnek Japon tavuk çiftliklerindeki **seksör**lerdir. Civcivleri yüzde yüz doğrulukla dişi ve erkek olarak ayıran bu seksörler bu işi nasıl yaptıklarını bilmemektedirler[78].

Bazı koruyucu bilgilerin genlerimize yerleştiği ve nesilden nesle aktarıldığı ifade edilmektedir.

İnsan mükemmel değildir

İnsan bedeninin işleyişinin mükemmel olduğu gibi bir inanç vardır. Ama bu inancın kendisi de her inançta olduğu gibi hipnotik etki yaratmaktadır.

İnsan bedeninin işleyişi mükemmellikten çok geridir.

En basitinden en kıymetli organlarımızdaki damar yapısı yeterli değildir. Kalpte daha iyi bir damarlanma sistemi olsa kalp krizleri bu kadar korkulan bir durum olmaktan çıkar. Aynı şekilde beyin damarlarında da aynı sistem eksikliği vardır. Kanın pıhtılaşma mekanizması gayet iyi bir sistemdir ama aynı ölçüde pıhtıyı çözmekte yetersiz kalmaktadır.

Evrim sürecinde olan bir canlıdır insan sadece.

Evrimin kurallarına göre gelişmeye devam etmektedir. İnsan beyni de bu kurallar çerçevesinde gelişmeye devam etmektedir. Bundan 500 milyon yıl sonra insan türünün nasıl bir yapı alacağını kestirmek mümkün değildir. Çevrenin değişimi, türler arası ilişki gibi birçok etkenin bir araya gelişiyle beklediğimizden çok farklı türler ortaya çıkabilir.

İnsan beyninin ve özelde de insan zihninin işleyişine bakacak olursak bir tarafıyla canlılar arasında en gelişmiş yapı olduğu kuşkusuzdur. Ama özelde kendi içindeki işleyişe ve etkileşimlere bakacak olursak henüz mükemmelden çok uzaktır.

İnsan canlısının ilk öğretileri otomatik olmaktadır. Bu öğrenme tamamen temel ihtiyaçlar üzerinedir ve hayatta kalmak esastır. Bilinçaltı bu esaslara göre programlarını oluşturur. Bu programları oluştururken

---

78 D. Eagleman. Incognito; Beynin Gizli Hayatı.

doğru, yanlış, iyi, kötü gibi ayırımları yoktur. İlişki kurar, risk analizi yapar. Bu ilişkileri hayatta kalacak şekilde kullanır. Kurulan ilişkinin mantığı onu ilgilendirmez. Bilinçaltının mantığı ilişki üzerine kurulmuştur. Kapı çarpmasıyla deprem arasında nasıl bir ilişki olabilir gibi yorumlama ya da filtreleme yeteneğine sahip değildir. O sadece ilişkiyi kurar. Zamanla bu ilişkinin varlığı farkındalıktan silinir. Bilinçaltının derinliklerinde gizli kalır.

Kişi bilinçaltında bu şekilde bizim bilinçli aklımıza anlamsız gelecek ilişkiler bulunduğunu bilemezse, bilinçaltı kendiliğinden şu bilinçte yeni ne fikirler var diye merak edip bakmaz. Hatta diyelim ki bir şekilde bilinçaltı bilinçteki bu yeni bakışı fark etti, ilginç bir şekilde kendi inancını gizlemek için yeni programlar üretmeye başlar. Sanki yerleşmiş ve uzun yıllardır bilinçaltına göre gayet etkin işlemekte olan programları *aman bilincin farkındalığından gizleyin* gibi gizli bir emir vardır.

Yani bilinçaltına yerleşen programları kişi fark edipte uygun yollardan değiştirme çabası içine girmezse, zihin kendiliğinden bu çatışmayı çözüp yeni bir program yaratamaz.

İnsan beyninin gelişimindeki üç aşama

İnsan beyni, insan beyni olana kadar, canlılarda beynin evriminin üç aşamadan geçtiği bilinmektedir. Bu aşamalardan ilki sürüngen beyni olarak bilinir. En temel dürtülerimizin idaresi bu merkezdedir. Beyinde anatomik katman olarak en içteki kısımlar sürüngen beyne aittir. Buradaki programlar son derece hazır programlardır. En ilkel canlılardan, en gelişmiş canlılara kadar bu programlar hemen hemen aynıdır. Açlık hissi varsa ne olursa olsun yiyecek bulunacaktır. Bu amaçla gerekirse ölümüne savaşılır. *Tehdit karşısında hemen kaçılacak* otomatik programı yine bu bölüme ait bir özelliktir.

Daha sonra memeli beyni denen gelişim olur. Bu beyin kısmı daha karışık işleri yapabilir. Bir şekilde duygusal ilişkiler kurabilir. Öğrenerek seçim yapabilir. Daha sonraki gelişim sürecinde ise neokorteks ortaya çıkar. Korteks kabaca insan beyninde bilinçli işlevlerin kaydedildiği ve yapıldığı yerlerdir.

İnsan yavrusu hayatı tanırken bu beyin işlevleri en ilkelden en gelişmişe doğru devreye girer. En ilkel programlar ilk kendini gösteren programlardır. İlkeldir ama güçlüdür. Çünkü evrimsel gelişim sürecinde en eskidir ve en güçlü devrelere sahiptir. Hâlbuki bilinçli işlevler en yenidir ve bu nedenle en zayıf devrelere sahiptir. Bu nedenle insan beyninde önce en ilkel programlara göre devreler kurulur. Sonradan beyin işlevleri kuruldukça yeni programlar devreye girmeye başlar ama bu güçlü olan ilkel programların etkisini ortadan kaldıramaz.

Hele bilinçli olarak verilen kararları, eğer bilinçaltında bu kararların aleyhine olan başka programlar varsa, uygulamak sanki imkânsız gibidir.

Bilinçaltında mevcut bir programın aksine bir kararı uygulamaya çalışmak azgın bir nehirde akıntıya karşı kürek çekmeye benzer. Belki biraz ilerlersiniz ama en ufak zayıflıkta başladığınız yere gerisin geri dönersiniz. Belki bundan birkaç milyon yıl sonra bu üç beyin bölümü arasında birbirini kontrol eden ve otomatik düzenlenen programlar işlemeye başlayacaktır. Ama şu anki insan beynini gelişim süreci buralardan çok uzaklardadır.

Diğer bir zayıflık daha vardır. Bu zayıflık farkında olduklarımızı bile düzeltememektir. Bu kitabın bir okuyucusu olarak kitabı okudukça birçok şeyin farkında olacaksınız. Siz de, sizin bilinçaltınızda işleyen programları fark edeceksiniz.

"Tamam, fark ettim, hadi değiştirelim o zaman" dediğinizde yeni bir zorlukla karşılaşacaksınız. İradeniz bu içsel programları değiştirmekte güçsüz kalacaktır.

"İşte yanlışı biliyorum acaba niye düzeltemiyorum" dediğiniz zaman bilinçaltındaki inancın gücüyle karşılaşacaksınız. İnançların basit fikirler ya da düşünceler olmadığını anlayacaksınız.

Gerçekten beyin bu kadar kolay değişim gösterebilseydi, hayat düşündüğümüzden daha kolay ve keyifli olabilirdi. Ama ne yazık ki beynin işleyişi bu kadar esnek değildir.

Bilinçaltındaki inançlar kayaya kazılmış yazılar gibiyken, bilinçte oluşturduğumuz yeni fikirler ise buza kazınmış yazılar gibidir. Buz eridikçe yazı kaybolur. Ya da sahilde kuma yazılmış yazılara benzetebiliriz. Bir dalga gelir tüm yazıyı alır gider. Bu dalgayı fark etmezsek yeni düşüncemizi hemen unuturuz. Bu nedenle her dalgadan sonra yazıyı yeniden yazmamız gerekecektir.

Diğer bir eksiklik ise insan zihninin bilinçli kısmının bizim düşündüğümüz kadar özgür olmadığıdır.

Özgür bir bilince sahip olduğumuz düşüncesi de çoğu zaman bizim hipnozumuzdur.

Özgür bir bilince sahip olduğumuza inandıkça geçekten özgür bilinci devreye sokmakta çok zorlanırız.

Hipnozdayken hipnozda olduğumuzu fark edemeyiz.

Bilinci karar veren, analiz yapan, seçim yapan ve mantık yürüten işlevler olarak kabul ettikçe gerçekte çok aldanırız. Tamam, bu işlevler özgür bir bilinç yaratmak için gerekli zihinsel araçlardır. Ama tersi geçerli değildir. Yani bu araçların işlevsel olduğu durumların çoğunun özgür bir bilinçle alakası yoktur. Tamamen bilinçaltının inançlarının sınırladığı sınırlar içinde çalışan bir bilince sahip oluruz. Bilinçaltının güdümünde olan bir bilinçtir bu.

Birkaç seçenekten bir seçim yaptığımızda sanki özgür seçim yapmışız zannederiz.

Hipnozda biz buna **çifte bağımlılık** deriz.

Bu şöyle bir seçimdir. Çocuğumuzun artık yatma zamanı gelmiştir. Ama huyunu biliyoruz. "Hadi yatma zamanı geldi" dediğimiz zaman tepki gösterecek, yatmamak için birçok bahaneler ileri sürecektir. İşte bu nedenle şöyle bir taktik güderiz. "Biraz bilgisayar oynadıktan sonra mı yatmak istersin, yoksa televizyon seyrettikten sonra mı?". Bu şekilde direnci kırarız. Çocuk sanki bir seçim yapıyormuş algısı içine girer. Ama asıl hedefi kaçırır. Her iki seçeneğin sonunda da yatmak vardır.

BÖLÜM
19

Korku
Hayatta Tutmaya Yarar

Bilinçaltı sembollerle, deneyimlerle, izlenimlerle çalışır. Bilinçaltının alfabesi bunlardır. Tabi ki orada okuma yazma yoktur. Kavram yoktur. Sadece hayatta kalmaya yönelik olarak tasarlanmış bir öğrenme mekanizması vardır. Bizim soyut düşünen bilincimize ait olan *ben değersizim* inancının bilinçaltı karşılığı daha farklı tercüme edilecektir.

Bilinçaltı soyuttan anlamaz. Her soyut düşüncenin somut karşılığını aramaya çalışır. Hayatta kalmak için somutlara göre karar vermek zorundadır.

Bu nedenle *ben değersizim*in karşılığı *ben tehdit altındayım*dır. Tehdit altında olduğu her yerden kaçıp kurtulması gerekir. Milyarlarca yıllık canlı sistemi böyle gelişmiştir. Korkup kaçanlar hayatta kalmıştır. Korkmayanlar, dinozor olsa bile yok olmuştur. Günümüzde kaybolmaya yüz tutan türlere bir bakın. Hemen hepsi güçlü görünen hayvanlardır. Çünkü korkmayıp savaşanlardır bunlar. En hızlı üreyen ve gittikçe yaygınlaşan türlere bakın. Hamamböcekleri ve fareler. Her iki tür de son derece korkak ve gizlenen türlerdir.

Ne kadar çok gizlenirsen o kadar hayatta kalma şansın artar.

Bilinçaltında sistem basittir.

Tehlikeden uzak dur, tanıdığı tekrarla.

Herhangi bir davranış şekli sonucunda bir tehdit olmadıysa bilinçaltı çok kısa sürede bu davranışı benimser.

İki örnekle bunu açmak isterim.

Diyelim ki işyerinizin yakınında yeni bir kebapçı dükkânı açıldı. Merak edip, bir öğlen oraya girdiniz. İçerde arkadaşlarınızla bir masa seçip oturdunuz. Kebaplarınızı yediniz. Ödemenizi yaptınız. Memnun ve tok bir şekilde ayrıldınız. Bir hafta sonra tekrar o kebapçıyı seçtiniz. İçeri girdiniz. Farkında olmadan ne tarafa yönleneceğinizi düşünüyorsunuz? Geçen sefer oturduğunuz masaya değil mi? Hepinizin aklından bu geçti. Tesadüfen masanız boş ve o masanın başına geldiniz. Nereye oturursunuz? Geçen sefer oturduğunuz yere değil mi? Kimse bunu tartışmaz bile. Benim verdiğim eğitimlerde de aynı eğilimi görürüm. Üç gün süren eğitim boyunca kişilerin yeri değişmez. Sanki ilk oturan artık oturduğu sandalyeyi tapulamıştır. Bu tartışılmaz bile. Bir ay sonra tekrar eğitime geldiklerinde yine aynı yere otururlar.

Burada ne olmaktadır? Bilinçaltı sistemi iş başındadır. Sanki şöyle bir değerlendirme yapılmaktadır. "Geçen sefer geldim, şurada oturdum. Başıma bir bela gelmeden kebabımı yedim ve kalktım. Şimdi neden farklı bir yere oturarak risk alayım?"

Şimdi de farklı bir örneğe bakalım. Size başıma gelen bir olayı anlatayım. İşyerimde aracımı park edeceğim sabit bir yerim yok. Bu nedenle her gün farklı bir yere aracımı park ediyorum. Bilincimin geçici hafızası akşama kadar aracımı nereye park ettiğimi hatırlayacak bir sisteme sahip. Akşam aracıma bindikten sonra artık o yeri hatırlamama gerek yok. Bilinçaltım için aslında o yer bu durumda, yukarıdaki örneği de göz önüne aldığımızda emniyetli ve güvenli bir yer oluyor. Ertesi günde aynı yere park etmek isterim. Ama bu pek mümkün değil. Benim işe geldiğim saatlerde hemen tüm park edilecek yerler dolu oluyor. Nereyi bulursam oraya park ediyorum. Bu durumda bilinçaltım birden çok yeri emniyetli ve güvenli olduğunu kaydetmek durumundadır.

Bilinçaltı en az enerji kullanma ilkesine göre çalışan bir sistem. Bu nedenle tüm emniyetli ve güvenli yerleri hafızaya almaktansa emniyetsiz ve güvensiz yerleri hafızasına almayı seçiyor. Kayıt sadece risk durumuna göre tutuluyor. Bir gün akşam aracımın yanına geldiğimde ön camının kırıldığını ve araç radyomun çalındığını gördüm. Artık o günden sonra o park yeri boş olsa bile bilinçaltım beni o bölgeye geldiğimde uyarmaya başlar. Nasıl mı? Huzursuz eden bir duygu hissettirerek..."Aloo" der. "Burası tehlikeli." Ben de ister istemez oradan uzak durmaya başlarım. Bilinçli aklım istediği kadar "yahu o bir tesadüftü, her gün orada hırsızlar kamp kurmuşta benim aracımın park etmesini mi bekliyorlar?" desin. Bilinçaltı bu mantıklı düşünceleri umursamaz. Diyelim ki başka park yeri bulamadınız ve oraya veya yakınına park ettiniz. Akşama kadar rahat edemezsiniz. Bazen neden gerildiğinizi bile bilemezsiniz. Ama bilinçaltı bilir. Buna benzer farkında olmadan bilinçaltınızın risk olarak kaydettiği binlerce deneyim olabilir.

Bazı günler çok gerginseniz "Acaba bilinçaltım yine neyle neyin ilişkisini kurdu?" diye düşünmeye başlamanız gerekir.

Bu iki sistem sayesinde, *yani tanıdık olanı sürdür, riskli olandan uzak dur* ilkeleri sayesinde yaşamımızda alışkanlıklarımız, davranış kalıplarımız, rutinlerimiz oluşmaya başlar. Gerektiğinde bu rutinlerimizin ne kadar abartılabileceğini hastalıkların oluş mekanizmaları kısmında daha ayrıntılı olarak incelemeye başlayacağım.

Şimdi gelelim değersizlik inancının ilk etkilerine. Bilinçaltının bunu *ben tehdit altındayım* olarak tercüme etmeye başladığını söylemiştim.

Tehdit kim?

Öncelikle bu değersizlik inancının yerleşmesine neden olan kişiler. Çok büyük çoğunlukla anne ve baba...

Sanki bilinçaltının program üreten değişim bölümleri arasında şöyle bir konuşma geçmeye başlar.

- Hadi kaçalım.

- Aloo, nereye kaçıyorsun?

- Daha emniyetli ve güvenli bir yere.

- Neresi orası?

- Bilmem.

- Bilmiyorsan ve değersizsen, yani diğerlerinden daha güçsüz ve zayıfsan nasıl kaçarsın?

- Ama anne baba da tehdit unsuru değil mi?

- Ama onlar aynı zamanda bizim bakıcımız değil mi?

- Evet.

- Ne yapacağız o zaman?

- Yapacak bir şey yok. Bir şekilde onlara karşı da kendimizi koruyacağız.

- Yani?

- Susacağız, duygumuzu belli etmeyeceğiz, onların beklentilerini karşılayacağız. Fazla gözlerine gözükmeyeceğiz.

- Yani sanki değersizliğimizi unutturacağız.

- Evet.

Böylece ilk kaçış anne babadan olmaya başlar. Ama bir yere kadar. Bu nedenle bilinçaltı gizli gizlenme yollarını öğrenmeye başlar. Kalabalıklar içinde yok olmaya başlar. Fark edilmemek için neler yapılması gerektiğini öğrenmeye başlar. Temel amaç artık kendi zayıflığını, değersizliğini gizlemeye çalışmaktır. Tabi burada inancı gizlemek demek külliyen kendini gizlemek demektir. Elinde olsa bilinçaltı hamam böceği gibi bir deliğe girip orada yaşamak ister.

Bilinçaltı tıkandığı her durumda hemen yeni bir program üretmeye başlar. Bu her bireyde farklı bir süreç şeklinde işler.

Sanki herkesin bilinçaltı minik bir dünyadır ve hızlı bir evrim geçirmektedir.

Evrimsel gelişmede nasıl türlerin gelişmesi için milyonlarca yıl süren değişim oluyorsa burada süre haftalara kadar düşer. Birkaç hafta içinde değişim kendini gösterecektir. Birinci program *anne baba tehlikeli uzak dur* şeklinde işlerken ikinci program *annenin babanın beklentisini karşılamak zorundasın* şeklinde kendini gösterir.

Burada şöyle bir mantık beklemeyin.

"Artık yararı yok, anne baba benim değersiz olduğumu biliyor, onları kandıramam!".

Bu tip lineer zamanı ilgilendiren mantıklar bilinçli düz mantıklardır. Bilinçaltında mantık ancak ilişkilerle kurulur. Sanki sadece ikinci programı yapanlara mesaj eksik ulaşmıştır. Gelen mesaj *anne babaya karşı koruyucu bir program bul* olarak okunur. Bu nedenle bilinçaltı program üreticileri ikinci programı üretir ve işletmeye alır. Bu programın niçin istendiği, çıkış amacının ne olduğu program üreticilerini ilgilendirmez.

Peki, ikinci program devreye girdiği zaman birinci program devreden çıkar mı? Hayır, artık iki program birlikte işlemeye başlar. Birbirinden bağımsız, hatta birbiriyle çatışan iki program devrededir. Birincisi *aman uzak dur* derken, ikincisi *kendini sevdir* ilkesine göre çalışır. Ama sevdirmek için yakın olman gerekir. Evet, işte iki program sanki temelde çatışır gibidir. Burada sanki bir risk analizi yapılmaya başlanır. Bu iki programdan hangisinin daha işe yaradığı yine deneme yanılma yoluyla kendini gösterecektir. İşe yarayan daha güçlenirken, işe yaramayan program arka planda daha zayıflayacak ama gerektiğinde de devreye girecektir.

Anne baba tehdit olmaya başlarken, bu tehdit algısını yaratan telkinler, davranışlar ya da deneyimler bilinçaltında *ben değersizim* inancını yerleştirmeye başlar. Artık tehdit sadece içerde değildir. Dışarısı da tehdittir. Bu durumda daha güçlü korunma programları gerekmektedir.

Herkes için tek tek program üretemeyiz. Bilinçaltı genellemelerle çalışır. Bu nedenle herkese uygun bir program geliştirmesi gerekir. Bu programın ortaya çıkışında evde işe yarayan programların saptanması önemli olacaktır. Eğer *kendini sevdir* programı ön plana çıkarsa bu programın değişik uyarlamaları dış dünya için devreye sokulacaktır. Dış dünyaya açıldıkça bilinçaltı yeni program önerileriyle de karşı karşıya kalacaktır.

Hangi davranış bir zayıflık, bir güçsüzlük, bir yetersizlik belirtisi olarak niteleniyorsa o davranışlardan uzak duracaktır. Aksine hangi davranış ya da durum güçlülük belirtisi olarak niteleniyorsa o davranışları benimsemeye başlayacaktır.

Örneğin duygularını göstermek zayıflık olarak nitelendirilirse duygularını gizlemeye başlayacaktır. Başkalarını eleştirmeyi bir güçlülük özelliği olarak nitelerse kendisi de aynı davranışı benimseyecektir.

Güçlü olması gerektiğine, güçlü görünmesi gerektiğine inanacaktır. Güçlü görünmek için toplum tarafından hangi kriterler benimseniyorsa o da o kriterlerin peşinden koşacaktır.

Hatasız olmaya çalışacaktır.

Toplumda saygın kabul edilen bir yer elde etmeye çalışacaktır.

Fiziksel olarak kabul edilebilir olmaya çalışacaktır.

Maddi olarak zengin olmaya çalışacaktır.

Toplumun benimsediği rolleri oynamaya başlayacaktır.

Kibar ve nazik görünmeye çalışacaktır.

İyi bilinmeye çalışacaktır.

Başkalarına yüksekten bakmaya başlayacaktır.

Vs.

BÖLÜM
20

Hipnoz

Sizden iradenizi kullanarak bir gerçekliği değiştirmenizi istediğim zaman bunu yapmanın ne kadar zor olduğunu fark edeceksiniz. Örneğin size içmeniz için sirke vereyim ve içerken şampanya içtiğinizi farz edin diyeyim. Ya da kolunuzu bütün gücümle sıkarken "zevk alıyormuş gibi yapın" diyeyim. Ya da karanlığa bakarken ışık görmenizi isteyeyim. Ya da inanmadığınız bir şeye inanmanızı isteyeyim. Bunları bilinçli aklınızla başarmak çok zordur.

Ama size bazı işlemler uyguladıktan sonra sizi **hipnotik durum** denen zihinsel duruma alırsam, yani sizi hipnotize edersem sizden istediğim yukarıdaki şeyleri başarırsınız.

İnsan zihninin bu sihrinin ne olduğu hala tam anlaşılamamıştır. Nedenlerini tam olarak bilemesek de bildiğimiz ve gözlemlediğimiz şeyler vardır. Burada zihin otomatikliğe doğru kaymaktadır. İnsan zihni doğal olarak otoriteye eğilimlidir. Otoritenin istediklerini yapma eğilimindedir.

Hipnozun insan zihninde fark edilişinin tarihi insan zihninin önemli bir özelliğini ortaya koymaktadır. İnsan zihni inandığı bir şeyi kendiliğinden gerçekleştirme eğilimine girmektedir. Yani bir şekilde gerçekten sirkenin şampanya olduğuna inanırsa artık sirkeyi içerken şampanya tadı almaktadır.

Bir şey bir şeyi etkiler kavramı Newton'un yerçekimi gücünü bulduktan sonra insan zihninde çok daha güçlü bir etki yaratmaya başlamıştır. O zamanki insanlar eğer ay, yeryüzündeki denizlerin kabarmasına sebep oluyorsa, o zaman insanlarda diğer insanları etkileyebilir diye düşünmeye başlamışlardır. Daha sonra mıknatısın keşfedilmesiyle mıknatısın etkisinin de yerçekimine benzer şekilde olduğu düşünülmeye başlanmıştır.

Eğer iki şey aynı şeye benziyorsa o zaman birbirine de benzer mantığından yola çıkarak, hipnozun babası sayılan Mesmer, canlı manyetizmasından bahsetmeye başlamıştır. Yani canlılarda birbirini etkileyen manyetik sıvıların dolaştığını ileri sürmüştür. Bunu kanıtlamak için, Mesmer, manyetik çubukları insanlara uygulamaya başlamıştır. Hatta bu manyetik çubukların iyi etki etmesi için insanlara demir tozu içeren ilaçlar bile yutturmuştur. Ve sonuçlar gerçekten **Mesmer**'in ileri sürdüklerini tatmin eder yönde olmaya başlamıştır. İnsanlar değişmeye, iyileşmeye başlamıştır. Doğal bir gelgit olayını taklit ettiğine inanılan kasılmalar oluşmuştur. Bu kasılmaları yenilenen sinirlerin kendi aralarındaki uyumunun yarattığını ileri sürmüştür. Böylece insanların arasında birbirini etkileyen güçlerin varlığını kanıtladığını ileri sürmüştür.

Tabi ki hiçbir şey kanıtlamamıştır. Mesmer, farkında olmadan, daha sonra İngiliz Doktoru James Braid'in adını verdiği hipnoz olaylarını yaratmıştır. İyileşmeler etkiliydi çünkü gerçekten inandığı teorilerini, büyük bir ikna gücüyle hastalarına anlatmıştı. Güçlü bir beklenti yaratmıştır.

Bir çeşit **plasebo etkisi** dediğimiz etkiyi yaratmıştır. Günümüzde de bu etkiden ilaç araştırmalarında yararlanılmaktadır. Yeni çıkarılacak ilaçlar boş ilaç denilen plasebolarla mukayese edilirler. Ama boş ilaçlar her zaman gerçek ilacı yenemezse de o kadar boş değillerdir. Mutlaka belli bir oranda iyileşme etkisi yaratmaktadırlar. Yeter ki boş ilacı kullanan kişi gerçekten işe yarar bir ilaç kullandığına inansın. İnanç iyileşmeyi sağlamaktadır.

Bu etkiye kısaca **telkinin gücü** diyoruz.

Yani iyileşmeyi sağlayan yutulan boş ilaç değil, bu boş ilacın iyi geleceğine dair verilen telkindir.

Mesmer zamanında telkin kavramı olmadığından elde edilen etkiler mıknatısın gücüne bağlanmıştır. Sadece etkinin mıknatıstan değil, mıknatısın değdiği her şeyin mıknatıs kadar etkili olduğuna inanılmıştır. Bir süre sonra Mesmer bu gücün kendinde de olduğuna inanıp kendi mıknatıslığını ağaçlara, tozlara, sulara bulaştırarak bu araçlarla insanların iyileşmesini sağlamaya başlamıştır. Bu inancı güçlendiren o zamanlarda keşfedilmiş olan statik elektriğin de maddelerden maddelere nakledilebilmesidir. İnsan zihni bir şeyi bir şeye benzettiği andan itibaren o benzetilen şeyin gücünü benzeyene aktarır. Elektrik öyleyse, mıknatıslıkta öyledir inancı hızla yaygınlaşmıştır. Sadece elini insanların üzerinden geçirmeye başlaması ki bunlara **manyetik pas** demiştir, kişilerde kasılmalara neden olmuştur.

Kişi bir şeyin bir şeye benzediğine inandığı anda, o etkiyi kendi bedeninde yaratmaya başlamaktadır. Bu oluşan etki tamamen kişinin iradi kontrolü dışındadır.

Yani birinci inanç kişiler arasında bir etkileşim gücünün olduğudur. Sonra bu güçlerin yer çekimi, elektrik ve mıknatıslığa benzediğine inanılmaya başlanmıştır. Çünkü o zaman için bu somut buluşlar birer sihir etkisi yaratmaktadır. Artık insanların insanları etkileyeceği güçlere inanmak hiç de zor değildir ve bu inanç gerçekten de beklenen o etkiyi yaratmaktadır.

Zamanla Mesmer'in etkisi kaybolmaya başlamıştır. Mesmer'in etkisi kayboldukça, hipnozun görünümü de değişmeye başlamıştır. İnsanlar artık kasılmalar, titremeler yerine uykuya benzer durumlar yaşamaya başlamışlardır. Hipnotik durumdayken kendiliğinden konuşmaya ya da farklı davranışlar sergilemeye başlamışlardır. **Trans durumu** olarak da adlandırılan bu hipnotik durumlarda yaşadıklarını, deneyimlediklerini kendiliğinden unutmaya da başlamışlardır.

Daha sonraları, 20. Yüzyılın başlarından itibaren hipnozla tıp adamları daha yakından ilgilenmeye başlamışlardır. Hipnoz sırasında yaşanan birçok değişik durum gözlemlenmeye başlanmıştır. Tüm bunlardan zaman değiştikçe, kişilerin beklentileri değiştikçe, hipnoz sırasında gözlemlenen durumların da değiştiği ortaya çıkmaktadır.

Daha önce başka hiç kimsede gözlemlenmemiş, ortaya çıkmamış durumları, hipnoza alacağımız kimselere, hipnozda o durumların çıkacağını söylediğimiz takdirde, gerçekten o kişiler, hipnozları esnasında o durumları gözlemlemeye başlarlar.

Buna **beklenti yaratmak** denir.

Örneğin bir grup hipnozu sırasında, hipnoza alacağımız kişilere, hipnozdayken kişilerin baskın ellerini oynatamayacaklarını söylersek, kişi baskın olarak hangi elini kullanıyorsa o elini oynatamaz. Bu durum o güne kadar başka hiçbir hipnoz çalışmasında ortaya çıkmamıştır. Bir şekilde hipnozdaki kişi, hipnotistin kendisinden beklediği şeyleri yapma eğilimine girmektedir ve bu doğal bir durumdur. Hipnoz hakkında ne kadar az bilgisi varsa, ne kadar söylenene inanma eğilimi gösteriyorsa bu durumun ortaya çıkma şansı ve şiddeti o oranda artmaktadır.

Yani basitçe şunu söyleyebiliriz. İnsan için kendisinden beklenenleri yapma eğilimi doğal bir durumdur. Yani doğuştan getirdiğimiz bir özelliktir. Karnımız acıkınca açlık hissetmek kadar doğal bir eğilimdir. Ve bu doğal eğilim tabi ki çocukluk yaşlarında çok daha doğaldır.

Kalabalık ortamlarda beklentiyi karşılama eğilimi daha da artmaktadır. Bu nedenle grupla beraber kişiler daha kolay hipnotik duruma girebilmektedir. Yine kalabalıklar önünde kişiler, kalabalığın kendisinden hipnoza girmesini beklediğini bilmekte ve bu durumu karşılama eğilimi nedeniyle, tek başınayken yaratılmayacak birçok hipnotik durumu yaratmaya başlamaktadır.

Bir kişiyi hipnotik duruma almak için hipnotist kişinin bu doğal eğiliminden yararlanır. Kişi, hipnotistin bir şeyler yapacağını ve kendisinin de hipnoza gireceğini beklemektedir. Ne yapılıp yapılmayacağının önemi yoktur. Ama törensel bir hava, tekrarlanan bir rutin, sese verilen özel bir vurgulama, karşımızdaki kişide farklı bir şeyler yapıldığı ve bu yapılanların onu hipnoza sokacağı beklentisini oluşturur. İşte burada da kişi kendi beklentisini karşılama eğilimine girer. Beklentisi hipnoz diye bir duruma girmek olduğu için, bu durumdan hipnoz yaratmak için yararlanırız.

Hipnozu yaratan bir başka etken ise beklentimizin karşılanmasıdır.

Beklenen durum karşılandıkça, ortaya çıkmaya başladıkça, daha sonraki beklenenlerde kendiliğinden ve daha kolay ortaya çıkmaya başlar.

Bir çeşit öğrenme süreci başlar. Bu nedenle usta hipnotistler bu özellikten hemen ilk anlarda yararlanır ve kişinin rahatlıkla başaracağı ve gözlemleyeceği şeyleri isterler. Örneğin "gözlerini kırpmadan şu kristale baktıkça gözlerin sulanmaya başlayacak" diye telkin vermeye başlarlar. Bu doğal bir fizyolojik durumdur. Göz belli bir objeye göz kapaklarını kırpmadan bakmaya başladığında yorulmaya ve sulanmaya başlar. Kişi bunu rahatlıkla fark eder ve hipnoz olacağı beklentisi gittikçe artmaya başlar.

Hipnoz durumu yaratırken kullanılan metaforlar ve benzetmeler, kişinin hipnoz öncesi bilmediği ve beklemediği durumların da ortaya çıkmasına neden olur. Örneğin hipnotik durumu güçlendirmek için derine dalmak terimi çok kullanılır. Kişinin zihninde derine dalmak bir suyun içinde derine dalmakla yaşananları yaratır. Bu durumu kabul ettikçe suda derine daldıkça yaşayacağı durumları o anda da yaşamaya başlar. Özellikle 19 yüzyılda hipnoz olan şahıslarda bu metafor çok yoğun olarak kullanılmıştır. O zamanki kişilerin suya derine girdikçe sanki bir unutma durumu olacağı beklentisi içinde olduklarından hipnozdan çıktıktan sonra da olanları hatırlamamışlardır. Ama zamanla hipnoz hakkında bilinenler arttıkça, kişilerin hipnoza bakışı değiştikçe bu unutma olayıyla daha az karşılaşılır olunmuştur. Suyun altında ses işitmeyeceğinden, kişiye "sadece benim sesimi duyuyorsun" telkinini verdiğimizde gerçekten kişi dış seslere karşı sağır olmaya başlar. Aynı şekilde acıyı azaltmak veya arttırmak veya tamamen farklı duygusal durumlar yaratmak mümkün olmaya başlar.

Ancak hipnozda tüm bu değişimler, hipnoz olan kişinin hipnotistden beklentisine göre şekillenir. Örneğin beş yaşına gerilemiş bir kişide beş yaşındayken ki durumlar ortaya çıkmaya başlar. Diyelim ki bu kişi çocukluğunda Türkçe değil de başka bir lisanla konuşuyor olsun. Türkçeyi daha sonradan öğrenmiş olsa bile biz ona "şimdi bu yaşta Türkçe biliyor musun" diye sorduğumuzda "Hayır bilmiyorum" der, ama tam bu anda da hipnotistin Türkçe sözlerini anlamakta ve Türkçe yanıtlar vermektedir. O an hipnotist bir otoritedir ve onun beklentilerini karşılamak gerektiği inancı ile hipnotik zihin bu paradoksu fark etmez bile.

Yani kısaca hipnotik durumun kendi mantığı bizim bilinçli mantığımızdan çok farklı işler. Hipnozdaki bir kişiye karşısında duran bir sandalyeyi görmemesini istediğimizde görmediğini söyler. O zaman doğrudan sandalye yönünde yürümesini istersek, kişi zihin gözüyle belki gerçekten sandalyeyi görmez ama yinede onun koruyucu yönü, sandalyeye çarpmadan sandalyenin etrafından dolanmasını sağlar. Ama ilginç olan, kişi bunun farkında değildir. O düz yürüdüğünü zannetmektedir. Uzun otoyollarda araç kullanırken de aynı durumlar sık olur. Bazen farkında olmadan yerde duran bir kaplumbağanın etrafından aracımızla ezmeden dolanırız ama o kaplumbağanın orada olduğunun bile farkında değilizdir. Hâlbuki bu durumu hipnozda olmayan bir kişiye, hipnozdaki bir kişinin sandalyeyi görmediği takdirde nasıl yürüyeceğini göstermesini istediğimizde, kişi sandalyeye çarpacağını düşünerek, sandalyenin üzerine görmüyormuş gibi yürüme taklidi yapar, ya da kaplumbağayı ezeceğimizi düşünür.

O zaman burada bir kez daha şunu söyleyebiliriz; bilinçli zihnimizin dünyayı anlama araçlarıyla bilinçaltı dünyamızın mantığını anlamakta güçlük çekeriz. Bilincin bellediği mantığın olmadığı bu mantık durumuna **paralojik** diyebiliriz. Otoriteye paralojik bir uyum söz konusudur.

Paralojik uyumda kişi durumun saçmalığını hiçbir şekilde yorumlamaz ya da farkında olmaz. X kişisinin Y kişisi olduğunu söylediğimizde bunu kabul eder ve o kişiyle Y kişisi gibi konuşur. O sırada içeri gerçek Y kişisi girer. O kişiyle de Y kişisi olarak konuşur. O sırada içerde iki Y kişisi olması onu hiç rahatsız etmez ya da bu durumun uyumsuzluğunun farkında olmaz. Şizofrenlerde de aynı benzer zihinsel yapı söz konusudur. Bir psikiyatri koğuşunda iki tane peygamber olması peygamber olanları rahatsız etmez ve bir diğeriyle o peygamberle konuşur gibi konuşmayı sürdürür, "ben peygamberken nasıl olur da başka biriyle yine benmişim gibi konuşabilirim" diye düşünmez.

Çok tanrılı dönemlere göz attığımız zaman bu tip durumları çok sık görürüz. Kendi yarattığı idollere, tanrılara, gerçek tanrıymış gibi inanırlar. Tek tanrılı dinlerde de aynı **paralojik** sürer. Tanrının aynı anda her yerde olduğu ve her şeyin farkında olduğu inancı ve bunun sorgulanmaması aynı zihinsel yapının işbaşında olduğunun göstergesidir.

İnsan zihninin yapısında her durumda bu aynı anda farklı programların işlediğini görürüz. Çok kanallı televizyon gibi o anda hangi kanalı zaplarsak o kanal çalışmaya başlar. Ya da hangi programın düğmesine basarsak o program çalışmaya başlar. Ama burada sanki her kanal diğerinin fark etmediği bir şeyi fark etmekte ama diğer kanalın kendisinde fark ettiği şeyi fark etmemektedir. Yani hipnoz durumunda toplam zihin, kendi parçalarına ayrılıp her bir parça ayrı akan bir nehir gibi çalışmaya başlar.

Hipnoz kısaca bir telkinin kabul edilmesidir

Bu kabul edilme sorgulanmadan olur. Ancak her telkin her kişi tarafından kabul edilebilir duruma getirilemez. Örneğin kolun ağırlaşıyor ve kıpırdamaz oluyor telkini daha kolay kabul edilir. Çünkü herkes yaşamında buna benzer durum yaşamıştır. Ama "gözünün önündeki sandalye yok oluyor" telkini daha zor gerçekleştirilir. Daha az kişi tarafından başarılır. Ama hipnozu gizemli kılanda bu saçma telkinlerin yerine getirilme halidir. Bu tip telkinler telkine aşırı yatkın kişiler tarafından gerçekleştirilir. Bu tip kişiler toplumda %10-20 arasındadır. Bunları gören veya duyan insanlar bu durumun herkesin başına geleceğini sanırlar. Ama gerçek bu değildir. Bir telkinin işler olması için ancak bol tekrarla verilmesi gerekir. Otoriter kişi tarafından verilmesi ve korkuyla beslenmesi gerekir. Özellikle hayatı anlamaya çalıştığımız çocukluk döneminde telkinlerin gücü çok daha fazladır.

Değersizlik inancını yaratan telkinler her çocuk tarafından rahatlıkla kabul edilecektir. Çünkü çocuğun bu telkinlerin aksine deneyimi yoktur. "Böyle davranman çok ayıp" dendiği zaman çocuk ayıp denen ama ne olduğunu bilmediği ancak onaylanmayan bir şey yaptığını öğrenir. Hem o davranışı yapmaktan korkar. Hem de ayıp durumlarına düşmekten korkar. Bu nedenle ayıp olarak nitelenen her durumdan kaçınmaya ya da yapmışsa gizlemeye başlar. Çoğu zaman ayıp olarak nitelenen şeyleri doğal gelişimi sırasında yapmaktan kaçınamaz. Bu durumda bunları yaptığı için "kötü" yani değersiz bir çocuk olduğuna inanmaya başlar. Ama bir taraftan da bunları gizledikçe başına bir şey gelmediğini gözlemlemeye başlar.

BÖLÜM
21

Psikolojik Kuramlarda Değersizlik İnancı

Davranışçılık

Bir insanın koşullanma yoluyla öğrendiğini iddia eden teoridir. Tüm davranışların ardında bu koşullanmanın yattığını ileri sürer. Davranışın, kişinin zihinsel süreçlerini göze almadan incelenebileceğini ve değiştirilebileceğini iddia ederler. Bu mümkündür ve günümüzde çoğu iyileştirme ve terapi teknikleri bu teoriye göre yapılmaya çalışılmaktadır. Bu amaçla değişik teknikler kullanılır. En güçlü davranış değiştiren tekniklerden biri hipnozdur. Bilinçaltına verilen güçlü telkinlerle davranış değişikliği yaratılmaya çalışılır. Davranış teorisyenleri duyguyu ve inançları göz ardı ederler. Ayrıca özgür iradeyi de umursamazlar. İnsana koşullu bir robot gözlüğüyle bakarlar.

Bilişsel psikoloji

Kişilerin zihinsel süreçleriyle ilgilenir. Nasıl düşünür, nasıl karar verir, nasıl problem çözer, nasıl öğrenir, nasıl hatırlar. Davranışçılığın yıldızının sönmeye başladığı yıllarda ortaya çıkan bir akımdır. Daha çok kişinin bilinçli süreçleriyle ilgilidir. Bilinçaltı dinamikleri, duyguları ve inançları değerlendirmeye almaz. Bu akımın yaratıcılarından olan **Piaget** bir çocuğun öğrenme sürecini çok güzel bir şekilde tanımlamıştır. Hemen tüm çocukların öğrenme süreci ve kullandıkları zihinsel araçlar aynıdır. Ama bu öğrenmeyi etkileyen duygusal durumlar hakkında yeterli inceleme yoktur. Neden bazı çocuklar daha girişkendir de bazı çocuklar daha korkaktır? Neden aynı duruma farklı tepki vermektedirler?

Freud'un psikoseksüel gelişim teorileri

Freud'a göre kişilik büyük oranda beş yaş civarında belirlenir. Erken yaşlardaki deneyimler kişilik gelişiminde önemli rol oynar ve ileriki yaşlardaki davranışları etkiler. Freud'un gelişim teorisi en meşhur olanı ama aynı zamanda da en karışık olanıdır. Freud kişiliğin değişik çocukluk dönemlerine göre geliştiğine inanmıştır. (İşte size bir inanç daha!). İd denen bir kavramı vardır. İd zevk arayan bir kavramdır. Bunun enerjisi değişik erojen – zevk veren- alanlara yönelir. Bu psikoseksüel enerji – ya da kısaca libido- davranışların ardındaki temel dürtü kabul edilir. Freud'a göre bu **psikoseksüel gelişme**ler uygun tamamlanırsa, sonuç sağlıklı bir kişiliktir. Eğer uygun dönemlerde uygun çözümler oluşmamışsa **fiksasyon** oluşur. Fiksasyon erken psikoseksüel dönemde takılıp kalmaktır. Bu çatışma çözülene kadar kişi bu dönemde takılı kalır. Örneğin bir kişi oral dönemde takılıp kalırsa diğer kişilere bağımlı kalır ve oral uyarılma arar. Bu nedenle sigaraya, içkiye ya da yemeye bağımlı hale gelir.

Oral dönemde çocuk dünyayı ağzıyla tanır. İhtiyaçları ağız yoluyla karşılanır. Bu nedenle ağız uyarılmasından zevk alır. Eğer bu tatmin giderilmezse çocuğun bu dönemde takılı kaldığı ileri sürülür. Ama bu sınır nasıl belirlenmektedir? Bu konuda yeteri ve tatmin edici bir açıklama yoktur.

Anal dönemde çocuk idrar ve bağırsak işlevlerini kontrol etmeyi öğrenir. Bu çocukta bağımsızlığa doğru adım atmasını sağlar. Ailenin yaklaşımı bu dönemin sağlıklı geçmesini sağlar. Kişiler bu dönemi olumlu geçirirse ileriki yaşlarında üretken, yaratıcı ve yarışmacı olurlar. Kişinin tüm yaşamının ailesinin tuvalet eğitimindeki davranışına bağlı olduğu iddia edilmektedir. Ama bu görüşü destekleyen ciddi, geriye doğru yapılmış çalışma bulmak zordur. Böyle bir çalışmanın yapılması da pek mümkün görünmemektedir.

Fallik dönem en çok tartışma yaratan dönem olmuştur. Freud'a göre bu dönemde ilgi cinsel organlara kayar. Erkek çocuk babayı rakip görür. Buna **Ödipus kompleksi** demiştir. Kız çocukta ise penise sahip olma arzusu gelişir. Yani bir çeşit yetersizlik duygusu vardır. Psikolog **Karen Horney** ise tam aksini ileri sürerek erkeklerde çocuk doğuramadığı için aşağılık kompleksi olduğunu ileri sürer. Yani bir çeşit benim özelliklerim seninkini döver tartışması yapılmaktadır. Hiçbir araştırıcının bu yaşlardaki çocuklara anneye cinsel arzu duyup duymadığını, penise imrenip imrenmediğini sorduğunu zannetmiyorum. "

Libidoyu nasıl ölçeceksin?

Neden tüm teori erkek gelişimine göre kurulmuştur?

Freud'un teorileri birkaç vaka incelemesine dayanmaktadır. Büyük kitlelerde yapılmış karşılaştırmalı çalışmaları yoktur.

Bilinç ve bilinçdışı –bilinçaltı- ayrımını esas olarak Freud'a borçluyuz.

Farkında olduğumuz her şey bilinçtir. Mantıklı düşünce bilince aittir. Kısa süreli hafıza bilince aittir. Bilinçdışı ise duyguların, düşüncelerin, dürtülerin ve bilincimiz dışında kalan anıların deposudur.

Freud'a göre bilinçaltındaki malzemenin büyük kısmı acı vericidir.

Acı verici duygular, kaygılar, çatışmalar oradadır. Bu birikimler davranışımızı ve yaşadıklarımızı etkiler.

Freud'a göre kişiliğin üç elemanı vardır.

Yani kişiliği sanki bir organı inceleyecek şekilde parçalayacak olursak üç ana kısımla karşılaşırız. Bunlar **id, ego ve süperego**dur.

İd doğduğumuz andan beri vardır. Bu bilinçdışı bir dürtüdür ve içgüdülerimiz ve ilkel davranışlarımızı içerir. Tüm psişik enerjinin kaynağıdır. İd zevk ve ihtiyaç ilkesine göre çalışır. İhtiyaçları karşılanmazsa kaygı üretir. Ama tüm ihtiyaçların hemen karşılanması gerçekçi olmadığı için ego ürer.

Ego sayesinde dış dünyaya uygun şekilde ihtiyaçları karşılamaya çalışırız. Yani egonun görevi idin ihtiyaçlarını gerçekçi bir şekilde karşılamaktır.

Superego ise sosyal standartlarımızı belirleyen kısımdır. Toplumdan öğrendiğimiz ahlaki değerleri tutan kısımdır. Bu amaçla yargı üretir. Doğruyla yanlışı ayırmamız sağlar. Superego –Freud'a göre- beş yaşında oluşmaya başlar.

Bu görev dağılımı id, ego ve süperego arasında çatışma yaratır. Kişini egosu güçlüyse bu çatışmaları sağlıklı ve uygun şekilde çözer.

Bunlar vardır. O kadar. Teorinin tüm dayanağı budur. Bunları kafadan var kabul ettikten sonra tüm psikolojik anormallikleri bu kafadan varlığı kabul edilmiş kavramlara göre çözer. Bu kavramlar nasıl oluşur. Fiziği nedir? Fizyolojisi nedir? Belli değildir. Aynı yetişme özelliklerine sahip kişiler ileriki yaşamlarında neden çok farklı davranışlar sergilemektedir? Açıklanamaz.

Günümüzde psikoterapinin hala temel olarak bu teoriye dayalı tedavi yapmaya çalışmasına ne demek gerekir? Zaten bu teorilerin dayandığı temeller gerçekçi olsaydı psikiyatrik bozuklukları tedavi etmek için ilaçlardan bu kadar yaygın kullanılmasına gerek kalır mıydı?

Erik Erikson'un Psikososyal gelişim teorisi

Psikolojide kişilik teorileri içinde en çok bilinenidir. **Erikson**'da Freud gibi kişiliğin değişik dönemlerden geçerek olgunlaştığını ileri sürer. Freud seksüel gelişmeyi ön plana alırken Erikson sosyal gelişmenin üzerinde durur. Ego kimliği olarak tanımladığı bir kavram vardır. Benliğin bilinçli algısı olarak tanımlar. Ego kimliği sürekli değişir. Sosyal çevre ve ilişkiler ego kimliğini sürekli etkiler. Ayrıca yeterlilik algısı da kişiyi motive eder. Her dönem hayatta başarılı olmamızı etkiler. Eğer bu dönemler iyi yönetilirse kişi yaşamda kendini yeterli, yönetilemezse yetersiz olarak algılar.

Erikson'un görüşleri bu kitapta ileri sürdüğüm teorimle benzerlikler taşımaktadır.

Yeterlilik kavramı hayatta başarılı olmayı belirler derken ayrılıyoruz. Benim teorime göre kişiyi hayatta başarılı ya da başarısız yapan etken yetersizlik kavramını koruyan gizlenme mekanizmalarıdır. Gizlenme mekanizmalarını incelerken bu konuya daha geniş değineceğim.

Sosyal gelişme dönemlerinde en önemli dönem ilk bir yıldır. Eğer bebek bakıcılarına güvenirse sağlıklı gelişir. Güven ortamı oluşmazsa kişi yaşamı tehlikeli olarak algılar. Burada vurgu ailenin davranışına yapılmıştır. Ama benim teorimde esas vurgu duygulara yapılmıştır. Kişinin davranışları algılaması tamamen onun duygusal alt yapısıyla orantılı olarak değişir. İlerleyen dönemlerde Erikson cesaretlendirmeye vurgu yapmıştır. Cesaretlendirilen çocuklar başarılı ve yeterli, ilgilenilmeyen çocuklar başarısızı olacaklardır. Başarılı olanlar mutlu, başarısız olanlar mutsuz olacaktır. Erikson kısaca böyle demektedir. Yani mutlu olmak istiyorsanız başarmak zorundasınız. Ciddi olarak tartışılması gereken bir görüş.

Piaget bilişsel gelişme dönemlerinin önemini, **Kohlberg** ise moral düşüncenin önemini vurgulamıştır. Her iki teoride çok az gözleme dayandığı için ve daha çok araştırıcıların kendi içsel dünyalarının etkisini yansıttığından genel geçer davranış teorisi olarak fazla kabul görmemiştir.

Tüm bu teoriler basit gözlemlere dayanmaktadır. Bilinçaltı inanç yerleşim mekanizmalarından ve anne karnından gelen alt yapıdan bahsetmemektedir. Öğrenme süreçleri üzerine inşa edilmiş teorilerdir. Hiçbirinin deneysel, bilimsel alt yapısı yoktur. Gözlemler ve sınıflandırmalar mükemmel olabilir. Ama bu farklı gözlemleri açıklayan ortak bir alt yapı yoktur.

Humanistik –İnsancıl teoriler

1950lerde **humanistik psikoloji** davranışçılığa ve psikoanalize bir tepki olarak başlamıştır. Humanist düşünürler her iki grup teorileri de çok kötümser bulmuşlardır. Bu düşünürler kişilerin gelişme ve kendini gerçekleştirme potansiyellerine odaklanmıştır. Kişiler içsel olarak iyidirler. Bu doğal gelişimden sapmalar sosyal ve zihinsel sorunlara neden olur.

Maslow 1962 de 3. Gücü tanımlamıştır. Bu humanistik psikolojidir. Diğer teorilerde olduğu gibi humanistik teoride de ileri sürülen kavramlar objektif ölçüm kriterlerinden yoksundur. Kişilerin subjektif değerlendirmelerine dayanmaktadır.

Kişilik teorileri

Hemen her gün etrafımızdaki insanların kişiliğini değerlendiririz. Psikologlar yıllardır herkese uygulanacak kişilik kalıplarını bulmak peşindedirler. Sanki doğuştan itibaren genlerimize yazılmış, saçımızın ve gözümüzün rengi gibi değişmez kişilik yapılarımızın olması gerekiyormuş gibi bir inanç vardır.

Kişilik nedir?

Kabul edilen tanım şudur. Bir kişiyi eşsiz yapan ve belli durumlarda sergilediği düşünce, duygu ve davranışlar kalıplarının toplamıdır. Bu inanca göre kişilik kişinin içsel yapısından kaynaklıdır ve tüm hayatı boyunca değişmez olarak kalır.

Kişiliğin bazı özellikleri şunlardır.

Tutarlılık; davranışların belli bir tutarlılığı vardır. Değişik durumlarda kişiler benzer şekillerde davranırlar.

Psikolojik ve fizyolojiktir; Kişilik psikolojik bir kalıp olsa da biyolojik olaylardan etkilenir.

Davranışları ve eylemleri etkiler; Kişilik sadece nasıl davrandığımızı ve çevreye nasıl tepki verdiğimizi belirlemez aynı zamanda bizim belli şekillerde davranmamıza neden olur.

Değişik ifade tarzları vardır; Kişilik sadece davranışlarımızı değil, düşüncelerimizi, duygularımızı, ilişkilerimizi ve diğer sosyal etkileşimlerimizi belirler.

Kişiliği açıklayan değişik teoriler vardır. Tip teorisine göre kişilik birkaç tiptir. Bu tip çeşitlemesi biyolojik etki altındadır. Genetik temelli olduğunu iddia eden teoriler vardır. Freud'un ve Erikson'un gelişim teorileri kişiliğin psikodinamik bir yapı olduğunu ileri sürer. Davranışçılar kişiliğin kişinin çevresiyle olan etkileşimine göre belirlendiğini ileri sürerler. Davranışçılara göre davranışlar ölçülebilir ve sınıflandırılabilir. Bu nedenle içsel değerlendirme kriterlerine gerek yoktur. Hümanist teorisyenler kişiliğin gelişiminde özgür iradenin ve bireysel deneyimlerin rol oynadığını ileri sürerler.

Teorik açıklamalar farklı olsa da tüm psikologlar sabit bir kişilik yapısının olduğunda hem fikirdir.

O zaman benim ilk sorum şudur. Neden böyle bir kavrama ihtiyaç var? Bugüne kadar kişilik diye somut olarak kanıtlanmış ortada ne vardır? Sadece tanımlamalar ve kategorizasyon dışında ne vardır? Bir serseri biraz önce apartman aralığında küçük bir kıza taciz eder. Apartmandan çıkar, köprünün altından akan azgın sularda başka bir çocuğun boğulmak üzere olduğunu görür. O sırada hiç kimse çocuğu kurtarmak için suya atlayamaz. Bu tacizci serseri duraksamadan suya atlar. Yüzer, çocuğu büyük bir gayretle su yüzünde tutar. Kurtarıcı ekip yetişip çocuğa can simidi atarlar. Çocuğu son gücüyle simidin içine yerleştirir ve azgın sularda kaybolur gider. Şimdi bunu hangi kişilik teorisiyle açıklayacağız? Ya da böyle bir durum gerçekçi değil mi diyeceğiz? Asla böyle bir kişilik olmaz mı diyeceğiz?

Birçok kişilik sınıflandırma çalışmaları içinden günümüzde en kabul göreni kişiliğin **beş faktörü teorisi**dir.

İnsan kişiliğine etki eden beş temel özellik vardır.

Bunlar dışadönüklük, kabul edilebilirlik, vicdanlılık, nörotizm ve açıklıktır. Farklı teorisyenler kişiliği belirleyen değişik özelliklerin neler olması gerektiği konusunda tartışmaları sürdürmektedir. Ama hiç kimse "yahu neden bu kişilik işine bu kadar taktık" dememektedir. Çoğu zaman kişiler yukarıdaki örnekte de belirttiğim gibi kendi kişiliklerinden beklenildiği gibi davranmamaktadırlar. Bu durumda çalışma "acaba özelliklerin belirlenmesinde bir yanlışlık mı yaptık?" bölümüne odaklanmaktadır.

Acaba bu kişilik kavramını geliştirirken bir yanlışlık yapmış olamaz mısınız?

Değersizlik inancını tanıdıkça tüm kişilik teorilerinde kullanılan kavramların, kişilik teorilerine gerek kalmadan açıklandığını göreceksiniz.

Buna örnek olarak Psikoanalitik teorist **Karen Horney**'in teorisini inceleyeceğim. Onun teorisi nörozlar konusunda en bilinenidir. Nörozların temelinde kaygı yatar. Bu kaygıya da kişisel ilişkiler neden olur. Onun teorisine göre bu kaygıyla başa çıkma yolları abartılır ve ihtiyaçların kendini belirlemesi şeklinde ortaya çıkar.

Horney'e göre temel kaygı birçok nedenden ortaya çıkar. Bunlar arasında doğrudan veya dolaylı baskı altında olma, aşağılanma, anormal davranış, çocuğun bireysel ihtiyaçlarına saygı gösterilmemesi, gerçek bir yol göstericinin olmaması, küçültücü davranışlar, aşırı takdir, güvenilir bir şefkat eksikliği, anne baba uyuşmazlığında taraf tutmak, çok az ya da çok fazla sorumluluk, aşırı korumacılık, diğer çocuklardan uzaklaştırılma, haksızlık, ayırım yapmak, sözlerin tutulmaması, düşmanca atmosfer, vs. vs... Horney 10 temel nörotik ihtiyaçtan bahseder ve bunu üç ana sınıfa ayırır.

Bu sınıflamaya geçmeden önce yukarda kaygıya yol açtığı ileri sürülen durumların çoğu gerçekten regresyonlarda ortaya çıkmaktadır. Ama burada benim yaklaşımımdan olan önemli bir farkı vurgulamak isterim. Gerçekte çocuğun ne yaşadığı değil ne algıladığı önemlidir. Gerçekte aile bireylerinin öyle bir niyeti olmasa da çocuk durumu farklı algılayabilir. Bu farklı algı bilinçaltında gerçek bir tehdit varmış etkisi yaratır. Bu durumda da duygu üretimi söz konusudur. Yani önemli olan gerçek hayatın gerçeği değil, bilinçaltının gerçeğidir.

Horney'in 1. sınıfı sizi diğerlerine doğru iten ihtiyaçlar olarak sınıflandırılmıştır. Bu nörotik ihtiyaçlar diğerlerinden takdir arama çabalarını içerir. Onaylanma ve sevgi arayışı içerir. Bu davranışlar ilerde de göreceğimiz gibi değersizlik inancını gizlemek için bilinçaltının kullandığı birinci grup gizlenme mekanizmalarıdır.

İkinci grup ihtiyaçlar olarak sizi diğerlerinden uzaklaştırır. Bu nörotik davranışlar düşmanlık ve antisosyal davranış yaratır. Bu tip kişiler soğuk, aşağılayıcı ve itici olarak nitelendirilir. Bu kitabın teorisi olan değersizlik inancında bu tip davranışlar ikinci grup gizlenme mekanizmalarına uymaktadır. Amaç diğerlerini kötü hissettirecek davranışları sergileyerek kendi değerimizi yüksekmiş gibi göstermektir.

Horney'in üçüncü grup ihtiyaçları diğerlerine karşı olanlardır. Bu nörotik ihtiyaçlar diğer insanları kontrol etmeyi sağlar. Bu tip insanlar genelde zor, hakim olmaya çalışan ve kaba olarak nitelendirilir. Değersizlik inancı teorisinde bu tip davranışlarda yukarıdaki gizlenme mekanizmaları içinde nitelendirilir. Horney'e göre iyi uyum gösteren kişiler bu üç stratejiyi de kullanır. İç ve dış faktörlere göre birini daha ağırlıklı olarak seçer. Nörotik kişiler bunlardan birini daha ağırlıklı olarak kullanır.

Horney'in birinci grubunda diğerlerinin şefkat ve onayını arayan nörotik ihtiyaçlar tanımlanır. Bu kişiler sevilmek ister. Diğerlerini memnun etmek ister. Ret edilmeye ve eleştiriye karşı aşırı hassastır. 2. Grup kendi ihtiyaçlarını karşılayacak bir ortak arayışında olan nörotiklerdir. Bu kişiler bir eş arayışı içindedirler. Terk edilme korkusu yaşarlar.

Daha ilk iki grupta bile anlamsızlıklar ortaya çıkmaktadır. Neden bu iki grup ayrı ayrı kişilik grubuna dahil olmaktadır? İki grubu birbirinden nasıl ayıracağız? Ayırmaya gerek var mı? Pratikte bu sınıflandırmanın terapi açısından nasıl bir yararı var?

Horney'in 3. kişilik grubu kendi yaşamlarını da bir alana sınıflayanlardır. Bu kişiler dikkat çekmek istemez. Kendileri için talepte bulunmazlar. Başkalarının ihtiyaçları daha önemlidir. Yine değersizlik inancına dönecek olursak bu tip davranışlar kişiler değersizlikleri belli olmasın diye bilinçaltının kullandığı gizlenme mekanizmaları arasındadır. Klasik olarak sosyal fobi davranışları olarak bilinir. En güvenilen korunma mekanizmasıdır. Kalabalıklar içinde dikkati çekmemeye çalışırlar.

Dördüncü grup güç arayanlardır. Zayıflığı sevmezler. Diğer insanları yönetmeyi severler. Değersizlik inancı teorisi bu tip davranışların nedenini çok kolay açıklamaktadır. Beşinci grup başkalarını istismar eden kişilere aittir.

İşte kişilik teorilerinin çıkmazı bu tip sınıflamalarda daha da kendini belli etmektedir. Başkalarını kullanmak isteyen kişiler değersizlik inancı oldukça derin kişilerdir. Kendi değersizliklerini gizleyebilmek için başkalarına kendisini belli etmemesi gerekir. Bu nedenle gizlenme yollarından biri de kendini emniyette ve güvende hissedecek kişilere gerek vardır. Bu tip ilişkiler ancak aynı düzeyde değersizlik inancı olan kişiler arasında kurulur. Bu konuya ilişkiler bölümünde daha ayrıntılı girilmiştir.

Horney'in son dört grubu birbirine çok benzer. Neden bu kadar ayrıntılı kişilik sınıflandırması yapmıştır? Prestij arayan, beğeni arayan, başarı arayan, bağımsızlık arayan, mükemmellik arayan kişilikler tanımlamıştır.

Değersizlik inancı teorisinde, göreceğimiz gibi bu tip kafa karıştıran sınıflamalara gerek yoktur. Sistem basittir, gerçekçidir, her türlü durumu kolaylıkla açıklar ve çözüme odaklıdır.

BÖLÜM 22

Gizlenme ve Gizlenme Yöntemleri

Klasik psikoloji savunma stratejilerini insan ruhunun travmatik olayları bastırmak için bulduğu bir çare olduğunu ileri sürer.

Benim teorime göre ise temel neden gizlenmektir.

Bilinçaltı ya değersizliği gizlemeye çalışır.

Ya da değersizliğinin fark edilmemesi için gizlenmeye çalışır.

Gizleme ve gizlenme çabalarını bilinçaltı gizlenme yöntemleri veya çabaları olarak adlandırıyorum. Gizlenmek de bir çeşit savunmadır. Bazen saldırı da bir şeyleri gizlemek içindir. Bilinçaltının gizleme amacıyla bulduğu her türlü davranış şekli birer savunma stratejisi olarak kendini gösterir.

Tüm gizlenme çabalarının temel amacı kandırmaya yöneliktir.

Bunlar hem etrafını hem de kendini kandırmaya yönelik çabaların toplamıdır.

Değersiz olduğunu gizlemeye yönelik her türlü savunma geçerlidir.

Bilinçaltı gizlenme çabaları 3 ana sınıftır.

1. Değerli kabul edilecek özelliklere sahip olma çabası.

2. Başkalarını değersiz kılma çabası.

3. Fark edilmeme çabası.

Değerliymiş gibi olma çabaları

Bu gruptaki yöntemlerin temel amacı başkalarına kendini değerliymiş gibi göstermeye çalışmaktır.

Değersizliği değerliymiş gibi görünerek makyajlamaktır.

Bu amaçla toplumun değer yargıları önemlidir. İnsanlar diğer insanlarda hangi özelliklere önem ya da değer veriyorsa bilinçaltı o donanıma sahip olmaya çalışır.

Birinci grup yani değerliymiş gibi görünme çabaları hemen herkes tarafından kabul edilen ve onaylanan çabalardır. Bu nedenle bunların değersizliği gizleme çabası olduğunu kabul etmek kolay değildir. Bunu değişik örneklerlerle göstermeye çalışacağım. Şimdi bu çabaların neler olduğuna bakalım.

- Başkalarının takdirini kazanmaya çalışmak.

- Fiziksel olarak beğenilmeye çalışmak (güzellik, yetenek, cinsellik).

- Toplumsal statü olarak saygınlık kazanmaya çalışmak (kariyer, iyi meslek, doçent, profesör, müdür).

- Takdir edilecek davranış kalıplarına sahip olmaya çalışmak (kibar, olgun, anlayışlı gibi).

- Maddi olarak saygınlık kazanmaya çalışmak.

- Toplumsal olarak güç sembolü kabul edilen nesnelere sahip olmaya çalışmak (ev, lüks otomobil, kaliteli marka).

- Hatasız olmaya çalışmak.

- Güçlü görünmeye çalışmak (otorite, aile reisi, baba).

- Sahip olduğun kişilerin de (eş, aile, çocuk gibi) değerli kabul edilecek özelliklere sahip olması için çalışmak.

Başkalarını değersiz kılma çabaları

Birinci grubun yeterli olmadığı durumlarda ikinci grup gizlenme çabaları ön plana çıkmaya başlar.

Bu sınıftaki çabaların genel amacı karşımızdakini değersizleştirmeye çalışmaktır.

Eğer birinci gruptaki çabalarım kendimi karşımdakine değerliymiş gibi göstermekte yetersiz kalıyorsa, başkalarını daha değersiz pozisyona iterek rölatif olarak ondan daha değerli düzeye geçebilirim.

Bu çabaların etkili olması için o başkasının içinde de değersizlik inancının derin olması gerekir. Yoksa silah geri teper. Ama bilinçaltı kime karşı bu silahı kullanacağını gayet iyi bilir. Bilinçaltı bu konuda seçicidir. Yaş tahtaya basmaz.

Bu 2. grup gizlenme yöntemlerine kısaca bir göz atalım.

- Eleştirmek, küçük görmek, küçük düşürmeye çalışmak, onu suçlu hissettirmeye çalışmak.

- Bilerek kırmaya ve üzmeye çalışmak (burada bilmek bilinçaltı düzeyde bilmek olarak okunmalıdır).

- Kendini o kişiden üstün göstermeye çalışmak.

- Onu kendisine bağımlı hissettirmeye çalışmak.

- Onu çaresiz hissettirmeye çalışmak.

- Kıskandırmak. Hava atmak.

- Siz yerine sen demek.

Fark edilmeme çabası

Eğer mevcut özelliklerin yeteri kadar diğer insanlara karşı seni değerliymiş gibi gösteremiyorsa, ya da onları değersizleştiremiyorsan kendini korumak için tek çaren kalmıştır.

Gerçekten gizlenmek.

Diğer insanlardan gizlendiğin ölçüde değersizliğini de gizlersin. Seni fark etmeyecekleri için değersizliğini de fark etmeyeceklerdir. En garanti gizlenme şekli insan içine çıkmamaktır. Ama sosyal yaşamda bu mümkün değildir.

Bu nedenle bilinçaltı birçok gizli gizlenme yöntemleri icat eder.

Hem insanlarla birlikte olup hem de dikkati çekmeyecek stratejiler geliştirir.

- Fark edilmemek için sessiz kalır.

- Hiçbir durumda kendi hakkında konuşmaz. Fikrini söylemez. Kendini ifade etmez.

- Başkaları hakkındaki düşüncelerini gizler.

- Duygularını belli etmemeye çalışır.

- Herkesle uyumlu olmaya çalışır. Yani hem varsındır hem de yoksundur.

Diğer bir gizlenme yöntemi **seçici olmak**tır. Özellikle senin değersizliği fark edebilecek donanıma sahip olduğuna inandığın insanlardan uzak durursun. Bu **sosyal fobi** olarak bilinen bir durumdur. Otoriter insanlar karşısında bilinçaltı huzursuz olur. Bu huzursuzluğu kişi bedeninde hisseder. Bedende hissedilen bu hissi korku olarak adlandırırız. Ya da karşı cins karşısında huzursuzluk ortaya çıkar.

Bir diğer gizli gizlenme şekli herkese **iyi bilinmeye çalışmak**tır. Bu bizim toplumda çok yaygın bir sorundur. Anne babalarımızdan bu terbiye ile büyürüz. Kimse seni kötü bilmesin. Seni iyi bilenden sana kötülük gelmez.

Bir diğer uzak durma şekli **küsmek**tir. Küsmek çocuğun kullandığı bir gizlenme yöntemidir. Anne ya da babasına incindiğini küserek belli eder. Eğer küsmesi kabul edilirse yani anne baba çocuğa sevgiyle yaklaşırsa yöntem işe yaramış demektir. Anne baba yaklaşana kadar çocuk küslüğünü devam ettirir. Büyük insanlar arasında da küsme yaygın bir davranış şeklidir. Küsülen kişi çoğu zaman bu küsülmeyi kabul eder. Yani küsen kişiyle konuşmaz. Zaten konuşursa bu savunma yok olmuş olur. Ama konuşulduğu içinde sanki küsmeyi bozan kişi *tamam, yanlış görmüşüm, sen de değersizlik yokmuş* mesajını vermiş olur.

Karşımızdaki kişiyi bizden değerli görürsek ondan gelebilecek saldırılar karşısında ya korkarız ya da kaçarız.

Ama bizden daha değersiz olduğuna kanaat getirirsek onun davranışlarına sinirleniriz. Çoğu zaman neden sinirlendiğimizi bile anlamayız. Tüm bu işlemler BDDK (bilinçaltı değersizliği değerlendirme komitesi) tarafından ayarlanır ve yönetilir.

Bizim bu seçimlerimiz karşımızdaki kişinin bize hangi değeri verdiğini de ortaya çıkarır. Karşımızdaki kişi daha çok kendini değerli göstermeye ya da uzak durmaya çalışıyorsa bizi kendinden değerli görüyor demektir. Eğer saldırıyla karşılık veriyorsa o zaman ya eşiti ya da daha değersiz görüyor demektir. İlişki bu şekilde karşılıklı tartmalarla devam eder.

Yani karşıdaki kişinin sizin karşınızda hangi gizlenme yöntemini kullanmaya çalıştığını anlarsanız o kişinin bilinçaltı düzeyde size verdiği değeri de anlarsınız.

BÖLÜM 23

Bilinçaltı Uyum Uzmanıdır

Bilinçaltı korumaya, ait olduğu canlı bedeni hayatta tutmaya, koşullar ne olursa olsun sonuna kadar yaşatmaya programlıdır. Bu durum default[79] olarak doğuştan bellidir ve tartışılmaz bir kural, bir aksiyomdur[80]. Yaşamda kalmanın kuralları bellidir ve evrim süreci boyunca tüm canlıların, bitkiler dahil, genlerine değişmez bir şifre olarak kazınmıştır.

Evrimin de kuralları bellidir, çevresine uyum gösteren hayatta kalır, uyum gösteremeyenler gücü ne olursa olsun yaşam havuzundan elenecektir ve elenmiştir.

Biyolojik yapılar çevreye uyum göstermeye göre ayarlanmıştır, ayarlanmaya da devam etmektedir, yani evrim sürmektedir. Bilinçaltı bu uyuma herhangi bir müdahaleye izin vermek bir yana sürekli hayatta kalmaya yönelik olarak içsel ve çevreye karşı uyumu arttıracak mekanizmalarla donanmaya gayret eder, yani soğuk bir ortamda titrememizi, sıcak bir ortamda terlememizi önleyemeyiz, çünkü her iki durumda hücrelerin optimal yaşaması amacıyla termostatik ayarlamayı yapmak için gerekli savunma mekanizmalarıdır.

Benzer şekilde bilinçaltı bedeni birçok otomatik fonksiyonlarla savunur. Dıştan gelen her türlü saldırıya karşı evrimsel süreç çeşitli savunmalar hazırlamıştır ve biyolojik sistemleri otomatik harekete geçirir.

Dış ısıya uyum, dıştan gelen mikroplara karşı bağışıklık sisteminin birçok koldan harekete geçmesi, hücre genetik sisteminin koruyucu proteinleri üretmeye başlaması, tozlara karşı solunum sisteminin savunma mekanizmaları (öksürük, balgam, nefes darlığı), ani tehditlere karşı otomatik reflekslerimiz, bozuk yiyeceklere karşı iğrenme duygumuz, bu bozuk yiyeceği yemeye kalkarsak kusma refleksimiz, eğer bozuk maddeyi yemişsek bağırsakların hızla çalışarak bunu aşağıdan dışarıya göndermesi, göz merceklerimizin fazla ya da az ışığa karşı gösterdiği reaksiyonlar, havasızlık karşısında derin derin nefes almamız, kan hücrelerimizin hızla çoğalması, ekstra enerji gerektiren olaylar karşısında kalbimizin daha hızla çarpması ve organlara daha fazla kan pompalaması, tehdit karşısında kol ve bacaklarımızın gerilmesi ve böylece hareket halinde çok daha hızlı ve güçlü harekete geçecek bir duruma gelmesi ve benzer örnekler bilinçaltının

---

79 Default; fabrika ayarı

80 Aksiyomlar tartışılmadan üzerine bir sistem inşa edilen kabullenmelerdir, paralel doğrular sonsuzda kesişir gibi...

biyolojik sistemleri harekete geçirerek tehdide karşı bedeni savunmaya ne kadar hazır olduğunu gösteren örneklerdir.

Savunma için beden bir taraftan yeni bir üretim durumuna geçerken (ülkelerin savaşlarda buzdolabı fabrikalarını silah üreten fabrikalara dönüştürmesi gibi), hem yeni malzemeler üretmeye, hem de mevcut ama savunmada gerekli malzemelerin daha fazla üretilmesine, hem de mevcut malzemenin gerekli bölgelere (savaşta savaşın olduğu bölgeye, savaş yapılmayan bölgelerden destek gönderilmesi gibi) sevkiyatı için bedeni yeniden uyumlandırır.

O zaman bilinçaltının bir uyum uzmanı olduğunu söyleyebiliriz.

Savunmak uyumla başlar. Yeni malzeme üretimi zaman alacaktır. Öncelik mevcut malzemenin en uygun şekilde kullanılmasıdır, dıştan gelen mikroplara karşı ilk savunma lökosit dediğimiz beyaz küre hücreleri ile olur, mikrobun girdiği bölgeye bedenin her bölgesinden lökosit sevkiyatı başlarken (uyum), kemik iliği de lökosit üretimini arttırır. Yeni lökositler gelene kadar, mevcut lökositler en azından mikropları giriş kapısında tutmaya başlar. O bölgede lökositlerin çoğalması için, kan miktarının artması gerekir, bu nedenle mevcut kan o bölgede hapsedilir, damarlar büzüşür, damar dışına serum sızması başlar.

Sürekli uyum, uyum, uyum...

Tehdit bedene girdikten sonra yapılacak savaşlar bellidir ama düşmanı daha sınırlarımızın içine girmeden uzak tutmak daha garantili bir politikadır. Bunun için güçlü bir ordunun olması, sınırlarını iyi savunman, tehlikeyi önceden tahmin edip ona göre savunma hatlarını güçlendirmen çok daha akıllı ve tercih edilir bir politika olacaktır. Bu durumda tehlikeden uzak duracak şekilde davranışlarımızı ayarlamak ve çevremizle tam bir uyum içinde olmak kaçınılmaz olmaya başlayacaktır. Evrimsel süreçte bu davranışlarda otomatiğe bağlanmıştır. Yumurtadan çıkan civcivler ilk hareket eden cismi takip etmeye başlar, çünkü o annedir ve tabiatta tesadüfe ve akıl yürütmeye yer yoktur[81].

Bitkiler ve hayvanlarda çevreye uyum çok belirgindir. Bulunduğu ortamın rengine uyan hayvanların, bukalemun gibi, ya da yaşadığı bölgede bulunan ağaçların yapısına daha uygun desendeki kelebeklerin hayatta kalma şansının daha fazla olması gibi, avcılardan gizlenmenin ilk kuralıdır

---

[81] Ancak fırlama bir bilim adamı, yumurtayı kırılırken fark edip civcivi ilk süpürge sapıyla tanıştırırsa, civciv süpürge sapını annesi zanneder.

kamuflaj, yani araziye uymak.

Bilinçaltı için uyumlu olmak, o halde her koşulda ilk yaratılacak bir durumdur, sadece doğal olaylara karşı değil, sosyal çevreye olan bir uyumdur bu (sürüden ayrılanı kurt kapar).

Bilinçaltı sistemlerin birbirinden denetimsiz ama birbirini etkileyen birçok parçanın bir araya gelmesi gibi bir organizasyonu olduğunu ve bu amaçla birbirinden bağımsız birçok birimin bulunduğunu bilinçaltı bölümünde anlatmıştım.

Örneğin yaşanan deneyimleri kaydeden bölümün tek görevi neyin iyi neyin kötü olduğunu ayırmaktır[82]. Bu bilgi hızla bilgi havuzuna gönderilir. Bu tip tehlikelere karşı savunma mekanizmaları üreten birim ise bu yeni bilginin hangi süzgeçlerden geçtikten sonra böyle bir damga yediğini, yani tehlikeli ve savunma üretilmesi gereken bir durum olup olmadığını sorgulamaz. Onun görevi savunma sistemi üreten mekanizmaları harekete geçirerek diğer tehditlere karşı kullandığı değişik formatları bu yeni tehlike içinde uygulamaya başlar. Yeni saptanan bir bilginin *sen değersizsin, diğer insanlardan daha güçsüzsün* bilgisini içerdiğini ve bu durumun kötü olarak kategorize edildiğini düşünelim. Bu bilgi, bilgi havuzuna atıldığı anda savunma üreten bölüm için ilk yapılacak seçim **uyum mekanizmalarını** harekete geçirmektir. En uygun seçimin yapılabilmesi için birim elemanları arasında şöyle bir beyin fırtınasının yapıldığını düşünebiliriz.

- Çevrendeki insanlarla uyum halinde olursan ancak tehditten uzaklaşabilirsin.

    - Ama tehdit insanlar olabilir.

    - Neden?

    - Çünkü onlardan güçsüzüm.

    - Olsun onlardan tehdit gelmez.

    - Ya gelirse?

    - O zaman bilgi havuzuna bak.

    - Evet, burada diğer insanların tehlikeli olabileceğine dair çok bilgi var.

    - O zaman ikinci seçeneği işletelim.

    - Yani?

---

[82] Muhtemelen deneyim kaydeden bölümle deneyimin iyi mi kötü mü olduğuna karar veren bölümlerde birbirinden farklıdır

- Uzak duralım ve gizlenelim.

- Bunun için bir itiraz var mı bilgi havuzunda?

- Var!

- Nedir o?

- Sana benzer canlılarla bir arada olursan emniyette olursun, yani onlara ihtiyaç var.

- O zaman yeni bir savunma sistemi bulmamız lazım...

İşte bu iki ve birbiriyle çatışan bilginin bilgi havuzunda bulunması ve aynı anda işleme konmaya çalışılması nasıl bir sonuç doğuracaktır?

Bir tarafta *sen değersizsin ve tehlike altındasın*, bir tarafta ise *yaşamda kalmak için hem diğer insanlara ihtiyacın var, hem de uyumlu olacaksın*. Yani bir taraftan onlara uyumlu olduğunu kanıtlaman gerekiyor, değersizliğinle beraber bunu nasıl bağdaştırabilirsin, onların seni kabul etmesi gerekir, sana zarar vermemesi gerekir, sana saldırmaması gerekir, seni beslemesi gerekir...

O halde **kamuflaj**...

Kamuflaj o nedenle hemen tüm insanlar için bilinçaltının değersizliği gizleme yöntemleri içinde birinci sıraya yerleşir.

Başkalarına kendini hem değerli, hem uyumlu, hem saldırılamaz, hem güçlü olarak dengeli bir şekilde sunman gerekir.

Zor iştir tabi...

Akıllı bilgisayarların bile kolay başaramayacağı bir işi daha çocuk aklı başarmayı başarır. Yoksa hayatta kalamaz.

Kamuflaj demek, kendini diğer insanlara daha değerli, güçlü, önemli, nasıl dersek artık, sunabilmek demektir.

İmajlamak, yaldızlamak, parlatmak, donanmak, pazarlamak.

Evet, donanmak önemlidir. Ne kadar çok gizleyecek malzemeye sahip olursak o kadar kamuflajımızı güçlendirmiş oluruz (eskiler "zarfa değil mazrufa bak" deseler de bilinçaltı için esas olan zarftır, bu nedenle de "zarf atma bize" dendiği zaman "bizi manipüle etmeye kalkıyorsun" kast edilir, yani toplumsal bilinçaltı meseleyi çakmış ama bilincin bu basamaklarda harekete geçecek özgürlüğü yok).

BÖLÜM
24

**Gizlenme Yöntemlerini
Nasıl Seçiyoruz?**

Herkeste bu üç grup gizlenme yöntemi de mevcuttur. Ama kişiden kişiye oranları değişiktir. Yani bir kişide birinci grup ağırlıktayken diğer bir kişide üçüncü grup ağırlıktadır.

Bu seçimleri bilinçaltı nasıl yapmaktadır?

Öğrenerek ve modelleyerek...

Genellikle anne ve babanın kendi gizlenme yöntemlerini iletişim modeli olarak benimseriz. Çocukta değersizlik inancı yerleştirmeye başlayan anne ve babanın gizlenme yöntemleri aynı zamanda çocuğun gizlenme yöntemleri olmaya başlar.

Örneğin anne sürekli eleştiriyorsa, çocukta belli bir yaştan sonra eleştirel olur.

Değersizlik inancının gelişmesi ve pekişmesiyle gizlenme yöntemlerinin gelişmesi ve pekişmesi paraleldir. Yani belli bir ana kadar önce değersizlik inancı gelişip ondan sonra gizlenme yöntemleri gelişmeye başlamaz. Her ikisi aynı anda gelişmeye başlar. Değersizlik inancı güçlendikçe gizlenme yöntemleri de güçlenmeye ve çeşitlenmeye başlar.

Gizlenme yöntemlerinin kendileri de değersizlik inancı tarafından derecelendirmeye tabi tutulur. Yani bazı gizlenme yöntemleri aynı zamanda kişide değersizlik inancını açığa çıkarabilecek riskler içerir.

Örneğin, öfkeli olmak toplum tarafından kabul edilebilir bir davranış değildir. Bu nedenle bu gizlenme yöntemi daha zorlu durumlar için rezervde tutulur.

Esas kabul edilen gizlenme yöntemleri birinci grupta olanlardır. Yani toplum içinde değerli kabul edilebilecek özelliklere sahip olmaya çalışmak kolay fark edilebilecek bir gizlenme yöntemi değildir ve bu nedenle sağlamdır. Hemen herkes öncelikle bu gizlenme yöntemleri peşindedir. Burada barutumuz bittiğinde ikinci ya da üçüncü gizlenme yöntemlerine sarılırız. Yani karşımızdakini değersiz hissettirecek, böylece bizim içimizdeki değersizliği fark etmeyecek bir çaba içine gireriz. O kendini değersizi hissettikçe ben rölatif olarak daha değerli olurum.

Karşımızdaki kişiye verdiğimiz değere göre de o anda ağırlıklı olarak kullandığımız gizlenme yöntemi değişir. Karşımızdaki kişi değerli ya da otoriter olarak algılanırsa ağırlıklı olarak kendimizi değerli gösterecek gizlenme yöntemlerini ön plana çıkarırız. Eğer bir şekilde bu gizlenme yöntemlerinin işlemediğine karar verirsek, üçüncü gruba kaçarız. Yani uzaklaşırız, kendimizi yok etmeye başlarız.

Savunma mı Gizlenme mi?

Psikolojide bilinçaltı savunma mekanizmalarından bahsedilir. Freud'un tezine göre yüzleşmek istemediğimiz, acıtıcı olayları bilinçaltına doğru iteriz. Bu ve buna benzer psikolojik önlemlerin genel adıdır **bilinçaltı savunma mekanizmaları**.

Kim saldırıyor, neden saldırıyor, bu psikolojik çabalar nasıl oluyor da bu saldırılara karşı koruyor, ya da nereyi koruyor, neye karşı koruyor, bunların itildiği yer neresidir, koruyamazsa ne oluyor?

Bu soruların yanıtları Freud ve takipçilerinin tezleri kadar bol sayıda ve soyuttur. Ama tüm savunma tezlerinin ortak görüşü bilincin kaygı ve acıdan kaçırılarak parçalanmaktan korunmakta olduğu ve kişisel bütünlüğün sağlam kalmasına çalışılmasıdır. Ama henüz yirmi birinci yüzyıl tıbbı ve yararlandığı çağdaş teknoloji bir kimsenin bilinçaltına ne kadar malzeme tıktığını ölçebilmekten çok uzaktır, ya da tıkılan malzeme miktarıyla kişisel bütünlüğün arasında herhangi bir istatistiksel korelâsyon çalışmaları yapılmış değildir; ya da delilik derecesiyle tıkılan malzemenin acıtıcı katsayıları birbiriyle ilişkilendirilebilmiş değildir. Bu nedenle az tıkan mı yoksa çok tıkan mı daha tehlikededir belli değildir. Ayrıca "bu malzeme nereye tıkılmaktadır, nerede birikmektedir, deponun istiap haddi nedir?" gibi sorular da yanıtlanmayı beklemektedir.

Neyse kitabımın amacı genel geçer psikoloji teorilerindeki bilimsel açıkları bulmak değil. Bu kitabı yazmayı tasarladığım zamandan beri konuyu değişik kurs ve eğitimlerde tartışırken psikolojik teorilerin etkileri altında kalarak değersizlik inancı savunma mekanizmalarından bahsetmeye başlamıştım ve doğal olarak değersizlik inancıyla ilgili tüm tezimi bu savunma mekanizmaları üzerine kurmaya başlamıştım. Ama tezim rafine oldukça bazı açıklamalarım daha netleşmeye ve kendi yolunu bulmaya başladı.

Saldıran ya da herhangi bir saldırının olmadığı bir gerçeklikte neden savunma mekanizmaları yaratalım?

Savunma başkalarının gözü olduğu malını, mülkünü, ülkeni, aileni, ırzını, namusunu korumak için alman gereken önlemlere denir. Ortada gizleyecek bir şey yoktur, gerçekten malını savunmak istemiyorsan gizlersin. Tabi ki gizlenme bir savunma yöntemi olabilir.

Ama bilinçaltının derdi zaten insanların iştahının kabarmasını engellemektir.

Yani değersizliği gizlerse, belli etmezse, o zaman diğer insanların ona saldırısına gerek kalmaz ve emniyette kalır.

O halde burada bilinçaltının gizlenirken dayandığı en temel inanç *değersizliğim fark edilirse insanlar bana saldırır*dır[83]. Böyle olunca kim dost, kim düşman belli değil o zaman en iyisi saldırıya iştah açacak ne varsa ortadan kaldırmak, kaldıramıyorsan eğer saldırgan gözlerden bunu gizlemek son derece makul bir çözüm olarak görülmektedir.

Öte yandan, insanların birbirine saldırdığı, zarar verdiği, günümüz dünyasının da acı gerçeklerinden biridir. Bu gerçek ortadayken, kendi canımızı ya da geleceğimizi güvence altına almayı bilinçaltının kendi çabalarıyla yerleştirmeye çalıştığı inanç ve gizlenme sistemlerine bırakamayız.

Bu acı insani ve dünyasal gerçekle ancak bilinçli tedbirler alarak mücadele edebiliriz. İçinde yaşadığımız toplum içindeki kötü emelli kişilere karşı evimize alarm taktırırız, pencerelerimizi demirleriz, yanımızda göz yaşartıcı sprey taşırız, uzak doğu savunma teknikleri öğreniriz, araçlarımızı zırhlı yaparız, jammırlarla yakındaki telefon konuşmalarını dinleriz, güçlü badigardlarla gezeriz, çantalarımızı sırtımıza takarız, dikiz aynası kullanırız, imkânımız ve gücümüz varsa ulaşılmaz kaleler ya da saraylar yaptırırız. Aklımızın erdiği, paramızın yettiği gerekli önlemleri alırız.

Bilinçaltının bu tedbirler alınırken herhangi bir dahli yoktur ve pek umurunda da değildir.

Çünkü o (yani bilinçaltı) her an her yerden gelebilecek ve geldiği anda da yok edip gidecek ama şu anki günlük sosyal gerçekliğimizle pek uygun olmayan *her an her insan benim için tehlikeli olabilir* saplantısının arkasına takılmıştır.

Saldırının kesin olarak nereden ve kimden geleceğini bilirsen ona göre savunmanı hazırlayabilirsin. Hayvanlar için bu sorun değildir. Kendinden güçlü olan hayvanları tanırsın. Zaten kendi türünden zarar gelmez (birçok

---

[83] İnsanlık tarihi yazılmaya başlandığından beri bunun bir vakıa olduğu da inkar edilemez tabiî ki, insanlık tarihi bir yandan da insanların insanlara saldırması ve öldürmesi tarihidir. Böyle olunca her insanın *diğer insanlardan kendini koru* temel bilgisiyle doğmadığını iddia edemeyiz.

hayvan türü sürü halinde gezerek tehlikelere karşı ortak bir savunma oluşturmuş olurlar). O nedenle kime karşı savunacağını bilirsin. Gizlenmek gerekiyorsa da gizlenirsin.

Ama insanın sorunu diğer insanlardan tehlike geleceği beklentisidir. Ve her insan diğer insana benzemektedir. Hiçbir insanın alnında *ben tehlikeliyim* diye yazmaz. O halde bilinçaltının savunmak riskine girmeden, **Bruce Lee**'nin *tehlikeyi tehlike gelmeden önce bertaraf et* özdeyişine sadakatle bağlı kalan bir anlayışı benimsediğini söyleyebiliriz ki bu yaşamsal açıdan baktığımızda çok daha akıllıca bir çözüm gibi gelmektedir (Ünlü psikiyatrist, hipnoterapist **Milton Erickson**'un dediği gibi bilinç zekidir ama bilinçaltı ondan biraz daha akıllıdır).

BÖLÜM
25

Ego
Gizlenme Yöntemlerinin
Toplamıdır

Bana göre ego bilinçaltının değersizlik inancını gizlemek için kullandığı tüm gizlenme yöntemlerinin toplamıdır.

Son derece basit ve yalın bir tanımdır benimki. Aynı zamanda da somuttur. Hâlbuki psikoloji kitaplarında birçok ego tanımı görürsünüz. Egoyu tanımlarlar. Ama bu seferde egoyu tanımlamak için kullandıkları terimler tanımlanmaya muhtaç hale gelir. Örneğin Freud ego için "idi doyurmaya çalışan kişilik parçası" tanımını yapar. Bu sefer yeni sorular ortaya çıkar. Kişilik nedir? Nerededir? İd nedir, nerededir?

Bir şeyi açıklamak için ne kadar çok başka açıklamalara ihtiyaç duyarsak o açıklamaya çalıştığımız şey o kadar soyut demektir. Ayakları yere basmayan bir kavram demektir.

Benim tanımladığım egoyla Freud'un tanımladığı ego bir yerde amaç olarak örtüşür. Her ikisi de acıdan kaçmaya çalışır. Ama bilinçaltı için acı tehdit demektir. Tehdidin olduğu her yerde acı vardır. Tehdit ise değersizliğimizin fark edileceği her yer ve her durumdur.

Ego üzerine üretilmiş birçok deyim değersizlik inancını çağrıştırmaktadır. Egosu şişik adam terimi kullanılır mesela. Yani kasıntı anlamına bir terimdir. Bir insan ne kadar kasıntıysa o kadar başkalarına güçlü görünme ve başkalarını değersiz kılma amacı içindedir.

Egoizm egodan türemiş bir kelimedir. Sadece kendini düşünen insan anlamına gelir. Değersizlik inancı içindeki bir kişinin tüm davranışları kendi değersizliğini gizleme amacını taşır. Çok insancıl gibi görünen çoğu davranış bile bu amaca yöneliktir.

O halde ego pek beğenilen bir özellik değildir. Kibirli, gururlu, diğerlerine üstten bakmaya çalışan insanlar için kullanılan bir terim olagelmiştir. Tüm bu davranış şekillerinin değersizliği gizleme yöntemleri içindedir.

O halde bir kişi ne kadar egolu gibi davranıyorsa o kadar kendi içinde değersizlik inancını güçlü olarak taşıyor demektir.

Değersizlik inancından kurtulmak demek egodan kurtulmak demektir. Egodan kurtulmak için gizlenme yöntemlerimizi tanımamız ve onları temizlememiz gerekir.

Bazı kitaplar ise ego ile bilinçaltını eşdeğer kullanmaktadır[84] Bilinçaltı kavramıyla basitçe açıklayacakları konuları ego karmaşası içinde anlatırlar. Yaralı ego, sağlıklı ego, sağlıksız ego gibi anlatımların ne demek istedikleri açık değildir.

Eckhart Tolle egodan sahte benlik olarak bahseder.[85] Şöyle demektedir. "Normal günlük kullanımda ben önemli bir hatayı, kim olduğunuzla ilgili bir yanlış kanıyı, sahte bir kimlik duygusunu da beraberinde getirir. Bu egodur.

…Kim olmadığınızı anladığınızda, gerçek kim olduğunuz kendiliğinden ortaya çıkar."

Aslında Tolle'de kişi ben ve benim kelimelerini kullandıkça mallaşmaya başladığını, kendine nesnelerle eşdeğer konuma düşürdüğünü ifade etmektedir. Yani nesneleşmek sahte kimlik yaratmaktır. Ego nesneleşmekle eşdeğerdir. Ego güçlendikçe kişi nesnelere ya da diğer kişilere daha bağımlı hale gelmeye başlar. Bir kişiye ya da bir kimliğe ait olmak ister. Sen, sen olmaktan çıkar, kartvizit olmaya başlarsın (Bir insanın kartviziti ne kadar süslüyse, içindeki değersizlik inancı da o kadar güçlü demektir.) Daha fazla istersin. İstemek egodur.

Birçok kişisel gelişim uzmanı gerçek benlik ve sahte benlik kavramlarına sıkı sıkı sarılmıştır. Değişik başlıklar altında her biri gerçek benliğimiz bulmaktan bahseder. Ben bu kitapta bu kavramları soyutluktan somutluğa geçiriyorum. Sahte benliğiniz değersizlik inancının yarattığı durumdur. Yanlış algıdan başka bir şey değildir. Bugüne kadar insanın içinde birden fazla benlik ya da farklı kimlikler olduğuna dair somut veriler ortaya konmamıştır.

"Ego etrafını bir duvar gibi kuşatır. Seni bu şekilde kuşatarak seni koruduğuna ikna eder. Ego seni böyle ayartır. Sürekli aynı şeyi söyler: "Eğer ben olmazsam sen korumasız kalırsın. Savunman çok zayıf olur ve bu çok büyük bir risk. O yüzden bırak seni koruyayım, etrafını sarayım." Evet, ego belirli bir ölçüde koruma sağlar ama bu duvar aynı zamanda senin zindanın olur. Belirli bir koruma var, aksi halde kimse egonun getirdiği mutsuzluklara katlanmaz." [86]

---

84 D. Ford. The Secret of the Shadow: The Power of Owning Your Whole Story.

85 E. Holle. Var olmanın gücü.

86 Osho'nun ego tanımından.

BÖLÜM 26

Takdir Kazanmaya Çalışmak

Dünyaya geldiğimiz andan itibaren ilk öğrendiğimiz iletişim biçimi karnımızın doyması için başkalarının ama özellikle de bizim bakımımızı üstlenmiş olanların takdirini kazanmaya çalışmaktır. Nedeninin bilmeden, fazla deneme yanılma yoluyla deneme yapmadan, sanki onların takdirini alamazsak karnımızı doyurmayacaklarmış gibi bir inançla doğmuşuzdur.

Yeni doğanın ilk gördüğü davranışlardan biri kendilerine gülümseyen büyük insanların, onun da gülümsemesi için gösterdikleri büyük çabadır ve bebek birazcık gülümsese bile, gösterdikleri neşeli tepkidir. Hele önce bebek gülümserse, bir anda muhabbet ve sevgi artmaya başlar. Sanırım bilinçaltı doğuştan gelen yüklenmiş programların esiri olarak dostla düşmanı ayırmak durumundadır ve genlerimizde bir yerlerde dost olanın gülümseyen bir yüz ifadesi ile düşman olanın ise kızgın bir yüz ifadesiyle temsil edildiği bir hazır program mevcuttur. Bu nedenle de gülümseyen yüz ifadesini elde etmek temel amaçlarından biri olmaktadır (belki büyüklerin bilinçaltlarında daha derinlerde kalan bu bilgi bebeğe karşı işler olabilir, yani dünyaya gelen bir canlıyı kendine dost durumuna sokma çabası diyebiliriz buna).

Henüz kendi ihtiyaçlarını temin edemeyen ve uzun yıllarda temin edemeyecek olan dünyanın yeni canlısı için dost bilinmek ve karşıdaki kişiyi dost kategorisinde tutmak yaşamda kalmanın birinci koşulu olmaya başlar. Dost yaratmanın ve kendini dost olarak sunmanın kuralları zamanla belirmeye başlar, sana gülümseyecekler, hoş sesler çıkaracaklar, ellerine alıp havaya fırlatacaklar, yani senin şaşırmandan da hoşlanacaklar, takdir edici sözler söyleyecekler, seni başkalarına övmeye başlayacaklar, başkalarıyla, ama özellikle akranlarıyla mukayese edecekler ve senin daha iyi olduğunu söyleyecekler. Zamanla resim belirmeye, manzaranın fotoğrafı yeni canlı için belirmeye başlanacaktır; ne yapması gerektiği, neleri yapmaması gerektiği daha birkaç aylık olmadan netleşmiştir.

Her seferinde "öfff ne pis kokuyor" diyerek ve yüzünde büyük bir tiksinti ifadesiyle kakalı bezi değiştirirken bir taraftan da bebeğe olumsuz konuşan bir annenin bebeği zamanla kakasını tutma ve kabız olma eğilimi oluşturmaya başlar.

Çocuk sahip olduğu özelliklerinin, davranışlarının iki kategoriden birine düştüğünü öğrenmeye başlar; iyi ya da kötü ve iyiyle kötüyü ayıran belirteç ise anne ya da babanın ya da benzerlerinin takdiri ya da hoşnutsuzluğudur.

Anne konu komşuya çocuğunun ne kadar güzel yemek yediğini, tabaktakileri silip süpürdüğünü övünerek anlatırken buna kulak misafiri olan çocuk için yemek yeme övülen, takdir gören, büyüklerin sevgisini kazanan bir eylem olmaya başlar (bu nedenle de büyüdüğü zaman neden kilo vermediğini bir türlü anlayamaz).

"Yaşamda kalmam için insanların benden hoşnut kalması gerekir", ya da "insanların memnuniyetsizliğine neden olan şeyleri yapmamam lazım", ya da "insanların beni seveceği özellikleri sergilemem lazım", "sevmeyeceği özelliklerimi gizlemem lazım" benzeri cümleler yavaş yavaş çocuğun bilinçaltına inanç kalıpları olarak yerleşmeye başlar.

Yaşam savaşı, bilinçaltı için yeni bir öğrenme yoluna girmeye başlar. Hangi davranışları gizlemesi gerektiğini, hangi özelliklerini ön planda sunması gerektiğini öğrenmesi gerekmektedir. Yani yaşam savaşı, başkalarının memnun olmayacağı özellikleri gizleme savaşına döner. Eğer başkalarının hoşlanmayacağı özellikleri fazla yoksa zaten fazla bir sorun yoktur, kendi özellikleriyle insanların beğeneceği özellikler büyük ölçüde örtüşmektedir.

Ama eğer başkaları öğrenirse memnun olmayacağı ya da zarar göreceği özellikleri fazlaysa, ya da fazla olduğuna inanıyorsa, bu durumda daha dikkatli olması, sürekli olarak donanımını arttıracak çabalar içinde bulunması gerekir. Bu donanımların neler olması gerektiğini de zaten çevresinden aldığı telkinlerle öğrenecektir. Kimisi için eğitimli olmak, yetenekli ve becerikli olmak daha önemliyken, kimisi için mal mülk sahibi olmak, kimisi içinse, önemli bir insan olmak, kimisi içinse çekici beğenilir bir fiziğe sahip olmak daha önemli olacaktır.

Ama çoğu zaman tüm bu donanımlar birbirini tamamlayan parçalar olarak hep beraber donanılması ve sahip olunması gereken gizlenme araçları olacaktır. Yani zaten zenginsen, daha çekici olabileceksin, ona göre daha önemli bir insan olabileceksin, ya da aksine daha eğitimli ve kariyerliysen para kazanma şansın, insanlara çekici gelme şansın ve önemli bir insan olarak kabul edilme şansın artacaktır. Yaşamda hayatta kalman için sen, sen olarak değil ancak bunlara sahip olursan mümkün olacağına inandıkça ya da ikna oldukça bu anlayışın tam olarak yerleşmesi ve güçlü bir motivatör olabilmesi için, aynı süreçte değersizlik inancının da yerleşmesi gerekmektedir. Paralel bir yapı bilinçaltında zaten bu inancı yerleştirmeye başlar.

Mademki benim insan olarak bir değerim yok, insanlar bana sırf insan olarak değer vermeyeceğine göre, o halde benim insanlığımda bir eksiklik olması gerekir, ben doğal bir sevilen değilim, benim doğal olarak sahip olduklarım insanların beni sevmesi için yeterli değil, yani yetersizim, yetersiz olan değersiz olduğuna göre yani değersizim o zamanda gerçekten bu donanımlara ihtiyacım var ve neyse ki toplum zaten nelere sahip olursam beni değerli kabul edeceğini yani içimdeki doğuştan gelen değersizliğimi görmeyeceğini belirlemiştir.

Örneğin prestijli bir takım mallara ya da özelliklere sahip olursan, prestijli bir semtte oturmak, prestijli okullara gitmek, ona göre giyinmek, ona göre bir işe sahip olmak vs insanların nezdinde değerin artmaya başlayacaktır (Rahmetli Turgut Özal Başbakan olduğunda ilk icraatı ithalat ihracat kanununu değiştirmek olmuş ve o andan itibaren ithal sigaralar her bakkal tezgâhında görünmeye başlamıştı. Ve beyaz kısa kollu gömlekli işçilerin hepsinin üst gömlek cebinde şişkin malboro paketleri ortaya çıkmıştı. Bir anda önemli bir gösterge prestijini kaybetmişti, yani o işçiler artık "bende sizin kadar değerliyim çünkü benimde cebimde malboro sigarası var, çatlayında patlayın." mesajını vermekteydiler).

Aynı malzemeden yapılmış binaların satış fiyatının A semtinde üç kuruş iken neden B semtinde 300 kuruş olduğunu sorgulamayız bile, çünkü öyledir öyle kabul edilmektedir. Zaman içinde her yerleşim yerinde prestijli ya da değersizlerin değersizliklerini gizlemek için kurtarılmış bölgeler yaratılmıştır ve oralarda oturanların otomatik olarak değer skalasında yükseldiği kabul edilmiştir.

Yazılmamış **değersizlik gizleme kuralları**ndandır bu.

Prestijin hangi semtlerde, okullarda, markalarda olduğu bellidir. Prestijli yaşamak gerçekte yaşayanlara güç verir, iyi hissettirir. Ayakkabı tamircisi lotoda 6 tutturup motosikletten 4x4 de terfi ettiği gün, mucizevî bir şekilde sırtındaki kamburluk yok olur, onu tanıyanlar (her ne kadar artık onun arkadaşı sınıfından çıkarılmış olsalar da) her zaman ezik, boynu bükük, kambur adamın bir günde dik yürüyen, boynu yukarı doğru dönmüş, o kısa boyuna rağmen kendinden daha uzun insanlara yukarıdan aşağı doğru bakmayı nasıl başardığını anlayamazlar.

Tabi sadece senin değil sana ait insanların prestijinin yukarı doğru yer değiştirmeye başlaması, sen yerinde saysan bile otomatik olarak seni de yukarı çekmeye başlar.

Kocasının albaylıktan generalliğe terfi etmesi, kadının ses tonunun albay hanımlarına karşı yeniden ayar çekmesine sebep olur. (Kadının bu değişimin farkında olmadan, bilinçaltının bu ayarları nasıl yaptığı da ayrı bir inceleme konusu olmayı hak etmektedir tabiî ki, ama kadının bu durumu sorgulamadan kabul etmesi, " Benim sesimin tonu alt rütbeli subayların eşlerine karşı neden farklı bir tonda çıkıyor?" diye düşünmemesi bilinçaltlarının bilinçleri nasıl esir aldığına başka güzel bir örnektir.) Ya da lisedeki oğlunun gençler kategorisinde sırt üstü yüzme şampiyonu olması bir anda aileye eşdeğerleri arasında sınıf atlattırır. Sadece genç oğlan değil tüm aile, en küçüğünden en büyüğüne değerlilik kazanır.

Öldükten sonra bile prestij savaşı devam eder. Cesedin prestijli bir mezarlığa gömülmesi, cenaze namazının prestijli bir camide kalabalık bir katılımcı eşliğinde kılınırken, namaza katılanların lüks araçlarının sayısı ve trafiği tıkama oranıyla cesedin değersizliğini gizleme gücü paralellik oluşturur.(Rahmetliyi meğerse ne çok seveni varmış, umarım cesedi kemiren kurtlarında sınıflara göre bir ayırımı vardır, sıradan insanları kemiren kurtlarla bizim rahmetliyi kemiren kurtların aynı cinsten olması olasılığı bile onu rencide edecektir).

Genellikle binalar, semtler, okunulan okullar, binilen araçlar prestijini açık açık belli eder de, şu giyim işi biraz sakattır, çünkü taklitleri vardır prestijli markaların ve önüne gelen marka giydiğini iddia edebilmekte, markalı güneş gözlükleri, markalı çanta kuşanabilmektedir, ama bilen gözler yine de markalı olanla sahte olanı birbirinden ayırmaktadır tabi eşyaya bakarak değil de taşıyanın duruşuna bakarak, bir şekilde gerçek markayı kuşananla sahte markayı kuşananın duruşu arasında bir farklılık vardır ve bilincimiz bu farkın nereden geldiğinin analizini yapamasa da *o* farkı şıppadanak söyler ve doğru teşhiste de yanılmaz.

Değersizliği gizlemek için kat kat giyinmek gerekir.

Soğuk dağ köylerinde yaşayanlar gibi, bilinçaltı ne kadar giyinse, kat be kat, yinede içi ısınmaz. İç donu, üzerine pijama, ayaklara kalın yünden çoraplar, üstüne pantolon, üstüne kalın bir ceket, üstüne palto, olsa daha da giyinecek, bezleri delen lazer ışınları gibi kemiklerin içine değer soğuk, daha bulsa giyecek… Bilinçaltı da bir türlü tatmin olmaz, daha var mı giyinecek bir şeyler, sarınacak bir zırh, ama zırhın zırh olduğu da anlaşılmamalı, doğal bir deri gibi durmalı üstünde, aynen hakkınmış gibi, sana çok uygunmuş gibi, çok yakışmış gibi.

Ne kadar katman, o kadar ulaşılmaz olmalı değersizlik... Hangi katta oturuyorsa artık... Dıştan içe doğru bir derinlik vardır insan zihninde... En derinde olan en ulaşılmazdır...

Çok kullanılan tabirdir; "Benim en derinlerimde, bilinçaltımın en derin kıvrımlarında neler olduğunu bilmek istiyorum..."

Öğrenir bilinçaltı, "demek ki" der "ne kadar derine koyarsam o kadar zor ulaşılır"... Ama çıplak bedende neyi ne kadar derine saklayabilirsin ki... O zaman suni derinlik oluşturalım, katları arttıralım dışarı doğru... Bir katı geçen, diğer katta takılsın, onu aşan bir sonraki katta takılsın...

Her katta değişik delikler, zayıflıklar olacaktır mutlaka, ama bir şekilde birinin zayıflığını ötekinin güçlü tarafı örtecektir.

Uzun boylu güçlü yapılısın, fizikten tam kurtarıyorum diyorsun, ama burnunun 3 milimlik fazla kemeri bir anda bir delik veriyor... Para var neyse ki, çaktırmadan, izi kalmadan, suni olduğu belli olmayacak şekilde, sanki karakterine yeni bir karakter katacak havada estetiği çektiriyorsun burnuna... Ama Fikret Hakan olsan kaç yazar, konuşmandaki faulü düzeltemiyorsun, o zaman sanki zamanımız organik tarım çağı ya, adamında organiği makbul olmalı, adama bak ne kadar doğal, kendi doğallığından utanmıyor havasını basabiliyorsun konuşmandaki o banalliğe, amma velâkin bu doğal olmaktan kurtulamadığın için sanki doğallığında barışıkmışsın kılıfı, köyünde kalan ademcik tarafından ya da sıradan bir memuriyetle iştigal ederken yutturulmaz... Şöyle möhim bir adam olsan, o zaman düşünecekler hakkında, "adama bak bu kadar yükselmiş ama yine de çıktığı yeri gizlemiyor" (memleket anlamında, biyolojik ayrılma anlamında değil, yanlış anlaşılmasın).

Ey benim güzel memleketimin güzel insanı için ne kadar önemlidir möhim insan olmak (Çetin Altan hep demiştir, bu ülkede mühim insan olmak önemlidir, değerli değil diye, farkında olmadan bir yerlerden değmiş meselenin özüne). Bir insan demek ki ne kadar mühim insan olmaya çabalarsa, o kadar değersizliğinin açığa düşeceği kaygısı içinde bir bilinçaltına sahip demektir diye kitabımıza özet kısmına girebilecek bir saptama daha üretmiş oluyoruz böylece.

Ne çok unvan, ne çok mevki vardır, kamusal düzenimin binalarında, bakanlıklarında... En küçük kasabada bile müdür, başmüdür yardımcısı, müdür yardımcısı başyardımcısı, o işler müdürü, bu işler müdürü, şu işler müdürü... Müdür bey onaylasın... Doğruluğu onaylıyor... Sabahtan akşama bilgisayardan binlerce insanın nüfus kaydı çıkıyor, müdür bey de onaylıyor... Evet bu kişinin nüfus kayıtları normaldir ve doğrudur (yani adam bilgisayarın doğruluğunu kendi hafızasıyla kontrol ediyor sanki, o mühür ve imzanın başka ne anlamı olabilir ki). Bakan, bakan yardımcısı, bakan başdanışmanı... Sekreter, olmaz yönetici asistanı...

Ama bunlar bile o kadar makbul değil ekstralar lazım... Akademik kariyer çok daha geçerli ve koruyucu... Ve kaybetmezsin bir daha sahip oldun mu o profesör, doçent, yardımcı doçent unvanlarını... Hele Ülkemizde, her köye bir üniversite sloganının tamamlanmasına az kalmıştır. Önce yasayla köy ahırını üniversite binası yaparlar, yönetmelikle de köy muhtarına rektör ve imama dekan unvanlarını verirler. Köy ihtiyar heyeti de mütevelli heyeti olur biter. Köyden az okumuşlarda da öğretim görevlisi yaptın mı, işte sana toprak ürünleri yüksekokulunun bina ve kadro işi tamamlanmış olur. Üç beş tane de öğrenci sınavla mutlaka gelir. Unvanını ve makamını mezara kadar taşırsın, kartvizitlerinde, TV söyleşilerinde, mezar taşlarında...

Halk arasında itibarın biri bin paradır artık. Profesör Dr. diye unvanını yazdırmaktan büyük keyif alırlar ve özellikle bunun belirtilmesini isterler. Koskoca profesör. Halk arasında tabir budur. Ben profesöre gittim. Televizyonda profesör söyledi, oğlum, ondan iyi mi bileceksin.

Bu unvan sahibi olmaktaki tek amaç halk arasında muteber bir kişi olma çabasıdır (evde kalmış Mualla bu uyduruk yüksekokul profesörlerinin alayından daha fazla pembe dizi sayfası tüketmiştir ama ona şuncacık bir unvanı çok görürler). Kimse bunların bir eğitim unvanı olduğunu bilmez. Sadece bu eğitimi verdiğin sürece bu unvana sahip olduğunu bilmez. Van karaltında ulaşılmaz üniversitesinde dışarıdan doçent, Şırnak deve bile geçemez geçidi üniversitesinde 2-3 yıl kalıp profesör olur sonra İstanbul'a dönüp özel sektöre geçer ama gömlek gibi unvanını da yanında taşır. Kimse de sen hala ne öğretiyorsun, ya da kendini geliştiriyor musun diye sormaz (Şu beyin denen organda hala kimin ne bildiğini açıkça ortaya koyacak inceleme yöntemlerine izin vermiyor ki hepsinin foyasını ve boyasını ortaya dökelim). Çoğu profesör olurken çalıştığı kitaplardaki bilgiyle bir ömrünü idare eder. Bir de yeni yetmeleri küçümser. Onlar ne bilir ki, ben profesör doktor, bir de birkaç kitap yazdı mı deme gitsin. Asistanına üç beş kitaptan tercüme yaptırıp bir araya getirir yayınlar. Halk bilmez kitap yazmanın ve yayınlamanın ne kadar basit ve denetimsiz olduğunu. "Oğlum adamın üç tane kitabı bile var". "Vay beee!" (Bunlardan bir tanesi kadın doğum profesörü olmak için yine kervan geçmez kuş uçmaz üniversitesine gitmişti ama profesör olması için yine de bilmem kaç tane bilimsel araştırmasının bir dergide yayınlanmış olması gerekiyordu. İşte bu üniversite bu profesör için dergi çıkardı... Kervangeçmez kuşuçmaz üniversitesi bilimsel araştırma dergisi cilt 1 sayı 1 de tüm yazılar bu profesörün yaptığı araştırmalardı ve derginin ikinci sayısı da bir daha çıkmadı).

Yani bizim vatandaşımıza haksızlık da etmeyelim şimdi, yurt dışındaki ademlerin hali daha hallicemidir ki, onlar da sürekli meslek ve unvan ilan edip kısaltmalarla kartvizitlerindeki isimleri uzatıp dururlar.

Örneğin, Amerika'da icrai tababet eyleseydim benim kartvizitimin şöyle olması orada yadırganmazdı. Op. Dr. Bülent Uran, MD, Gyn&Obs. Ht. Rht. EFT TH. Mt Rimp Sp. Acupuncturist...

Tank zırhını delen mermi atsan bu kadar unvanı delecek gücü olmaz, katmanlar arasında tüm enerjisini kaybedip, eğilip biat etmeye başlar... Değersizlik inancı da bu katmanlarla ısıtılmış sıcacık yuvasında, sobanın kenarında yemek sonrası şekerlemesini yapan kedi kadar mutlu ve mesuttur artık.

Unvanların yetersiz olduğu yerde üniforma başlar, eskiden subay, polis üniformaları çok geçerliydi, esnaf adını sormadan ne istersen verir, bir de evine kadar taşıtırdı, ne zaman versen olur beyim parasını, estağfurullah... Şimdi günümüzde o kadar revaçta değil bunlar, ayağa düştü... Şimdi takım elbise, jilet gibi giyimler, elinde bond çanta, gözünde rayban gözlük, cool duruşunla, makbuzsuz yüzde on rüşvet vereni, telefonla ihale kapatan, selamsız belediye başkanının yanına gireni makbul. Arabanın önüne arkasına yanar söner ışıklar, üstüne öncelikli geçiş hakkı sinyalli döndürgeci (neyse adı artık onların), (5 yıllık Ankara maceramda bir kez bile bir trafik polisi arabamdayken hatırımı sormamıştır, sadece benim değil kimsenin hatırı sorulmaz orada, maazallah değersizlik inancı dip yapmış bir kocakafaya denk gelirsen, ve evrak sormaya kalkarsan, sen benim kim olduğumu biliyorsun sorusunu bile duymadan soluğunu Yüksekova kazalarından birinde alabilirsin, kervan geçmez kuş uçmaz üniversitesini bile Paris diye sayıklarsın. Değersizlik inancının bir yansıması da budur zaten "sen benim kim olduğumu biliyor musun ha?").

Bir çocuğun öğretmeninin baban ne iş yapıyor sorusuna "müsamerede komiser" yanıtını vermesine yıllarca çok gülmüştük...

"Tüm bunların değersizlik inancıyla ne alakası var?" diyecek kişiler bu satırların okuyucuları arasında bile çıkacaktır (Eğer bu soruyu sormuyorsan o zaman, boşuna kitabı okumakla vakit kaybetme sayın okuyucu, sen kendini aşmışsın demektir hemen kitabı ihtiyacı olacağını düşündüğün bir arkadaşına hediye et ama o bunu eğer hakaret kabul ederse, yani senin bu kitaba benden çok fazla ihtiyacın var dediğin zaman, işte o zaman gerçekten bu kitaba ihtiyacı var demektir).

"Tabi ki para kazanacağım, tabi ki en önemli mevkilere gelmek için savaşacağım, gerekirse ezeceğim, dünyanın kuralı bu, zayıflar ezilmeye mahkûm, bu dünyayı yaratan yüce Allah'ım böyle uygun görmüşken, sümme haşa ben onun bu takdirine karşımı geleceğim, yani, insanlarla savaştan vazgeçeceğim ve sadece bana yetecek ekmeği onlarla paylaşacağım. Yüce Allah'ım böyle isteseydi zaten kendisi dağıtırdı ekmekleri eşit olarak herkese" diyecek olanlar mutlaka çıkacaktır, çıkmalıdır da zaten, dememiz o değildir, ey âdemoğlu, bırakın bu dünyanın nimetleriyle, zevkleriyle uğraşmayı, kendinizi ibadete, iyiliğe, paylaşmaya verin, ruhlarınızı zenginleştirin falan gibi Budist öğretilere geçiş yapacağımı bekleyenler boşuna beklemesin, yok öyle bir şey, bu kitabın amacı kimseye doğru yolu falan göstermek değildir, ama bir durumu açıklıkla ortaya sermektir, ister kabul edersiniz, ister etmezsiniz o sizin bileceğiniz bir şeydir, ama gerçekler kabulle değişmez, kabul etmeseniz de bu sizin gerçeğinizdir ve tüm yaşama daha fazla kazanarak tutulma gayretinizi yöneten güç içinizdeki değersizlik inancıdır ve benim sorum ikna olmak isteyenleredir.

Neden bir âdemoğlu ona yetecek kadar malı mülkü varken, daha fazla kazanmasa da, daha fazla yükselmese de bundan sonra hayatının kalan kısmını mutlu mesut yaşaması garantiyken, kendini daha fazla kazanmaya, daha yüksek mevkilere ulaşmaya programlar ki?

Düşünün adam (ya da adem) fabrikası var, çalışanları var, kazancı süper, yedi sülalesine yetecek mal varlığı var ama milletvekili olmak için para saçıyor, gecesini gündüzüne katıyor, fabrikasına gelse yüzüne bakmayacağı insanların kahvelerde oy uğruna ellerini sıkıyor, yalakalık yapıyor, acep derdi ne ola ki?

Bu davranışın nedenini açıklayacak bir adem-i beşer var mı acaba?

Kimse artık ununu elemiş, eleğini duvara asmış, şimdide vatan millet uğruna kendini feda ediyor martavalını sıkmaya kalkmasın, kendi de inanmaz bu ileri sürdüğü sava.

Bunu açıklayabilecek tek hipotez benim bu kitapta ortaya koyduğum gerçektir...

Yani değersizlik inancıdır!

Ne kadar mal varlığın olsa da, fabrikaların üretim yapsa da yine de delikler tam tıkanmıyordur, değersizliği gizleyecek, insanlar saygıyla karışık kıskançlıkla sana saygı duysalar da yine de tatmin edici değildir, ama bir milletvekili olursan, hele bir de bir bakanlık kaparsan mezhebik kontenjanından... Deme gitsin artık kimse arkandan bile konuşmaya cesaret edemez.

"Bir taraftan bakıldığında" diyecektir yine şüpheci ve sarkastik okuyucum, "o zaman bu değersizlik inancı hiçte kötü bir şey değil" diyecektir, "işte adamı durup dururken önce milletvekili sonra da bakan yaptırmaktadır, ne var yani şimdi sayın yazar" diyecektir yine, "sana verseler bir bakanlık bedavadan kabul etmez misin?".

Pencerenin o tarafından bakınca sarkastik ve şüpheci okuyucu haklıdır tabii ki, değersizlik inancı hakikaten güçlü bir motivatördür ve insanı toplumda önemli yerlere gelmesini gerçekten sağlamaktadır, ama benim de zaten değersizlik inancının yararlarını inkâr etmek gibi bir misyona bürünmüşlüğüm yoktur ve tekrar ediyorum sayın ve saygıdeğer ama yinede değersizlik inancına sahip okuyucum, bu kitabın amacı bir durum saptaması yapmak ve kendi davranışlarının arka planında işleyen güçleri fark etmek isteyen diğer okuyucularıma bir kapı açmaktır. Tabii ki birikim, yetenek ve beceriyi bir tarafa koymadan itici gücün değersizlik inancı olduğunu tekrar etmemiz gerekecektir, ama yetenek yoksa, çalışma becerisi yoksa, birikim yoksa, değersizlik inancı tek başına ne yapabilir ki bir insanın yükselmesini sağlamak için?

BÖLÜM 27

Suçlamak, Eleştirmek, Aşağılamak

Değersizlik inancını gizleme çabalarını üç ayrı grupta toplamıştık.

Birinci grup çabalarla bilinçaltı değersizliği diğer insanlara karşı kişi sanki değerliymiş zırhına bürünerek gizlemeye çalıştığını belirttim. Her ne kadar en makbul görünen gizlenme çabalarını bu gruptaki taktikler oluştursa da hiçbir zaman tek başına yeterli olmaz.

Kişi ne kadar kat kat değerliymiş zırhlarını giyse de, yani hem fiziksel görüntüsüyle, hem çalışkanlığıyla, hem maddi durumu ve prestijli donanımıyla hem de sahip olduğu önemli unvanlarla kendisini donatmış olsa da bu tip grubun hepsini hazmedecek bilinçaltı kapasite sınırlıdır. Ve ne olursa olsun bilinçaltının diğer gruplardan stratejileri kullanmaya da ihtiyaç vardır.

Hele birde zaten kendini değerliymiş gibi pazarlayacak fırsatları yaşam kendisine vermemişse, ne anadan ne babadan da bir şey kalmamışsa, yani kahpe felek tüm keselerini boş bırakmışsa (yani hem kel hem fodul, hem cep hem cepken delikse) bilinçaltı boynunu kuzu kuzu giyotinin altına uzatacak mıdır?

Tabiî ki hayır uzatmayacak ve memleketin durumu ne olursa olsun, her şeraitte sonuna kadar savaşmaya devam edecektir. Ve neyse ki bilinçaltının doymak ve dur durak bilmez öğrenme ve keşfetme arzusu onu en kadersiz ve savunmasız gibi görünen durumlarda bile değersizliği gizleyecek başka stratejilerin varlığını keşfetmeye yöneltecektir.

Sürekli araştırmalar zamanla meyvesini verecek ve kişi birinci grup gizlenme araçları hangi seviye de olursa olsun gerektiği zaman gerektiği yerde, yedeğinde tuttuğu bu ikinci gruptaki gizlenme araçlarını da cepheye sürecektir.

Kendini daha yukarıya doğru çekemiyorsan, o zaman eğer elinde imkânın varsa, karşıdakini elinden geldiğince dibe doğru itmeye çalış olarak ifade edebileceğimiz bu ikinci grup gizlenme araçlarını özellikle kişiler, kendi yakınlarına, ya da bir şekilde kendisinin izin verdiğinden daha fazla yakınına sokulmaya ya da yakınlaşmaya çalışan kişilere karşı özellikle seçerek kullanırlar. Bu karşılıklı itişmelere karı koca ya da anne baba evlatlar arasında, kayın valide gelin damat arasında, yakın arkadaşlar arasında ve özellikle de çocuklar arasında sıklıkla görmekte ve şahit olmaktayız.

"Sen ne kadar değerliymiş gibi kendini satmaya kalksan da sevgili eşim, ben senin boklu donlarını, pis kokan çoraplarını ve kıllı kıçını, işi bittikten sonra ezik ezik sallanan aletini görüyorum her gün, bana sökmez bu numaraların" dememektedir tabi ama demese de bakışlarıyla, sesinin tonuyla, yüzündeki o alaycı ifadeyle demektedir aslında, ve bilinçaltları saf değildir, bu kadar açık verirken daha sıkı taktikler, daha doğrudan çarpışmalar yapması gerektiğinin bilincindedir (bilinçaltlarını hor görmeyelim, gördüğümüz gibi onların da bilinçleri var).

Amerikan kovboy filmlerinde düello sahnelerini çocukluğumdan beri anlamakta güçlük çekmişimdir. İki kovboy karşı karşıya gelirler, gözlerini birbirine dikerler, eller silaha yakındır ama nedense hemen biri çekmez, önce karşıdakinin davranmasını beklerler ve her zamanda öyle olur. Filmin kahramanı her zaman kötü adamdan daha geç silahına davranır ama ondan daha hızlı çekerek karşıdakini saf dışı bırakır yani silahı önce çekenin kazanması garanti değildir ama gerçek hayattaki düellolarda kurallar daha basittir yani silahı önce çeken bir adım öne geçer ve genellikle de kazanır.

Karşımızdaki kişiyi değersizleştirme çabasına ne yaparsak yapalım, affedersiniz sırtımıza altın semer bile vursak yine de eşekliğimizi gizleyemeyeceğimiz kişilere karşı kullandığımızı söylemiştim, yani karşımdaki kişiyi *ben eşeğim ama sen benden daha uyuz eşşeksin*e inandırdığım anda yine de ben değer skalasında daha yukarıda kalıyorum demektir. Tabi önceki sayfalarda da belirttiğim gibi içsel düzeyde değersizliğimiz her ne ise, yüz üzerinden kaç puan ise, yine o kadar kalacaktır ama dışarıya yansıtırken bu puanı olduğundan daha yüksekmiş gibi sunma işini özellikle birinci grup gizlenme araçları ile yapabiliriz ama ikinci grup gizlenme araçları ile böyle bir şey yapma şansımız yoktur.

Burada yapmaya çalıştığımız şey karşımızdaki kişiden rölatif olarak daha üstte kalacak bir şeyler yapmakla sınırlıdır ve onu aşağı ittikçe biz ona göre daha yukarıda kalırız; çünkü zaten bilinçaltının esas çabası o anda içinde bulunduğu adem topluluğu içinde mümkün oldukça kendine üst sıralarda yer bulmaktır, o nedenle de o sırada etrafında dişine göre kimi bulursa acımasız bir şekilde üstlerine basmaya, çamurun içine doğru itmeye ara vermez.

Tabi bilinçaltı kimi aşağı iteceğini, kimi aşağı çekeceğini, kime asla bulaşmayacağını nasıl yanılmaz bir şekilde bilmektedir o ayrı bir inceleme konusudur, ama her zaman bilinçaltlarımızın programlanmış hard disklerden çok farklı özellikleri olduğunu bilmemizde yarar vardır. Bir yüce bilenin, aksakallı ve asalı yüce bir bilgenin varlığı bu durumlarda kendini hissettirmektedir ve hata yapma şansı oldukça azdır ve bu savaşta etik kurallarımız yoktur. Kullanabileceğin her türlü silahla saldırmak mubahtır, sonuçta Allah'ta candan daha kutsal bir şey olmadığını söylemektedir ve tüm bu çabaların ardındaki yüce neden bellidir, değersizliği gizleyerek hayatta kalma çabası söz konusudur, yoksa karşıdakini yok etmek gibi bir niyeti yoktur.

Bilinçaltı kendisinin değersiz olduğunu bilir de karşıdakinin de aynı dertten mustarip olduğunu pek takdir edemez. Bu nedenle de onun da kendisini savunacağını, ya da kendisi değersiz olduğu anlaşıldığı zaman güçlülerin kendisine saldıracağı temel bilgisine göre gizlenmeye çabaladığının farkında değildir. Hâlbuki rakip hem karşıdakini kendisinden değersiz duruma düşürmeye çabalar, hem de bunda başarı elde ettiğinde, "o benden değersiz o zaman benim de onu yok etmem gerekir" gibi bir düşünce içinde olmaz.

Bazı insanlar böyle düşünür hakikaten. Bu dünyadaki bütün insanlar kötüdür ve güvenilmezdir, fırsatını bulursa mutlaka bir kötülük yapacaktır.

- O halde, o zaman sen de insansın ve sen de fırsatını bulursan karşıdakini ham yapacaksın

dediğimizde,

- Hayır, ben farklıyım

diyebilmekte ve buna inanmaktadır. Sanki tanrı bu dünyayı sadece onun imtihanı için yaratmıştır ve ondan gayri herkes kötüdür ve kendisini gizlemek ve savunmak için alacağı her türlü tedbiri tanrı onaylayacaktır. Bilinçaltının mantık sistemi bu kadardır.

Sonuçta bilinçaltının mantığını bilinçli mantığımızı temel çerçeve alarak eleştiremeyiz.

Benden değerli olanlar bana zarar verir diye düşünür belki ama "o halde ben de benden değersiz olanlara zarar vermem gerekir" gibi bir sonuç çıkarmaz ya da tam tersinden "ben mademki benden değersiz bildiklerime bir zarar vermiyorum, o halde benden değerli olanlar da bana zarar vermez" gibi en basit Aristo mantıklarını bile yürütmez, yürütemez. O sadece fırsatını bulduğu her durumda açığını bulduğu kişileri eleştirir de eleştirir, suçlar, aşağılar, yukardan bakar. Aşağılamak tabiî ki sözün gelişi böyledir ama gerçekte aşağılamak diye gerçek dünyada fiziksel bir karşılık bulamasanız da bilinçaltının sanal dünyasında aşağılamak, rezil olmak, küçük düşmek, rencide olmak fiilleri mevcut silahları güçlü kullanmamız için uygun ortamları yaratır.

- Ya arkadaş rezil olmak ne demek,

- İşte küçük düşmek,

- O ne demek,

- Yani aşağılanmak,

- O ne demek,

- İşte komik duruma düşmek,

- O ne demek,

- Yani rezil olmak,

Kişi bu dairenin dışında bir açıklama üretmediği halde,

- Bunların zaten açıklamaya ihtiyacı yok zaten siz biliyorsunuz ne demek olduğunu, ne yani şimdi siz rezil olmaktan korkmaz mısınız yani?

tarzı karşı salvolarla inandıkları sanal gerçekliğin dışına çıkabilme başarısını gösteremezler.

Bunu gösteremedikleri için de, gerçekten dış dünyada rezil olmak gibi fiziksel bir gerçekliğin varlığına inandıkları için, bu korkuyu kendisine karşı kullananlara bir şey yapamazlar ve lafı yedikleri anda, gerçek bir Osmanlı tokadı yemiş gibi sallanmaya, afallamaya, "ama bildiğin gibi değil" savunmasıyla daha da çaresiz duruma düşmeye başlarlar.

- Ya arkadaş ne kadar kötüsün, neden kızcağızı üzüyorsun bak ne kadar kırılgan ve duygusal bir kardeşimizdir o,

diye sorduğumuzda,

- Valla benim onu kırmak gibi bir niyetim yoktu, benim amacım ona yardım etmek, dost acı söyler, yoksa onu küçük düşürmek gibi bir niyetim yok,

diyerek meşum amaçlarını kutsal bir kılıfın altına gizlemeye çalışsalar da kitabın uyanmaya başlamış okuyucu kısmının külahları dinleyecektir sadece bu masalları (biz onların gerçek niyetlerini biliyoruz artık değil mi, kendilerinin değersizliğini gizlemekten başka dertleri yok aslında, yazık, hor görmemek lazım yoksa bizde aynı tip davranışların bataklığına çekilmiş oluruz).

Eleştiri her ne kadar kâğıt üstünde bilinçaltının önemli bir gizlenme aracı olarak gözükse de yerinde ve dozunda kullanılmadığı zaman geri tepen bir silah gibi, karşımdakini değersizleştireceğim derken kendi değersizliğini açığa çıkaran bir etki yaratabilir; çünkü eleştiren insanlar genel olarak sevilmez, sevilmeyen insan da kendi değersizliğinin açığa çıkacağı korkusu ve tedirginliği içine düşecektir; bu nedenle çok akıllı ve ince taktikler yaratmak zorundadır bilinçaltı taktisyenler ekibi.

Eleştiriye karşı en beklenen tepki öfkeli bir karşı saldırıdır (önce sen kendine bak, sen bana laf söyleyecek adam mısın) ve karşı saldırı bu sefer eleştiren için pek istenen bir davranış değildir. Ava giderken avlanmak riskinden kurtulmak için karşıdakine karşı eleştiri silahını çok ince ve kurnazca kullanmanın yollarını bulmak zorundadır ve bu amaçla dokundurma, hafif giydirme, iğneleme, sanki övüyormuş gibi yaparken alttan alta sokuşturma taktikleri çok daha beklenen etkiyi yaratma potansiyeline sahiptir. Tabi burada gerçekten anlamakta zorlanacağımız bir durum bir amirin alt kademedeki memurlarını sık sık fırçalamasıdır. "Sen zaten üst kademeye çıkmışsın, yeteri kadar gizlenmişsin, böyle açıktan açığa saldırarak neden kendini riske ediyorsun?" diye hiçbir bilinçaltına doğrudan soramadığımızdan, ama artık bilinçaltının ciğerini okuduğumuzdan, onun ne yapmaya çalıştığını gayet iyi anladığımızı söyleyelim ve sizlere de bunun sırrını verelim.

Sayın müdürümüz (ya da herhangi bir baş bilmemnemiz) her ne kadar kademe ilerlemesi başarısını tatması gerekirken gereksiz maraza çıkarıyormuş gibi bir izlenim yaratsa da kendi açısından haklıdır çünkü bilinçaltı gerçeğin farkındadır ve alt kademedeyken daha kolaylıkla gizlediği deliklerinin ve bu deliklerden değersizliğinin görülme riskini bilmektedir. Yukarı doğru yükseldiğinde kişi, delikler daha dikkat çekici hale gelmektedir, çünkü gözler daha dikkatli üzerindedir ve müdürümüzün artık kendini daha değerli göstermek için atacak barutu kalmamıştır ve elinde kendisine yan bakma ihtimali olan herkesi özellikle yeteri kadar yalakalık yapmayanı, kendini ince ince süzenleri, kapı arkasında hakkında konuşanları (neyse ki her zaman gönüllü yalaka casuslar hazırdır) *itiraz gelmeden itirazı bertaraf et* **Bruce Lee** felsefesini benimsemiş bir izleyeni olarak ve mevkiinin saldırmazlık zırhının arkasına sığınarak doğrudan salvolarla paramparça etme niyetini hiç de gizlemez.

Eve gittiğinde hem bir taraftan muhtemel rakiplerini nasıl kıç üstü oturttuğunu hanımına ballandıra ballandıra anlatırken bir taraftan da ona karşı *kızım sana söylüyorum gelinim sen anla* taktiği güttüğünün farkında bile değildir ama hanımının bilinçaltı mesajı gayet güzel almış ve haddinin sınırlarını yeniden belirlemeye başlamıştır ve müdür kocasına ihtiyacı olan övgüleri vermekten de geri kalmaz (iyi yapmışsın aşkım zaten o hanımın senin yerinde gözü var, geçenlerde beni de şöyle ayaktan başıma doğru süzdü, hani bende verecektim ağzının payını ama, arada sen varsın diye sustum).

Bilmeden bilmek kavramını bilinçaltımız için sık sık kullandım bu kitapta ve yine böyle bir durumla karşı karşıyayız. Hanımın bilinçaltı, kocasının ihtiyacı olan şeyi vermesi gerektiğini bilmektedir (artık ne anlarsanız bu sözlerimden ama yinede anladığınız şeyi kast etmediğimi bildirmek isterim, kitabın seviyesini düşürmeyelim arkadaşlar) ve ona onun istediğini vererek kendisini garantiye almaktadır. "Ben seni besliyorum ve sen de beni koru, zaten sana bağımlı olduğumu kabul ediyorum ve ben sana bağımlıysam o halde sen benden güçlüsün yani daha az değersizsin… Ama yine de içindeki değersizliğe karşı kendini daha güçlü hissetmen gerekiyor ki, o işyerinde seni yemeye hazır kargalara karşı kendini daha iyi savunasın… Çünkü senin güçlenmende benimde çıkarım var ve en azından ben de kendi ligimde oynarken, rakiplerime karşı seni kullanabileyim."

Anne babaların çocuklarına karşı güttükleri taktik ve stratejiler ise, bu işin farkında olma bahtiyarlığına ulaşmış biz *değersizlik inancının farkında olanlar derneği*nin saygıdeğer üyeleri, gerçekten çok içler acısı ve trajikomik bir durumdur. Çocuk zaten anne babaya mahkumdur (her ne kadar karmik bağlantıyı iddia eden spiritüel kardeşlerimizin anne babalarımızı biz seçiyoruz iddiaları bir çok kesimde tutulan bir görüş olmaya devam etse de, henüz yutübde bu seçim anını kaydetmiş bir video kaydına rastlanmamıştır), zaten garibim çocuğun onlara bağımlı olmaktan başka çaresi yoktur ve hal böyle iken hala bunun kör gözüm parmağına çocuğa çakmanın ne anlamı, yararı ya da çıkarı olabilir ki, ama işte bilinçaltı sınırı nerede çizmesi gerektiğini bilemez, yakınında olan çocuk da olsa, senin deliklerini bulma ve oradan içeri bakma potansiyeline dışarıdaki koca koca adamlardan daha fazla sahiptir diye düşünür ve önce çevreni garantiye al stratejisini benimsemiş olarak çocuğu da itebildiğin kadar aşağı iterken bir taraftan da onun üzerinden kendi deliklerini nasıl tıkarımın ince hesaplarını yapmaktan geri kalmaz (kitabın okuyucusu anne babalar biraz yutkunmaya başladığınızı biliyorum ama güneş balçıkla sıvanmaz ve bazen gerçekler yutarken acıdır ve yuttuktan sonra da gaz yapar ama sizler ve ben de bir baba olarak tabii ki çocuklarımızdan korkuyoruz ve onları dahi ulvi bahanelerin arkasına saklanarak değersizleştirme operasyonlarımızın birer aracı yapmaktan geri kalmıyoruz). Büyükler çocuklardan saygı beklerken ve bu saygıyı almak için her türlü yasal ya da yasa dışı belden aşağı taktikleri kullanırken çocukların, onlar çocuktur ve dahi insan sınıfına girmezler, saygı gösterilmesine ihtiyaçları yoktur, büyüklerin karşısında ayak ayak üstüne atılmaz, büyükler konuşurken lafa girilmez, hele onların yanlışları asla ortaya konulmaz, öyle anne babalara her soru sorulmaz, evde olanlar dışarı taşınmaz, ama dışarıda gördüklerini ailene yetiştirmen menfaatin icabıdır, bize karşı kendi değersizliğini peşinen kabul etmen beklenirken dışarı karşı dik ve sağlam durmalı ailenin şerefini pardon değersizliğini korumalısın.

    İkinci grup gizlenme araçları doğrudan bir saldırı sayılır ve gerçekten bunu kullanmaya kalkan kişi için risk taşır, savaşmak sıvışmaktan her zaman tehlikelidir ve doğada hayvanlar sıvışma şansı varsa bunu tercih ederler ve savaşı ancak sıkıştıkları zaman kullanılan ikinci sıra bir savunma mekanizması olarak kullanırlar. Hayvanlardan evrildiğini ve devşirildiğini bildiğimiz bilinçaltımız da aslında bu sıranın sadık uygulayıcısıdır, uzak durması gerektiği yerlerde, gidip bodoslama saldırıya geçmez, ama kaçamayacağı gizlenemeyeceği durumlarda, mecburen bu gizlenme çarelerine başvurmak zorunda kalır. Bu nedenle de saldırıyı "kademeli olarak biraz saldır, karşı hamleyi gör, sorun yoksa dozu arttır" olarak özetleyeceğimiz taktiksel çerçeve içinde yürütür. Yine bilinçli bilmediğimiz ama bildiğimizi bilmediğimiz bilgi iş başındadır ve eğer benim saldırım karşısında karşı taraf sessizleşmiş, pısmış, ya da kırılmış, küsmüşse, dıştan "ya benim böyle niyetim yoktu" olgun görüntüsünü takınsak da içten içe göbek atarız. Bilinçaltı memurları birbirlerine çak yaparlar, saldırı ve taktik işe yaramıştır ve potansiyel bir düşman saf dışı bırakılmıştır.

    Bazen tam aksi bir durum karşı tarafın kendini eleştiriye karşı savunmaya başlaması, haklı çıkma çabası içine girmesi, yani "ben sandığın gibi değilim, aslında bak ben şöyle biriyim" sözlerine sarılmasıdır ki, bu durumda da yine belki çak yeterli kalmaz daha güçlü sevinme belirtileri göstermemiz gerekir. Çünkü kişi hem bizim dostluğumuzu kaybetmek istememektedir, hem de açığa çıkmaya başlayan değersizliğini gizlemeye çalışmaktadır ve bu savunmanın dozu ve şiddeti arttıkça aslında, bizim yaptığımız saldırı karşıdaki kişinin değersizlik inancını o kadar güçlü titreştirmiş, yani tam nokta atışı yapmışız demektir ve aynı noktadan oymaya devam edebiliriz artık. Bir kez titreşme başladıktan sonra biliriz ki artık aynı taktikleri bize karşı kullanmaya kalksalar da yaldızları dökülmüştür, aslanın dişlerinin kesmez olduğu açığa çıkmıştır ve silahı önce çeken kazanmıştır, o nedenle siz siz olun silahı karşıdakinden daha hızlı çekeceğiniz gibi Red Kitsel beklentiler içine girmeyin ve elinize geçen ilk fırsatta, yeterli dozlarda, ince ince yasemince çevrenizde kim varsa giydirme taktiğinden vaz geçmeyin.

Biz dili kullanmak...

Kendinden bahsederken ben değil de *biz* diye bahsettiğin zaman karşıdakinden de otomatik olarak *siz* demenizi istersiniz. Siz talebi ben senden üstünüm ve bunu onayla emrini içermektedir. Sana senin talebine rağmen siz demeyecek kişilere ise mutlaka ikinci silahınla saldırıya hazırsındır (örnek Fatih Terim, RTE). Ya da kendinden ben diye değil de o kipiyle bahsederek kendini benden üstün hale getirirsin. Sanki benim özüm değersizdir ama yarattığım isim benim özümü gizler ve ben de kendimden o diye bahsederek kendimi gizlemiş oluyorum mesajını cümle aleme vermiş olursun (örnek Mustafa Sarıgül). Ya da kendin karşındakine en aşağılayıcı ton da sen derken kendine karşı en ufak *saygısızlığı* hoş görmez onu bir kez daha yerin dibine sokmaya çalışırsın (örnek Acun Ilıcalı, Aziz Yıldırım).

Manevi tazminat davalarının anlamı

Birisi sizin hakkınızda toplum ya da sizin tarafınızdan aşağılayıcı kabul edilen bir söz söylediği zaman ne olur?

Değerim düşer.

Mantık budur. Yukarıda senin *değerini* bilen bir Allah yok sanki.

Ben şöyle derim, başkasının lafı karşısında değerinin düştüğüne inananlara.

- Şöyle hayali bir **değerlendirme kurumu** hayal et. Tanrısal bir gücü var ve her an ne olduğunu biliyor. Senin ne olduğunu, içindeki niyeti, yaptığın gerçek iyilik ve kötülükleri biliyor ve kaydediyor. Yani onların ellerinde bir karnen var. Şimdi falanca sana "sen şöyle böylesin" deyince bu kurul senin puanını kırar mı?

- Olur mu öyle şey canım, ben neysen yine öyle kalırım?

- O zaman neden sana senin hoşlanmadığın lafları söyleyenlere karşı manevi tazminat davası açıyorsun?

- Ama yaptıkları yanına kalmasın?

- Ne yaptılar?

- İtibarımı düşürmeye çalışıyorlar.

- Yani etrafındaki insanlar çok salak, onun bunun lafıyla hemen senin itibarını düşürüyorlar.

- Olabilir.

- İtibarın düşse ne olur, düşmese ne olur? Senin itibarın falancanın gözünde düşünce objektif kurulda senin notunu kırıyor mu?

- Tabii ki değişmez benim notum.

- O zaman, sen sadece hukuk sistemimizin bir açığından yararlanıyorsun.

Yani hukuk sistemi içine o manevi tazminat maddelerini her kim koyduysa, o yasaları her kim çıkardıysa vakti zamanında, bizzat kendileri değersizlik inancının dibini boylamış kişilerdi. Şimdi de bu yasalardan değersizliklerini gizlemeye çalışan ve cümle aleme dava kazandıkça bakın ben ne kadar değerliyimi ilan eden kişiler yararlanıyor. Karar veren hakimlerin durumu da bir başka inceleme konusu tabi ki. Eğer hâkim kendi değersizlik inancıyla barışıksa muhtemelen çok fazla manevi tazminat bağlamayacaktır, ya da davayı ret edecektir. Ama kendisi de bu tip saldırı ya da sözlere karşı hassassa takdiri tazminat ödeme yönünde olacaktır[87].

Saygı ve itibara bizim toplumda çok önem verilir. Ya da kişilik haklarına... O benim kişilik haklarıma saldırdı... Neredeyse o kişilik hakları... Nasıl kırılgan bir şeyse o itibar... İki lafla itibarı iki paralık olur... Hele erkeklerin o namusları... Şu erkek milleti ne kadar çürük

---

[87] Başbakan Recep Tayyip Erdoğan'ın tazminat davaları. https://eksisozluk.com/basbakan-recep-tayyip-erdoganin-tazminat-davalari--2856017

yaratılmıştır... Namusları ne kadar kadınların davranış ya da kararlarına bağlıdır... Namusunu koruyamayan kadını 38 yerinden bıçaklayıverir... Zavallı erkekler, kendilerinin herhalde ileri sürecek hiçbir namusları yoktur... Namus herhalde değersizliğini gizleyen son kaledir. Onun düşmemesi gerekir. Ama kendi çabasıyla kendisi namusunu kanıtlayamaz. Ancak karısı ya da kızının namusuna sığınmak zorundadır. Ha kadının eteği altına gizlenmişsin ha namusunun altına... Ne farkı var?

Bi de gurur var...

Namus, gurur, itibar...

Bu kelimeler toplumsal hafızadan silinse belki de toplumuzun mutluluk katsayısı fırlayacak...

Neyse o gurur dedikleri...

Kristal vazodan daha kırılgan bir şey...

Ne kadar değersizlik inancı o kadar kırılgan gurur... O halde karşıdakini değersizleştirmenin en kolay yolu gururunu kırmak... Gururu kırılan artık sana bulaşmaz... Namusu kirlenen ise tehlikelidir, saldırır, seni yok etmeye çalışır.

Bilinçaltının anayasasını anlamak gerçekten üst düzey master gerektiriyor.

Haklı çıkmaya çalışmak

En basit gizlenme aracı kendini savunmaktır. Yaptıklarımızı, düşüncelerimizi, sahip olduklarımızı, kararlarımızı, davranışlarımızı, geçmişimizi, geleceğimizi, arkadaşlarımızı, anne babamızı, ait olduğumuz grupları, tuttuğumuz takımı, siyasi partimizi onun liderini savunuruz. Hele de karşıdan, diğer insanlardan, değersizliğimizi gizlememiz gereken insanlardan gelebilecek en küçük saldırı ihtimalini bile bertaraf edecek düzeyde bir savunma içinde oluruz. Savunmak sözle başlar, gerekirse eylemle devam eder.

- Kendini savunuyorsun...

- Hayır savunmuyorum...

- Bak yine savundun...

Savunmanın en sık rastlanan şekli, haklılığını kanıtlamaktır. Bu haklılığını kanıtlama çabası, sadece diğer insanlara karşı değil, kendine karşı da sürdürülen bir eylemdir. Kişi aldığı kararlar, düşünceleri, yaptıkları hakkında öncelikle kendini ikna eder. Kendisini ikna ettikten sonra da savunma dışa döner. Mantıklı analizlerle başlayan, neden öyle yaptığının açıklamaları, karşıdakinin yanlış anladığı, anlayamadığı, aslında anlatmak istediğinin o olmadığı, yanlış anlaşıldığı üzerine kurulan birbiri ardına sıralanan cümlelerden yapılan salatalar, amalarla, yok öyle değillerle, aslında niyetim o değildilerle soslanır.

- Bu yaptığın doğru değil...

- Ne doğru değil?

- Yaptığın her şeyi açıklamaya çalışman...

- Bak bunun nedenini açıklayabilirim...

Değersiz asla hata yapmamalıdır, yapsa da belli etmemelidir, belli etse de kabul etmemelidir. Kendisinin herhangi bir davranışını içeren her türlü söze otomatik hazır yanıtları vardır. Her davranışın, her sözün, her eylemin, her kararın mutlaka haklı nedenleri vardır, bilinçaltı neden üreten bir makine gibi çalışır bu anlarda. Kim doğrudur, kim yanlıştır, kim haklıdır, kim haksızdır, kim zarar görmüştür... Değersizliğini gizleme derdi içinde olan fani için hiçbir önemi yoktur, hiç bir ahlaki değer, insani düsturlar haklılığın kanıtlanmasından daha önemli olamaz. Yalansa yalan söylenecektir, başkasına suç atmak bir çıkar yolsa atılacaktır... Değersizliğin gizlenmesi, karşıdakine yanlış gördüğünün kanıtlanması, her türlü ahlaki ve insani değerin üzerindedir artık.

Ne kadar güçlü savunma, o kadar güçlü değersizliğinin açığa çıkacağı korkusu demektir. Kendi doğru diğerleri yanlıştır... Kendi ahlaklı diğerleri ahlaksızdır... Eğer ortada üzeri örtülemeyecek bir yanlış varsa kendini çekemeyenlerin oyunudur... Karşıdaki pes edene kadar, "tamam sen haklısın" denene kadar sürdürülmesi gereken bir savaştır bu.

"Haklı olsam ne olur, haksız olsam ne olur?" benzeri bir yazı değersizlerin kitabında yazmaz. Çocukluğundan beri her durumda suçlanmış, hep hatası açığa çıkarılmaya çalışılmış, kendi suçu olmayan durumlarda bile suçlu ilan edilmiş, cezalandırılmış, kurtulmak için yalandan başka çare bulamamış, anne babasının kendi değersizliğini gizlemek için çocuğu harcamaktan gözünü kırpmadığı bir ortamda büyümüş kişilerde haklı çıkmaya çalışma çabası diğer çabalara göre çok daha üst düzeydedir.

"Çevremde bir şeyler ters gidiyorsa kesin ben suçlanırım ve hemen kendimi savunmam gerekir" inancının hipnozudur bu davranışlar.

Çocukken her şeyi ret ederek *ben yapmadım*la başlayan, gözü kapalı suçu başkasına atan bir süreçtir bu. Basit bir tartışma da bile değersizlik inancı güçlü olan kişiler görüşlerini ölümüne savunurlar. Hele bir de eleştiri varsa, yani saldırı daha belirginse savunma basit tartışmadan çıkıp öfke gösterisine, kavgaya doğru akmaya başlar.

BÖLÜM 28

İlişkilerde Değersizlik
İnancının Etkisi

Değersizlik inancı kişilerin ilişkilerinde seçimlerini etkiler. Bilinçaltı kendi düzeyinde ya da daha aşağı düzeyde olduğunu hesapladığı kişileri seçme eğilimindedir. Çünkü esas derdi fark edilmemektir. Fark edilmeme derdinde olan bir kişi zaten karşısındaki kişinin içindeki değersizliğini fark etmez.

Değersizlik inancına sahip bir bilinçaltı kendisine *değer* verecek kişileri arar. Bilinçaltındaki değersizlik inancı bilince yansıması değer almak ve vermek şeklindedir.

İlişkilerde bu ifadelere çok rastlarız.

"O bana değer veriyor/vermiyor".

Sanki içimizde bir **değer borsası** vardır.

Değer verildikçe yükselir, verilmedikçe düşer. Bu hayali inme ve çıkmalara göre kişi kendisini ya iyi hisseder ya da kötü. Karşıdaki bir kişinin bize *değer vermediğine* inandığımız bir davranışının bilinçaltındaki yansıması farklıdır. Bilinçaltı fark edildiğini zannederek gerilir. Ya da öfkelenir. Eğer karşıdaki kişinin artık bu fark ettiği *değersizliğini* ondan gizleyemeyeceğini düşünürse bu ilişkiden kaçma eğilimine girer. Yok, aksine onu sindireceğine inanırsa daha çok öfkelenme tarzı davranışları sergiler.

Aynı düzeyde değersizlik inancına sahip kişiler birbirlerinin değersizlik inancını fark etmezler. Bir şekilde ilişkide kendi değersizliklerini gizleme çabası içinde olurlar. Bu nedenle de gerçek halleriyle görünemezler. İki tarafta kendini ötekine beğendirmek derdindedir. Bilinçaltı bir şekilde kendisindeki değersizliği fark etmeyeceğine inandığı kişiye sıkı sıkıya bağlanır. Bu aşk olabilir. Bağımlı bir arkadaşlık ilişkisi olabilir. Onu kaybetmemek için onun beklentilerini karşılamak eğilimine girer. İlişki tam bir verdim-aldım hesabına döner.

"Ben sana daha çok değer verdim."

"Sana verdiğim emekler boşa gitti."

"Beni kullandın."

Evlilikte Değersizlik çatışması

Toplum bireylerden topluma uygun değerleri tekrar etmesini bekler. Ortalamaya uymak bilinçaltlarının birbirinden beklentisidir. Ortalama çoğunluk demektir. Ortalama değer etrafında özelliklere sahip olanlardan bir tehlike gelmez.

Toplum ortalamaya yakın insanları sever, kendine yakın bulur.

Aksine ortalamadan hangi yönde saparsa sapsın tehlikelidir. Ortalamadan sapan kendini değersizleştiren özelliklerin açığa çıkmasına neden olabilir. Sınıftaki zeki ve yetenekli bir öğrenci ortalama öğrencinin daha tembel görünmesine neden olacaktır. Daha tembel öğrenciler ise kendi değersizliklerini gizlemek için daha agresif gizlenme yöntemlerine başvuracaklar bu da toplum düzenini bozacaktır. O halde toplum kişilerin ortalama seçimler yapmasını dayatır. Kişiler de toplum içinde emniyette ve güvende kalabilmek ve öyle hissetmek için ortalama değerleri seçme eğilimindedir.

Toplumla birlikte olmanın ortalama değerlerinden biri aile kurmak yani evlenmektir.

Toplum içinde aile sahibi olan bireylere bekar olanlara göre daha farklı bir konum sunulur. Evli çiftler, evli çiftlerle muhabbet eder, birbirlerine evcilik oynar ve korur, kollar. Bekâr bir erkek veya kadının evli aileler birliği arasına kendini sokması zordur. Bekâr dışlanır. Hatta daha önce aralarında su gitmeyen arkadaşları boşandıktan sonra kadın ya da erkek arkadaşlarını aramaz olurlar.

Anne babalar çocuklarının mürüvvetini görmek isterler. Mürüvvet görmüş anne babaların toplumsal değeri daha fazla olsa gerek. Çocuğunun evlenmesi geciktikçe özellikle anne söylenmeye başlar. Evlenmesi gecikmiş kadın ya da erkek fark etmez hakkında dedikodular başlar. Olmayan değersizlik kriterleri bile yakıştırılmaya başlanır. Bilinçaltı zaten değersizliği gizleme savaşı verirken bir de bunları kaldıramaz ve kişi kendini bir evlilik arifesinde buluverir. Ne kadın ne de erkek evlenmelerinin temel nedeninin vatana millete hayırlı evlatlar yetiştirmek değil de kendi değersizliklerini yek diğer âlemden gizlemek olduğunun farkında bile değillerdir.

Tabi evliliğin birçok sekonder kazançları da olmaya başlar. Özellikle erkek dışarıda gösteremediği gücü, 1. ve 2. grup gizlenme yöntemlerini evinde karısı üzerinde tatbik etmeye başlar. Zaten değersizlik inancı olan kişilerin ilişkiden beklediği budur. Ya güçlü görünmek ya da kendisine değer veren bir kişiye bağımlı olmak. İlişkiyi değersizliği fark edilmeden yaşamak... Fark edilmediği sürece bağımlılığı sürer. Bu tek taraflı değil iki taraflı bağımsızlıktır. Bazı evliliklerde erkek sürekli kadını aşağıladığı hatta dövdüğü halde ilişki sürer. Bu biraz ters gibi görünse de değersizlik inancının mantığına çok uygundur. Erkek aşağıladıkça kendini güçlü görür. Savunma mekanizması güçsüze karşı güç göstermektir. Kadın ise onun bu savunma mekanizmasını beslediği sürece erkeğin bağlılığının süreceğini bir şekilde *bilir*. Bu nedenle kendini bu tip erkek karşısında o kadar güçsüz görmez, "değersizlik inancı fark edildi" korkusunu yaşamaz. Yani erkeğin bu davranışının kadını değer açısından daha aşağı gördüğünden değil sadece fiziksel olarak daha güçsüz gördüğünden kaynaklandığını bilir.

Zaten ancak değersizlik inancı aynı düzeyde titreşen bir erkekle bir kadın birbiriyle evlenebilir. Bu kural gibidir. Değersizlik inancı sahibi iki bireyin oluşturduğu birim sakat bir birimdir ve sakat çocuklar üretecektir. Değersizlik inancı olan bir erişkin özgür değildir. Sürekli korunma arar. Bu nedenle de kendi ailesine bağımlıdır. Kendi ailesini her zaman eşinden daha önde tutar. Eşinden de ailesine aynı saygıyı göstermesini bekler. Bu beklentiler karşılıklı çatışmaya neden olur. Bu bağımlılık kendine bağımlı çocuklar üretir.

Evlenmeden önce kadın ve erkek birbirlerini kandırır. Birbirlerine güçlü görünür. Çünkü bilinçaltı gizlenme çabaları iş başındadır. Ama evlendikten sonra sahte boya dökülür ve alttan gerçek çıkmaya başlar. Her ikisi de kendine güvensizdir. Bir diğerinden korunma beklemektedir. Her iki taraf da kandırılmış hisseder. Hayal kırıklığı, ümitsizlik ve öfke ilişkiye hâkim olmaya başlar.

Evlenmeden önce bir çeşit gizli antlaşma yapılmıştır. Sen beni kolla ben seni kollayayım antlaşmasıdır bu. Kimse kimsenin değersizliğini fark etmeyecek bir antlaşmadır. Ben sana vereyim-sen bana ver ilişkisidir bu. Birliktelik değil bağımlılık söz konusudur. Paylaşma değil alışveriş söz konusudur. Evlendikten sonra her ikisinin bilinçaltı da fark edilmemek derdindedir. Bu nedenle beğenilme çabalarının yerini bir diğerini değersiz kılma çabaları almaya başlar. Birbirlerinin bir diğerinden daha aşağı olduğuna ikna etmeye çalışırlar. Güçsüz olan güçlüyü memnun etmeye çalışır. Ondan istediği sevgi ve değeri almaya çalışır. Güçlü olanda aynı şeyin peşindedir. İhtiyacı olan sevgi ve değeri güç kullanarak almaya çalışır.

Eğer bu güç ittifakı kurulamazsa evlilik tam bir kaosa döner. Suçlamalar ve savunmalarla süren bir ilişki başlar. Kendi değersizlik inancını yerleştiren davranışları diğerine karşı savunma olarak kullanmaya başlarlar.

Evlilik sadece evlenenlerin bilinçaltını beslemekle kalmaz evlendirenlere de büyük hizmetler vermeye başlar. Kayınvalide olmak bir anda toplumda statünü bir kat yükseltir. Kendi çocuklarına bile satamadığın malzemeyi geline ya da damada değerliymiş yaftası altında kakalamaya başlarsın. Gizli antlaşmalar burada sürer. Default olarak erkek ya da kadın fark etmez, kendi anne babalarına göstermedikleri saygıyı kayın büyüklerine göstermeye başlar. Aynı şekilde kendilerinin kendi ana babalarına göstermedikleri saygı ya da anlayışı zevcelerinden göstermelerini bekler.

Evliliğin ilk günlerinde cicim canımla bu iş yürümeye başlar da zamanla bilinçaltları uyanır. Kayınvalide saldırdıkça gelinin bilinçaltı huzursuzlaşmaya başlar. İşte yine değersizliğini gizlemekte sıkıntı başlamıştır. Sistem kendini ne değerliymiş gibi satabilmekte ne de onu değersizleştirecek bir şeyler yapabilmektedir. O halde yapılacak tek çare uzak durmaktır. Arama sormalar azalır, ziyarete gitmemek için bahaneler, hastalıklar üretilir ya da küsülür. Bu arada dünürlerde kendi aralarında değer savaşlarına başlamışlardır çoktan. Kim kime daha çok bilezik takmış, kim daha çok çeyize yardım etmiş, çeyizinde şu ve bu da var mıymış?

Anadolu'nun değersizlik savaşları 100 yıl savaşlarına rahmet okutur.

Düğün biter kim kime ziyarete gidecek... Bana az geldin onu çok aradın muhabbeti... Kız anası gelir kızın evine burun kıvırır, sanki onu yetiştiren kendisi değilmiş gibi.

Bizim ülkenin evlilik kurumunun neresini tutsanız içinden vıcık vıcık değersizlik inancı akar.

Boşanma zaten değersizlik inancının en dibe vurması sonucu ulaşılan bir durumdur. Genel olarak şiddetli geçimsizlik olarak yansıyan nedenlerin hepsinde birbirine değersizliğini gizleyememe söz konusudur. Her iki tarafta karşı tarafın kendisine yeteri kadar değer vermediğini ileri sürer.

Çocuğun misyonu

Bu birlikteliğe katılan bir bebek şaşkınlık içindedir. Çünkü anne baba çocuğun değil kendi gereksinimlerinin karşılanması peşindedir. Aradıkları sevgi ve *değeri* çocuktan almaya çalışırlar. Çocuk yaşamak zorundadır. İhtiyaçlarını karşılayamaz. Karşılayamadığı için anne-babaya mahkûmdur. Onların beklentilerini yerine getirmek zorundadır.

Evli çift ortak bir değersizlik inancı geliştirir. Kadın toplumun beklentilerini karşılamak için çocuk sahibi olmak zorundadır. Erkek ise kendi kanını, soyunu, ismini sürdürmek için çocuk sahibi olmak zorundadır. Kadın annelik rolünü, erkekte babalık rolünü oynamak için çocuğa gereksinim vardır. Toplum onlardan bu rolü beklemektedir. Topluma değerli görünmek için toplumun onlardan bekledikleri rolü oynamak zorundadırlar.

Kendilerini bir ihtiyaç haline getirmek için çocuğa gereksinim vardır. Çocuk onlara ihtiyaç hissettiği sürece anne-baba kendilerini çocuktan değerli hissedeceklerdir. Bir süre için çocuk onları emniyette ve güvende hissettirecek bir araç haline gelir. Çocuğa olumlu özellikler yükledikçe çocuk onların bir savunma mekanizması haline gelecektir. Çocuğun başarıları ailenin kendini topluma değerli gösterme aracı olacaktır.

Tabi bu iki yönlü keskin bıçaktır. Çocuk başarısız oldukça kendi değersizlik inançlarını çocuğa daha güçlü aktarmaya başlarlar. Sorun kendilerinde değildir. Çocuktadır.

- Çocuğumuz zeki ama hiç çalışmıyor,

Gibi bahanelerin ardına saklanırlar. Çocuğun kendi değersizlik inançlarını ortaya çıkaran bir araç olmaya başlaması anne babayı çok rahatsız eder. Bu rahatsızlık arttıkça çocuğa daha çok yüklenirler.

Çocuk büyüdükçe iki değersiz arasındaki savaşta taraf olmaya zorlanır.

- Sen bize çekmişsin.

- Kimi daha çok seviyorsun?

Ya da tam tersine bir diğerinde beğenmedikleri özellikleri çocuğa yüklemeye başlarlar.

- Sende annen gibi aptalsın.

Böyle bir ailede çocuğun içine de değersizlik inancı tam gücüyle yerleşmeye başlar.

BÖLÜM
29

Değersizliği Gizlemek

Erkekliğin yüzde doksanı kaçmaktır, kaçanın anası ağlamaz sözleri ile de bilinçaltımıza nakşetmiş olan en sağlam ve garantili hayatta kalma stratejisi belalardan uzak durmaktır (itle dalaşacağına büküdolaş). Tehlikeyi tehlike gelmeden bertaraf etmenin yolu tehlike olabilecek ortamlardan uzak durmaktır.

O halde değersizliğini gizlemenin en garanti yolu, değersizliğinin fark edilebileceği ortamlara girmemektir. Bu nedenle eğer özellikle birinci ve ikinci grup gizlenme araçlarıyla yeteri kadar donanamamış kişiler için tek çıkar yol gizlenmek; görünür olmaktan, dikkati çekmekten, kendini belli etmekten uzak durmaktır. Bu amaçla bilinçaltı en güçlü silahı olan korku ve **utanma duygusu**nu serbestçe ve tükeneceğinden korkmadan hemen her fırsatta kullanır.

Bilinçaltına göre insan olan her yer ama özellikle değersizliğinin alt sıralarda dolaşacağı, yani kendinden gayri herkesin daha değerli olduğu hesabını yaptığı ortamlara girilmesini engellemek için elinde ne silah varsa alana sürer. Bilinçaltına kalsa, mümkün olsa, gerçekten insan içine çıkmamayı, insansız bir ortamda yaşamayı tercih eder ama hayatta kalmak için başka insanlarla birlikte olmak gerekmektedir. Bu durumda gizlenmenin gizli yollarını, yöntemlerini, araçlarını keşfetme süreci başlar. Hem insanlarla birlikte olup hem de dikkati çekmeyecek stratejiler geliştirir. Fark edilmemek için sessiz kalır, hiçbir durumda kendi hakkında konuşmaz, fikrini söylemez, kendini ifade etmez, başkaları hakkındaki düşüncelerini gizler, duygularını belli etmemeye çalışır, herkesle uyumlu olmaya çalışır.

İnsanlardan kaçmanın en belirgin şekli olan **sosyal fobi** özellikle gençler arasında yaygın görülen psikolojik bir bozukluktur, bu kişiler topluluk içinde sıkıntılıdır, utangaçtır, sessizdir, kendine güvensizdir. (bu satırların yazarı da zamanında en ileri derecede sosyal fobiden mustarip olmuş bir kişidir ve gerçekten nasıl bir ıstırap olduğunu şu basit örnekle vermek isterim... Dolmuşa bindiğim zaman, eğer en köşede oturmak zorunda kalmışsam, insanları rahatsız etmemek için son durağa kadar gider sonra da kendi evime iki üç durak geri yürürdüm. Lokantada garsonu çağırmak bir ıstırap, bir şey sipariş etmek ayrı bir ıstırap, paranın üstünü istemek utanç verici bir durum, yaptığın bir şeyin fark edilmesi hele övülmesi kulaklarına kadar kızarmana sebep olan, ter basması ise ayrı bir sıkıntıydı). Utangaçlık daha çocukluktan başlayan ve ne yazık ki özellikle bizim toplumda övünç kaynağı olan (ne kadar efendi bir çocuk) ve bu nedenle de pekişerek gittikçe büyüyen bir beladır.

Karşı cinsle ilişki kurmak, bir şeyler konuşmak hele ona olan ilgini belli etmemeye gayret etmek sosyal fobiklerin birçok paradoksundan biridir. Kendi değersizliğini gizlemek için bir kız arkadaşının olması önemli bir kamuflaj aracı olmasına rağmen o kızı bulmak ayrı bir dert, çünkü sosyal fobik bir erkek kolay kız beğenmez, beğenmemesinin nedeni de kendisi kadar değersiz olacak bir kızı bulması gerektiği içindir, bulsa, aşık olsa bile, aşık olduğunun anlaşılacağı korkusu içinde, özellikle onunla hiç ilgilenmiyormuş gibi davranırken öte yandan da onun tarafından fark edilmek için her türlü şaklabanlığı yapar.

Gençler arasında bu tip triplere sık rastlarsınız... İki üç erkek bir araya gelince ki her biri tek başına asla yapmayacakları performansları, birliğin verdiği cesaretle komik duruma geçecek şekilde sunmaya başlarlar, birbirlerine eşek şakaları yapmalar, bir taraftan da kızları kesmeler, bağırış çağırış konuşmalar, bir takım yeteneklerini sergilemeler falan... Kızlardan biri yanlarına gidip "ne bizi kesmeye mi çalışıyorsunuz?" diye soracak olsa ama, külliyen reddederler.

Diğer bir paradoks ise bir taraftan bilinçaltı takdir almak isterken, çünkü takdir birinci grup gizlenme araçlarındandır, öte yandan bir takdir geldiği zaman gerçekten takdir edilecek bir şey yaptığına inanmadığı için hem kızarır bozarır, hem de yaptığının önemli bir şey olmadığını geveler, sanki takdir edeni kandırmıştır ve birazdan foyası meydana çıkacaktır ve yalancı olduğunun anlaşılması çok daha büyük bir felaket olduğundan, bir şekilde bu takdiri geri püskürtmeye gayret etmektedir.

Akıllarından her türlü fantezi, hinlik, cinlik, kahramanlık, çapkınlık geçse de, o anlar geldiğinde kürarlı ok yemiş gibi ne elleri oynar, ne de kolları ve sadece sessiz, ya da fark edildiklerinde sadece iyidirler ve sosyal fobiklerin üçüncü paradoksunu yaşarlar. Kaçmak yok olmak isterler ve bu durumda kendilerine gelen herhangi bir talebi hemen reddetmeleri gerekirken, sözcük dağarcıklarından silinmiş hayır kelimesi yüzünde hep evet demek zorundadırlar.

Evet deme mecburiyeti bir süre sonra iyi insan olmak gayretiyle birleşir...

Seni iyi bilenden sana zarar gelmez kuralını keşfeden bilinçaltı ait olduğu canlıyı dünyanın en büyük lanetlerinden biri olan **iyi bilinmek sendromu**yla baş başa bırakır (her zaman derim, düşmanınıza yapacağınız en büyük beddua "inşallah herkese iyi bilinmek zorunda kalırsın"dır). Mecburen iyi insan olarak bilinmeye başlayan sosyal fobik bilinçaltı bir süre sonra bu iyi bilinme düsturunun uzak durmaktan daha güçlü bir koruyucu olmaya başladığını keşfeder, bir anda birinci grup bir aracı olmuştur, insanlar onun ne kadar iyi bir insan olduğunu takdir etmektedirler, artık ailenin, akrabalarının, arkadaşlarının iyilik meleğidir... Her isteyene borç veren, canı sıkılıp bir yere gitmek için bir arkadaşa ihtiyacı olanın aradığı, verilen randevuya ne kadar geç kalınsa da sonuna kadar hiçbir serzenişte bulunmadan bekleyen, kızmayan, tepki göstermeyen, kendisine gösterilen ilk zevce adayıyla evlenen, işyerinde arkadaşlarının görevlerini de üstlenen, evinin erkeği (ya da fedakâr bir kadın), sadece çocukları için yaşayan bir ebeveyn yani cismi var varlığı yok bir yaratık olma sürecini başarıyla tamamlayıp enayilik bölümünden başarıyla mezun olmuş bir tip. Son derece kırılgan, her an kaçmaya, içine dönmeye hazır ürkek bir kedi, en ufak bir eleştiride, hatta basit bir tavsiyede küsen ve küslüğünü ömür boyu sürdüren, ancak karşı taraf ciddi ve pişmanlık dolu bir özür sunarsa, bu inadı kaldıran bir gurur abidesi.

Ne olduğunu bilmediğimiz, nerede yerleştiğinden hiçbir fikrimiz olmayan, nasıl dünyaya geldiği hakkında hiçbir soy bilgisine sahip olmadığımız gururun mevcudiyeti de kendisi açısından bir gurur abidesidir, ne kadar gururluysan o kadar küsmelerinin, yüz vermemelerinin, soğuk durmalarının, insanları aramamalarının bir özrü vardır.

Duyguları bastırmak

Duygu oluşumu bedensel bir reflekstir. Bilinçaltı duygu oluşmasını engelleyemez. Ama duyguların ifade edilmesini engelleyebilir. Duyguları bastırır ve içsel bir enerji olarak gizletir.

Duygusal olmak güçsüzlüktür. Buna inanırız. O zaman gösterilmemesi gerekir. Duygusal olmak değersizlik inancını besleyen bir etken olur. Duygularını hissettikçe bilinçaltı düzeyde değersiz olduğuna inanırsın. Toplumda duygularını göstermek zayıflıktır. Ağlarsan, kızarsan eleştirilirsin. Duygularından utanan anne-baba çocuğu da duygularından utandırır.

Kişi duygularını uyuşturmayı öğrenir. Duygusuz bir kişi olmaya başlar. Üzülmesi gereken olaylara üzülmez. Kızılması gereken olaylara tepkisini göstermez. Sevinmez. Duygusuz bir robot olur. Duygularından kopuk ve ayrık yaşamaya başlar. Bu durumda kendisini bir eşya gibi algılamasını arttırır.

Özellikle bizim ya da geri kalmış diyeceğimiz toplumlara özgü değişik bir gizlenme yöntemi de **kendini acındırmak**tır. Ne kadar acıların kadını olduğu, ne kadar acı çektiğini ahlarla, oflarla, gözyaşlarıyla, iç çekmeleriyle tüm aleme ilan eder. Acı çekenden zarar gelmez bilinçaltı antlaşması gereği gerçekten acı çekene bulaşılmaz. Acınacak durumda olana yardım edilir. Acınacak durumda olan tehlike değildir. Kendi değersizliğini ilan ederek, etrafındaki herkesten daha değersiz olduğunu ilan ederek, yarışmadan çekildiğini ve böylece asla kimsenin içindeki değersizliği görmeyeceğini de ilan etmiş olur.

Kadınlar kendi aralarında bu muhabbeti yaparken, erkekler için en uygun yer içki sofralarıdır. **Arabesk kültürü** değersizlik inancının en dibe vurduğu toplumların alameti farikasıdır. Ne kadar arabesk o kadar dibe vurmuşluk. Artık kurtulma çaresi yok. Acı çektikçe ve acı çekmeye devam ettikçe hem "ben değersizlik gizleme savaşında yokum" dersin hem de paradoksik olarak çektiğin acıdan nemalanırsın. Bu kadar acıya rağmen fedakârlık yaptığın için takdir kazanırsın.

Fedakârlık da gizli gizlenme yöntemlerinden biridir. İyi görünmeye çalışmaktan biraz daha farklıdır. İyi bilinmek isteyen sadece iyi olduğunun onaylanmasını bekler. Fedakâr olan ise adı üstünde bu davranıştan bir kar bekler.

"Ben senin için neler yaptım! Sen olmasaydın ben bu adama/kadına bir gün bile tahammül etmezdim." (pırt!)

Kadın 3. Çocuğu istememektedir. Bir kızı bir oğlu olmuştur. Ama hamileliği engelleyememiştir. Aldıramaz da... Arkadaşları akıl verir. Allah'ın hikmeti. Belki kız olur ve sana bakar. Gerçekten kız doğar. Bu telkine koşullanmış anne daha doğduğu günden itibaren küçük kızın üstünde titrer. Bir taraftan onu her işinde yardımcı tutar, bir taraftan sürekli telkinlerle onun annesi için var olduğunu kızın bilinçaltına işler. Kızın bilinçaltı için artık misyon bellidir. Ne kadar okumuş, ne kadar kariyer yapmış olsa da annesinden kopamaz. Bilinçaltı için değersizliğini gizleyeceği tek kişi annesidir. Çünkü tüm çocukluğu boyunca bilinçaltı ben farklıyım, ben diğerleri gibi değilim, diğerleri kendi hayatlarını gerçekleştirmeye gelmişken ben annemin hayatını yaşamaya geldim, ben onun için varım" bilgisini işlemiştir.

Başkası için varsan, sen insan değilsin demektir; sen bir malsın, hizmetçisin. Artık bir fedakârsın. Yarın öbür gün annenin izniyle evlenip çocukların olursa bu sefer onlar için yaşamaya başlarsın. Sonra onlardan bir kurbanı aynı kendi annen gibi kendine bağlarsın.

Ölümlerden sonraki bangır bangır bağırmalar neyin nesidir?

Tamam, ölümdür üzüleceksin, ağlayacaksın, ama herkese "bakın ben ne kadar acı çekiyorum" diye ilan etmenin nasıl bir psikolojik ya da sosyolojik açıklaması olur ki?

Ölünün üzerinden kendine değer çıkarmak (bağırmanın ve döşe vurmanın bir çeşit acı boşaltma tekniği olduğu düşünülebilir).

BÖLÜM 30

**Değersizlik İnancına
Tepki Göstermek**

Burada bir parantez açıp insanların zihinsel melekelerinin duygu yükü altında ne kadar dumura uğradığını fark ettirmek istiyorum. Bir olaya duygusal bir tepkiyi bedenimiz harekete geçirdiği anda artık analitik düşünce sistemimiz devre dışı kalıyor. Bir kişi bize "sende aşağılık kompleksi var" dediği zaman neden tepki gösteriyoruz? Çünkü **aşağılık kompleksi** değil ama değersizlik inancı var. Aşağılık kompleksi tanımlamasını kişi bir hakaret, bir aşağılama olarak kabul ediyor. [88]

Bir kişiye onun hakkında söylenen bir söz kişi tarafından değişik düzeylerde algılanır. Bilinçli düzeyde kişi söylenen sözü değerlendirir, bir cevap vermeye gerekli görür ya da görmez. Cevap verecekse de mantıklı ve sakin bir içerikte söylem sunması beklenir. Ama eğer söz bilinçaltı düzeyde bilinçli düzeye göre çok daha güçlü algılanmışsa, özellikle bir tehdit olarak algılanmışsa bilinçaltının yarattığı ilk eylem beden tarafından algılanan bir histir. Hissedilen bu his ikinci bir algılama süzgecinden geçerek kötü olarak algılanır.

Kişiler bedenlerinde kötü bir his algıladıkları zaman otomatik olarak tepki gösterme eğilimindedirler. Söylenmiş olan söz bir tehdit ya da saldırı olarak algılanır ve doğrudan kızarak ya da küserek bir karşılık üretilir. İşte söylenmiş o söz karşısında kişinin bedeninde hissettiği hisse metaforik olarak **titreşim** diyoruz. Yani sanki söylenen sözün bir frekansı var ve bedenimizde her sözün frekansına rezonans vererek yanıt veriyor.[89] Kötü olarak algıladığımız sözlerin rezonansı daha güçlü hissedilir. Söylenen sözün sabit bir frekansı olduğunu kabul edecek olursak bu durumda bu sözü duyan herkesin aynı rezonansı vermesi gerekir. Ama yaşamdaki gerçek bu değildir. Farklı sözler farklı kişilerde farklı düzeylerde ve farklı şekillerde tepki uyandırır. O zaman sözler ancak bilinçaltı düzeyde algı süzgecinden geçtikten sonra bireysel bir frekans oluşturmakta ve his olarak titreşim yaratmaktadır. Bu durumda bir sözün bir kişide titreşim yaratması için o sözün algılama süzgecinden geçmezden önce bir anlama bürünmesi gerekir. Basitçe söz iyi, nötr ya da kötü anlam içermektedir. Titreşim yaratan ya da basitçe içimizde titreşen sözlerin kötü anlamlı olması beklenir. Bazı sözler

---

88 Aşağılık kompleksinin bilinçaltında neyi temsil ettiği pek açık değildir. Psikolojide kompleks dendiği zaman bir tema etrafında birikmiş duygu, düşünce, inanç ve davranışların tümü anlaşılmaktadır. Aşağılık kompleksini ilk tanımlayan Adler"dir ama Adler"de böyle bir kompleksin varlığına ancak kişilerin davranışlarından sonuç olarak çıkarmıştır. Ayrıca Adler aşağılık kompleksinin tanımını yapmamıştır

89 Rezonans farklı müzik aletlerinden herhangi birinin bir notasını çaldığımızda diğer müzik aletinin de aynı notayı içeren telinin titreşmesi ve ses çıkarmasına denir. Örneğin bir odada hem gitar hem de piyano olsun. Gitarın do telini titreştirdiğimiz zaman piyanodan da do sesi gelir.

herkes için kötü anlamlıdır bazı sözler ise kişiye göre anlamı değişir.

Örneğin "sen bir pisliksin" sözü üç aşağı beş yukarı herkes tarafından kötü içerikli kabul edilir. Bu durumda bu sözün bu sözün söylendiği her bir bireyin içinde olumsuz bir his yani bir titreşme yaratması beklenir. Ama sezgilerimiz ve deneyimlerimiz yine de bu genellemenin yanlış olduğu yönündedir. Her ne kadar çoğunluk için bu söz içsel bir titreşim yaratacaksa da yine de herkes için bu kural geçerli olmayacaktır. Bu söze rağmen içsel titreşim hissetmeyecek kişiler olacaktır. Ancak içsel titreşim olmasa da kişi belki bu sözü söyleyene bir cevap verir ya da vermez, keyfine kalmış. Ama olumsuz titreşim hissedenler muhtemelen sert tepkiler verecektir.

Söylenen sözle kişide yarattığı titreşim arasında bir ilişki olması gerekir ve burada bulacağımız ilişkinin istisnası olmaması gerekir. Bizim bu konuları tartışırken oluşmuş olan ifademiz; "bir söz içinizde titreşim yaratıyorsa o sözün karşılığı sizin içinizdedir". Yani "sen bir pisliksin" sözü içimizde bir titreşim yaratıyorsa, bilinçaltı düzeyde pislik olduğumuza dair bir inanç olması gerekir. Yani titreşen inançtır. O özelliğin olumsuz ve gizlenmesi gereken bir özellik olduğuna dair yerleşmiş bir inanç olmalıdır.

Jung kompleksi tanımlarken temadan kastettiği budur. Örneğin bir kişi kısa boyluysa ve bunu bir eksiklik olduğuna inanıyorsa boyu hakkında duygu, düşünce, inançlara sahiptir. Kişide kısa boy kompleksi olduğundan bahsedilir. Kişinin kısa boyuyla alay edilirse aşırı tepki gösterir. Çünkü söylenen söz kısa boy ile ilgili inancı titreştirmiştir. Burada gizlenen nedir? Kısa boy gizlenemez. Aşikârdır ve kişinin bir seçimi değildir; ama yine de kısa boy ile ilgili bir alay ya da dalga geçme hatta ima ciddi bir tepki doğurur.

Bilinçaltı nasıl bir değerlendirme yapmaktadır?

Muhtemelen olan şudur. Bir eksikliğinin olmasından ziyade bu eksikliğinin fark edilmesi bilinçaltında tehdit olarak algılanır.

Kitapta sık sık gördüğümüz bilinçaltı paradokslarından bir tanesiyle karşı karşıyayız.

Bilinçaltı aşikar bir özelliği bile fark edilmediği sürece gizlenme olarak kabul etmektedir; kısa boy bu kadar aşikar bir özellikken bu kısa boy ile alay etmeyen kişiler, bu özelliği fark etmemiş kabul edilmekte ve onların yanında emniyet ve güven ortamı bulunmaktadır. Ama kısa boyunu yüzüne vuran bir kişi saldırgan muamelesine tabi tutularak karşılığında savaş ya da kaç seçeneklerinden bir seçilmektedir.

Kompleks kavramı gerçekten fazla kompleks olduğundan ve yumurta mı tavuktan çıkar, tavuk mu yumurtadan çıkmazına götürme riski olduğundan esas titreşenin inanç olduğunu kabul etmek açıklamalarımızı basitleştirecektir. O halde "sende aşağılık kompleksi var" dediğimiz zaman, sen olan kişi bir titreşim hissediyorsa içinde aşağılık kompleksi olduğuna dair bir inanç vardır. O halde içinde gerçek bir kompleks yoktur. Bu kitabın içeriği ve ileri sürdüğü tez, yani yazarın görüş olarak Jung'dan ayrıldığı en önemli husus bu olmaktadır.

Jung kompleksi bir maddesel yapı gibi kabul etmektedir. Hâlbuki inanç sadece eylemleriyle kendini var eden soyut bir kavramdır ve nasıl ki müzik aletlerin rezonansında benzer yapılar ancak bir biriyle rezonans yapabiliyorsa, yani gitarın teliyle, piyanonun teli aynı özellikte olduğu için titreşebiliyorsa, yani gitarın teli, bir flütün deliğini titreştiremez, her ne kadar flütten de aynı nota çıkmasına rağmen, sözlerde de durum böyledir.

Bir söz ancak bir sözü titreştirebilir.

Dıştan söylenen bir söz içte yerleşmiş bir sözü(ki biz buna inanç diyoruz, inançlar sabit düşünceler uçucudur)titreştirir.

"Sende değersizlik inancı var" dediğimiz zaman, sonuçta bir sözdür, söyleyenin niyeti iyidir ya da kötüdür bilemeyiz, ama sen olarak hitap ettiğimiz kişinin ne anladığını bilebiliriz. Tabiî ki gösterdiği tepkiden, eğer varsa bu sen denilen kişinin bilinçaltında benzer sözlerle yazılmış bir inanç, yani "ben değersizin biriyim", kişi bu sözü duyduğu anda *inanç* kelimesi düşecektir ve kişi sözü "sende değersizlik var" hatta "sen değersizin tekisin" diye anlayacaktır. O halde "söylenen bir söz titreşiyorsa içimde, o sözün benzeri zaten benim içimdedir" kuralımıza dayanarak değersizlik inancının varlığını bir kez daha kanıtlamış oluyoruz. Tabiî ki kimsenin içinde değersizlik diye bir şey olamaz, o halde sadece inancı olabilir.

Çünkü ancak inançlar titreşebilir.

Değersizlik inancına sahip bir bilinçaltı bu gerçeğini, yani değersizliğini gizleme çabası içindedir. Bu nedenle değersizliği çağrıştıracak her türlü aşağılama benzeri eleştiriler bilinçaltı tarafından "değersizliğim fark ediliyor" olarak kabul edilir. Yani bir tehlike söz konusudur. Bu tehlikeyi en hızlı şekilde bertaraf etmek gerekir. Böyle bir durumda ilk savunma karşıdaki kişinin yanıldığını ona göstermek olabilir. Sinirlenmek bir çeşit güç gösterisi olup, "ben güçlüyüm ve seninle savaşmayı göze alıyorum, ben de senin kadar, hatta senden güçlüyüm" mesajlarını karşımızdakine vermeye hedeflidir. Eğer karşıdaki kişi gücümüzü kabul ederse o zaman ilk görüşünde yanılmış olacaktır.

İçinde değersizlik inancı olan bir kişinin böyle bir inanca sahip olmasını kolay kabul etmesini zaten beklemiyorum. Farkındalığı gelişmemiş ve değersizlik inancı içinde inancına karşı savaş vermekte olan bir kişi zaten inançla gerçeğini birbirinden ayırmaz. Kendisiyle yüzleşmeye hazır olmayanlar böyle bir savı baştan ret eder. Değersizlik inancı olan bir kişiye "sizin içinizde değersizlik inancı olabilir" tarzı yumuşak bir yaklaşım bile tepkiyle karşılanabilir. Bilinçaltı değersizlik inancı yakıştırmasını bile değersizliğinin açığa çıkışı olarak değerlendirecektir.

Şu anda bu satırları okuyan ey sayın okuyucu!

Sizin de içinizde değersizlik inancı var.

Siz de bu satırları okuduğunuz şu anda içinizde bir huzursuzluk hissetmişseniz, içinizde bir tepki hissetmişseniz değersizlik inancınız titreşmiş demektir. Olmayan bir şey değişmeyeceğine göre, kuralımız gereği, içinizde değersizlik inancı olduğunu kanıtlamış oluyorum. Saygılarımla.

Ama artık bu inancın varlığını öğrendikçe rahatsızlık başlar. Hafif bir kaşıntı (!) şeklinde başlar. Bilinçaltı gizlenme mekanizmalarının iş başında yakalanmasını sevmez. Gizlenmeyi sever. Bir şekilde bu bilginin kişinin farkındalığında olmasını bile istemez. Farkında olma çabası bile rahatsızlık verebilir. Ama ileride göreceğimiz gibi bir şeylerin farkında olmadan, rahatsız eden şeylerin gerçek nedenlerini anlamadan bu rahatsızlıktan kalıcı olarak kurtulmak pek mümkün olmamaktadır. Bunları da fark etmek gerekir. Bilinçaltının akıl oyunlarının farkında olmak gerekir. Bilinçaltı bir meseleyi gizlemek için o kadar "mantıklı" önermeler üretir ki, bilinci kendi amacı doğrultusunda o kadar güzel kullanır ki, kişi kendini son derece akıllı ve mantıklı cümleler üretirken bulur. Kendi ürettiği bu akla uygun hale getirme çabalarına kendi inanmaya başlar. Ama burada şunu bilin ki bir meseleyi akla uygun hale getirmeye ya da mantıklı hale getirmeye çalışma çabası bilinçaltı bir eylemdir.

Mantık ilişki kurmaktır. Asla doğruluğu kanıtlanmayacak ilişkiler kurmak ve sanki bu ilişki doğruymuş gibi inanmak sadece bilinçaltı bir eylem olabilir.

Ama artık bu inançla yaşamak zorunda değilsiniz. (Ama memnunsanız onunla birlikte yaşamaya devam edebilirsiniz). Bu nedenle içinizdeki bu inancın özelliklerini öğrenmeye başlayabilir ve yaşamınızda istediğiniz yönde değil, olması gereken yönde değişiklikler yapmaya başlayabilirsiniz.

Yalakalık

İnsanlıktan aşağı doğru kopanların bir şekli yalakalardır. Bunlar kendini bir şey başaracak durumda görmeyenlerdir. Hiç bir konuda başarılı olamazlar. Ama yalakalık konusunda başarılıdırlar. Onlar için tek gizlenme yöntemi ya sürekli kendilerini acındırmak ya da yalakalık yapmaktır. Çözüm kendinden güçlü ve değerli olarak benimsediği bir kişinin koruması altına girmektir.

Bilinçaltı kime yalakalık yapacağını bilir.

Kendi değersizliğini insanüstü olma yönünde gizleyen bir kişiyi seçer. Bu grupta değersizlik inancına sahip olanlar toplumda genellikle hırslı ve başarılı olan kişilerdir. Ama bilinçaltı için inanç değişmez. Ne kadar başarılı olunsa da inanç gücünü korur. Bu nedenle yalakalık kabul edilen bir davranıştır. Değersizlik inancına sahip bir bilinçaltı pohpohlanmaktan, yağlanmaktan, "sen en büyüksün" gibi lafları duymaktan hoşlanır.

İşte birinci grup değersizler ikinci grup değersizleri paratoner gibi bulurlar ve onlara yalakalık yapmaya başlarlar. Bilinçaltı eleştirmez, sorgulamaz. Mantık yürütmez. Sadece ilişki kurar. Bir kişi tarafından kabul edilmek demek o kişi tarafından değersizliğinin gizlenmesi demektir. Bir kişi tarafından değersizliğinin bile kabul edilmesini paradoksik olarak değersizliğinin gizlenmesi olarak kabul eder. Yani benim yalakalığım kabul görmüşse kabul eden kişi benim değersizliğimi yok saymış demektir.

Yalakalıkları kabul gördükçe, yalakalık yapılan kişi yalakalık yapan kişinin bilinçaltı için kandırılmış kişi olur. Artık o kişi, o yalaka değersizin değersizliğini fark etmez. Yalakanın bilinçaltı hem kendini emniyette ve güvende hissedecek bir kişi bulmuştur, hem de sığınacak ve gizlenecek bir liman.

Yalakalık neden kabul görür? Çünkü kişi ne kadar üst düzey bir kişi de olsa içinde değersizlik inancı vardır. Ne kadar üstün olursan ol yine de yüzde yüz değersizliğini gizlemenin garantisi yoktur. O zaman etrafımda benim değersizliğimi görmemeyi kesin onaylamış olan kişilere ihtiyacım vardır. Hem bu kişiler yanında daha güvende hissederim. Hem de bu kişiler benim değersizliğimi gizleyen bir kalkan olurlar. Yalakalar güçlü kişinin diğer kişilere karşı reklamını yapan bir araç olurlar.

Güçlü değersiz, güçsüzü aşağılar, kullanır, ezer ama güçsüz değersiz bundan rahatsız olmaz. Aksine kendini rahat hisseder. Çünkü bu şekilde güçlü değersizin bilinçaltı beslenmektedir. Bu besleme devam ettiği sürece sorun yok demektir.

Güçsüz değersiz için bir diğer sığınma yolu da gruplara ait olmaktır. Bilinçaltı kendini gizlemek için aynı fikirleri ya da davranışları paylaşan gruplara girmeye çalışır. Çünkü sanki bilir ki bu tip gruplara girmeye çalışan herkes kendi değersizliğini gizlemek derdindedir. Bir diğerinin değersizliğiyle ilgilenmez. Tabi burada keyif veya katkı için bir gruba dahil olan ve çalışanları kastetmiyorum. Daha çok fanatiklik düzeyinde katılımı kastetmek istiyorum. Çünkü ne kadar grubunu savunursan o kadar kabul edilen kişi olmaya başlarsın. Milliyetçilik, din sömürüsü, particilik, kulüp tutmak gibi aidiyetler değersizlik inancı için en iyi sığınma limanlarıdır. Tabi böyle büyük limanlar dışında küçük limancıklarla gizlenmeyi güçlendirirler.

Alkolikler sınıfına girerler. Sigara içenler grubuna girerler. Cinsel olarak güçlü insanlar sınıfına girerler. Kazak erkekler sınıfına girerler.

Bilinçaltı için hangi sınıfa ait olduğu önemli değildir. Bu tip güçsüz değersizlerde duygusal dengesizlikler daha ön plandadır. Öfke daha ön plandadır. Öfkenin dışa vurumu daha şiddetlidir. Gruba karşı olan saldırılara aşırı öfkeyle karşı koydukça grup elemanları tarafından daha da benimsenir. Öfke güç sembolü olmaya başlar.

Bir gruba girmek, kabul edilmek o içerde yatan insan altı olma yönündeki gidişin tamponlarıdır.

Hiç bir gruba giremeyen, ait olamayanlar için yol kötüdür. Bir çeşit köprü altı hayatıdır, sefalettir. İleri derecede ruhsal bozukluktur.

BÖLÜM 31

Değersizlik İnancı Güçlü Bir Motivatördür

Değersizlik inancının kışkırttığı eylemlerle bir sendrom yarattığını söylemiştim. Kışkırtılan bu eylemlerin tek bir amacı vardır ve bu amaç bu eylemlerle değersizliği diğer gözlerden gizleme yönünde yönlendirmektir. Bilinçaltı mekanizmalar bir yandan değersizliği diğer insanlardan bu eylemleri teşvik ederek gizlerken öte yandan da bunun inancını da yani değersizlik inancını bilincin farkındalık penceresinden gizler. (Farkındalık dediğimiz şey biraz böyle bir şeydir, bilincin elinde bir pencere vardır ve bu pencereyi bilinçaltında gizlenen bir şeyleri görme çabasıyla kullanmaya çalışır, ama denizde belki kayığımızın tabanında böyle bir pencere altımızdan geçen balıkları görmeye yarar da bilinçaltı balık gibi saf değildir, gözlendiği anlayarak pencerenin altını ya boş tutar ya da bilince oyalanacak bazı sahte oyuncaklar verir). Yine de bilinçaltının inançları bilinçten gizlemekten bir çıkarı var mıdır, yok mudur şu anda bunu bilebilecek durumda değiliz ama muhtemelen inanç yerleşim ve gelişim süreci ister istemez bu gizlenmeyi yaratacak yönde seyretmektedir. Ancak gizlenmenin de kişiden kişiye farklı yapıları olduğunu değersizliğin bilince yansımalarına biraz daha derinlemesine baktığımızda anlayabiliriz.

Ama analizimize başlamadan önce sabırsız ve sonuç odaklı okuyucular için peşinen söyleyelim ki bilinçten gizlendiği ölçüde, bu inanç, kişiyi motive eden, hayatta bir yerlere gelmesini sağlayan lokomotif bir güç olur. Bu motivasyonun değersizlik inancından kaynaklandığını gösterir somut kanıtımız yoktur ancak zihnimiz kanıtı olmayan ama yine de yüzde doksanaltısının ne olduğunu bilmediğimiz (karanlık madde ve enerji olarak adlandırılmış olan) içinde yer işgal ettiğimiz evrenimizin gerçekliği olabilecek konuları ortaya, doğruya yakın olarak çıkarabilmesi için onun yani zihnimizin o şaşmaz mantık yürütme melekesini kullanmamız gerekiyor.

Diyelim ki bilinçaltı değersiz olduğuna inanırken, bu inancının içeriğini bilinçten çok fazla da gizleyemiyor (yani pencerenin altından kaçıramıyor). Bilinçli aklıyla da kişi, çevresini, kendini, ailesini değerlendirirken durumunun pek de parlak olmadığına, yani diğer kişilere göre zor durumda olduğuna, insanların onaylamayacağı bir durumda olduğuna, normal ve yaşamı garantide olan bir çağdaş bireyle mukayese ettiğinde kendinin geleceğinin hiç de o kadar garanti altında olmadığına, yine de "Yüce Rabbim'in bir bildiği vardır" tevekkülünü elden bırakmamaya gayret ederek karar veriyor. Bu acı durumunun farkındalığı halindeyken bilinçaltı ne üretecektir?

"Ben tehlikedeyim ve korunmaya muhtacım" inancı devreye girdikçe kişinin yaşayacağı tek bir durum vardır; o da bedensel acı çekmektir. Bedensel acı çeken bir kişiden bu acıya rağmen "hadi hayatla savaşıyoruz, sen mi yamansın ey hayat yoksa ben mi yamanım" tarzı bir nidayla ganyan müsabakasına başlamasını beklemek biraz fazla iyimserlik olacaktır. Beklenen kendini acındırarak bir şeyler sağlamaya çalışan bir kişinin ve kişilik yapısının belirleneceğidir. Acı çekmek acıyı yaratan nedenlerden kopuk olarak kendi başına tehdidin kendisi olmaya başladığında bilinçaltının bir merkezi, muhtemelen bilinçaltı koordinasyon kurulu başkanının, "ne oluyoruz beyler, mesele nedir?" diyerek masaya yumruğu vurmasını beklemeden polis soruşturması düzeyinde meseleye el koyacak ve anında kaynağı keşfedecektir.

Âdem-i beşer değersizliğini fark ettikçe, bilinçli düzeyde kendisini değer skalasında dibe doğru serbest düşüşe bıraktıkça acı çekmektedir.

Artık temel sorun acıyı ortadan kaldırmak olduğuna göre bu inancın hangi deliklerden bilince doğru kaydığıyla ilgili hızlı bir soruşturma başlanacak, deliller toplanacak ve en kısa zaman içinde bu farkındalığın nasıl yok edilebileceği ile ilgili tezler toplanmaya başlanacaktır. Tabii ki bu tezlerin sonucu olarak bundan böyle değersizlik inancının varlığını bilincin gereksiz değerlendirmelerinin dışında bırakılması için her türlü zihinsel, duygusal, fantastik, rüyasal malzemenin harekete geçirilmesi için genelgeler hazırlanması ve yayınlanması çabaların esası olacaktır. Bu çabaların başarılı olması için nasıl süreçler yaratıldığı belki kitabın başka başlıklarında konu edilecektir, ama bizim için esas şu anda önemli olan, "bu inanç fark edilirse bak başına neler gelir" tarzı geleceği gören bilinçaltlarına sahip âdem-i beşerlerin, kendilerine bunu fark edenlerin nasıl acı çektikleri filmini seyrettirmeden (çünkü seyrederlerse zaten farkında olacaklardır) alınacak önlemlerle tüm yaşamını huzur ve mutlulukla geçirmesi için ne gibi plan ve programlara ihtiyaçları olduğu belirlenecektir. O zaman birden çok seçenekli durumların insan zihninde de bir *defaultu* olması gerektiği ilkesi ve değişmez saptamasıyla bilinçaltlarının değişik merkezleri kendi aralarında yaptıkları derin tartışmalı toplantılar sonunda inancı fark ettirmemenin *default* olarak seçilmesine karar vermiş olmaları gerekmektedir. Çünkü *holistik* olan, yani geleceği, geçmişi, eğriyi doğruyu aynı anda ama birbirine karıştırmadan değerlendirme devrelerine sahip bu muazzam yapı için (yazar bilinçaltını kastediyor) değersizliğini fark edenlerle fark etmeyenlerin ilerde nasıl bir yaşam garantisi farklılığına ulaştıklarını bilebileceklerini bilmek, kuantumu anlamadan bilen bizim yirmibirinci yüzyıl aklı için fazla şaşırtıcı olmayacaktır.

Basit deneme yanılma ve yeniden denerken artık yanılmaması gerektiğini bilen bilinçaltı şunu öğrenmiştir; bir şeyi öğrenirken bilinçli melekeler devre dışı olmalıdır. Meseleler ne kadar bilinçdışı kaynaklarla öğrenilirse korunma o kadar otomatikleşir, mevcutlar arasından bir tanesini seçmekten başka bir hareket alanı olmayan o bilinç için, her ne kadar kendisine bilinçaltı denerek bilince göre daha aşağılık bir konuma itilmeye çalışılsa da, yine de o paralel devlet ya da kendini bilen bir bilge misali, olanaklarını ve koruma mevzilerini bilincin farkındalığından kaçırarak inşa etmenin, hizmetinde olduğu âdem-i beşerin menfaatine olduğuna çok erken dönemde karar vermiştir zaten.

Özetle hayatta kalmanın, sadece hayatta kalmanın değil, değersizliğini kıyamete kadar fark edilmeyecek düzeyde gizlemenin yolu âdem-i beşer üzerinde bilinçaltının bir hâkim-i mutlak gibi tahakküm kurmasıdır.

"Asla değersizliğini fark ettirme, düşündürtme bile, hatta şüphenin minnacık bir kırıntısı dahi zihnin yan yollarına bile uğramasın, ana yollara ise asla girmesin."

O halde gizlenme araçlarının en garantisi ve en makbul edileni olan, "başkalarına kendini değerliymiş gibi yuttur" ana bölümünün tam yol işleyebilmesi bu oto-kamuflaja bağlıdır. Sadece koştuğu yolu gören, görme açısı 30 dereceye indirilmiş yarış atı misali bilinç sadece başarıya, yarışa, kazanmaya, iktidara, paraya, şan ve şöhrete odaklanmıştır. Bilinç mutludur, bilinçaltı gururlu, âdem-i beşerin bilimum akrabayı taallukatı ise ellerini oğuşturmaklı.

Bir zamanlar büyük bir şehrin inşaat alanında önemli şirketlerinden birinin patronu yakalandığı barsak kanserinin başarıyla yapılmış ameliyatlarından sonra, "ey ben yine de nerde yanlış yaptım da kanser oldum" sorusunu sorduğu için, kansersizliği garanti altına alacak her yolu ararken bana da birkaç seans uğramıştı ve hikâyesini dinlerken onun yaşamından sunduğu bir sahneyi hiç unutamıyorum.

İşçi olarak girdiği beton fabrikasından nedenini şimdi unuttuğum bir sebepten ötürü işten atılan H kardeşimiz, şirketin ana giriş kapısının karşısına geçer, şirketin gururla yükselen bir platform üzerinde yazılı duran tabelasına bakarak (muhtemelen onu işten atan patronun adıyla beton fabrikası kelimelerinden oluşmuş bir tamlama yazıyordu), "buraya benim adım yazılacak" der. Ve beş sene içinde adını oraya yazar. Köyden çıkmış, okuyamamış, kardeşleri sürünen, kendisi eş dost yardımıyla bulduğu bir beton dökme işinde bile dikiş tutturamamış, teorilerimize göre değersizlik inancının en dibine vurmuş olması gereken bu kardeşimizin ensesinden tutup kafasını o tabelaya baktıran ve bu sözleri sanki altın harflerle bilinçaltına kazıtan o dinamik nasıl bir şeydir ki? Eğer bu artık bilmem kaç tane şirketin patronu olmuş ve bunca seanstan ve kişisel gelişim seminerlerinden ve gurular tarafından itilip kakılmalardan ve servetine dokunmayacak kadar yolunmalardan sonra aydınlanma geçirdiğini düşünen H nin benimle hasbıhal ettiği 9. seansının 25. dakikasında bilinçaltındaki o meşhur koruyucu inancı açık ettiğini ve beni 9 seans kıvrandıran sorunun yanıtını da tam bir şekilde ortaya koyduğunu daha dün gibi hatırlıyorum, hatta sesi bile kulaklarımda çınlıyor.

"Bir insan kafasına koyduğu şeyi yapmalı".

O kaygan, elini nereye atsan vıcık vıcık değersizlik inancıyla bulaşık olması gereken bilinçaltının H yi bambaşka bir yolun yolcusu yapan bu cümleyi koyu bir inanç olarak nerelerden bulup getirdiğini, asla bilemeyeceğiz. Çünkü bu inancın H'yi hasta yaptığını ve yıkılması gerektiği onayını alamadığımız bir bilinç ortada dururken bilinçaltından bu keşfi nereden satın aldığını söylemesini beklemek ancak acemi hipnoterapistlerin zamanını harcayacağı bir boş çaba olacaktır. Eğer bilinçaltında sürekli itici güç haline gelmiş bir yapı olmasa neden insanlar bir yerde frene basmasınlar? "Beş tane beton fabrikam oldu artık altıncısını yapmaya gerek yok, bu para ve üretim yedi göbek sülaleme yeter, biraz da kendi içimi keşfedeyim" tarzı yumuşak bir dönüşü, *ferrarisini satan adamı* okumuş olsa bile neden çok az kişi yapmaktadır?

Çok basit bir kuraldan dolayı.

Bilinçaltı işe yarayanı tekrar eder.

Alışkanlık haline getirir. Alışkanlıklar sorgulanmaz. Yaptıkça iyi hissedersin, yaptıkça emniyette ve güvendesindir. Eh inançta en diplerde ve sorgulanmasına izin vermeyecek kadar derinlerdeyse, sen (yani terapist olan ben yazar kulunuz) 6 tane beton fabrikası olan bir patrona, "seni iten güç içine yerleşmiş değersizlik inancıdır" dediğim zaman, sana sadece "ben ne kadar olgunum bak, bu saçmalığını bile anlayışla karşılıyorum ve bu seansın parasını da, yüreğini ferah tut, itiraz etmeden ödeyeceğim" bakışıyla bakarak, biraz da son aylardaki aydınlanmanın verdiği kemaliyetle, "herhalde bundan da öğrenmem gereken şeyler varmış" diyerek (gittiği kişisel gelişim seminerlerinde bunu çok sık duymuştu ve hoşuna da gidiyordu bu cümle) hem seansını yarım keser, hem parasını tam öder ve "ben sonra sizi ararım" diyerek terapistini bir daha randevu almak istemeyenlerin nasıl olurda aynı taktikleri birbirleriyle haberleşmeden kullandıklarının merakıyla baş başa bırakarak, sırf arkadaşlarının ısrarıyla aldığını daha önceki seanslarda beyan ettiği (yani ne demek istemiş, "ben öyle görmemiş, kendisine sonradan görme dedirtecek kadar para saçanlardan değilim." Eee, bu ne H bey? Değersizlik inancın olmasa, insanlar hakkında sonradan görme diyerek seni alçaltacaklarından korkmasan değil 4x4, 16x16 ile göğsünü gere gere gezmen gerekir) ve özel şoförünün kullandığı 4x4 lüksüne gömülerek akşam sefasına doğru süzüldü.

İşte böyle. Kişinin ne kadar yukarıda olduğuna kanmayın. İster baş ya da cumhurbaşkanı, ister FB başkanı, ister milli takım teknik imparatoru ister TV nin altın yumurtlayan iki yatlı altın çocuğu olsun. Bu kişilerde değersizlik inancı var mı yok mu? Nasıl anlayacaksınız?

Basit. 9. bölüme (değersizlik inancı ve davranışlarımız) bakın. Oradaki davranışlardan ne kadar çok maddeyi bu kişilerde gözlemliyorsanız o kişilerde o kadar derine gizlenmiş değersizlik inancı hala hükmünü sürüyor ve o kişileri yönetiyor demektir.

BÖLÜM 32

Kronik Hastalıklar ve Değersizlik İnancı

Beklediğimi bulamadığım seansların sonunda (ki sayısı hiç de azımsanacak ölçüde değildir), "Tanrım ne günah işledim de beni bu işe bulaştırdın" diye şikâyet etmişliğim az değildir. Biraz isyan, biraz kızgınlık, biraz huzursuzluğun yarattığı bu hesap soruşlardan sonra Tanrı kulağıma "ama senin bir görevin var, her insanın bu dünya da bir görevi vardır ve kimi bu görevi fark eder kimi ise fark etmeden yine benim yanıma döner" der. Tanrının sözünün dışına çıkmayı düşünmemiş bir mümin olarak, isyanımdan dolayı duyduğum utancında yarattığı bir pişmanlıkla hemen tekrar görevimin ne olduğunu anlamaya ve araştırmaya devam ederim.

Bu zor zamanlarda başlayan iç konuşmamın kendimle mi yoksa Tanrı'yla mı olduğunu bilemiyorum ama yaptığım her tartışmadan sonra "evet benim bu dünyada henüz tamamlanmamış bir görevim var" iç sesim baskın gelir. Hayatıma geriye dönüp baktığımda değişmez bir tekrar vardır; Önceden benim verdiğim kararlar son anlarda çok basit tesadüflerin neden olduğu karar değişiklikleriyle benim beklediğimden ve hayal ettiğimden hep bambaşka bir çizgiye doğru yol almıştır. Hiç aklımda yokken tıp fakültesinde kendimi bulmuş ve üniversite hayatımın tüm 6 yılında "benim burada ne işim var?" diye sorguladığım ve birazda değişiklik yapacak cesareti bulamadığımdan sürdürdüğüm o yılları gayet iyi hatırlarım. Sonra kendimi bulana kadar geçen başka bir 6 yıl, kendimi bulduğum bir kasaba, hesapta olmayan evlilik, hiç düşünmediğim kadın doğum uzmanlığını seçişim ve mecburi hizmet yılları ve sonra yine sarsıntılı geçen 10-15 yıllık arayış ve tam artık yolumu buldum derken yine keskin bir dönüşle kendimi hipnoz ve terapi dünyasının içinde buluşum. Ve sonra yine sorgulamalar.

"Benim bu deli dünyasında ne işim var?" (Deli lafın gelişi, hiç hazzetmediğim bir uzmanlık dalı olan psikiyatrinin, kendi alanına bulaştığımı iddia etmesi ve benimle sürekli uğraşmasının yarattığı yılgınlık dönemlerinden kalmış bir söz).

Ve gerçekten her şeyimle bu alandan ayrılmaya karar verip bu kararı uygulamak için tüm enerjimi ortaya koymama rağmen bir gücün beni hep engellemeye çalışması, benim de artık ciddi ciddi "ya bu spritüaller gerçekten haklı, galiba benim bu dünyada önemli bir görevim var" demeye başladığımı itiraf etmeliyim. Bu itirafın beni huzura kavuşturacağı yerde daha parçalı ve daha çatışmalı yapmaya başlaması da ayrı bir konu (aslında çatışma ayrı bir konu değil, tam da bu bölümün konusu).

Neyse şahsi meselelerimi bir yana koyarak sadede gelmeye başlayalım.

Bu kitabın yazarı, ben Dr. Bülent Uran eğer bu kitabı yazmışsa ve eğer senin eline geçmişse ey okuyucu (umarım geçmiştir, çünkü gerçekten çok emek veriyorum bu kitabın yazılmasına) tek bir amacım vardır ve bu amacımın Tanrı'nın bana söylediği görevim olduğunu umuyorum (umarım öyledir); iyileşmez denen hastalıkların iyileşmesine önemli bir katkıda bulunmak ve hatta iyileştiklerini görebilmek...

Bu alanda uğraşanların terapistler ya da şifacılar ne dersek diyelim üç aşağı beş yukarı gerçekten inanarak ya da inanmayarak hastalıkların oluşumunda Tanrısal güçlerin önemini zaten kabul etmektedirler ve şifalarını da bu görüşe dayandırtmaktadırlar.

Ama ben o kadar iddialı olmayacağım ve basitçe şunu söyleyeceğim;

"Çözülmesi gereken, ama güncel ve çağdaş yöntemlerle çözülememiş her türlü sorunun ardında bilinçaltı mekanizmalar rol oynamaktadır ve bu oyunun başrolünde de değersizlik inancı sahne almaktadır."

Bu bir iddiadır ve her iddia kanıtlanmaya mahkûmdur ve benim bu iddiam bir gün gelecek kanıtlanacaktır.

Çözülmesi gereken derken neyi kastediyorum?

Örnekle açıklayayım. Diyelim ki bir trafik kazası sonucu bir kişi kolunu kaybetmiş olsun. Yani kolsuz kalmış olsun. Belki teknoloji ona kolun yerine kullanabileceği bir mekanizma yerleştirecektir ama asla eski kolun aynısını yaratamayacaktır. Bugüne kadar bu gerçekleşmiş değildir. O halde bu durum çözülmesi ihtimali olmayan bir durumdur ve bilinçaltı ile neden arasında bir ilişki yoktur. Apandisiti ele alalım. Burada mekanik bir sorun vardır. Değişik nedenlerden dolayı appendiks dediğimiz kör bağırsağın kan dolaşımı bozulmuştur ve eğer bu yapı kesilip alınmazsa ölüm tehlikesi vardır. Günümüz tıbbı bu durumu basit bir ameliyatla (3 aylık cerrahi asistanının bile yapabileceği bir ameliyatla) çözer. O halde burada da bilinçaltı mekanizmalardan söz edemeyiz. Mutlaka ameliyat gerekir.

Ama her ameliyat yapılması *gereken* durum bilinçaltı dışı değildir.

Örneğin bel ağrısı durumuna bakalım. Burada ameliyat nedeni olan ağrının beldeki disk kaymasının sinirlere baskı yapmasından kaynaklandığı iddia edilir ve ameliyat yapılır. Ama birçok bilimsel araştırma ameliyatların gereksiz olduğuna ve çoğu ameliyat olmuş kişilerde bel ağrısının zamanla tekrar ortaya çıktığına işaret etmektedir[90]. İşte burada bilinçaltı merkezler hastalığın kaynağı olabilir. Çünkü bilinen tıbbi tedaviler (ameliyat, ilaç, fizik tedavi) beklenen iyileşmeyi sağlamakta yetersiz kalmaktadır. Hele konu kronik hastalıklara geldiğinde artık bilinçaltından başka düşünecek bir etkenimiz yoktur.

Kronik hastalık dediğimiz zaman hiçbir tıbbi tedavi ile ortadan kaldırılamayan hastalıklardan bahsetmekteyiz.

Örneğin, şeker hastalığı, yüksek tansiyon, kolit, migren, myastenia gravis ya da mültipl skleroz gibi kas hastalıklarında bilinçaltı mekanizmalar esas etkendir. Bu tip hastalıkların bilinçaltı çalışmalarla -az sayıda kişi söz konusu olsa da- çözüldüğü ve iyileşme sağlandığı tıp çevreleri tarafından da bilinmektedir. Her ne kadar çoğu tıp doktoru için bu hastalıklar iyileşmez sınıfından olsa da henüz kendiliğinden ya da tıp dışı yöntemler kullanılarak iyileşmemiş bir hastalık teşhisi yoktur. Yanlış anlaşılmasın her hastalık mutlaka sonunda iyileşir anlamında değil özellikle asla iyileşmez denilen bir hastalık teşhisi almış bu kişilerden çok azının hastalıktan tamamen kurtulabildiğini söylemek istiyorum. Kendiliğinden ya da tıbbi olarak bilimsel kabul edilmeyen bazı uygulamaların sonunda mucizevi iyileşmeler olmuştur[91].

Burada sadece tıbbi fiziksel hastalıklardan değil aynı zamanda ruhsal denilen hastalıklardan da bahsediyorum. Psikiyatri uzmanlığını ilgilendiren bu hastalıkların nedenlerinin günümüz tıbbı beyindeki bazı kimyasal arızalara bağlamaktadır. O halde zaten ruhun hastalanması diye bir şey söz konusu değildir. Zaten ruh hasta olsaydı herhalde ilaçlarla tedavi etmek saçma olurdu. Her ne kadar ilaçlar da hastalıkları ortadan kaldırmasa da buradan "o halde hasta olan ruhtur" sonucunu çıkaramayız ama hasta olanın yine bilinçaltı kaynaklı bazı arızalar olduğunu söyleyebiliriz. Psikiyatrik ya da psikolojik olarak sınıflandırılan bu sorunların kaynağında da bilinçaltı mekanizmaların ve özellikle değersizlik inancının ciddi bir rol oynadığını belirtelim.

Üçüncü grup hastalıklar ise davranış bozuklukları ve alışkanlıkları kapsamaktadır. Bu başlık altında en çok karşılaştığımız durumlar panik atak, fobiler, sigara, alkol ve benzeri alışkanlıkları, takıntıları sayabiliriz. Bu

---

90 J. Sarno Healing back pain.

91 D. Chopra. Quantum Healing: Exploring the Frontiers of Mind/Body Medicine.

sorunların temelinde de yine değersizlik inancı başlatıcı bir rol oynamaktadır.

Değişik konu başlıklarında değersizlik inancının nasıl rol oynadığına dair açıklamalar yapmaya çalışacağım.

Hastalık nasıl oluşur?

Hastalık zihinsel düzeyde dengenin bozulması sonucu ortaya çıkar. (Hastalık İngilizce de disease, dis-ease, yani rahatın bozulması anlamına gelmektedir. Bunu dengenin bozulması anlamına okuyabiliriz). Zihinsel düzeyde dengeyi bozan ise farklı yönde, birbirinin zıddı yöndeki inançların bir arada çalışmaya ve iş görmeye çabalaması sonucu ortaya çıkar. Doğuştan getirdiğimiz inançların ne olduğunu bilmiyoruz ama sonradan birçok inanç sahibi olduğumuzu ve bunların nasıl yerleştiğini kitabın ilgili bölümlerinde anlatmaya çalıştım.

Birbirinden farklı inançların aynı durum için aynı anda devreye girmeye başladığı zaman ortaya çıkan kaotik duruma **çatışma** diyoruz.

Basitçe bir inanç "köşeye geldiğin zaman sağa gideceksin", başka bir inanç ise "sola gideceksin" diye yerleşmişse köşeye geldiğimiz zaman her iki inançta devreye girer. Kişi aynı anda hem sağa, hem de sola gidemeyeceğine göre o anda çatışma yaşar. Çatışmanın sonucu ilk tepki **kilitlenme** yani **donup kalmak**tır. Ama bir şekilde o köşede ömür boyu bekleyemeyeceğine göre bir karar verilecektir. O anda hangi inancı besleyen ögeler bir şekilde ön plana çıkarsa kişi o yönde karar verir ve o yöne gider. Ama karar verilmemiş yöndeki inançta etkisini sürdürmeye devam eder.

Bu ret edilmiş inancın yarattığı etki nedir?

Bu etki fiziksel bedende hissedilen ve rahatsızlık olarak addedilen bir histir.

Tabi burada seçimin rastgele olduğunu düşünsek de aslında seçim çoğunlukla daha sonradan öğrenilen ya da yerleşmiş inancın yönündedir. Birbiriyle çatışan inançların aynı anda yerleşmesi mümkün değildir. O halde mutlaka bir inanç diğerinden daha önce yerleşmiştir. İkinci inanç yerleşirken birinci inanç devre dışı kalmaz ya da otomatik olarak silinmez. İkinci inançla birlikte işlemeye devam eder. Yaşamsal gereksinmeler ve hayatta kalma çabaları yeni inançların yerleşmesine neden olmaktadır. Ya da inanç olmasa bile bazı yapılması gereken eylemler, alınması gereken kararlar önceden yerleşmiş inançlarla çatışmaya başlar.

İşte hissi yaratan bu yok sayılan inançlardır.

İnancı yok sayarak alınmış kararlar önce huzursuz edici bir his daha sonra da hastalık yaratmaya başlar. Ama bir şekilde ikinci inanç yerleştikten sonra birinci inancın seçilmeye başlaması da artık olumsuz his yaratmaya başlayacaktır.

Çatışmaların yarattığı bu olumsuz hislere genel olarak **stres** diyoruz.

Stres ve çatışma birbirinin ayrılmaz parçasıdır.

Kişi çatışma yaşadıkça, çatışmanın şiddetiyle orantılı düzeyde stres hisseder. Stresi hissettikçe de daha çok çatışma yaşar.

Bu saptamadan sonra tekrar konumuzun özüne dönelim ve anlatmaya çalıştığım şeyi bir örnekle şekillendirmeye ve somutlaştırmaya çalışayım.

Diyelim ki kişide topluluk önünde konuşma korkusu var. Öncelikle şunu belirteyim ki bu teşhisi kişi kendi kendine koyar. Hiçbir psikiyatrist isterse bir numara olsun hatta hocaların hocası ünlü psikiyatrist profesör K.D. abimiz bile kişinin gözüne bakarak ya da nabzını tutarak o kişiye konuşma korkusu teşhisi koyamaz. Kişi özellikle topluluk önüne çıkmaya kalkıştığı zaman nedenini bilemediği ve kötü ya da olumsuz olarak nitelediği hisleri bedeninde hissetmeye başlar. Kalbi çarpar, göğsü sıkışır, nefesi daralır, elleri terler, titrer vs. Bu hislerin ortaya çıkmasına ve varlığına dayanarak "mademki ben topluluk önünde konuşmaya karar verdiğim zaman bu hisleri hissediyorum o halde bende konuşma korkusu var" der. İşte bu aşamada ilginç olan, çoğu kişi için artık topluluk önüne çıkmaktan kaçınma süreci başlar. Kişi hisler nedeniyle topluluk önünden bulunmaktan kaçındıkça inanç geliştirmeye başlar.

İnanç bölümünde de ayrıntılı incelediğimiz süreçlere uygun olarak eylemler inançları doğurur, daha sonra da bu oluşmuş inançlar eylemleri belirlemeye başlar.

Kişi kendisinde konuşma korkusu olduğuna *inanmaya* başladıkça konuşmaktan kaçınmaya başlar (Konuşma korkusu burada inançtır. Çünkü böyle bir korkunun doğrudan varlığını kanıtlayacak somut bir veri bulunamaz ve gerçek olan aslında o kişinin topluluk önünde konuşmaktan korkmadığıdır, sadece hissettiği histen dolayı böyle bir korku varmış inancını geliştirmesi ve sonra da bu inanca inandığı için korkuyormuş gibi davranmaya başladığıdır). Kişinin gerçekten neden topluluk önünde bedeninde o hisleri yarattığını bilemeyiz. Ama bu hislerin geçmiş deneyimlerin sonucunda ortaya çıktığını bilebiliriz. Ve bu kitabın bilgilenmiş okuyucuları olarak artık şunu rahatlıkla söyleyebiliriz.

Değersizlik inancını yaratan hangi deneyimler olursa olsun eninde sonunda bu kişide değersizlik inancı vardır ve topluluk önünde değersizliğinin açığa çıkacağı kaygısını hissetmektedir. (Topluluk önünde konuşma korkusu olan kişilere şunları sorduğumuz zaman hep hayır yanıtını alırız. "Salon boş olsa korkar mısın?", "tabii ki korkmam", "salondaki koltuklarda cansız modeller olsa korkar mısın?", "tabii ki korkmam", "koltuklarda çocuklar otursa korkar mısın?", "tabii ki korkmam", "senden aşağı düzeyde mevkilerdeki insanlar olsa hepsi korkar mısın?", "o kadar korkmam". O halde sorun konuşma korkusu değildir. Konuşma korkusu olsa kişinin çocuklar önünde, hatta hayvanlar önünde bile konuşmaktan korkması gerekirdi). Bilinçaltı sanki "ben tek tek insanları kontrol edebilirim ama herkesten aynı anda değersizliğimi gizlemem mümkün değildir" mesajını vermektedir, "kimin o topluluk içinde benden daha değerli olduğunu bilemem. Herkese aynı anda uygun ve ortak bir gizlenme durumu yaratmam mümkün olmaz."

En az bir kişinin bile değersizliğimi fark etme ihtimali varsa o ortamdan uzak durmam yeterlidir. Kişinin en ufak bir niyeti bile bilinçaltı tarafından tepkiyle karşılanır ve olumsuz bir hisle uyarı gönderilir. Niyet bozuldukça, yani kişi konuşmaya niyet ettikçe his gittikçe güçlenmeye ve yavaş yavaş **semptomatik** hale dönmeye başlar[92]

O halde kişinin topluluk önünde konuşmaya kalkıştığı zaman bedeninde bir takım hisler hisseder ve bu hislerin etkisi altında (**hislerin hipnozu**) eylemden kaçınırsa bilinçaltı için amaç gerçekleşmiş olur ve bilinçaltı daha ileriye gitmez.

Kişi haddini bilirse bilinçaltı da kişiyi daha fazla sorun yaratmayarak ödüllendirir diyebiliriz.

Ama kişi konuşmak zorundaysa, ya hisse rağmen ya da hisleri değişik

---

[92] Burada tıbbın hisle semptomu birbirinden ayırmakta zorlandığını hatta çoğu zaman hislere de semptom muamelesi yaptığını belirtelim. Semptom dediğimiz zaman fiziksel bedendeki işleyişin normal dışına kaymasını kastetmekteyiz. Yani hastalık dediğimiz o denge durumunun bozulmasının belirtileridir. Semptomun Türkçesi belirti olarak kabul edilse de her belirti semptom değildir. Semptom gerçekten hastalık hali oluştuğu zaman ortaya çıkan belirtileri kastetmemiz gerekir. Belirti subjektiftir, semptom ise objektif olmalıdır. Objektif olmayan her belirti hisle ilgilidir. Ağrıda bir his olduğundan belirti kabul edilmeli ama semptom kabul edilmemelidir. Eğer yanlış olarak daha hastalık ortaya çıkmadan önce hisleri semptom olarak kabul edersek olmayan hastalığı yaratmaya başlarız ve ne yazık ki günümüzde özellikle telkine yatkın kişilerde hastalıkların gelişiminde bu yanlış ve erken konmuş ihtimali teşhislerinde rol oynadığını söyleyebiliriz.

yöntemlerle uyuşturarak, ya da her şeye rağmen konuşmayı seçerse, bilinçaltı koordinasyon kurulu hemen harekete geçer. Çoğu zaman aslında konuşmanın da değersizlik inancını gizleme çabasından kaynaklandığı ortaya çıkar. Kişi bilgisini ortaya koyacak, güzel bir konuşma yapacak bu sayede hem takdir alacak hem de pozisyon kazanacaktır. Bu durum birinci grup gizlenme çabalarının güçlenmesi demektir. Ama kişi konuşmakta ısrar ederse ve bilinçaltının değersizlik inancını gizleme çabalarını takmazsa, koordinasyon kurulu üyeleri yeni çözümler üretmek üzere harekete geçerler. Semptom seçimi, biraz bilinçaltının arşivine, biraz öğrenilmiş hastalıklara ya da geçmiş deneyimlerinde işe yaramış bazı semptomlara göre değişir. En basitinden el titremesi, terleme, yüz kızarması gibi belirtiler çoğu zaman kişiyi insan içine çıkmaktan uzak tutan semptomlar olarak belirmeye başlar. Kişi bilinçaltının yarattığı hislerden değil ama bu semptomların ortaya çıkmasından gerçekten *bilinçli düzeyde* de korkmaya başlar. Aslında durum daha gerçekçi bir platforma oturmaya başlamıştır. Şimdi bu semptomlar başkaları tarafından fark edilirse gerçekten değersizliği açığa çıkaracak çok daha somut göstergeler olmuştur. Kişi açık açık "tabii ki bunlar ortaya çıkarsa rezil olurum, insanlar hakkımda zayıf ve yetersiz olduğumu düşünürler" der. "Peki, öyle misin" diye sorduğumuzda "yok canım tabii ki yetersiz değilim ama bunların olması da hoş değil" diye kıvırtmaya başlar.

Yani değersizlik inancı gerçek yüzünü göstermiştir ve kendini belli etme yönünde bir hareket çekmiştir ama kişi kolay kolay böyle bir şeyi kabul etmez ama bilinçaltı için bu daha kabul edilebilir bir durumdur. Bu semptomlar kişiyi durdurursa ne iyi. Ama genellikle bu aşamadan sonra tıp (batı tıbbı anlamında) işin içine girmeye başlar.

Semptom varsa tıp hizmete hazırdır.

El titremesi için anti titreme ilaçları, terlemeler için terleme önleyici ilaçlar, botoks uygulamaları, kızarmaya karşı başka bir şeyler, sakinleştirici haplar falan derken kişinin topluluk önünde kendini daha rahat hissedeceği ve davranacağı makul bir düzey elde edilmiş olur.

Ama artık bilinçaltı kurul başkanına da bir haller olmaya başlar.

Neden bu adam kendisine verilen bu mesajları yok saymakta ve inadına insan içine girmek için inat etmektedir? Üstüne üstlük bilinçaltının müdahale edemeyeceği bir takım önlemlerle semptomları ortadan kaldırmaktadır. O halde daha ciddi, daha müdahale edilmesi zor bir şeyler yapılması gerekir.

- Tez bu adamın insan içine çıkmasını ilk elden önleyin.

- Yani ne yapalım?

- Kalkamasın, konuşamasın, ayakta duramasın ne bileyim ben bulun işte bir şeyler.

Bu durumda baş dönmesi, kas zayıflığı, ses kısıklığı, gıcık öksürük, nefes darlığı gibi semptomlar ortaya çıkmaya başlar. Artık tıp daha ciddi iş başına davet edilir. Öyle durum basit semptomdan çıkmıştır sanki ciddi ve araştırılması gereken bir hastalık şüphesi vardır. Tetkikler yapılır ve bazı şüpheli bulgular bazı hastalıkları düşündürtmeye başlar. Romatizma, kas zafiyeti hastalığı (MS), vs gibi net teşhis edilmesi zor ihtimali teşhisler ortaya konmaya başlanır. Henüz tıp emin değildir ama kuvvetle şüphelenmektedir. Kişi biraz entelektüelse kitap, internet karıştırmaya başlar ve hastalık belirtilerini detaylı olarak öğrenir, hele biraz da evhamlıysa öğrendiği, okuduğu her belirtiyi kendinde gözlemlemeye başlar. Yani asla çıkmayacak hastalık yavaş yavaş kendini yaratmaya başlar.

Zihin neyi beklerse onu gerçekleştirme eğilimine girer.

Böylece bilinçaltı ortaya çıkan tablodan artık mutlu olmaya başlamış ve elde ettiği başarıyla övünecek hale gelmiştir. Kişi artık ne kadar isterse istesin topluluk içine çıkamayacak hale gelmeye başlamıştır. Hele bir de doktor, "aman stres yapmayacaksın yoksa hastalığının ilerlemesi hızlanır" demişse, gideceği varsa bile artık gidemez. Hastalık korkuları kişinin bütün düşünce sistemini esir almaya başlamıştır.

Hastalığın başlamasına neden olan etken ile hastalığın ilerlemesine neden olan etkenler, her ne kadar her biri zihinsel süreçlerin farklı birer yansıması olsa da birbirinden farklıdır. Bu kitabın esas konusu değersizlik inancı olduğu için özellikle bu bilinçaltı etkenin kronik hastalıkların başlamasında ve açığa çıkmasındaki etkisine tekrar dikkat çekmek istiyorum. Bu açıklamalardan bazı okuyucularım "o halde değersizlik inancı hastalıklara sebep oluyor" diye bir sonuç çıkarmaya kalkmasınlar.

Değersizlik inancı şu ya da bu düzeyde her fani âdemde mevcuttur.

Değersizlik inancının mevcudiyeti hastalığa sebep olmaz.

Değersizlik inancının yarattığı farklı inançlar, değersizliği gizleme amacıyla geliştirilen stratejiler, gizlenme çabaları ve bunların oluşturduğu inançların çarpışması hastalığın nedenidir.

Bazı insanlar vardır, sessiz, sakin, ağzı var dili yok denilen türden, ne etliye karışır, ne sütlüye, daha çok masa başı ve evden çalışmayı seçer, yalnızlığı seçer, kitap okumayı sever, sosyal yaşama çıkmaz, tam bir ev kedisidirler. Son derece kendiyle barışık, insanlarla barışık izlenimi veren bu tiplerin büyük çoğunluğu aslında bilinçaltı düzeyde ölümüne insan içine çıkmaya korkuyorlardır. Ama bu tutumları nedeniyle bilinçaltında hiçbir çatışma yoktur. Otur, oturur. Kalk kalkar. Bilinçaltı ya da zevcesi ne emrederse onu yapar. Bu itaatkârlıktan bilinçaltı son derece memnundur. En garantili gizlenme çabası uzak durmak, yok olmaktır. Değersizliğin bu davranışlar sayesinde fark edilme riski hiç yoktur.

Gizli sosyal fobik olarak adlandırdığım bu tipler tam bir kokmaz bulaşmaz keçi bokudur.

Ve ilginç olan bu insanlar hasta olmazlar. Hastalık yanlarına uğramaz. Kendi dünyalarında ot gibi doğarlar, ot gibi yaşarlar, ot gibi ölürler. Hastalığın ortaya çıkması için çatışma şarttır.

O halde hastalık daha çok varlığını ortaya koyma gayreti içinde olan kişilerin sorunu olacaktır. Bu kişiler, bilinçaltlarındaki değersizlik inancına rağmen, bu inanca teslim olmamışlar, inancı gizleme çabalarıyla çatışmaya başlamışlardır.

Bilinçaltı, dediğim gibi, her zaman gizlenmeyi, uzak durmayı diğer çabalardan daha fazla tercih eder. Ama şu ya da bu nedenle, yaşamının belli bir bölümünde hayata katılmanın keyfini almış kişiler 1. grup değersizliği gizleme çabalarını daha ön plana almaya gayret ederler. Kızlara (ya da erkeklere) kendini beğendirtmeye çabalarlar, sosyal olmaya, sportmen olmaya, başarılı olmaya, popüler olmaya çabalarlar. Bu çabaların sonucunda elde edilen gizlenmenin yeterliliği ya da yetersizliği çatışmanın şiddetini ve ilerde gelişecek hastalıkların nev'ini belirler. Gizlenme ne kadar yetersiz kalırsa hastalık o derece şiddetli olur. Gizlenme ne kadar iyi olursa ve sadece ufak tefek açıklar verirse o kadar hafif semptomlar ortaya çıkar.

Tabi kişilerin semptomlara verdiği uyum da bilinçaltı tarafından gözlemlenir ve değerlendirilir. Basit semptomlar işe yararsa daha ağırları ortaya çıkmaz. Yani konuşma korkusu olan kişi için baş dönmesi ve bulantı yeterli olursa, daha fazlasına gerek kalmaz. Ama kişi semptomla inatlaşırsa, bu sefer diz ağrısı ortaya çıkar, bununla da inatlaşırsa kas hastalığı ortaya çıkar (Bu sırayı sadece örnek olarak veriyorum yoksa herkeste böyle bir sıra olacağını düşünmeyin. Sıralama herkeste farklı olabilir ama mantık aynıdır.).

Kural olmamakla birlikte, genellikle bilinçaltı çatışmalar güçlü olan ve **atalet** yaratan inancın lehine sonuçlanır.

Örneğin bayan zayıflamak ister. Kilolu olması erkekler tarafından beğenilmesini engellemekte ve değersizliğinin açığa çıkmasına neden olmaktadır. Ve ne kadar çabalarsa çabalasın bir türlü o istediği güzelliğe ve fitliğe ulaşmamaktadır. Ama elde ettiğiyle yetinip insan içine çıkmaya, hele bir de erkek tavlamaya kalkarsa bilinçaltında çatışma güçlenmeye başlar. Kilolu olmanın da bir avantajı vardır. Kilo onu erkeklerden zarar görmekten koruyordur. Bu şekilde hem beğenilme riski ortadan kalkar hem de kilo sayesinde insan içine çıkma ve fark edilme riski azalır. Yani muhtemelen kilo birden fazla inancı tatmin etmektedir (1. inanç erkekler tehlikeli, 2. inanç ben değersizim). Birden fazla inancı tatmin eden "kilolu kalmalıyım" inancı "zayıflamalıyım" inancından daha güçlüdür. O halde çatışma çözücü sistemler kilolu olma yönünde tercih ortaya koyacaklardır.

Hastalıklar atalet yaratır.

O nedenle de bilinçaltı çatışmalar ataleti seçen inanç yönünde seçim ortaya koyarlar. Çok az kişi dışında, kişi ne kadar sosyal fobik olursa olsun, değersizlik inancı ne kadar derin olursa olsun, yine de içlerinde bir yerlerde insan olma değeri, insani değerleri, kişiyi insanca yaşaması gerektiği yönünde düşüncelere ve buna bağlı zayıfta olsa bazı girişimlere yöneltir. Ama böyle girişimler, diğer insanlara değerli görünmek için hiçbir donanıma sahip olmayan bireylerin bilinçaltları tarafından resmen panikle karşılaşır. Bu nedenle bazı hastalıklar henüz çok ciddi bir çatışma ortada olmasa da bu basit insani arzuları tamamen silmek ve yok etmek amacıyla ortaya çıkarlar.

Örneğin sivilceler, bazı cilt rahatsızlıkları, kilo almalar, alerjiler bu amaca hizmet etmek için üretilir. "Yahu utanacak ne var, neden ben böyle utanıyorum" diye düşünmeye başlayan kişiye, bilinçaltı "madem illa somut utanacak bir şeyler arıyorsun al işte o zaman sana utanacak meseleler yaratıyorum" der.

Zamanla bu sorunlar tıbbi tedaviyle değil ama kendiliğinden ortadan kalkmaya başlar.

Ne olmuştur? Bilinçaltı değersizlik inancından mı vaz geçmiştir?

Hayır. Kişi, bir şekilde birinci grup gizlenme araçlarından yeterli düzeyde sahip olmaya başlamıştır ve çok daha donanımlı olarak insanların içine çıkabilir hale gelmiştir. Bu durumda daha ciddi tehditlerin bulunduğu ortamlara karşı önlemlerini rezerv tutmak kaydıyla bilinçaltı bu ek önlemlerden vazgeçmeye başlamıştır, ama değersizlik inancı aynı gücüyle aynı yerinde durmaktadır. Bilinçaltındaki bu değersizlik inancıyla daha insani isteklerin karşılaşması sonucu ortaya çıkan çatışmalara bilinçaltı-insan tarafı çatışması diyebiliriz.

Hastalıklar taraf tutmaz, mecburen ve çatışma çözmek amacıyla ortaya çıkarlar ve sonra da hastalık atalet yaratmaya başlar. Her hastalık ya doğrudan atalet yaratır ya da hastalığın ilerlememesi için kişi atıl bir hayatı ya da yaşam tarzını seçmek zorunda bırakılır. Bu durumda da bazen hastalık bilinçaltı inancın tarafını değil de insan tarafını seçiyormuş konumuna düşer. Bu durumlar kişi tarafından ilginç bir şekilde memnuniyetle karşılanır; çünkü büyük bir yükten kurtulmuştur. Bu kişiler pek iyileşmek istemezler. Hastalıkta ne ilerler, ne de geriler.

Halk arasında **MS (eMeS)** olarak bilinen mültipl skleroz böyle bir hastalıktır. Bu gençler herkesin yükünü omuzlamış kişilerdir. Ya aşırı hırslı ve çalışmaktan başka bir şey düşünmeyen ya da fazla kazanamasa da kazandıklarını eşe dosta özellikle de ailesine harcayan kişilerdir. Bir taraftan böyle davranmak zorunda hissederlerken bir taraftan da farkında olarak ya da farkında olmadan bu yüklenmelerini sorgularlar. Ama bilinçaltları bu sorgulamalara izin vermez. Çünkü bilinçaltları değersizlik inançları gereği her insana evet demeli, herkes tarafından iyi bilinmeli (iyi bilinme laneti), herkesin takdirini kazanmalıdır.

- Ben niye hayır diyemiyorum, herkesin derdini ben mi yüklenmeliyim, ben de insanım benimde kendime zaman ayırmam gerekir, alıp başımı bir kaçabilsem

tarzı düşünceler kişinin zihnini küçük tahta kurtları misali kemirmeye başladıkça bilinçaltı çözüm arama derdine girer. Hisler kişiyi bilinçaltı programına sadık tutmakta yetersiz kaldıkça yavaş yavaş semptomlar devreye girmeye başlar. Bazen küçük bir yorgunluk kişiyi mutlu eder. Minik hastalıkları sayesinde başka kişilerin hayır diyemeyeceği isteklerini ret etmeye başlar. Bilinçaltı için çözüm başlamıştır ve ilginç olan kişi çözümden mutludur. Bazen yorgunluk, bazen başka bir semptom ortaya çıkar. Kişi tabiî ki bu hastalığı bilinçaltının yarattığından haberi yoktur. İşten güçten kalmak onu yine de rahatsız etmektedir ve önce vitamin hapları almaya ya da biraz sağlıklı beslenmeye falan başlar. Ama semptomlar ilerlemeye başlar ve sonunda doktora başvurur. Genellikle tetkikler bir şey vermez. Semptomlar bir yere oturmaz. Net bir teşhis konamaz ama bazı ihtimali her şeye uyan hastalıklardan şüphelenilmeye başlanır. İşte MS bu duruma uyan çok uygun bir hastalıktır. MS şüphesi zaman içinde gerçek MS'e doğru yol almaya başlar (benim hep şüphem vardır. Gerçekten MS diye bir hastalık var da bu yolu izleyerek ilerlemekte midir, yoksa bu ilk belirtilerle hastalık ortaya çıkmadan konan teşhisler, eşeğin aklına karpuz kabuğu düşürme misali, bilinçaltına hastalık yaratma yolunu göstermektedir. Yani hastalık gerçekten var mıdır yoksa doktor ve hasta işbirliği ile bu hastalıklar yaratılmakta mıdır?).

Depresyonda böyle bir teşhistir (hastalık demeye dilim varmıyor çünkü depresyona özgü bir tek semptom ya da fiziksel bulgu bulamazsınız).

Depresyon ile değersizlik inancı (**de-de ilişkisi**) paralel bir yapı gösterir. Değersizlik inancı derinleştikçe, daha doğrusu kişi tüm gizlenme çabalarının iflas ettiği kanaatine varınca, kendisine bulduğu bir sığınmadır depresyon. Depresyonun kendisi bir anda gizlenme aracı konumuna çıkar.

- Üzerime gelmeyin depresyondayım.

- Aman ondan fazla bir şey istemeyin bu aralar yine depresyonda,

- Vah vah çok yazık.

Evet, hastalıkların en büyük kazancı budur.

Acındırmak!

Yardım eden kategorisinden bir anda yardım edilen kategorisine geçiş yaparsın. İnsanlar hastalığın nedeniyle sana değer vermeye(!) başlarlar. Bilinçaltının da kafası (o nasıl bir şeyse artık) karışmaya başlar. Değersizlik inancında ortaya çıkan çatışmayı çözmeye başlarken kucağında bulduğu depresyon bir anda değersizliğini gizleyen bir araç olur.

- Vallahi de billahi ben bu adamı artık bu depresyon denen şeyden çıkarmam.

Ruhsal hastalıklar olarak tanımlanan durumlar için de değersizlik inancının ciddi bir etken olduğunu söyleyebiliriz. Ancak bu tip fiziksel semptom içermeyen ve sadece hastaların tariflerine göre teşhis edilen ve psikiyatrik hastalık ya da psikolojik sorun olarak ifade edilen bu durumların hepsinde belirgin olan belirti hislerdir. Bu hislerin varlığı kişiyi rahatsız eder. Hisler aşamasında çatışma başlamıştır ama henüz kişi hislerin etkisi altında olduğundan bilinçaltındaki değersizlik inancının aksine bir yönde eyleme geçmez. Tamamen hislerin dayattığı yönde seçimler yapar. Bu durumda da bilinçaltı daha ileri bir teşebbüste bulunmaz. Ancak kişi bu rahatsız edici hisler için çare aramaya başlar.

Muhtemelen hekime ve tercihen psikiyatri uzmanına başvurur. Hastanın anlattıklarına göre bir teşhis konur ve durumuna uygun ilaç başlanır. Bu ilaçların temel etkisi beyindeki kimyasal ileti sistemini değiştirmeye yöneliktir. Bu ileti sistemi beyindeki merkezlerde hislerin algılanması üzerine etki yapar ve hislerin olumsuz hissedilmesinin etkisini azaltırlar. Hislerin bu olumsuz algılanmasının azalmasının hastanın yararına bir durum olduğu gibi bir sonuç çıkarır, çünkü hislerin olumsuz etkisinden kurtulan kişi daha rahat hareket etmeye ve davranışlarda bulunmaya başlar.

Bu davranışların yönü tabii ki bilinçaltının beklediği o değersizliği gizleme yönünde olmayacaktır. Bu durumda kişi sahte bir iyileşme dönemine girdiğini zannederken arka planda çatışma artmaya başlamıştır. Eğer bu iyileşme döneminde kişi gerçekten elde edeceği sonuçlarla bilinçaltını tatmin edecek yeni gizlenme araçlarına sahip olamazsa yine çatışma çözücü merkezler işbaşına geçeceklerdir. Tabi bu tip bir süreç bugünden yarına olmayacaktır, bazen yeni bir hastalığın çıkması uzun yıllar alabilecektir. Çünkü bazen gerçekten ilaçların yarattığı sahte özgüven durumu ile kişiler kendi içlerindeki kaynakları harekete geçirebilirler ve yaşamlarında bazı olumlu değişiklikler yaratabilirler. Özellikle birinci grup gizlenme araçlarına yani diğer insanlara kendilerini değerliymiş gibi gösteren etiketlere sahip olabilirler. Bu etiketlerin belli bir süre çatışmayı arka plana itmesi beklenebilir. Kişi yeniden yaşamında zorlanmaya başladığında yani gizlenme araçları yetersiz kaldığında çatışma kaldığı yerden işlemeye başlayacaktır.

Bazı psikolojik hastalıklar duyguların gereğinden fazla yoğunlaşması ve dengeye girememesi sonucu ortaya çıkar. Çocuklukta yaşanılan birçok olay, özellikleده değersizlik inancını yerleştiren davranışlar aynı süreçte duygu birikmesine de neden olur. Duyguların birikmesi bilinçaltında tehdit algısının devam etmesine neden olur. Yıllar geçtikçe biriken duygular sürekli olarak bu tehdit algısını besler. Benzer olaylar karşısında titreşen duygular bedende güçlü ve olumsuz bir his olarak kendini belli eder. Bu süreçte değersizlik inancı da aynı olayların yaşanması ve duyguların ifade edilmemesi ile birlikte daha da güçlenir. Değersizlik inancına sahip kişilerde duyguların gizlenmesi ve bastırılması bir inanç olarak yerleşmiştir. Özellikle duygularını ifade etmeyen ve duyguların gösterilmesinin aşağılandığı ailelerde yetişen kişilerde bu durum daha da belirgin bir hal alır. Yaşam koşullarının da kişinin birinci grup gizlenme araçlarına yeteri kadar sahip olmasını engellemesiyle birlikte duygu durum bozuklukları, kaygı bozuklukları, öfke kontrol bozuklukları, depresyon, bipolar bozukluk, fobiler, panik atak teşhisleriyle tanımlanan durumlar ortaya çıkar. Kendisinin değersizliğine iyice inanmış bilinçaltı, bu duygularının da etkisi altında her an değersizliği açığa çıkacakmış korkusunu bizzat bilinçaltı düzeyde yaşar.

Bilinçaltının kendi söküğünü dikemediğini, ve kendi içinde olan bitenin farkında olma mekanizmasına sahip olmadığını daha önce belirtmiştim. Yani hislerin bu kadar yoğun hissedilmesine sebep olan bilinçaltı mekanizmaları bir süre sonra hislerin kendisini kendi değersizliğinin açığa çıkacağı algısı olarak yorumlamaya başlar ve hisleri hissetmekten kaçacak yönde çareler aramaya başlar. Eğer hisleri hissetmekten kurtulursa değersizliğini gizlemiş algısı içine girmeye başlar.

Eğer hisleri hissetmezsem emniyette ve güvendeyim, değersizliğim fark edilmiyor inancını geliştirmeye başlar. İşte bu inancın gittikçe ön plana doğru çıkmaya başlaması bilinçaltı koordinasyon kurulu tarafından işleme alınmaya başlanır. Ve alışkanlıklar, **takıntılar** devreye girmeye başlanır. Basit saç çekmekten, tırnak ısırmaktan tutun da sigara, alkol kullanma, aşırı tıkınma ve değişik takıntılara kadar değişen bir perspektifte çözüm amaçlı sorunlar ortaya çıkmaya başlar. Çünkü kişi bu saydığımız durumları eylem haline getirdiği süreçte kendini rahatsız eden hislerden, bilinçaltı da değersizliğinin fark edilmesi kaygısından uzaklaşır.

Bilinçli her insan için zararlı alışkanlıklar olarak ifade edilen her bir durum bilinçaltı için değersizliğini gizleyen araçlar olarak muamele görür.

Alkolikler değersizliğini gizleyemeyen, değersizliği bilinçli düzeyde de acı olarak yaşayan kişilerdir. Değersizliğini gizleyememenin acısını alkolle pansuman ederek geçici süre acıdan uzaklaşır. Çoğu alkoliğin alkol aldığı dönemlerde çok daha insancıl olduğunu alkolik yakınları olanlar çok daha yakından şahit olmuşlardır. Bazı kişiler alkoliklerin genellikle başarısız kişiler olduklarını ya da bekledikleri başarı düzeyini yakalayamayan ve bu yüzden acı çeken kişiler olduğunu ileri süreceklerdir. Doğru. Ama değersizlik inancı penceresinden bakarsak bu başarısızlıkların bilinçaltına yansıması *değersizliğin artık hiçbir araçla gizlenemediği* şeklinde olacaktır.

Kişinin uzak durmasının, diğer âdemlerden gizlenmesinin bile artık bir yararı yoktur. Bir kez takke düşmüş, kel görülmüştür. Kala kala bir yol vardır. Yok olmak. Evet değersizlik inancından kurtulmanın varacağı son nokta budur.

Yok olmak.

Bazıları intihar eder. Ama çoğunluk için bu yok olma görevini de bilinçaltı üstlenir. Bilinçaltında artık kendi kendini yok etme programı başlar.

Beden kendisinin zararlı gördüğü organlara ya da sistemlere saldırmaya başlar. Örneğin kendi organlarına karşı antijen üretir ve organlarda hasar başlar. Ya da kanser gibi doğrudan saldırganlığı seçebilir. Bir çeşit kendini sakatlama ve yok etme dönemi başlamıştır. Hiçbir ilaç, hiçbir tıbbi çare bulunamaz. Meme kanseri olmuştur. Tedavi olmuştur. Kanserden kurtulduğunu zanneder ama 5-10 yıl içinde yeniden kanser devreye girer. Bu eski kanserin nüksetmesi değil, sadece **kendini yok etme programının** yeniden hatırlanmasıdır.

Bazılarımız çevresinde şahit oldukları kanser vakalarını hatırlayarak kansere yakalanmış kişilerin hiç de öyle dış görünüşte değersizlik inancı içinde çırpınan kişiler olmadığını söyleyeceklerdir. Doğrudur. Her kanserin kendini yok etme programını hayata geçirmek için ortaya çıktığını iddia edecek durumda değiliz. Doğrudan çatışmanın ürünü olarak da kanser ortaya çıkabilir. Bastırılmış duyguların fiziksel bedene yansıması olarak da kanser ortaya çıkabilir. Ama kanserli vakalarla yapılmış birçok regresyon olayında son derece düzgün ve belli bir düzeye ulaşmış kişilerin bilinçaltlarında çok derinlerde *ben yok edilmeye layık bir yaratığım* inancı bulunmuştur. Ya bir kürtaj girişimi, ya ciddi bir sevgisizlik ya da benzer bir iletişim ağı, daha yaşamın ilk yıllarında kişinin içinde derin bir değersizlik inancının filizlenmesine yol açmıştır[93].

Toparlayacak olursak sorun ne olursa olsun, gerek kronik bir tıbbi hastalık, gerekse bir duygu durum bozukluğu ya da baş edilemeyen bir alışkanlık veya davranış bozukluğu, bunların yaratılmasında en temel etken değersizlik inancıdır.

---

[93] S. Parkhill Answer Cancer

Günümüz çağdaş tıp anlayışı indirgemeci bir anlayışa sahiptir. Ne kadar moleküler seviyeye inebilirse, hastalıkların nedenlerini orada bulacağı *inancına* sahiptir ve gerçekten moleküler düzeyde biyolojide çok devrimsel keşifler yapılmıştır.

Ama bu keşiflere dayanarak henüz herhangi bir kronik hastalığın ortadan kaldırılması mümkün olmamıştır. Aksine spiritüel ya da zihinsel iyileşme teknikleriyle uğraşan, bu kitabın yazarı da dâhil olmak üzere birçok şifacı, sorunlu kişinin yeniden kendini insan gibi algılamasını sağlayan çalışmalarla kronik hastalığından kurtulduğuna şahit olmuştur.

BÖLÜM 33

Cinsellik ve Değersizlik İnancı

Toplumda tartışılmamış, neden diye sorulmamış, doğuştan kabul edilmiş sıralamalar, bilinçaltının diliyle değer hiyerarşisi vardır. Âdemoğlu doğduğu andan itibaren hipnotik olarak bu değer hiyerarşisini kabul eder, sorgulamaz, sorgulamayı bir yana bırakın, tüm ayarlamalarını bu değerler hiyerarşisine göre yapmaya başlar.

En temel değerler hiyerarşisi cinsiyet ayrımcılığıdır.

Erkekler kadınlardan daha üstündür ve üstün olmalıdır. Bir kadın erkeğin üstünlüğünü sorgulamamalıdır. Erkekler hiyerarşisinde en dibe düşmüş bir erkek bile kadınların karşısında değerli görünmek, değersizliğini en azından erkeklik zırhını kuşanarak korumak zorundadır. Erkek iki bacağının arasında sallanan cinsel organı olmaktan çok daha öte bir kavramdır. Ama sadece içi boş bir kavramdır. Erkekliğini korumaya çalışan tüm erkek cinsiyetli âdemoğulları gerçekten neden erkek olmak zorunda olduklarını, neden erkekliklerini kanıtlamak zorunda olduklarını bilmezler, tartışmazlar. Erkek olsam ne olur, olmasam ne olur diye sormazlar. Soranlara da tepki gösterirler. Neden kadından üstün olmaları gerektiğini de bilmezler. Sadece üstün olmaları gerekir, o kadar.

- Ben erkeğim anladın mı?

Denir de "ben kadınım anladın mı?" denmez.

- Sen de erkek misin ulan!

denir de "sen de kadın mısın ulan!" denmez.

Cinsel olarak beceremeyen erkeklerle dalga geçilir de, orgazm olmayı beceremeyen kadına en ufak bir laf edilmez. Orgazm olmasını sağlamak da erkeğin görevidir ve bir kadını tatmin edemiyorsa, onun boşalmasını sağlayamıyorsa, yine sorun erkektedir. Erkeğini mecburen yücelten kadınlar vardır, sırf başı belaya girmesin diye. Numaradan orgazm taklidi yaparlar erkeklerine karşı. Çünkü orgazm olmazsa, otomatik olarak erkeğin değersizliğini bilerek ya da bilmeyerek açığa çıkarmış olacaktır.

Değersizliği açığa çıkan bir erkek kadına karşı hangi gizlenme mekanizmalarını devreye sokacaktır dersiniz? Birinci grup gizlenmeler seks sırasında iflas etmiş zaten, çükün kalkmadıktan sonra, ya da kadının boşalmadan sen boşaldıktan sonra Playboy dergisinin sahibi olsan ne yazar artık... Herhalde kadınını tatmin edemedin diye üçüncü grup gizlenmeye geçecek değilsin... Her gün yüz yüzesin nereye kaçacaksın?.. Nerede saklanacaksın?..

O zaman geriye ikinci grup araçlar kalıyor. Öfkeleneceksin, aşağılayacaksın, hatta belki döveceksin. Bunların başına geleceğini bilen, bilmese de içsel olarak sezen kadınlar, erkeklerinin kendilerini son derece tatmin ediyormuş numarasını çekerler. Çünkü doğal değerler hiyerarşisinde aşağı sınıf bir cinsiyetin üyesi olarak, şunu kabul etmişlerdir; Erkek ne kadar değersizleşse de, değersizleştikçe, kadın rölatif olarak erkeğin karşısında değerlileşmez. Aksine erkeğin değersizliğine istemeden şahit olmuş bir duruma düşer ve erkek için bu durumda bir tehdit unsuru olduğundan, kendisi de artık tehdit altında kalacaktır.

Doğru dürüst birinci grup araçlara sahip olamamış, yani ne kariyeri olan, ne de maddi durumu düzgün olan, tipi de kayık olan bir erkek için son sığınacağı liman erkekliğidir. Ne olursa olsun bu alanda karizmayı çizdirmemesi, postu deldirmemesi gerekir. O en iç zırh da delinirse artık git kendini boğaz köprüsünden at. Erkekle kadın arasındaki gizli antlaşma şudur; Erkek kadının içindeki değersizliği, kadın da erkeğin içindeki değersizliği görmeyecek. Bu nedenle birbirlerine karşı gözler mühürlüdür. Hadi görülmeyecek şey kaşının üzerindeki ben olsa neyse. Ama kalkmayan, hem de en önemli anda kalkması gerekirken kalkmayan bir manivela nasıl görünmezden gelinir? Körlük numarasına yatacak hali yok ki, hoş kör de olsan anlarsın kalkıp kalkmadığını.

Erkeklerin erkeklere karşı kendi değersizliğini gizlemek için kullandığı en güçlü silahıdır cinsel performansı. Bırakın becerememeyi, ya da erken boşalmayı, dölünün yetersiz olması bile son derece ayıp ve aşağılayıcı bir durumdur erkek için. Bir erkeğin dölü bile yerinde olmalıdır. Dölü olmayan erkek eksik erkektir ve bu durum ne olursa olsun gizlenmelidir. Hiçbir aile, çocuğu olmayan hiçbir aile suçu erkeğe yüklemez. Aile içinde gizli gizli bilinir de dışarıya bu asla yansıtılmaz.

Erkeklik o kadar önemli bir davranış modelidir ki, iş hayatında başarılı olmak isteyen kadın bile kadınlığından sıyrılmalıdır. En azından aseksüel olmalı, erkek gibi giyinmeli, davranmalı, erkek gibi sert görünmelidir. Erkekler tarafından, "tamam sen de bizdensin" pasaportunu alan kadınlar iş yaşamında daha başarılı olacaklarına inanmaktadırlar.

Daha çocukluktan başlar birbirine cinsel organının daha güçlü olduğunu kanıtlamaya çalışmak. Büyüklük yarışı yoktur ama, işeme yarışı vardır. İşemeyi kazanan erkeğin organı kaybedenden daha güçlüdür. Daha sonra bu yarış "bir gecede kaç kere yaptın"la devam eder[94].

---

94 E. Atabek. Kışkırtılmış Erkeklik Bastırılmış Kadınlık.

- Oğlum altıncıda kan geliyor artık.

Bunu duyan diğer erkek hadi ya diyemez, sanki onaylar o da biliyordur altıncıda kan geldiğini, ya da en hafifinden "benimkinden yedincide geliyor" diyebilir.

İktidar güç ve üstünlük demektir. Erkeğin cinsel organının yetersizliğinin iktidarsızlık olarak adlandırılması boşuna değildir. Kalkmayan organa sahip bir erkek değersizlik çukurunun en dibindeki ezilecek bir böcekten daha değersiz durumdadır. Gerçekten insan içine çıkamaz, mutlu olamaz, karısının yüzüne bakamaz. Çare bulmak için gizli gizli, utana sıkıla, doktor doktor gezer. Dünyanın en çok satan ilaçlarından birinin viagra olması boşuna değildir. Maliyeti bir kuruş olan bir hapın bin liraya satılmasına rağmen.

Başkalarını değersiz kılma çabaları içinde onun cinselliğiyle dalga geçmek önemli bir yer tutar. Keza kendisinde cinsellikle ilgili bir yetersizlik olduğuna inanan bir kişi bunu gizlemek zorundadır. Gizlemenin en iyi yollarından biri kendi yetersizlik alanını karşıdakilere yansıtmaktır. Yani başkalarının erkeklikleriyle ve cinsel performansıyla dalga geçer. Bir erkeğin cinselliğe ne kadar takıntılı olduğuna bakıp onun yatakta ne kadar başarısız olduğunu anlayabilirsiniz. Cinsel organındaki yetersizliğini diliyle –anladığınız anlamda değil!- gidermeye çalışmaktadır. Hani diline vurmuş derler ya, işte öyle.

Bu nedenle de cinsel ilişkiden uzak durmaya çalışır.

İktidarsızlık bilinçaltının yarattığı bir gizlenme yöntemidir. Cinsel performansının yetersiz olma korkusu iktidarsızlığı yaratır. Bilinçaltı bir kadının karşısında rezil olmayı kabul edemez. Doğrudan değersizliği açığa çıkar. Bu nedenle kişiyi cinsellikten uzak tutmak için her çareye başvurur. İktidarsızlık da bu mekanizmalardan biridir.

Bilinçaltı çözüm üretirken yavrularını yiyen kuş gibidir.

İktidarsızlığın karşılığı kadında cinsel doyumsuzluktur. Kadının cinsel arzu duymaması ya da sevişmeyi sadece kadınlık görevi olarak görmesi, kendini orgazm olmaya bile layık görmemesi bilinçaltına çocukluktan beri yerleşen kadının değersizliği ile ilgili inançların karşılığıdır. Kadın ancak orgazm erkek tarafından beklenen ve istenen bir şey olursa, erkeği ona orgazm olduğu ve cinsellikten tatmin olduğu için daha çok değer verecekse başarılmaya çalışılan bir şey olur. Bazı erkekler kadınını tatmin edemediği için kendi içindeki değersizlik inancı titreşecek ve bunu kadına yansıtacaktır. Bu tehlikeyi sezen kadının bilinçaltı kendi değersizliğini daha fazla açık etmemek için cinsel doyum almayı, "benim için cinselliğimi yaşamak benden beklenen bir şey değildir" inancıyla çatışsa bile başarmayı yeğler. Belki bu çatışma bilinçaltı çatışma çözücü merkezleri tarafından başka bir şekilde çözüm arayışları içine girecektir. İyileşmeyen kasık ağrıları, vajinal enfeksiyonlar ve mantarlar bu çatışmanın işaretleridir[95].

Bazı kadınlar anne karnından itibaren erkek çocuk beklentisinin enerjilerini hücrelerine almışlardır. "Benden kız olmam beklenmiyor, ben beklenen değilim, o halde kendimi bir kız/kadın olarak ortaya koymamam gerekir" şeklinde okunacak inançların toplamı değersizlik inancını besleyen temel yazılımlar olur ve kendini bir kadın gibi hissetmekten, kadın gibi ortaya koymaktan alıkoymaya başlar. Sanki kadın olduğunu belli etmek onun değersizliğini açığa çıkaracak bir zaaf olacaktır.

Erken boşalma iktidarsızlık korkusuna karşı bilinçaltının bulduğu bir çözümdür. Ne kadar erken boşalırsa o kadar cinsel yetmezliğini gizleme şansına sahiptir. Ama bu seferde erken boşalma bir değersizlik kriteri olur. Bundan kaçmak için bulduğu çare yine cinsellikten uzak durmak olacaktır.

Cinsel sorunları olan kişiler bu sorundan kurtulmak için çareler arar. Ama önerilen çarelerin çoğu mekaniktir. Ya ilaç verilir ya bazı egzersizler önerilir. Ama temel sorun değersizlik inancıyla ilgilidir. Değersizlik inancını fark etmeden, gizlenme yöntemlerini fark edip gizlenme çabalarına son vermeden kalıcı ve gerçek sonuçlar almak zordur.

Değersizlik insanlıktan uzaklaşmayı gerektirir.

Genel olarak bilinçaltı değersiz olduğuna inanmaya başladıkça insan olma bilgisini bastırmaya, unutmaya başlar. Artık insanlıktan kopuş başlamıştır. İnsan olma bilgisi değersizlik inancının altında kalmaya başlar. İki yönden birine doğru kaçış başlar. Ya tamamen insan altı bir varlık olma yolunda ilerler. Bu yolda değersizliğin en dibine varmaya başlar. Tamamen insanlığından kopar. Bu tip kişiler ya çok ileri derecede toplumdan koparlar. İnsan içine çıkmazlar. Kendi başlarına yaşamaya çalışırlar. Ya da kalabalıklar içinde görünmez olurlar. Sosyal fobi tanısı almış kişiler bu guruba girerler.

---

[95] H. Akın. Kadın Olmak.

Ya da insanüstü olmaya çalışırlar. Mükemmeliyetçilik, hırs, gözü doymazlık, herkese kendini üstün göstermeye çalışmak bu yönde bir kopuşun göstergeleridir.

BÖLÜM
34

Birey Grubu,
Grup Bireyi Besler

Değersizlik inancı işlevselliğini çevremizde başka insanlar belirmeye başlayınca kazanmaya başlar. İnançlar bilinçaltında sessizce bekleyen yazılımlardır. Çok basitçe bir eylemin yapılması ya da yapılmaması yönünde yaptırım içeren yazılımlardır. Eylemi olmayan bir yazılım inanç olamaz. Bilinçaltı bölümünde de belirttiğim gibi inancın temel işlevi kişiyi yaşamda tutma yönündedir. Bu nedenle bir inancın beklentileri yönünde davrandıkça inanç devreye girmez. Ama beklentiler dışında bir durum varsa inanç işlerlik kazanmaya başlar. Değersizlik inancı da işler hale gelmesi için ön koşul çevrede bu değersizliği fark etme potansiyeline sahip varlıkların mevcudiyetidir.

Sizi tanımayan bir köpeğin bir köşeye kıvrılmış şekerleme yaptığına rastlamışsınızdır. İnsanlara alışık olmasına rağmen siz yanından geçip gidene kadar tek gözünü açarak sizi süzer, ancak ona bulaşmadan yolunuza devam ettikten sonra tekrar gözlerini kapatıp uykusuna devam eder. En ufak beklenmedik bir hareket değişikliğinizde ise hemen harekete geçer.

DEDEM 24 saat iş başındadır.

Bilinçaltı değersizlik inancı da etrafta insan belirmeye başladığı zaman tek gözünü açan köpek misali kısmi bir alarm durumuna geçer.

"Bu insan ya da insanlar yanında ne kadar emniyette ve güvendeyim?"

Hemen bir değerlendirme yapılır. Bu değerlendirmeden sorumlu merkez bilinçaltı değer değerlendirme merkezidir. Bu merkeze kısaca DEDEM diyelim. DEDEM 24 saat çalışmaya hazır bekleyen bir birimdir. Dünyanın en hızlı ve gelişmiş bilgisayarlarının bile beceremeyeceği yüksek bilgi işleme kapasitesine sahip bir birimdir. Yeni gördüğü bir insanın yüzlerce farklı özelliğini anında kayda alır, her bir özelliği skorlar, katsayılarıyla çarpar, toplar ve kendi skoruyla karşılaştırır. Bu karşılaştırma sonucunda eğer kendi skoru yeni kişinin skorunu geçiyorsa geçici bir rahatlama oluşur. Ama dediğim gibi bu geçici bir rahatlamadır. Henüz daha tüm bilgiler alınmamıştır.

Şöyle bilinen bir örnekten yola çıkalım. Hafta sonu eğitimlerimize genellikle 10-15 kişi katılır. Diyelim 10 kişi katıldı. Bu 10 kişiden çoğu birbirini tanımaz ya da çok azı tanır. Bu 10 kişinin DEDEM'i hemen hemen aynı şekilde iş başında ve hesap yapmakla meşguldür. Diğer 9 kişiyi hemen ilk izlenimlere ve mevcut bilgilere göre değerlendirir. Henüz daha hakkında hiçbir bilgisi olmayan bir kişiyi dış görünüşüne, giydiği elbiseye, makyajına, duruşuna, güzelliğine veya yakışıklığına göre değerlendirir ve sıralamada bir yere yerleştirir. Bu ilk izlenim değerlendirmesi ile kendine bir sıra numarası alır. Diyelim ki sıra numaramız 7 oldu. 7 pek iyi bir sıra değil.

Ve daha bu ilk izlenim ya biz kendi altımızda değer biçtiğimiz kişilerinde biraz sonra bizden daha yüksek skorları olduğu ortaya çıkarsa!

Kendimize göre daha çirkin, acemi, özgüvensiz değerlendirdiğimiz kişinin biraz sonra A üniversitesinde doçent olduğunu öğrendik. Bu akademik kariyer bayağı katsayısı yüksek bir skordur. Yani kumaş ve ütülü pantolon giymenin skoru 2 ise doçentliğin skoru en az 30 dur. Ve bu kişi bir anda sıralamada 8 den birinci sıraya yükselebilir. Neyse ki tersi ihtimallerin olabileceği varsayımı yine de henüz paniklenmemizi engelleyen bir durumdur. Bu nedenle hemen saha çalışması başlar. Öncelikle sıralamada bize yakın kişilere sondaj sallamaya başlarız. 6. sıradaki vatandaşa şöyle bir yaklaşıp nereden geldiğini sorarız. Sivas yanıtını alınca içimize bir anda su serpilir. Biz Antalya'dan gelmişizdir. Bir anda geldiğimiz Şehir sayesinde 6. sırayı altımıza alma şansımız doğmuştur (Şimdi Sivaslı'lar bu cümleye kızarlarsa, o zaman içlerinde Sivaslı olmaktan dolayı mevcut bir değersizlik inancı var demektir).

Bu **şehir meselesi** önemlidir.

Ben kadın doğum uzmanlığı mecburi hizmetini Gördes'te yaparken hastaların doktor değerlendirme kriterleri çok ilgimi çekmişti. Hastasına ne kadar değer verdiğini, onun için ne kadar fedakârlık yaptığını göstermek için "biz onu Manisa'ya götürdük" derlerdi. Gördes yakınındaki Akhisar'dan daha aşağı seviyedeydi. Gördes Akhisar'dan aşağılık olduğu için Gördes doktoru da otomatik olarak Akhisar doktorundan daha aşağı olurdu. Akhisar ise Manisa'dan daha aşağı, Manisa da İzmir'den daha aşağı idi. İzmir'de de yarış bitmezdi. Devlet hastanesi özel hastaneden, özel hastane muayenehaneden, Konak'taki muayenehane Alsancak'taki muayenehaneden daha aşağı idi. Hala yetmezse artık son silahlar çekilir, "ben doçente götürdüm" girişimi "valla ben profesöre götürdüm" karşı salvosu karşısında karşısında artık sahaya sürecek oyuncusu kalmamış teknik direktör konumuna düşerdi.

Bilinçaltı DEDEM çok karmaşık hesaplarla her an içinde bulunduğu gruba göre kendi yerini belirler. Herkesin değersizliğinin ne düzeyde olduğu önemli değildir. Önemli olan değersizliğini ne ölçüde gizlediğidir. Her grupta, grup kaç kişilik olursa olsun mutlaka kendinden daha güçlü değersizler ve daha güçsüz değersizler vardır. İki kişi bile olsa bu değerlendirme yapılır. Değersizler arasındaki ikili ilişkiler bu ayara göre belirlenir. Biraz daha üst sırada kalan değersiz kendinden daha değersizi ezme eğilimine girer. Güçlü değersizin bilinçaltı için bu fırsatlar kaçmaz. Kendinden daha değersizi ne kadar aşağı itersen o kişiden sana bir tehlike gelme riski o oranda azalır. O halde itebildiğin kadar aşağı it. Bu ikili ilişkide daha güçsüz durumda kalan bilinçaltı için birkaç seçenek vardır. Birinci seçenek kendinin ondan daha güçlü olduğunu kanıtlama çabası olabilir, ama bu risklidir, çünkü başarısız olunduğu takdirde tehlike büyüyecektir. O halde en uygun savunma gizlenmedir ilkesi uyarınca sessiz kalmak en makul seçenek olarak ortaya çıkar. Kalabalıklar içinde sessiz kalarak hayati bir tehlike olmadığı sürece karşı tarafın üstünlük gösteri ve davranışlarını sineye çeker.

    Kitapta sık sık sözünü ettiğimiz bilinçaltı değerlendirme merkezleri birbirinden bağımsız çalışan birimlerdir. Bir taraf her koşulda kendimi korumam gerekir derken bir merkez sanki saldırı gibi görünen bazı davranışlar karşısında gizlenmeyi seçerken, gözle görünmenin önemi olmadığını, önemli olanın varlığı gizlemek olduğunu keşfetmiştir. Yani kişi kendini özgür bir varlık olarak ortaya koymadığı sürece güçlü güçsüz için bir tehdit olmaz aksine onun aşağılamalarını kabul ederek sanki onunla uzlaşma yapar. "Seni senin saldırılarınla besliyorum, sana bana saldırma imkânı vererek ve müdahale etmeyerek senin değersizlik inancını beslemeyi kabul ediyorum, o halde benden sana zarar gelmez, rahat olabilirsin" mesajı verilmektedir. İlginç olan bu yalakalık güçlü değersiz tarafından ziyadesiyle ödüllendirilir. Her iki taraf da kendilerine düşen bu rolleri benimsediği sürece artık barış sağlanmıştır. Güçlü güçsüz artık karşısında kendi değersizliğini kabul etmiş güçsüze saldırıyı keser, hatta aksine ona kendi çapında diğer değersizlere göre daha fazla değer vermeye başlar. Tek taraflı besleme bir anda iki taraflı beslemeye döner. Bu besleme devam ettiği sürece sorun yok demektir.

    Belki de birbirine bağlanma dediğimiz o ilginç fenomenin ardında yatan en yüce etken budur. "Birbirimize elektriğimiz tuttu" olarak ifade edilen o fiziksel bağın arka planında her iki bilinçaltının değer değerlendirme merkezlerinin karşılıklı yaptıkları bu sözleşme yatmaktadır. Birbirinden kopamayan, ayrılamayan ve neden ayrılamıyorum ya da kopamıyorum diye de sorgulayan insanların belki de dönüp o kopamadıkları insanla böyle farkındalık dışı yapılmış ve hala koşulları sözleşmeye uygun olarak sürmekte olan sözleşmenin varlığını aramaları gerekir.

Sözleşme birden çok kişiyle de olabilir. Seni içine alacak bir grubun ya da topluluğun mevcudiyeti kalabalıklar içinde gizlenmenin en garanti yollarından biri olacaktır. Grup dediğimiz o insan ama insandan da öte bilinçaltları topluluğu o yeni kişinin katılmasından önce kendi aralarında bu muhteşem antlaşmayı zaten yapmış ve bu nedenle aynı frekansta atmaya başlamışlardır. Yani o topluluğu oluşturan bireyler arasında hiyerarşi çok iyi kurulmuştur. Sanki önce iki kişi yukarıdaki antlaşmayı yapıp ikisinin ortalaması olan bir değer belirlemişler ve birbirlerine karşı birbirlerinin bildiği ama bilinçaltı düzeyde bildiği hiyerarşik düzen içinde davranırken, ama bu davranışta artık zarar vermek değil de birbirini beslemek ilkesi ön plana geçmişken, bu gruba yeni bir kişinin katılması işte bu ortalama değer üzerinden değerlendirilecektir. Her katılan yeni kişi önce grubun diğer kısmıyla iki kişiymiş gibi sözleşmesini yapacaktır. Ancak burada iki kişinin yaptığı sözleşmeden farklı bir durum vardır. Grubun gerçekten çok ciddi menfaati olmadan kendi içine alınacak her bir kişiye kendinden değersiz muamelesi yapması topluluğa yeni birey almanın kuralı gibidir. Katılacak yeni birey de bunu zaten peşinen kabul eder. Çünkü böyle bir gruba katılmasının temel amacı grubun yapılacak o gizli ve kaleme alınmamış ama bilinçaltlarının kendi kodlarıyla yazılarak güvence altına alınmış sözleşme sayesinde yalnızlıktan kurtulacağı güvencesini içinde taşımasıdır.

Grup ona değersizliği hem gizleme hem de değersizliğine rağmen kendisine zarar vermeme garantisini vermektedir.

"Seni aramıza alarak senin değersizliğine yeni bir yorumlama getiriyorum" denmektedir. "Sen bizim grubumuzu onaylayarak grubumuzun büyüklüğünü ve senden değerli olduğunu kabul ettiğin için yani grubumuza bu kabulle yeni bir değer daha ilave ettiğin için biz de seni kendi grubumuzun ortalaması olan ama bu matematiksel rakamı sadece ortak bilinçaltının bildiği o değerle ödüllendiriyoruz." (Burada grubun insanlardan bağımsız sırf grup olması nedeniyle ayrı bir değeri olması ihtimalini de göz ardı etmemek gerekir. Gruba ait her bir insanın bilinçaltı ile bilinçlerin haberi olmadan bir anket yapabilsek ve siz kendinize 100 üzerinden ne değer biçiyorsunuz diye sorsak, büyük ihtimalle elde edeceğimiz ortalama değer gruba atfedilen değerden çok düşük bir rakam olarak karşımıza çıkacaktır.)

Bazen bu işlem tersine işliyormuş gibi görünebilirse de aslında bilinçaltları üç aşağı beş yukarı aynı minvalde hasbıhal ediyorlardır. Şöyle bir örnek verelim. A partisi X şehrinde belediye başkanlığını kazanmak istemektedir. Ama kendi grubu içinde bu şehrin insanlarını tatmin edecek ve seçimi kazanma şansını taşıyacak bir şahıs bulamamaktadır. Bu kadar insan içinde buna değer tek bir insanın bulunamamış olması öncelikle grubun kendisine bu konuda düşük bir değer biçmesi anlamına gelecektir. Yani bu partinin içinde koca bir şehrin insanlarının değer vereceği, onaylayacağı bir kişi yoktur. Bu demektir ki partinin kendisine biçtiği ortalama matematiksel değer, bir şahsın o şehrin belediye başkanı olmak için olması gereken matematiksel değerden aşağıdır. O zaman partiye şehrin insanlarının oy vereceği değerde bir insan katılması gerekmektedir. Ama bu arayış sonucunda C kişisi keşfedilse de, "aman biz senin ocağına düştük, gel bizim adımıza seçime sen katıl" denmez. Böyle bir yaklaşım zaten değerin düşük olduğu o grubun değerini grupların değerlendirildiği, alınıp satıldığı partiler borsasında daha da değersiz bir konuma itecektir (değeri düşmüş bir partinin belediye başkan adayına kim oy verir ki?). Grubu temsil eden grubun en değerlileri olarak kabul edilen kişiler, parti başkanı gibi, bu gruba grup değerinin üzerinde bir değere sahip kişiyi alma işinde ön plana sürülür. Bir süreliğine (ya da kalıcı olarak) partinin başkanının değeri grup ortalamasının üzerine çıkarılır. Ona öyle bir değer atfedilir ki katılacak şahsın değeri o başkanı aşamaz. Başkan kendisinin değerini artık grup değeri olarak pazarlayabilir ve kendi içine alacakları o *muhteşem* şahsı kendinden aşağı bir değere oturtur. Böylece gruba girme koşulları yerine getirilmiş olur. Gruba katılacak kişinin değeri grubun ortalama değerinden fazla olamaz kuralı korunmuş olur. Her iki taraf bu işten kazançlı çıkmıştır. (O halde bir grubun değerini yükseltmenin bir diğer yöntemi de grubun başkanını tanrısallaştırmaktır. O kişiye yani başkana ne kadar üstün güçler yüklersek, ne kadar tapılacak bir düzeye yükseltirsek otomatik olarak grubun değerini o kadar yükseltmiş oluruz. Grubun değerini yükselttiğimiz zaman o grubun bir üyesi olarak değerim diğer grupların üyelerinin değerinin üzerine çıkmış olur. O halde bir grubun başkanının grup üyeleri tarafından bir totem gibi tapılması durumu ne kadar belirginse grup üyelerinin kendi değersizliklerini o kadar gizlemeye ihtiyacı var demektir. Diğer bir deyişle dıştan baktığımız zaman değerlendirmeyi sadece dıştan görünen manzaraya göre yapan bir saf gözüyle daha değerliymiş gibi görünen bir grubun gerçekte üyelerinin bilinçaltlarının kendilerine atfettikleri ortalama değer, başkanlarını kendi eşiti gibi muamele yapan partilere göre çok daha düşük değerlerde bir yerdedir. Yani saf seyirciye A ve B grubuna sadece grup üyelerinin başkanlarına verdikleri değere göre bir değer biç dediğimiz zaman A grubu 95, B grubu

50 alır derse, bu demektir ki, A grubunun üyelerinin kendi değer algıları, tabi kendilerinin farkında olmadıkları, bilinçaltlarının bildikleri değer algıları muhtemelen ters rakamlar içerecektir.)

C kişisinin kendinden daha düşük değer atfettiği bir partiye katılmasında nasıl bir çıkarı olacaktır? Bu C kişisi A partisine göre X şehrinin insanlarının gözünde daha yüksek bir değere (daha doğrusu değer algısına) sahiptir. O zaman kendisinden daha düşük değerde bir partiye katılarak neden kendi değerini düşürsün? Kendinden daha değersiz bir partiye katılmış olması X şehri insanları nezdinde de değerini düşüreceğinden o zaman A partisinin C kişisinden beklediği beklenti gerçekleşmemiş olmayacak mı? Partiye katılmadan kendi başına belediye başkanlığı adaylığını koysa kazanma şansı daha fazla olmaz mı?

Şimdi yine bir paradoksun içine düşmekteyiz ve paradoks çözme uzmanlığı gibi ek işi de üstlenmiş olan bilinçaltları bu duruma ustaca çözüm üreteceklerdir. Bilinçaltları şu gerçeği bilmektedir. Tencere dibin kara, seninki benden kara. Bir şahıs ne kadar kendini allamaya, pullatmaya, ciddi bir şekilde mesai ayırıyorsa, ve bunda da başarı sağlıyorsa, kendi içinde o kadar güçlü gizlemesi gereken değersizlik inancı var demektir. Ama X şehrinin zaten değersizlik inancı içinde boğulmuş insanları bunu yiyorsa C kişisi kendini değerliymiş gibi pazarlama uzmanı olmuş demektir. Ama ne kadar kendini değerliymiş gibi pazarlarsa pazarlasın, ne kadar bu pazarlama işinde başarılı olursa olsun, yine de C nin bilinçaltı her an açık vereceğini ve yakalanacağını düşünür ve daha fazla korunma arayışları içine girer. Hele de X gibi büyük bir şehrin belediye başkanı adaylığına ve hatta ilerde belediye başkanı olma olasılığına karşı bu açık verme ve değersizliğin farkına varılma olasılığı çok daha fazla artacaktır. O zaman kendisine kendinden daha değerli olan bir zırh daha giymesinde ali menfaatleri var demektir. Ama bu zırh nereden bulunacak? Kendini kendinden zaten daha değerli olduğunu iddia eden B partisinin kapısını çalamaz, ya da belki B partisinin kendini değerlileştirme taktikleriyle C nin kendisini değerlileştirme taktikleri birbirine uymamaktadır. B partisine girmek C nin değer algısını bu durumda belirgin olarak düşürecektir. A partisinin ise bu değerlileştirme taktikleriyle daha uyumlu bir yapısı vardır. O halde C, X şehri seçmenlerine A benim kadar değerli, ve benle daha değerlileşiyor havasını vereceğinin bilinci (daha doğrusu bilinçaltısı) içinde A partisine katılır. Tüm bunları seyreden subjektif gözleme merkezi üyeleri ise bu farkındasızlık oyununu hem biraz üzüntüyle hem de biraz keyifle seyretmektedirler.

O halde güçsüz değersiz için bir diğer gizli gizlenme yolu bir ya da birden fazla gruplara ait olmaktır. Kendisine değer katacak, kendi değersizliği gizleyecek değer algısı yaratan grupların bir üyesi olmaktır. Grubun bir değersizi içine alması için onun değersizliğini fark etmediği garantisini o değersize vermiş olması gerekmektedir. **Değersizlik paradoksu** diyebileceğimiz bu durumla karşılaştığımız bir kez daha gözlemliyoruz. Grup kendinden daha değersizi içine alarak neden kendi değer ortalamasını düşürsün? Yani gruba katılan kişi gruptan daha değersiz olamaz. Kendinden daha değerli bir kişiyi kabul ederse grubun tüm üyeleri kendinden daha değerli bir kişinin yanında huzursuz olacaktır. O halde grup kendinden daha değerliyi de gruba alamaz. Kendi ile eşit bir değerde kişi ise neden gruba katılmak istesin?

Bu paradoksu grup dinamiği nasıl çözmektedir? Mantıken bir grup kendisinden değersiz gördüğü bir kişiyi kendi içine alarak grubun değersizlik ortalamasını düşürmek istemez. Ama öte yandan grubun ortalamasını yükseltecek bir kişiyi de içine almaya kalkması halinde grubun diğer üyelerinin bilinçaltlarının bir şekilde sinyallerinin susturulması gerekecektir. Çünkü bilinçleri aldatabiliriz ama bilinçaltlarını aldatamayız. O halde grubun aynı bir insanın bilinçaltına benzer ilkelerle çalışan ortak bir bilinçaltısı olması gerekmektedir. Ortak bilinçaltı neler olup bittiğini bilmekte ama grubun menfaati için bu olan biteni bilinçten gizlemektedir. Bilincin farkındalığının dışında bilinçaltları ortak menfaatler için gizli antlaşmalar yapmaktadır. Sen beni kolla, ben seni kollayayım. Sen benim değersizliğimi yok say, ben senin değersizliğini yok sayayım.

İlerleyen bölümlerde daha ayrıntılı değineceğim doğuştan gelen ve ruhu temsil eden insan tarafımıza uygun bir yapının grubun dinamiğinde de bir şekilde mevcut olması gerekir. Bu yapı bilir, görür, ama sesini çıkaramaz. Zihne müdahale etmez. Çünkü zihnin dışında bir yapıdır. (Türkçede, biz onun cemaziyülevvelini biliriz, deyimi biraz bu anlamda söylenmiş olsa gerektir. Ne kadar başkalarından ne mal olduğunu gizlesen de bizden kaçıramazsın. İnsan tarafımızda işte sahip olduğu bedenin ve varlığın nasıl bir hesap kavgası yaptığını bilir ama müdahale etmez.). Grup dinamiği dediğimiz ilişkiler bir taraftan şirketin her türlü gelir giderini bilen ama devlete az vergi vermek için birçok matematiksel hileler yapan muhasebeci gibi çalışan grup bilinçaltı ile temsil edilmektedir. Bilinç ise sadece kendine verilen rakamları saf bir gözlemci olarak kabul eder inanır ve ona göre ilişkilerini düzenler. (Tam burada Jung'un tanımladığı kolektif bilinçaltı kavramıyla benzer bir titreşim içine girmeye başladığımızı bilgili ve dikkatli okuyucu fark etmiştir. Jung'un tarif ettiği kolektif bilinçaltı ile burada belirginleşmeye ve fark etmeye başladığımız grup bilinçaltı kavramı birbirinden farklıdır. Jung'un kolektif bilinçaltısı evrensel, zamandan, mekândan ve topluluğu oluşturan bireylerden farklıdır. Jung'un kolektif bilinçaltısı benim her şeyi bilen ama sesini çıkarmadan seyreden, bireyde insan tarafımız dediğim, grupta da muhtemelen olması gereken ruhsal yapıya daha çok benzerlik göstermektedir.[96])

Bireysel bilinçaltı kendini gizlemek için aynı fikirleri ya da davranışları paylaşan gruplara girmeye çalışır. Çünkü bilir ki bu tip gruplara girmeye çalışan herkes kendi değersizliğini gizlemek derdindedir. Grup bireylerinin bilinçaltlarının her biri diğer grup bireylerinin de değersiz olduğunu bilir. (Yaşasın değersizlik kardeşliği). Tek tek bireylerin her birinin bilinçaltı bu değersizliği gizlemenin farkındadır. Bu amacın farkındadır. Ama bireylerin bilinçlerinin bunu bilmesi gerekmez. Bilirse bir çelişki ve çatışma ortaya çıkacaktır. Grubun kuralı bellidir. Kimse yekdiğerinden daha fazla değerliymiş havası basamaz. Değersizlikte tüm grup bireylerinin eşit olduğu kabul edilir. Grubun saf haldeki ismi, bir grup olmasının kabulü, bir anda değersizlik inancını tüm diğer grup üyelerinden gizleyen bir yapı oluşturmaya başlar. Değersizlik parlayan bir ışıksa ve her an karşıdaki kişinin gözünü alma olasılığı varsa, grup yapısı koyu bir sistir. Bir anda grup üyelerinin birbirlerinin ışığını görmesini engelleyen sisi tüm bireylere yayar.

Grubun içinde değersizlik kardeşliği sözleşmesi olmasına rağmen yine de rekabet olacaktır. Aynı değersizlik kaderinde birleşmiş kişiler yine de grupta daha yönetici ve üst düzey saygı uyandıracak kademeleri elde etmek ister. Parti üyesi ise delege olmak ister, delege ise milletvekili olmak ister, milletvekili ise bakan olmak ister. Bu durumda antlaşma bozulmayacak mı? Kol kırılır yen içinde kalır misali bir durum ortaya çıkmaktadır. Yalakalık ilkeleri grup içi değer savaşlarında daha ön plana geçer gibidir. Kendini daha üst düzeye atma savaşı peşinen ön antlaşma ile yapılabilir. Bu mücadeleyi kazanacakların grubun diğer üyelerinden daha değerli olacağı peşinen kabul edilir, ama bilinçaltları ne kadar yükselirsen yüksel, bu grubun içindesin ve benden farklı değilsin bilgisini içeren subliminal radyo frekanslarını kendi

---

96 http://en.wikipedia.org/wiki/Collective_unconscious

aralarında sürekli döndürürler. Yani yükselen grup üyesinden zaten bir zarar gelmez. Görünürde bir saygının gösterildiği, eğer yükselen kişi bir yamuk yaparsa aynı mekanizmayla alaşağı edileceği ve alaşağı edilmekle kalmayıp gerçek değersizliğini ortaya dökuleceği, yani ipliğinin pazara çıkarılacağı bilinir. Kendi içlerinde bu antlaşmanın çerçevesi içinde verilen mücadele dışarıya yansımaz, grup üyelerinden herhangi birinin ipliği grup dışı güçler tarafından açığa çıkarılmaya kalkılsa bile tüm grup üyeleri tek bir vücut gibi davranır. Çürük iplikler yollara dökülse bile ölümüne ipliğin ne kadar sağlam olduğu kanıtlanmaya çalışılır.

BÖLÜM
35

Toplumlarda Değersizlik İnancı

Toplumlar da bireyler gibi inançlara sahiptir. Toplumu toplum yapan sahip olduğu inançlardır. Bu yerleşik inançları toplumsal kültürün yazılımları olarak kabul edebiliriz. Bu inançlar ortak değerleri oluşturur. Yüzyıllarla belirlenen bu ortak değerler toplumun kendine ve diğer toplumlara bakışını şekillendirmektedir. Toplumsal inançlar nesillerden nesle aktarılan yazılımlardır. İnançlar kendini değer yargıları, kültür, gelenek, görenek, yasa gibi başlıklar altında gizler ve korunurlar. Topluma ait bireyler kendi seçimleri olmadan, daha doğduğu andan itibaren bu toplumsal inançları yüklenmeye başlarlar. Sanki bireyin zihninde otomatik *download* programı vardır ve kimsenin özel bir çabası bile olmadan, birey bu bilgileri inanç formatı halinde hazır bir şekilde toplumun ortak veri bankasından download etmeye başlar.

Bireyin ait olduğuna inandığı toplumun değer anlayışı o bireyin değer anlayışını etkiler. Toplumun içinde diğer topluluklara karşı değersizlik inancı mevcutsa bu inancın yarattığı davranış modelleri ve otomatik gizlenme çabaları topluma ait her bir bireyi kendi çabaları dışında ek bir şekilde etkileyecektir. Birey bir tarafıyla toplumun bir bireyi olarak, kendi değersizlik inancını en azından toplumun diğer bireylerinden gizlerken, paradoksik olarak toplumdan aktardığı değersizlik inancının kendi değersizlik inancının değer hesabını negatif bir yönde etkilemesinden de kurtulamaz. Toplumun desteği olmadan, diğer bir grubun bireyiyle tek başına yüzleşemez. O halde bir yönüyle toplumun sahip olduğu değer düzeyi tek tek bireylerin değer algısını olumlu ya da olumsuz yönde etkilerken, öte yandan topluma ait bireylerin her birinin kendi değer algıları toplumun ortalama değer algısını belirleyecektir.

Değersizlik inancını birey toplumda hazır bulur. Dikine organize olmuş, bizim ülkemiz gibi geri kalmış, demokrasi kültürü ve insana saygı kavramı yerleşmemiş, aksine birey, devletin (Osmanlı'da Padişahın) malı ve hizmetkârı olarak kabul edilmiş toplumlarda bu hazır buluş daha güçlüdür. Devlet bireye değil, birey devlete aittir, birey devlet için vardır. Bu inancı içeren toplumun bireyleri devlet karşısında ya da devleti temsil edenler karşısında otomatik olarak değersiz konumdadır. Toplum devletten değersizdir, o halde toplumun her bir bireyi devletten daha değersiz olacaktır. Ama ait olunan toplum eğer devletin kendisi olarak kabul ediliyorsa, örneğin iktidardaki güçlü bir siyasi parti gibi, o zamanda birey kendini devlet karşısında güçsüz hissetmek bir yana, diğer aynı kategorideki (yani diğer siyasi partilerin üyelerinden, ya da partisizlerden) daha değerli olarak algılayacak ve ona göre davranacaktır.

Toplumlar da bireyler gibi kendi değersizlik inancıyla yüzleşemezse değersizlik inancını kabul edemezse bu inançla yaşamaya ve bireyleri etkilemeye devam eder. Tabi ki bir toplumun değersizlik inancını değiştirmek kolay değildir. Ama en azından ait olduğumuz toplum ya da toplumların değersizlik inancı düzeyinin farkında olursak etkilenmekten kurtulabiliriz.

Toplumdaki değersizlik inancı düzeyini belirleyen bazı işaretler var mıdır?

Tabi ki vardır. Bireylerde gördüğümüz tipik davranışlar toplumlar için de geçerlidir. Bir bireyin değersizlik inancı düzeyini anlamak için onun gizlenme mekanizmalarını fark etmek yeterlidir.

Toplumun bilinçaltı da gizlenme mekanizmalarına sahiptir.

Diğer toplumlardan kendi değersizlik inancını gizlemek için tipik davranışları sergiler.

Toplumda da birinci gizlenme çabası kendini değerliymiş gibi göstermeye çalışmaktır. Burada hedef karşımızdaki topluma ya da toplumlara karşı kendi toplumumuzu değerli kılan özelliklere sahip olmaya çalışmaktır. Zengin, kaliteli, üstün özellikleri olan toplum olmaya ve bunlarla öğünerek toplumu diğer toplumlara karşı sanki değerliymiş gibi pazarlamaya çalışırız.

"Bizim toplum şöyledir, böyledir."

Toplumumuzun geçmişiyle övünürüz.

"Biz çok güçlü bir toplumuz. Biz üstün bir ırkız. Vs vs." . Avrupa topluluğu, NATO gibi kuruluşlara üye olmaya çalışarak değerimizi arttırmaya çalışırız.

Ama aynı bireysel karşılaşmalarda olduğu gibi bu numaraları sadece bizim toplumla aynı ligde mücadele eden takımlar yiyecektir. Değersizlik inancının etkisi zayıflamış gelişmiş toplumlar bu çabalara gülecek hatta dalga geçecektir.

Değersizlik inancı derin olan topluluklar eleştiriye tahammül edemez. Hemen şiddetli tepki gösterir. *Biz bildiğiniz gibi değiliz*le başlayan savunma refleksleri *Siz bizim kim olduğumuzu biliyor musunuz*a doğru ilerler. Öfke gösteririz. Küseriz. Yalakalık yaparız. "Avrupa Avrupa duy sesimizi" diye statlarda bağırırız. Bizden daha değerli olduğuna inandığımız bir ülkenin bir takımını yendiğimiz zaman düğün bayram ederiz. Onlara kim olduğumuz göstermiş oluruz.

Değersizlik inancı derin olan bir toplumun bireyi değerli olduğuna inandığı bir toplum bireyi karşısında kendini ezik hisseder. Ondan alacağı *aferin* çok önemlidir. O ülkeden bir referansı olması çok önemlidir.

"Benim oğlum Amerika'da okudu. "

"İngiltere'den gelen konuşmacı"

"XX ülkesinde yapılan bir araştırmaya göre"

"ABD Başkanı karşısında Başbakanımız dik durdu."

"Ülkemize hayran kaldılar".

Dilimiz bu tip referanslarla doludur.

Kendi topluluğumuza ait bir kişinin başarısını küçümseriz. O da bizle aynı değersizlik inancına sahiptir. Onun yaptığı işin ne değeri olabilir ki? Ama eğer toplumumuzdan bir kişi onların takdirini kazanmışsa biz de sanki biz bir şey kazanmış gibi seviniriz.

"Bir Türk Amerika'da birinci oldu" . Hurraaa!

Bizden daha değerli olarak kabul ettiğimiz bir toplumdan gelen – Avrupa, Amerika gibi- bir kişiye her türlü yalakalığı yaparken, özel muamele gösterirken, onun bizi aşağılamaları karşısında sessiz kalırken, bize göre daha değersiz (olduğunu kabul ettiğimiz) bir ülkeden gelen –Arap ülkeleri gibi- bir kişinin benzer davranışlarını *küstahlık, kendini bilmezlik* olarak yorumlarız.

Toplumsal davranışların analizlerine ait yüzlerce araştırma ya da kitap bulabilirisiniz. Benim toplumsal analiz yapmak gibi bir iddiam yok. Sadece basit gözlemlerin benim bu kitapta ileri sürdüğüm değersizlik inancı teorime ne kadar uyduğunu göstermeye çalışıyorum. Bireyde işleyen mekanizmalar toplumlarda da işliyor gibi görünmektedir.

Bireyin gizlenme mekanizmaları –değerliymiş gibi yapmak, karşısındakini değersizleştirmek ya da uzak durmak- toplumlar arasındaki ilişkilerde de aynen işlemektedir.

Bu veriler ışığında Türk toplumunun değersizlik inancının derinliğinin çok fazla olduğunu ve bu yüzden diğer toplumlarla ya da ülkelerle ilişkilerimizde ciddi sorunlar yaşamamıza neden olduğunu düşünebiliriz (Dünyanın en pahalı başkanlık sarayını bunun için mi yaptık acaba?).

Tabi kitabın bütününü okumayıp sadece bu bölümü değerlendiren kişilerden bazıları hemen tepki gösterecektir. Eğer tepki gösteriyorsanız önce kendi değersizlik inancınızı sorgulayın. Eğer ben yanlışsam niye tepki gösteriyorsunuz? Kızdığımız şeyler içimizde titreşen şeylerdir. Eğer ben doğruysam sizin tepki göstermeniz hangi gerçeği değiştirecek?

Burada sadece bir inancın – soyut bir kavramın somut etkilerini tartışıyorum.

Değersizlik inancını gizlemeye çalıştığımız ikinci grup çabalar başkalarını değersizleştirmekle ilgilidir. Bu amaçla küçük görürüz. Örneğin Türkler olarak Osmanlı İmparatorluğu'na sahip çıkarız. İşgal ettiğimiz halkları küçük görürüz. Onlar zamanında bizim tebaamızdır. Ya da kendi geleneklerimizi ve ahlak anlayışımızı yüceltip gelişmiş ülkelerin ahlak anlayışını küçümseriz. Onların insanlık anlayışını eleştiririz. Biz fakiriz ama yüceyiz edebiyatı yaparız.

One Minute edebiyatı yaparız.

Üçüncü gizlenme çabası uzak durmaktır. Bu amaçla küseriz. Toplantılara ya da yarışmalara katılmayı ret ederiz. Korkumuzu onur kılıfıyla örteriz. İyi bir toplum gibi davranırız. Dost müttefik havası yaratırız. Geçmişten gelen dostluğumuzla övünürüz. Değerli (!) Ülkelerin bizi dost görmesiyle övünürüz.

Tabi topluluk denince sadece Ülkeyi kastetmiyorum. Birden çok topluluğa ait olmaya çalışırız. Bir şekilde bilinçaltı bir yere ait olmak ister. Topluluğa ait oldukça kendimizi onlardan hissederiz. Onlarda bizi kendilerinden kabul ederler. Bir topluluğa ne kadar aitsek o kadar değersizlik inancımızın fark edilme olasılığı azalır. Bu nedenle her yerde ait olacak bir topluluk ararız. Kendi Ülkemizdeyken Kürtsün, Türksün, o takımdansın bu takımdansın, o partidensin bu partidensin diye birbirimizi yerken, yurt dışında tamamen yabancı bir ülkede, kendimizi tehdit altında hissederken Türkçe konuşan birisini duyduğumuz anda onu kendimize yakın hisseder hemen arkadaşlık kurmak isteriz. O anda artık onun ırkının, tuttuğu futbol takımının, siyasi partisinin hiçbir anlamı yoktur.

Askere giden erkeklerde de aynı durum vardır. Diyelim ki Trabzonlularla Rizeliler birbirini çekemez olsun. Ama askerde bir anda *hemşehri* olursun.

Birlikte gezmeye başlarsın. Bilinçaltının aradığı *tanıdıklık*tır. Tanıdık olan sanki senin içindeki değersizliği görmeyecektir. Ayrıca Karadenizli olarak aynı *değer düzeyi*nde olacağınızdan birbirini dışlamak ya da küçük görmek gibi bir durum olmayacaktır.

Bu hipnozumuzun farkında olmamak bize zarar verebilir. Gereksiz güven duygusu yaratır. Askerde Karadenizli bir arkadaşımızın borç talebini geri çeviremeyiz. Borcunu ödemese de isteyemeyiz. O nedenle ait olduğumuz topluluğun düzeyi ya da çapı ne olursa olsun o topluluğun bizi nasıl etkilediğini fark edelim. Toplumun hipnozunu düzeltemeyiz ama en azından o hipnozun bizi de hipnozlamasının önüne geçebiliriz.

Ötekileştirme

Benden olmayan düşmanımdır. Başkalarını küçümsemek, aşağılamak, kendi sahip olduklarını onlardan daha üstün görmek ve öyle sunmak değersizlik inancı gizlenme çabalarının ikinci grubuna girer. Grubun bilinçaltı burada yine bilgece davranmaktadır. Kendi özelliklerinin diğer gruptan daha değerli olduğunu kanıtlayacak veri yoktur.

. Türk'ün kanı Kürt'ten neden daha değerli olsun?

Sünni Alevi'den neden daha Müslüman olsun?

Var mı bir objektif kriterin?

Hayır.

Ama yine de benden olmayan benim içimdeki değersizliği daha kolay fark eder. En iyisi yabancıları içimize almayalım. Değersizlik kardeşliğimizi bozmayalım, sulandırmayalım. Hem de sanki biz daha güçlüymüş ve değerliymiş havamızı onları içimize almayarak basalım. Özellikle de çoğunluğumuzla diğerlerini ezelim. Bu nedenle çoğunluk değersizlerin azınlıklara karşı kendi değersizliklerini gizleme yöntemlerinin başında gelir **ötekileştirmek**. Görüldüğü gibi burada kendini değersizliğini gizlemeye çalışan çoğunlukta olandır. Azınlıkta olanın karşıdakini değersizleştirmek gibi bir derdi yoktur, o sadece kabul edilmeyi beklemektedir. Sanki bir yerde çoğunluğun gücünü kabul etmiş ve kendisine "Tamam, sen de bizdensin, artık senin içindeki değersizliği görmeye son veriyoruz" mesajının verilmesini bekler.

BÖLÜM 36

İş Yaşamında Değersizlik İnancı

Günümüz toplumunun yaşam anlayışı değersizlik inancı yaratan ve besleyen bir etki yaratmaktadır. Bilinçaltı korunma ve değersizliği gizleme üzerinde ürettiği programlara göre varlığımızı yönetmeye çalışır. Günümüz tüketim toplumu dünyanın güvensiz bir ortam olduğu bilgisini pompalamaktadır. İnsanlar güvenilmezdir. Hayatta kalmak için çok şeye ihtiyacımız vardır. İyi bir aileye, iyi bir işe, toplum içinde saygın bir yere ihtiyacımız vardır.

Toplumsal kültür bunu pompalamaktadır.

Hayatta kalman için garantili bir işe sahip olman gerekir.

Belli bir yaştan sonra çocuklar hep bu korkuyla beslenmekte ve teşvik edilmektedir. İlerde hayatını sürdürecek garantili bir işin olması gerekir. Sınavlar, yarışmalar, kaliteli okullar vs. hep bu korkuyu besler.

"Ya kazanamazsam, ya bitiremezsem, ya iyi bir iş bulamazsam, ya işimde yükselemezsem, ya işimi kaybedersem..."

Günlerimiz bu tip kaygılarla doludur. Kararlarımızı, seçimlerimizi bu kaygı etkiler. İçimizdeki değersizlik inancının düzeyi bu kaygının da şiddetini ayarlar.

Ne kadar değersiz olduğuma inanırsam geleceğimden o kadar kaygı duyarım. Kaygı hipnoz yaratır. Bu kronik bir hipnozdur. Gittikçe derinleşen bir hipnozdur. Kaygıdan kurtulmanın yolu garantili bir iş bulmaktır. Geleceği garanti eden bir işe sahip olmaktır. İşten atılma korkusu olmayan bir işe sahip olmaktır. Bu açıdan da devlet memurluğu en uygun iş olmaktadır. Aylık getirisi özel sektöre göre daha düşük olsa bile bir şekilde kendini devlet kapısından içeri attıktan sonra hayatta kalman garanti altına alınmıştır. İşten atılma riskin yoktur. Sabahtan akşama hiçbir iş yapmasan da maaşın garantidir.

Değersizlik inancı derin olan bir kişi için en uygun iş bu nedenle **devlet memurluğu**dur.

Değersizlik inancını gizleyen her türlü gizlenme mekanizması devlet memurluğunda mükemmel olarak işler. Birinci tip savunma mekanizmaları için uygun bir ortamdır. İşte yükseldikçe –kimseye bulaşmazsan, evet efendim, sepet efendim- tarzı ilişkilerini sürdürürsen, yani iyi ve sadık bir yalakaysan, devlet memurluğunda yükselmen kaçınılmazdır- sahip olduğun mevkiiyi takdir ve beğeni almak için kullanırsın. Önemli adam oldukça takdir alırsın. Ayrıca yine mevkiinden aşağıda olanları aşağılarsın, küçümsersin, onların kendilerini değersiz hissetmelerini sağlarsın. Üçüncü tip gizlenme mekanizması için de devlet memurluğu harika bir ortam sağlar. Kalabalıklar içinde çok güzel yok olabilirsin. İş yapmayandan kimse bir şey istemez. Ya da aksine işini iyi yaparsın, kimseyle dalaşmazsın, kimseyle yakın ilişki kurmazsın.

Memur korkaktır. Memurluğuna sıkı sıkı sarılmıştır. İnsanı insan yapan birinci özellik olan merak ve araştırma duygusu memurun yanına bile uğramaz. Memuriyet tam bir bilinçaltıdır. Bilinçaltına "ne iş yapmak istersin" diye sorulsa kafadan memurluk diyecektir. Bilinçaltı değişikliği, belirsizliği sevmez. Muhafazakârdır. Garantiyi arar.

Tabi yüzde yüz genelleme yapmak doğru değil ama devlet memurluğuna sıkı sıkı bağlı kişiler değersizlik inancı derin ve gizlenme mekanizmaları 2. ve 3. tipte yoğunlaşmış kişilerdir. Devlet memurluğunda ilişkiler bu şekilde kurulur. Herkes bir diğerinden değersizlik inancını gizlemeye çalışır. Bunu yaparken de ağırlıklı olarak karşısındakini aşağılar. Aşağılama şansı yoksa uzak durmaya gayret eder.

Bir âdemin memuriyete dayanabilmesi için hem değersizliğinin derin olması hem de bilinçaltının bunu çok güçlü argümanlarla bilinçten gizlemesi gerekir.

Özel sektör ise gizlenme yöntemleri ağırlıklı olarak birinci grup olan kişilere daha uygundur. Yani hırslı, mükemmeliyetçi, başarıya odaklanmış kişiler özel sektörde başarılı olacaktır ve yükselecektir. 2. ve 3 tip gizlenme mekanizmaları özel sektörde hoş karşılanan özellikler değildir. Özel sektör senden girişimci olmanı, sosyal olmanı bekler. Astlarınla daha medeni ilişkiler kurmanı bekler. Bu nedenle kişi bu tip gizlenme mekanizmaları – eğer varsa- bastırmak ve gizlemek zorundadır.

Çağdaş yaşam sürekli yeni kararlar vermemizi gerektiriyor. Özel hayatında kararlar vermek zorundasın, iş hayatında kararlar vermek zorundasın, yaşamının kalitesini ayarlamak için kararlar vermek zorundasın. Değersizlik inancı devrede olduğu sürece kararları ayarlayacak olan bu inancı şekillendiren yan inançlardır. Bilinçli kararlardan ziyade değersizlik inancını gizleyecek kararlar vermek zorundayız. Sadece gerçek ihtiyaçlarımıza göre değil başkalarına kendimizi farklı göstermek çabasına göre kararlar almak zorundayız. Örneğin basit bir araç bizim ihtiyacımızı görecekken, sadece şehir içinde oradan şuraya gitmek için ancak ağır arazi koşulları için üretilmiş ama artık toplumda prestij gösterisi sayılacak dört çeker denilen ciplerden almaya çalışırız.

İş yaşamında değerli görünmek için nasıl bir donanıma gereksinimimiz var? Artık sanayi çağı geride kaldı. Kol gücünün yerini bilgi ve akıl kullanma aldı. Bu nedenle iş yaşamında yükselmenin yolu kariyerli olmaktan geçiyor. Sadece bilgi-işlem mühendisi olman yetmez. Bitirdiğin okul, bitirme derecen, lisan bilgin, işletme bilgin, master tezinin konusu, referansların iş yaşamında ilerlemen için önemlidir. Bu referanslar sadece işe alınmanıza yeter. İş yaşamında ilerlemenin kuralları bellidir. Hırslı olacaksın, kendini göstereceksin, başkalarının hatalarını, yanlışlarını açığa çıkaracaksın. İlerlemek bir yarıştır. Yarışı kazanman için yarıştığın kişilerin kendisini *değersiz hissetmesi* gerekir.

O halde günümüz başarı anlayışı için değersizlik inancı gereklidir.

Özellikle birinci ve ikinci grup gizlenme mekanizmaları gelişmiş kişilerin iş yaşamında başarılı olma şansı çok daha fazladır.

Bu tip iş anlayışı, gerek devlet sektöründe, gerekse özel sektörde, değersizlik inancını aşmış kişilerin yaşam anlayışına uygun değildir. Bu nedenle mecburen kendi iş yaşamlarını oluşturmak zorundadırlar. Kendi çapında araştırma yapan, eğitmenlik yapan kişiler, home-ofis denen şekilde çalışan kişilere bu grupta daha fazla rastlayabiliriz.

Özel bir grup; Hekimler

Hekim grubunu 40 yıldan fazladır içlerinde olduğum için gayet yakından tanıyorum.

Hekimler klasik deyimle egosu son derece şişik bir gruptur.

Ego şişkinliği demek kat kat gizlenme tabakası demektir. Kat kat gizlenme demek en derinlere gömülmüş güçlü değersizlik inancı demektir. Hekimlik mesleği birçok açıdan toplumda takdir görür. Hem kutsal bir meslektir. İnsanların sağlığı size emanettir. Uzun ve çaba gerektiren bir eğitimi vardır. Bunu başarmış olduğunuz içinde takdir görürsünüz. Genelde kazancı iyidir. Bu açıdan da takdir görürsünüz.

Yani hekimlik değersizlik inancını gizlemek için ideal bir meslektir.

Bir uzman doktor olduğunuzda otomatikman birinci grup gizlenme kabuğunu oluşturmuşsunuz demektir. Sahip olduğunuz özellikler arttıkça bu zırh daha da güçlenecektir. Mesleğiniz icabı ve kişilerin size birçok açıdan muhtaç olması yüzünden onları rahatlıkla aşağılayabilirsiniz. Hiç kimse sağlığını emanet ettiği bir kişiyle dalaşmak istemez. Bu nedenle de kendisine yapılan aşağılayıcı davranışları sineye çekmeye çalışır. (Ancak son yıllarda bu denge değişmeye başladı. İktidardaki partinin Hekimleri aşağılama çabaları istenen sonucu verdi. Halk hekimleri kendileriyle aynı değerde görmeye başladı. Bu nedenle de çok daha rahat bir şekilde onlarla kavga edip kendi isteklerini ortaya koyabilmekte, *ben senden güçlüyüm*ü fiziksel olarak da gösterebilmektedirler).

Hekimler sadece hastalarını değil birbirlerini de aşağı görme eğilimindedir. Bir hekimin yaptığını diğer hekimin beğendiği çok nadir bir durumdur. Temel eğilim daha önceki hekimin performansını, bilgisini, seçimlerini aşağılamak yönündedir.

Bir insan niye hekim olmak ister? Herhalde temel amaç başka insanların dertlerine, sıkıntılarına çare olmak olmalıdır. Ama bu zamanla unutulan bir amaçtır. Bilinçaltının insan olmasını unutması gibi hekim de insan olduğunu unutur. Daha *değerli* amaçlar (bilinçaltı düzeyde); saygın bir meslek sahibi olmak, başkalarının takdir edeceği, hayranlık duyan bir şeyler yapmak ve kaliteli, maddi yönden tatmin edici bir yaşam yaşamaktır.

Bunları kim istemez. İnsanca yaşamak, başka insanlar tarafından takdir edilmek herkesin hoşuna gider. Hoşuna giden bir iş yapmakla bilinçaltında değersizliği gizlemek amacıyla bir iş yapmak arasında dağlar kadar fark vardır. Birçok hekim arkadaşım var. Kadın doğum uzmanı olarak birçok kadın doğum uzmanının yaşamına şahit oldum. Kadın doğum uzmanlığı hekimler arasında en çok para kazanma potansiyeli olan bir daldır (Yani eskiden öyleydi). Manevi tatmini de diğer uzmanlık dallarına göre daha fazladır. Bir bebeğin doğumunda alınan hazzın yerini çok az şey alabilir.

Yedi sülalesine yetecek kadar mal varlığı olan kadın doğum uzmanı hekimler tanıdım. Gerçekten yedi sülalesine matematik olarak yetecek mal varlığından bahsediyorum. Ama emeklilik yaşı geldiği halde hastaneden kopamazlar. Hala o hastaneden muayenehanesine hasta transfer etmek için uğraşırlar (neyse ki bu rezalet artık bitti).

Çünkü bilinçaltı bir türlü tatmin olmaz.

O değersizlik inancı bir türlü gizlenemez. Hep daha fazla korunma, gizlenme ister. Bildiği tek yol olan hekimlik mesleğini sürdürme ve daha fazla emniyet duygusu verecek para kazanma hırsını bu yüzden sürdürür. Şöyle bir durup da "ben ne yapıyorum?" diye düşünemez bile.

Politikacı olmak da böyle bir şeydir.

Milletvekili olduğun zaman büyük bir gücü eline alırsın. Değersizlik inancını gizleyen güçlü bir etikete sahip olursun. Hele politikada ilerledikçe, bakan, başbakan oldukça artık kolay kolay kimse senin değersizlik inancını fark edemez. Bu nedenle de bu kazandığın mevkileri bırakmak istemezsin. Bir de sanki insanların iyiliği için fedakârlık yapıyormuş izlenimi verebilirsen katmerli börek olur. Savunmanın cilasını çekmiş olursun.

Politikacıların çoğunda değersizlik inancının tüm belirtilerini görebilirsiniz.

Kendinden küçük gördüğü insanlara yukardan bakmak, aşağılamak, kızmak, yaptıklarını abartmak, daha fazla takdir alacak özelliklere sahip olmaya çalışmak. Hemen hepsi tüm politikacılarda ortak özelliklerdir. Tabi ki özellikle toplum olarak değersizlik inancının dibi bulduğu bizim Ülke'ye benzer ülkelerde bu görüntüler çok daha dikkat çekicidir.

Bizim ülkede değersizlik inancıyla barışmış bir kişinin politikaya dayanması mümkün değildir.

Terapide Değersizlik İnancı

Terapi süreci iki kişi arasında olan bir etkileşimdir. Her ne kadar amaç danışanı iyileştirmek olsa da, bu iyileşme süreci terapistin içsel durumundan bağımsız değildir. Bu kitabın her bölümünde vurguladığım gibi her hangi bir sorunu, fiziksel olsun, ruhsal olsun ya da davranışsal olsun eğer zihinsel düzeydeki çalışmalarla çözmeye niyetliyseniz kendi içinizdeki değersizlik inancıyla yüzleşmek ve bu inancı besleyen tıkanmış duyguları boşaltmak zorundasınız. Bunun dışındaki her türlü çalışma sadece geçici ve yetersiz iyileşmeler sağlayacak ya da basit gevşetici yöntemlerin ötesine geçemeyecektir.

Diyelim ki siz kendiniz kendi içinizdeki değersizlik inancıyla yüzleşmeye karar verdiniz. İşte bu anda karşınıza ciddi bir sorun çıkacaktır. Sizin bu inancınızla yüzleştirmeye hazır bir terapist bulmanız gerekecektir. Eğer bulacağınız terapistin bu düzeyde bir farkındalığı yoksa, yani terapistin kendisi kendi içindeki değersizlik inancının farkında değilse size bu konuda yardım etmesini ve etkin sonuç almasını beklemeyin.

Sizin yüzleşeceğiniz ve boşaltacağınız çoğu duygu terapistin içinde de mevcut olacaktır. Bir terapistin kendi kaçtığı duygulardan danışanını kurtarmasını beklememek gerekir. Aksine siz bu duygularla yüzleşmek isteseniz bile terapistiniz bundan rahatsız olacak ve sizi de bu duygularla yüzleşmekten uzak tutmaya çalışacaktır. Örneğin terapistinizin içinde utanç duyguları ve bu duyguların bağlı olduğu bir ahlak anlayışı varsa, sizin kendi utançlarınızı boşaltmasını sağlaması kolay olmayacaktır. Bunu yapabilmesi için bile en azından terapistin kendisinin bu duygulardan rahatsız olduğunu fark etmesi gerekir. Bu farkındalığının olması bile zaten onu bir şeylerle yüzleştireceğinden bu kadar farkındalık bile beklememek gerekir.

Bu nedenle terapistinizin buna hazır olup olmadığını anlamanız gerekir. Ama bu kitabın okuyucusu iseniz artık bunları ortaya çıkarmak sizin için zor olmayacaktır. Terapistin kendi değersizlik inancını saklayan o savunma mekanizmalarını hemen tanıyacaksınız. Kendini değerliymiş gibi gösterme çabalarını tanıyacaksınız. Sizi küçük görmeye çalışan halini, siz bir şeyler sorguladığınız andaki tepkilerini hemen tanıyacaksınız. Hele onun yöntemlerini şöyle bir sorgulayın bakalım. Alacağınız tepkilere şaşıracaksınız. Onu bu tepkilerden korumaya çalışacak olan sizin onu iyi bilmeniz olacaktır. Yani açık açık size öfkelendiğini göstermekten kaçınacak, hatta yüzüne sahte bir gülücük bile yerleşecektir. Ama arka plandaki gerginliğini fark edeceksiniz. Sesinin tonundaki sertliği fark edeceksiniz. Size kızdığı halde bunu açık etmekten kaçınması da sizin için bir uyarı olacaktır. Çünkü sizin onu takdir etmesine, onu iyi bilmenize ihtiyacı vardır.

Duygulardan konuşmaya başladığınızda, zaten duygu meselesini küçümsediğini ve akıl ve düşünceyi ön plana çıkarmaya çalıştığını da saptayacaksınız. Hele sizin yolunuzu bulmanız için değil de kendi yoluna sokmaya çalıştığını göreceksiniz. Terapi sanki sizin kendinizi iyi hissetmeniz için değil de onun kendisini iyi hissetmesi için yapılmaktadır.

Kadın geçmeyen depresyonuna çare aramak için psikiyatriste gider. Psikiyatrist kadının sorunun dokunma eksikliğinden kaynaklandığını ve bu yüzden kadında sık sık sarılacağını söyler. Bunu terapi zanneden kadın bir süre sonra psikiyatristine aşık olur ve aralarında malum bir ilişki başlar. Ama kendi adına değersizliğini tatmin edecek sonu almış olan psikiyatrist bir süre sonra kadını bir bahaneyle başka bir piskiyatriste devreder. (Bu olay Cüneyt Arcayürek'in anlattığı ku-de-ta ülkesinde geçer)

Başkalarının fikirlerini küçümseyen, en doğru bildiğim benim bildiğimdir diyen tiplerle karşılaşabilirsiniz. Genelde de bunlarla karşılaşacaksınız. Tabi genelleme yapmak doğru değil ama genellikle – ne yazık ki- terapistim diyen kişilerde bu kalıpları bulacaksınız.

Mevcut değersizlik inancı ait olunan değersizleştirici sahiplenilmelerle daha da güçlenir. Ne demek istiyorum? Eğer elde ettiğiniz sonucun hikâye olduğunu *biliyorsanız* (bilinçli düzeyde bilmeseniz de bilinçaltı düzeyde biliyorsanız anlamında) bu konulardaki sorgulamalara karşı olan tepkiniz daha da fazla olacaktır.

Hipnoz çalışmalarımı geliştirmek için Ankara'ya geldiğim ilk yıldı. Muayenehanedeyken çocuğu için bir bayan aramıştı. Telefonda nasıl hipnoz yapıyorsunuz, nasıl sonuç alıyorsunuz mealinden bir şeyler sormaya başladı. Bir anda kadına karşı içimde gelişen öfkeyi kontrol edemedim ve kadını ciddi bir şekilde haşladım. Kadın kendisi bu durumda olan başkasına nasıl yardım edecek diyerek telefonu kapattı. Bu son cümle ben de soğuk duş etkisi yaptı. Günlerce bunu düşündüm. O zamanlar henüz değersizlik inancı teorimi geliştirmemiştim ve neler olduğunu tam da anlayamadım. Sadece yeteri kadar terapist özelliklerine sahip olmadığımı düşünerek bu konuda çalışmalar yapmaya başlamıştım.

Neden bu kadar tepki göstermiştim? Çünkü hipnoz bilimsel camia tarafından çok da kabul gören bir uğraşı alanı değildi. Bu tip şeylerle uğraşanlar ya aşağılanıyor ya da şarlatan olarak niteleniyordu. Ben de bilimsel normlara çok önem veren bir kişiydim. Bir taraftan hipnozla uğraşıyordum ama bir taraftan da yaptığımı kendime yakıştıramıyordum. Yani hipnoz uğraşısı bana değer katan değil de sanki beni değersizleştiren bir şeydi. Bu nedenle de hipnoz çalışmalarımın eleştirilmesi, sorgulanması, gerçekten işe yarıyor mu tarzı sorular içimdeki değersizlik inancını çok fazla titreştiriyordu.

Tıp alanında değişik uzmanlıklar vardır. Ve bazı uzmanlıklar hekime diğer uzmanlıklara göre daha fazla değer katar. Örneğin cerrahi branşlar dâhili branşlardan daha üstündür. Cerrahi branşlar içinde de kalp ya da beyin cerrahisi barsak cerrahisinden daha üstün olarak kabul edilir. Haliyle bu branşlarda uzman olmak değersizliği daha güzel örtecektir. Keza dâhili branşlar içinde de daha somut verilere sahip branşlar daha soyut kavramlarla iş yürütmeye çalışan branşlara göre halkın gözünde daha üstün olacaktır.

Mesleğine sıradan vatandaş kendinde ne kadar burnunu sokma yetkisi görüyorsa o kadar değersizleştirici demektir. Örneğin memlekette herkes teknik direktördür ve kendi takımını ondan iyi bilir. O teknik direktör olsa o maçı kesin olarak kazanır.

Yeme içme konusu da böyledir. Herkesin bilmem ne otu hakkında bir bilgisi vardır. O yüzden de diyetisyenin tavsiyelerini çok daha rahat eleştirir de göz hastalıklarıyla ilgili bir tavsiyeye pek bir şey diyemez.

Aynı şey tıbbi branşlar için de geçerlidir. Herkesin ruh hastalıkları, psikoloji gibi konularda bir *bilgisi* vardır. Çünkü bu durumları açıklayan somut veriler yoktur. Hayvanlarda yapılmış bir takım deneylere dayanarak verilen ilaçların şu ya da bu şekilde bazı psikiyatrik hastalıklara iyi geliyormuş gibi görünmesiyle kendisine somut bir tıp dalıymış izlenimi verme gayreti içinde olan psikiyatri mensuplarının bilinçaltıları bu gerçeğin farkındadır. Bu nedenle de kendi uzmanlıklarıyla ilgili korunmaları diğer branşlardan çok daha güçlüdür. Birçok masum çalışmayı, spiritüel uygulamayı kendi uzmanlıklarına bir saldırı olarak nitelerler ve karşı saldırılarda bulunmaktan hiç kaçınmazlar. Yani demek istediğim branşın ayakları havada kaldığı ölçüde değersizleştirici gücü de o oranda artmaktadır.

Okulda değersizlik inancı

Okullar başlamış olan değersizlik algısını güçlendiren merkezlerdir. Hemen her öğretmenin içinde değersizlik inancı olması kaçınılmazdır. Ama öğretmenine göre bu değersizlik inancı farklı farklıdır. Bazı öğretmenlerde takdir edilme mekanizmaları daha ön plandadır. Bu öğretmenler başarıyı arar. Bu nedenle öğretmenler arası yarışta önde olmak ister. Önde olmanın yolu öğrencilerinin başarısıdır. Kendi sınıfındaki öğrencilerden başarı bekler. Önce tüm çocuklar başarı için teşvik edilirken bir süre sonra geride kalanlar kendi kaderine terk edilir. Başarı şansı olanlar aşırı zorlanmaya başlar.

Ya da öğretmenin diğerleriyle yarışacak kadar donanımı yoktur ama yine de kendisini gizlemek zorundadır. Bu durumda çocukları aşağılamayı, sürekli açıklarını bulmayı kendi değersizliğini gizlemek için ana yöntem olarak benimser. Gerçek gizlenmeciler ise kendilerini belli etmez, herkesle iyi geçinir, öğrencilerini kendi haline bırakır.

Her üç durumda da çocuklarda mevcut değersizlik inancı pekişir. Birinci grup öğretmenlerin tutumu birinci grup gizlenme yöntemlerini güçlendirirken diğer gruplarda kendilerinin ana mekanizmalarını çocuklara aktarırlar.

Günümüz Türkiye'sinde aileler arasında tam bir **değersizlik gizleme yarışı** vardır. Okullarda çocuklar ailelerinin değersizliklerini gizlemek için yarışmaktadırlar.

Hiyerarşinin güçlü olduğu her yer değersizlik gizlemek açısından ideal yerlerdir. Öğretmen doğal olarak öğrenci karşısında üstündür. Bu hiyerarşik koruyuculuk devlet okullarında özel okullara göre daha fazladır. Bu nedenle değersizliğini gizleme çabası içindeki bir öğretmen öğrencileri karşısında burnundan kıl aldırtmaz. Sürekli onların aptallıklarıyla, tembellikleriyle dalga geçer. Kendisinde bir hata bulunmasına tahammül edemez. Kendisine yapılan bu tip saldırıları dayakla bile ödüllendirir.

Ey anne babalar çocuklarınız sizin değersizlik inancını gizleyemediğiniz zırhlarınızdaki delikleri tıkamak için dünyaya gelmediler.

Çocuklar size emanettirler.

Ey öğretmenler çocuklar size de emanettirler.

Kendi değersizlik inancınızın yarattığı girdaplarda çırpınırken çocukların da bu girdaplarda boğulmalarına izin vermeyin.

Çocukları birbirine düşman etmeyin. Çocukların birbirlerinin üzerine basarak başarılı olabileceği telkinlerini vermekten vazgeçin. Bu eğitim düzenine itiraz edin.

Onların içindeki yaratıcılık ve merak duygusunun değersizlik inançlarınızı bulaştırarak yok etmeyin.

Çocuklara hata yaptıkça not verin, ödüllendirin. Hiç hata yapmayan çocuğu da ceza olarak psikiyatriste gönderin.

Bir öğretmenle bir çocuğun arasındaki bakış açısını aşağıdaki anekdot çok iyi ortaya koymaktadır.

Ana okulda kız çocuğu arka sırada kendini resim yapmaya kaptırmış. Uzun süre sesi çıkmayınca yanına yaklaşan öğretmeni bu kadar heyecanlı ne yaptığını sorar.

– Tanrının resmini yapıyorum.

–Ama hiç kimse Tanrının neye benzediğini bilmiyor ki?

– Sorun yok birkaç dakika sonra öğrenecekler.

Bir gün orta son sınıfında okuyan oğlunu getirmişti annesi. Hipnozla daha fazla ders çalışmasını sağlamamızı istiyordu. Deneme puanlarını ve ne kadar puan eksiği olduğunu sordum. 100 üzerinden 5 kadar puan eksiği vardı ve bu başarıyı sadece günde ortalama 10 dakika çalışmakla elde etmişti. Ben de annesine o zaman 15 dakika çalışmasını sağlarsak mesele kalmaz dediğimde bana cırlak cırlak bağırdı. "Olmaz bu çocuk en az günde 2 saat çalışmalı! Çocuğunun çok az çalışarak başarılı olmasını kendine yediremiyordu. Kendisi ne kadar bir süreyi uygun görmüşse o kadar süre çalışmalıydı.

Kendi isteklerimize uygun davranılmaması bile bizim değersizliğimizin yeteri kadar gizlenemediğinin belirtisidir. Söylediklerimizin, isteklerimizin makul olması değil, yerine getirilmesi önemlidir. Yerine getirilmediği zaman kızmaya başlarız. Çocuğumuza " hey yanılıyorsun ben bildiğin anne babalardan değilim, benim içimde değersizlik falan yok, bak gücümü sana göstereceğim şimdi" mesajını veririz.

BÖLÜM 37

Değersizlik İnancından
Özgürleşmek

Kitabın bu bölümünde artık değersizlik inancının ne olduğunu, nasıl etkiler yarattığını bir kenara koyalım ve kendisinde değersizlik inancından kaynaklı olduğunu düşündürten sorunlar bulan ve bu sorunlardan kurtulmak isteyen okuyuculara yol göstermeye başlayalım. Kitabı buraya kadar dikkatle ve merakla okumuş olan okuyucularım okuma süreci boyunca herhalde sık sık "tamam anladık ama nasıl kurtulacağız bu meretten" diye sormuşlardır ve sorularında haklıdırlar.

Şimdi 8-10 yaşında bir çocuğa bile, "bak yavrum kafanın kaşınmasına içindeki ben dışarı çıkmaktan korkuyorum inancı sebep oluyor" desek ve "iyileşmen için ne yapman gerekiyor" diye sorsak, çoğu çocuk eğer henüz Türk eğitim sisteminin gadrine uğramamışsa "o zaman inancı ortadan kaldırırım" der. Son derece doğru mantık...

Bir şey bir soruna neden oluyorsa o etkeni ortadan kaldırırsın, sorun da düzelir.

Eski çağlardan beri iyileşmenin en temel mantığı budur. Eğer hastalığa kişinin içine girmiş cinler neden oluyorsa cinleri çıkaracaksın, şeytansa şeytanı kovalayacaksın. Gizli ruhlar bedeni ele geçirmişse ruhları yok edeceksin. Mikroplar hastalığa neden oluyorsa mikropları yok edeceksin. Bir tıkanıklık varsa, tıkanıklığı ortadan kaldıracaksın, bir ur varsa uru bedenden dışarı çıkaracaksın, yabancı zehirler varsa zehirleri bedenden attıracaksın.

Bedende işleyen mekanizmaların işleyişini bozan bir şeyler varsa o bozukluğu düzelteceksin. Örneğin beyinde sinir iletimini bozan kimyasal madde eksikliği varsa, o eksikliği ortadan kaldıracaksın yani ya dışarıdan kimyasal madde takviyesi yapacaksın, ya da o maddenin üretimini arttıran ilaçlar vereceksin. Fazlalık varsa azaltacaksın, azlık varsa çoğaltacaksın.

O zaman aynı mantıkla değersizlik inancına yaklaşacak olursak değersizlik düşükse değer takviyesi yapmak gerekir. Eğer doğrudan değersizliği ortadan kaldıramıyorsak, o zaman inancını ortadan kaldırırız. [97]

Tıpta iki türlü tedavi vardır.

Etkene yönelik tedavi ve semptomatik tedavi.

Etkene yönelik tedavide hastalığı yaratan etkeni ortadan kaldırırsınız. Örneğin boğaz ağrısına bir enfeksiyon neden olmuşsa o enfeksiyona neden

---

[97] Aslında bu mantık birçok iyileştirme tekniğinde geçerlidir. Örneğin düşünce gücünün birçok hastalığı tedavi ettiğinin öncülüğünü yapmış ünlü spiritüalist Louise Hay her gün ayna da gözlerinizin içine bakarak sürekli "ben değerliyim" demenizi önerir. (L Hay. You Can Heal Your Life)

olan mikrobu yok edecek ilaç kullanılır. Mikrop yok olduğu zaman boğaz ağrısı yok olur.

Ama bu arada geçen sürede kişinin boğaz ağrısından rahatsız olmaması için ağrı kesici bir ilaç verilebilir. Bu ağrı kesme işine **semptomatik tedavi** yani sadece belirtinin ortadan kaldırılması için yapılan tedavi deriz. Aslında buna tedavi demek ne kadar doğru, tartışılabilir.

Tedavi kavramının etkene yönelik olarak yapılan uğraşıları kapsaması gerekir. Kişinin beli ağrıyor bunun için masaj, ilaç, ameliyat vs. birçok yöntem kullanıyorsunuz. Bunlardan belki sadece ameliyat etkene yönelik bir tedavi yöntemidir. Ama aslında bel ağrısı ameliyatlarında da etken ortadan kaldırılmaz sadece semptomu yaratan neden ortadan kaldırılır. Bel ağrısına bir disk kayması neden oluyorsa diski ortadan kaldırırsınız, olur biter. Ama diski kaydırtan neden üzerinde durulmaz.

*Sahte bir etken*e yönelik tedavi söz konusudur.

İnancı değiştirmek ya da ortadan kaldırmak

Tıp mantığına göre düşünecek olursak bu durumda inancın kendisi etken olmaktadır. Çoğu kişi kendi yaşamını sınırlandıran inançları bilmek ve ortadan kaldırmak ister. İnancın ne olduğunu üç aşağı, beş yukarı bilse de inancı değiştirmek için ne yapacağını bilmez.

Diş olsa sökersin, pislik olsa temizlersin, duvar olsa yıkarsın, ur olsa çıkarırsın ama bu şey ne görünür, ne yenir, ne koklanır, ne tadılır ve hatta ne de hissedilir. Radyasyon gibi bir şey olsa aletle tespit edersin. Elektromanyetik dalga olsa jammerla parazit yaratırsın, ya da faraday kafesi kullanırsın. Ama inanç dediğin şey ne yenir, ne ölçülür, ne hissedilir, ne de hacı hoca tarafından tespit edilebilir. O zaman varlığını hiçbir şekilde kanıtlayamadığın, adı var kendi yok bir şeyi nasıl ortadan kaldıracaksın?

Ortadan kaldıracak bir şey bulamazsan mecburen tıp mantığı ile semptomatik tedaviye yönelmemiz gerekir. Yani değersizlik inancının ortaya çıkardığı ama kişi tarafından kabul edilemez belirtileri gidermeye çalışırız.

Kişilerin inançları değiştirememesinin ya da ortadan kaldıramamasının en önemli nedeni bu olsa gerek[98]. Nerededir, nasıl bir şeydir, nasıl yakalanır, nasıl yok edilir, hiçbir bilgimiz yok.

---

[98] Çoğu ünlü kişisel gelişim uzmanı kitap başlıklarını bile bu şekilde oluşturur ama tüm kitap boyunca bu değişimi nasıl yapacağınız net bir şekilde açıklamasını bulamazsınız. (örnek: W. Dyer. Change your thoughts, change your life).

Bu kitapta da özellikle inancın nasıl bir şey olduğunu tekrar tekrar vurgulamaya çalıştım ve burada tekrar vurgulayayım.

İnancı o inancı yaratan eylemlerden ayrı olarak tespit edemezsiniz, yakalayamazsınız ya da eylemlerden bağımsız olarak ortadan kaldıramazsınız. Bir yazıyı siler gibi silemezsiniz.

Hani bir sözümüz vardır, bayrakları bayrak yapan üstündeki kandır diye, inançları inanç yapan da eylemidir. O inanç hangi eylemlerle, ya da eylemsizliklerle kendini belli etmekteyse kişi ancak o eylemler üzerinde çalışarak, o eylemleri değiştirmeyi hedefleyerek değişim yaratabilir.

Eylem değişmeden inanç değişmez

O halde değersizlik inancını ortadan kaldırmanın yolu değersizlik inancının etkilerini ortadan kaldırmakla başarılabilecek bir şeydir.

Tek tek sorun olarak hangi eylemleri, ya da eylemsizlikleri tespit ediyorsak ancak onların değişmesini sağlayarak değişim yapabiliriz. Yaşam eylemlerin toplamından başka bir şey değildir zaten. Eylem hareket ile kendini belli eder. Bir şeyin yer değiştirmesi ya da pozisyon değiştirmesini hareket olarak kabul edebiliriz. Kalbin çalışması da bir eylemdir, hareket eden hücrelerimiz de bir eylemde bulunur. Hiç harekette bulunmayan, derin meditasyon halindeki bir guru bile bir eylemde bulunuyordur[99].

O halde değişim dediğimiz şey çeşitli şekilde hazır bekleyen eylemleri içeren bir havuzdan farklı eylemleri seçmek demektir. Yani amaç için farklı eylemler seçmeye başladığımız zaman gerçek değişim başlamış demektir[100].

O halde eylemi değiştirmeyen bir insanın fikrinin ya da düşüncelerinin değişmesinin değişimin onaylanması açısından bir hükmi şahsiyeti yoktur[101].

Çocuklar eyleme bakarlar, babalarının ya da annelerinin kafalarından ne geçtiğini bilemezler, annenin eli terliğe doğru hareket etmişse birazdan o terliği kafasına yeme ihtimali doğmaya başlamıştır ve çocukta bu eylemin ihtimali sonuçlarına göre yeni bir eylem seçer.

İletişim ve etkileşim eylemlerin belli bir sırayla vuku bulmasından

---

99 Gezi parkı direnişi döneminde hiç hareketsiz bekleyen insanların bir eylem yaptığı kabul edilmişti.

100 Tabi yeni seçilen eylemin her zaman eski eylemden daha iyi, ya da istediğimiz yönde sonuç vereceğinin garantisi yoktur, ama basitçe değişim, etkili ya da etkisiz yeni bir eylemin seçilmesi ve eski eylemin yerini alması demektir.

101 Öyle tipler vardır,"ben sizin eyleminizi destekliyorum, aynı sizin gibi düşünüyorum" derler de "hadi gel eyleme gidelim" dediğimiz zaman "kusura bakmayın bugün kılım döndü" bahanesinin arkasına sığınırlar.

başka bir şey değildir. O nedenle hayat harekettir, eylemdir. Değişim, gelişim, iyileşme gibi farklı bir sonuç elde etmenin tek yolu aynı durumlar için farklı eylemler seçmektir.

Eylemler değiştikçe eski eylemleri yaratan inançlar da değişmeye başlar.

Değersizlik inancını diğer insanlardan gizlemek için yaratılmış her bir gizlenme çabası ayrı bir eylemdir. Bu eylemlerin neler olduğunu bilmeden, hangi eylemlerin değersizlik inancını beslediğini fark etmeden, yeni eylemlerin neler olacağını belirleyemeyiz. Tek tek yanlışlığını fark ettiğimiz eylemleri değiştirdikçe değersizlik inancının etkisini zayıflatmaya ve ortadan kaldırmaya başlarız.

Her bir eylemi bilinçaltında işleyen bir programın karşılığı gibi kabul edebiliriz. İnançlar ile eylemler bir araya geldikleri zaman bu programları oluştururlar. İnsan zihninin işleyişi ile bilgisayarların işleyişi arasında birçok benzerlikler bulabiliriz. Her bir programın bir yazılımı vardır. Programı başlatan komut verildiği anda bu yazılım harekete geçer ve ekranda bu hareketi izleyen değişimleri yani eylemi gözlemleriz.

İstemediğimiz, beğenmediğimiz davranışlarımız ya da sorunlarımızı bilinçaltının eski programları olarak kabul ederiz.

Bir şeyi bilinçli olarak değiştirmek istiyoruz ama yapamıyoruz. Çünkü bilinçaltı izin vermiyor. Orada eski program güçlü. Biz ne istiyoruz? Bilinçaltını yeniden programlamak istiyoruz. Yeni bir program yüklemek istiyoruz. Ama bunu nasıl yapacağımızı bilmiyoruz. Olumlamalar kullanıyoruz olmuyor. Kitaplar okuyoruz olmuyor. Hatta hipnoz telkinleri CD leri dinliyoruz yine olmuyor.

Eski program işlemeye devam ediyor.

Neden bir türlü eski programları değiştiremiyoruz? Çünkü yeni programları değiştirmek için bulduğumuz tüm çareler bilinçaltına ulaşmıyor. Bilinçaltının anlayacağı dil eylemdir.

Ancak kuru kuru eylemi değiştirmek yeterli olacak mı?

Tabi ki hayır, çoğu insan yaşamında eylem değişikliği yapar ama yine de beklediği sonuçları elde edemez. Örneğin bir sigara tiryakisi sigarayı bırakır yani eylemini değiştirir ama yine de huzurlu olmaz ve bir süre sonra tekrar eski eylemine döner. Doğru eylemi bulmuştur belki ve sonra da gerekli değişikliği yapmıştır ama değişiklik sürekli olamamıştır. O halde, burada karşımıza ikinci bir sorun çıkıyor.

Eylem değişikliğini sürekli ve otomatik hale getirmek

Ama her şeyden önce değersizlik inancını besleyen eylemlerin farkında olmamız gerekiyor. Bu kitabın okuyucusu olarak, diğer sayfaları atlamadan ve sindire sindire okumuşsanız, artık bu satırları okurken kendinizde değersizlik inancını yansıtan ve besleyen birçok eylem keşfetmişsinizdir.

Hangi eylemlerin değersizlik inancını yansıttığını fark etmeye farkındalık diyoruz.

"Ben bu eylemi tamamen bilinçaltının bir inancını tatmin etmek için yapıyorum" dediğiniz anda bir farkındalık yaratmış oluyorsunuz.

Farkındalık olmadan yeni bir eylemin ne olacağına kara veremeyiz, eski eylemin yerine nasıl bir eylem koyabileceğimize karar vermeden de eski eylemi ortadan kaldırmayız.

İnsanlar kendilerini değiştirmek için çok çaba gösteriyorlar. Son yıllarda tüm dünyada kişisel gelişim teknikleri patlaması yaşanıyor. İnsanların kendilerini değiştirmeleri için çeşit çeşit teknikleri anlatan kitaplar, DVD ler, kurslar, workshoplar, atölye çalışmaları kişisel gelişim sektöründe patlama yaratmış durumda.

Ama hemen çoğu teknik kişilerin beklentilerini karşılayamıyor. Hem de tekniklerin çoğu bilinçaltının değiştirdiğini iddia etmesine rağmen. Çabası ve parası boşa gidenler ise gittikçe artan bir umutsuzluğun pençesinde buluyorlar kendilerini ve eski mutsuzluklarına bir de bu hayal kırıklığının yarattığı umutsuzluk ekleniyor[102].

Nerede aksaklık var?

Aksaklık şurada. Elimizde bilinçaltının kabul edeceği yeni bir program yok. Çoğumuzun yeni program diye zannettiği eski programın yeni versiyonu. Eski programda revizyon yapmayı değişim zannediyoruz.

Yeni eylemi değersizlik inancından kurtulmak amacıyla yapmaya niyet edersek yeni bir program yazmaya başlıyoruz demektir. Eğer aynı

---

102 Kişisel gelişim sektörünün en büyük çıkmazı bilimsel araştırma eksikliğidir. İddialarını kanıtlayan ciddi bilimsel çalışmalar ancak bazı teknikler için –yoga, mindfullness meditation, reiki gibi- son yıllarda bazı alternatif tıp araştırması yayınlayan dergilerde görünmeye başlamıştır. Ancak bu dergilerin çoğunun bilimsel normlarının ne düzeyde olduğu şüphelidir.

eylemi sadece değersizlik inancını daha iyi gizlemek amacıyla yaratmaya çalışıyorsak eski programı revize ediyoruz demektir. Bu durumda değersizlik inancının gücü azalmaz aksine artmaya başlar. İnancı korumaya çalıştıkça inanç güçlenir, inancı açık etmeye çalıştıkça inanç zayıflar.

Kişiler farkında olmadan, kişisel gelişimden değersizlik inancını daha da güçlü gizlemeyi beklemektedirler.

Yetersizlikleri kendilerini rahatsız eder. Çabalarlar ama bu rahatsızlık ortadan kalkmaz. Örneğin kendilerini daha değerli gösterebilmek için İngilizce öğrenmek isterler, ya da daha sağlıklı görünebilmek için zayıflamak ve egzersiz yapmak isterler.

Tüm bu çabaların amacı diğer insanlar tarafından takdir edilmektir, yani değersizliğinin daha iyi gizlenmesidir. Bilinçaltı gizlenmeye çabalamakta ama bir türlü oluşturduğu zırhları yeterli bulamamaktadır. Zırhlarda delikler vardır. Çatı akmaktadır. Çatının tamir edilmesi gerekmektedir. Ama kişi kendi çabasıyla çatıyı tamir edememekte bu nedenle gücünü arttırmak amacıyla kişisel gelişim tekniklerinden çare ummaktadır.

Özellikle günümüzde NLP teknikleri bu amaçla pazarlanmakta ve rağbet görmektedir. "NLP ile potansiyelinizi arttırabilirsiniz, başarıya giden yolu yakalayabilirsiniz, hayalleriniz gerçekleştirebilirsiniz" sloganlarıyla çatılarını aktarmak isteyen insanlar cezbedilmektedir[103]. Diğer bir deyişle çoğu uygulayıcı NLP benzeri teknikleri değersizlik inancını ortadan kaldırmak için değil, aksine sömürmek için pazarlamaktadır.

Değersizlik inancından kurtulmak için ıslanmayı göze almak gerekiyor. Bırakınız çatınız aksın. Bırakınız değersizlik inancınızın fark edildiği korkusuyla bilinçaltınız kaygı yaratsın, siz bu kaygıyı çatıyı onarmak için değil, savunmaları zayıflatmak için kullanın.

Geçmişte, çocukken gerçekten bilinçaltının yarattığı o savunma amaçlı, gizlenme amaçlı eylemler işe yaramış ve sizin yaşam savaşı vermenize katkısı olmuş olabilir. Ama artık işe yaramıyor, aksine ayağınıza bağ oluyor, yaşamdan keyif almanızı engelliyor. İçinizde hissettiğiniz kaygıları, sanki içinizde her şeyi bilen yüce bir bilgenin uyarıları olarak okursanız, çabalarınızı damdaki delikleri tamir etmek yönünde harcamaya

---

[103] Burada NLP yi küçümsediğim izlenimi doğabilir. Aksine NLP yi çok önemsiyorum ve yararlı buluyorum. Sadece pazarlanmanın bu şeklinin değersizlik inancı içinde kıvranan insanları sömürmeyi amaçladığını vurgulamak istedim.

devam edersiniz elde edeceğiniz sonuç koca bir hüsran olur.

Farkındalık dediğimiz zaman birçok düzeyde aynı anda farkında olmamız gereken şeylerin toplamından bahsediyoruz.

Değersizlik inancımızın farkında olmamız gerekiyor...

Bilinçaltımızın değersizliği gizlemek için yarattığı gizlenme çabalarının farkında olmak gerekiyor...

Savunma sistemleri açık verdiği zaman yaratılan kötü hissin ne anlama geldiğinin farkında olmak gerekiyor...

Kişisel gelişim amacının ne yöne olduğunun farkında olmamız gerekiyor.

Farkında olmak yerine, delik onarmaya çalışan bir kişinin meseleye bakışını bir örnekle açıklamak istiyorum. Kişi bozuk konuştuğu düşüncesiyle toplum önünde konuşurken korkuyor, terliyor heyecanlanıyor.

- Derdin nedir?

- Daha iyi konuşmak?

- Peki, böyle konuştuğun zaman derdini anlatamıyor musun?

- Anlatıyorum.

- İnsanlar seni anlamıyor mu?

- Anlıyorlar sanırım.

- Bugüne kadar kaç kişi bozuk konuştuğun için seni eleştirdi?

- Çok az belki hiç.

- Diyelim ki konuşman biraz bozuk ne olur?

-???

-Yani kötü bir şey olur mu? Başına kötü bir şey gelir mi?

- Hayır gelmez.

- Eee o zaman derdin ne?

- Olsun yine de düzgün konuşmam lazım. Bana bir hipnoz yapında daha düzgün konuşayım.

- Yanlış yerdesin sen düzgün konuşma öğreten kurslara git o zaman.

Ama bu kursa gitmek de o kişiyi kurtarmaz. Çünkü bilinçaltında bir kez konuşma konusunda mükemmel olmadığı inancı yerleşmiş. Bu nedenle zaten bugüne kadar birçok gizlenme mekanizmasını işletmiş. O duyduğu heyecan da bir gizlenme çabası. Bilinçaltının onu bozuk konuşmasının fark edileceği ortamdan uzak tutmak için keşfettiği bir çare. Yani bilinçaltı zaten gizlenebilmek için bütün silahlarını savaş alanına sürmüş. Kişi ise şimdi ne istiyor? Daha fazla savunma silahını alana sürmek istiyor. Ne yaparsa yapsın bilinçaltı ikna olmaz. Oradaki inanç değişmez. Yine onu o ortamdan uzaklaştıracak bir şeyler bulur.

İşte burada farkındalık bile yok. Farkındalık olmadan bir ileri aşamaya gitmek mümkün değil[104].

O zaman ne yapmak lazım? Yeni bir şey, yeni yepyeni, herkes tarafından kabul edilecek bir şey bulmak lazım. En doğru program "mükemmel konuşmak zorunda değilim" olmalıdır. Kişi bilinçli düzeyde hakikaten buna inanmalıdır. Sorunun bu kadar hatasız olmak inancından kaynaklandığının farkında olması gerekir. Yani farkında olmadan değişim sağlayacak adımları atamayız. Zihin bir bütündür. Bu farkındalığı görmeden bilinçaltındaki eski program dosyalarını açmayı, silmeyi ve değiştirmeyi kabul etmez ya da zora sokar.

İlk adım farkında olmaktır.

Nasıl farkında olacağız?

Neyin farkında olacağız?

Farkında olmak için öncelikle anda olmak gerekir. Anda olmak o anda yaptığımız şeye odaklanmaktır. Odaklanmasını ana göre güçlendirmeden farkındalık aşamasına geçemeyiz.

O ana odaklanmamızı nasıl güçlendireceğiz ve sonra da bunu farkındalığa nasıl transfer edeceğiz ve bilinçaltında değişim yaratmak için nasıl kullanacağız?

Anda olmak son derece güç bir iştir. En basit farkındalık çalışmalarını bile bilinçaltı engeller. Zihnimizin doğal durumu otomatikleşmeye eğilimlidir.

---

104 Çoğu psikoterapi yaklaşımları farkındalık yaratmayı yeterli bulur. Basit sorunlar için belki. Ama hastalık yaratmış bir değersizlik inancını farkındalık düzeyinde yok edemezsiniz. Farkındalık yaratmak ancak tedaviye ilk adım olabilir.

Örneğin araç sürerken şöyle bir deney yapın.

"Şu andan itibaren karşıdan gelen her türlü aracın ve içindekilerin farkında olacağım. "

Ve başlayın.

"Kırmızı opel, içinde bayan, sarı saçlı, gözlüklü, 35 yaşlarında sinirli görünüyor." Sonraki araç, daha sonraki araç, daha dördüncü ya da beşinciye gelmeden dağılır ve dalarsınız. Bu yaptığınız işlemi unutursunuz. Evet; vazgeçmezsiniz resmen hemen unutursunuz ve tekrar o trans haline geçersiniz.

Çünkü trans zihnimizin doğal halidir.

Bilinçaltı bize hayatı kolay etmek için çalışan bir sistemdir. Eğer üç beş kez aynı şeyi yapmaya kalkarsanız bir süre sonra farkında olmadan karşıdan gelen otomobilleri zihninize kaydetmeye başlarsınız. Yani farkındalık işlemi takıntıya dönmeye başlar.

Bilinçaltı sizin yeni bir şey öğrendiğinizi zanneder ve hemen bu görevi üstlenmeye başlar. Bisiklet sürmeyi öğrenirken de böyle olur. Önce biraz bilinçli çabayla dengede kalmaya çabalarsınız sonra bilinçaltı ne yapmaya çalıştığınızı anlar ve hemen görevi üstlenir. Yani aslında bilinçaltı o kadar da kötü bir *organ* değildir. Eğer siz kendiniz için yararlı bir şey yapmaya çalışırsanız bilinçaltı o yararı sizin adınıza devralır ve sürekli hale getirmeye başlar. Ama başlangıçta farkında olmak yorucudur, güçtür. Çoğu kişi tüm yaşamını farkında olmadan yaşar gider.

Farkında olmak tehlikelidir ve rahat bozucudur. Otomatik yaşamayı severiz. İçimizdeki bir otomatik pilot her şeyi düzenler ve idare eder. Toplumsal kurallar, din, geleneklerimiz, annemizin ve babamızın beklentileri her şey kalıplıdır. Bu kalıplara uyduğun süre kabul görürsün ve risksiz yaşarsın.

Ama bir şeyleri fark etmek istersen nasıl fark edeceksin?

Çoğumuz için farkında olmak kavramı bile yabancıdır. Sözlüğünde yoktur. Hayatında yoktur.

Farkında olmak için farkında olmamız gerektiğinin farkında olmak gerekir. Birlerinin sizi dürtmesi gerekir. Hani bazen otobüste eve dönerken uyur kalırız ya. Son durağa gelmişizdir ve haberimiz yoktur. Sonunda birisi bizi dürter.

"Uyan hemşerim son durağa geldik."

Yani mecburen dürtülmüşsünüzdür. Daha fazla gidilecek yol yoktur.

İşte yaşamda da bu tip dürtücülere gerek olur. Bunların görevi sizi farkında olmanız gerektiğine uyarmaktır. Farkında olmanız gerektiğini fark etmenizi sağlamaktır.

Ben de sizi şimdi dürtüyorum.

Hem de son durağa gelmeden.

Yaşadığınız yanlışlığın farkında olun.

Tüm sorunun etrafınızda gördüğünüz ve her biri birçok savunma mekanizmalarıyla gezen insanlara hayran olmaya son verin.

Onları taklit edeceğim, onlar gibi olacağım diye yaşamınızı zehir etmeye son verin.

Hem kendinizdeki çarpıklığın farkında olmaya hem de çevrenizdeki kişilerin çarpıklıklarının farkında olmaya karar verin önce.

Farkında olmak bir kararla başlar.

Farkında olma kararıyla ve bu kararı ısrarla sürdürmekle.

Ondan sonra da nelerin farkında olmamız gerektiğine karar vermemiz gerekiyor.

Gizlenme çabalarınızın farkında olun!

Başkalarının davranışları karşısında kızdığınızda kızdığınız şeyin kendi içinizde titreşen bir şey olduğunuzun farkında olun!

Bir ortam sizi rahatsız ettiğinde, rahatsız edenin ortam değil içinizde titreşen bir duygu olduğunu fark edin.

Duygularınızla yüzleşmeniz gerektiğini fark edin.

Fark etmeden hayatta ne elde etmiş olursanız olun yine de değersizlik inancının orada içinizde durduğunu fark edin.

BÖLÜM 38

Değersizliğin Karşıtı İnsan Olmaktır

Değerli hissetmek sahte bir kavramdır.

İnsan bedeninde değerli hissetmek gibi bir his somut olarak yoktur. Hisler somuttur. Duygularımız bedende hissedilir. Korktuğunuz zaman göğsünüz sıkışır, kızdığınız zaman karnınız kasılır, üzüldüğünüz zaman ise boğazınız düğümlenir. Duygu bedende nerede sıkışmışsa o duygu titreştiğinde duyguyu da orada hissedersiniz.

Peki, insanlar "değerli hissettim" ya da "değersiz hissettim" dediklerinde ne hissetmektedirler?

Hissettikleri şey bilinçaltının o anda olanlara anlam vererek ürettiği duygulardır. Örneğin bilinçaltı değersizlik inancının fark edildiğine kanaat getirirse ya korkup kaçmaya, ya da öfkelenip savaşmaya hazırlanır.

Ya da aksine o anda yaşadığı deneyim değersizlik inancının fark edilmediği yönündeyse kendini emniyette ve güvende hisseder.

Kişilerde yanlış bir algı olarak bunları farklı ve özel bir hismiş gibi algılar. Bu farklı algıyı farklı bir duygu olarak niteler ve "değersiz hissediyorum" sözüyle sanki değerliliğin bir duygu olduğu algısına kapılır.

Değerli *hissettiği* zaman güven içinde *hissettiğinden* değerlilik aranan ve elde edilmesi gereken bir şey olarak algılanır.

Ancak amacımız değerli olmak olursa illüzyondan kurtulamayız.

Nedir bu illüzyon?

Kendimizi bir mal olarak görmek...

19 ve 20 yüzyılın hâkim görüşü olan Newtonian anlayış bilimsel gerçekliği materyalizm ile özdeşleştirmiştir. O nedenle mal sahibi olmak yüceltilmiştir. Bilimsellik sadece görünen şeylerle sınırlandırılmıştır.

İnsani değerler bilim dışı kabul edilmiştir.

Her şeyin bir değeri vardır.

İnsanda bir maldır, tüketilebilir, alınır, satılır değiştirilebilir.

Değerin arttıkça pazarda talep edilirliğin artar.

Spiritüelliği öne çıkaran anlayışların gurusu olan Louise Hay bile kişinin değerliliğini ön plana çıkaran olumlamaları iyileşmenin motoru olarak sunmuştur.

Ancak değersizliğin karşısına değerliliği koyarsak mallaşma algısından kurtulamayız. Kaygıdan kurtulamayız. Her an yeniden değerimizi kaybedecek kaygısı içinde oluruz.

Ne değerliyiz ne de değersiz.

Hepimiz insanız.

Değersizlik inancından kurtulmanın karşıtı insan olmaktır.

İnsani değerleri ön plana getirmektir. Değer kelimesini olması gereken yere koyuyoruz. İnsan olarak bazı soyut değerlerimizin olması gerekir. Burada değer ahlaki normlar karşılığı olarak kullanılmaktadır.

Hiç bir insan yaratılırken bir diğerinden farklı yaratılmamıştır. Sadece kalıp olarak birbirimizden farklıyızdır. Her insanın tüm fiziksel, kimyasal ve biyolojik yapısı tıpatıp birbirinin aynıdır. Kanın yapısı aynıdır. Tüm organları aynıdır. Tüm organlar en ince detayına kadar birbirinin aynıdır. Beynin o karmaşık iç ve dış yapısı her insanda aynıdır. Tek farklılık genetik şifrededir. Ama bu genetik şifrenin işleyişi de tüm insanlarda aynıdır. Aynı hormonlar, aynı proteinler, aynı maddeler aynı kimyasal yapıyla bu genetik şifre sayesinde üretilir. Genetik şifreyi taşıyan kromozomların yapısı tüm canlılarda aynıdır. Sadece DNA üzerindeki bazların dizilişi farklıdır.

Tüm insanların gelişim süreci üç aşağı beş yukarı aynıdır. Aynı şekilde emeklemeyi öğrenir, aynı şekilde yürümeyi öğrenir, aynı şekilde konuşmayı öğrenir. Her yaşta her insanın yetersizliği de üç aşağı beş yukarı aynıdır. Yani altı yaşındaki her çocuk diğer altı yaşındaki çocuklar kadar yeterlidir ya da yetersizdir. Hiç birinin bir diğerinden bir farkı yoktur.

Hiç kimse kimseden yaratılış olarak ne daha değerlidir ne de daha değersizdir. Farklılık sadece rakamsal ölçülerdedir. Yani bazıları daha uzun boyludur. Daha hızlı koşar. Daha çabuk anlar. Matematik problemini daha çabuk çözer vs.

Ama yalın gerçek şudur. Bir insan bir şeyi başarmışsa her insan bunu başarma potansiyeline sahiptir. Aynı hızda olmayabilir ama sonuçta onun yaptığını yapabilir.

Örneğin her insan bir şekilde keman çalmayı öğrenip notalara bakarak Bethoveen'in Ay Işığı sonatını çalabilir. İlk başta güzel çalmayabilir ama inat ederse zamanla bayağı güzelde çalabilir. Ya da her insan bedensel bir engeli yoksa yüz metreyi koşabilir. Usame Bolt gibi 9.65 sn de olmasa da 20 saniyede koşabilir. Ya da kaç saniyede koşarsa koşar ama sonuçta koşar. İnat ederse her seferinde bir öncekinden daha iyi bir derece de elde eder.

Yani bir insanın diğer insandan daha değerli olduğu inancının doğal gerçeklerle hiç bir alakası yoktur. Bu gerçekten bir hipnozdur. Böyle bir şey ileri sürende bizzat hipnozda demektir. Ama bilinçaltı buna inanır. Bu sadece bilinçaltının bir gerçeğidir. Fiziksel dünyamızın gerçeği değildir.

Gerçek olan tek bir şey vardır. O da herkesin insan olduğudur. Ve herkes birbirinin aynıdır.

Tüm bilinçaltımız hayatı bu kavramlar üzerinden öğreniyor. O zaman her şeyin mallaştığı ve parayla ölçülen bir sosyal anlayış içinde sosyal ilişkileri ve davranışları ruhsal kavramlarla açıklamak biraz paradoks oluyor.

Ben bu kitapta paradoksu ortadan kaldırmaya çalıştım. Madem insanı değeriyle ölçüyoruz. O zaman davranışlarımızı ve ilişkilerimizi de gerçekçi bir şekilde bu değer kavramı üzerinden yapmamız gerekir. Çünkü sistem bunu zorluyor, bunu öğretiyor, bunu destekliyor.

Fiziksel beden ruhun güzelliğini hissetmek için yaratılmıştır[105]. Ama maddi dünya kısa sürede bu hissetmeyi engelliyor. Maddeleşme ve değersizleşme ruhumuz ile bedenimiz arasında bir set oluşturuyor. Artık ruhumuzu hissetmiyoruz. Her şey maddeleşiyor. Hislerimiz bile maddeleşmeye hizmet ediyor. Maddeleşme üzerinden bir şeyler yaparak gelişemeyiz.

Kişisel gelişme bu maddeleşmekten kurtulmak demektir.

Değersizliğimizi daha fazla gizlemeye çalışarak gelişemeyiz.

Eğer insanın bir değeri varsa mutlaka daha değerli ve daha değersiz olacağı insanlar olacaktır. Bilinçaltı için artık yaşam savaşında kendisinden daha değerli olanlara karşı korunma mekanizmalarını harekete geçirmesi gerekir. Kişi kendi değersizliği açığa çıkacak huzursuzluğunu yaşar. Ama bunun farkında değildir. Bu nedenle huzursuzluğunu gidermek için farkında olmadan değersizliğini gizleme için yeni önlemler arar. Çoğu kişi kişisel gelişim yöntemlerine ya da terapilere bu amaçla başvurur.

Ama gerçek kişisel gelişim maddeleşmekten kurtulmakla mümkündür.

---

[105] Bu bir kabuldür. Böyle olduğuna dair bir kanıt yoktur. Ama insanı temel alan tüm kültürler değer yargılarını bu kabul üzerine kurmuştur.

Bilinçaltındaki basit ama güçlü mekanizmayı anladıkça huzura giden kapıları açabiliriz. Maddeleşmek tepemizde Demokles'in Kılıcı gibi sallandıkça huzur yerine yeni huzursuzluklar yaratırız.

BÖLÜM 39

İnsan Olmak Nedir?

İnsan öncelikle doğal bir varlıktır ve doğanın bir parçasıdır. İnsanda bulunan ve insanın yapı taşı olan tüm elementler doğada cansız varlıklarda bol miktarda mevcuttur. İnsanda olan ama doğa da olmayan bir madde yoktur. Bu maddelerin birleşimi sonucu canlıya özgü birleşimler ortaya çıkabilir ama bu birleşimlerin farklılığı insanın doğadan ayrı bir varlık olduğunu ve tamamen farklı maddelerden yaratıldığı tezine kanıt olamaz.

Bu saptamayı yaptıktan sonra doğal insan olmanın özelliklerine yakından bir göz atalım. Bunun için herhangi bir teoriye ihtiyacımız yok. Sadece çocuklara bakmamız ve çocuklardaki ortak özellikleri ortaya çıkarmamız yeterli olacaktır. Çocuklar ne kadar olsa daha az bozulmuşlardır ve belli bir yaşa kadar insani özellikleri doğasını taşırlar.

Amerikalı tanınmış psikolog **John Bradshaw** çocuğun doğal özelliklerini aşağıdaki gibi sıralıyor[106].

1. Merak; Her çocukta doğal bir merak vardır. Çocuk yaşamı merak ederek öğrenir. Yaşam bir keşif yolculuğudur. Keşfin bir amacı olması gerekmez. Keşif para için, bir şeyler kazanmak için, kendini ispat etmek için, yarışmak için değil sadece merak edildiği için yapılır. Merak sonucu öğrendiği bilgiler çocuğun bilinçaltına kaydedilir. Merak yoluyla öğrenilen bilgiler en saf en yalın ve en doğal bilgilerdir. Sahte değildir, sanal değildir. Çarpıtılmamıştır. Özgürce elde edilmiş bu bilgi kişinin insani bir varlık olarak özgürlüğünü koruyucu özellik taşır.

Merak etmeden, hazır alınan bilgi ise bizi insanlığımızdan uzaklaştıran, robotik bir varlık yapan, güdülmemize, yönetilmemize, kandırılmamıza yol açan bilgiler taşır.

Anne ya da babalar çocuğun merak duygusuna ket vurdukça değersizlik inancını besleyen tohumları da ekmeye başlarlar. Çocuğa "senin merak etmene gerek yok, sen kendin öğrenmeyecek kadar insan dışı bir varlıksın" mesajını vermeye başlarlar.

Bu tip telkinlerle doldurulmuş bir çocuk yaşamı keşfedilecek değil de kaçılacak bir şey gibi algılamaya başlar.

Anne kediden korkar, çocuğa kediyi keşfetmesi için izin vermez ve çocukta kediden korkmaya başlar. Anne başka insanların lafından korkar, çocuğa bunu kendi yöntemleri ile keşfetme şansı vermez ve çocukta otomatik

---

106 John Bradshaw. Homecoming: Reclaiming and healing your inner child.

başka insanların lafından, yargılarından, eleştirilerinden, düşüncelerinden, bakışlarından, hatta varlığından korkmaya başlar.

Değersizlik inancından kurtulmak için yeniden merak eden insan olmaya çabalamalıyız.

Bir beklentimiz olmadan öğrenmeye, keşfetmeye ve öğrendiklerimizi karşılıksız paylaşmaya başlamalıyız.

Yaşamı küçük bir çocuk gibi yeniden öğrenmeye başlamalıyız.

Yanlış yerleşen, gerçekle bağdaşmayan öğretilerimizi silmek için hayatı yeniden deneyimlemeye başlamalıyız.

Örneğin insanlar benim şu özelliğimi öğrenirlerse hakkımda kötü şeyler düşünürler inancını test etmek için bu özelliğimizi insanlara söyleyip gerçekten, samimi olarak hakkımızda ne düşündüklerini öğrenmeliyiz. Gerçekten kötü düşünenlerin bu kötü düşüncelerinin bedenimizde nasıl bir etki yarattığına bakmalıyız[107].

2. İyimserlik; Keşif iyimserlik doludur. Herkes potansiyel olarak iyidir ve yardım edicidir. Doğadaki her canlı temel ihtiyaçlarına dokunmadığın sürece, doğal eğilimi iyilik ve yardım yönündedir[108].

İnsanlar da özünde iyidir.

Temel eğilim iyilik yönünde olmasa kimse sokağa çıkamaz. İnsan gözünün görmediği her köşede gasp, tecavüz, cinayet alır başını giderdi. İnsanların çok az bir kısmı kötüdür. Doğal eğilim insanın insana güvenmesi ve birlikte olması yönündedir. Çocuklar diğer çocuklarla olmaktan keyif alırlar. Paylaşırlar, birlikte oyun oynarlar.

Ama anneler babalar küçük beyinleri doldurmaya başladıkça, iyi çocuk, kötü çocuk ayırımını öğrenmeye başladıkça, ya da bu tip faaliyetlerden uzak tutuldukça değersizlik inancı gelişmeye başlar. Diğer çocuklar bana kötülük yapabilirler diye inanmaya başlar. Diğer çocuklar pis, yaramaz, tehlikeli ve güvenilmez olur. Uzak durma ve içe kapanma başlar.

İçimizdeki iyimser çocuğu yeniden keşfedecek yönde çalışmalar

---

107 İnsanlık tarihi böyle merak hikayeleri ile doludur. Beşir Fuad kan aktıkça neler olabileceğini anlayabilmek için kendi kanını akıta akıta gözlemlerini kaydetmiştir. Bir başka araştırıcı pankreası alınmış köpeğin idrarına sineklerin konmasını merak ettiği için köpeğin idrarını içerek şeker hastalığının nedenini keşfetmiştir. (Rahmetli Hocam Prof. Dr. Kazım Türker'in anlatısı).

108 Bunu ilk söyleyen kuramcı da ilginç bir tesadüf Alfred Adler'dir.

yaparak ademoğluluktan insanoğlu olmaya doğru yol almaya başlayabiliriz.

3. Masumiyet; Çocuk saftır. Çocuk her şeyle ilgilenir. İçinde kötü niyet yoktur. Merak eder, keşfetmeye çalışır. Bu arada tabiî ki kırar, döker, düşer, kalkar, istemeden saç çeker, ısırabilir.

Bunlar anne baba tarafından kötü, pis, hata, suç, yaramazlık olarak değerlendirildikçe bilinçaltı kayıtlar değersizlik inancını yerleştirme yönünde tutulmaya başlanır.

Çocuğun yaşam sınırları dürüstçe çizilmezse ve bu keşfetme masumiyeti hata olarak çocuğa yansıtılırsa çocuk masumiyetini kaybetmeye başlar. Keşif hatadan kaçma, hatalarını, doğallığını gizleme çabasına döner.

Yeniden masumiyetimizi yakalamamız çok ama çok zordur, yine de imkânsız değildir.

Özümüz kirli değildir.

Sadece kirlenmiş algısı taşıyoruz. Özellikle regresyon çalışmaları içsel pisliklerimizi temizlemek ve içimizdeki masum çocuğa hakkını teslim etmek için son derece yararlı olmaktadır.

4. Bağımsızlık; Çocuk her şeyi kendi yapmak ve kendi öğrenmek ister. Doğal ihtiyaçlarının karşılanması onun için son derece doğal bir olaydır. İnsani bir varlık olması, diğer insanlar tarafından bakılması için yeterlidir. Bu ihtiyaçlarının karşılanması için kimseye bir borç ödemesi, karşılığında bir şeyler sunması, özgürlüğünden ödün vermesi gerekmez. Öğrenmesinin, keşfetmesinin engellenmesi gerekmez. Sadece kendisine sunulanlarla yetinmesi gerekmez. Seçme hakkının korunmasını ister. Karnı tok iken beslenilmesi gerekmez.

Çocuk ne kadar küçük olursa olsun ihtiyaçlarını belirtebilir ve karşılanmasını bekler. Ama bu ihtiyaçları sanki bu bir karşılık gerektiren bir şeymiş gibi sunulmaya başlandıkça çocuğun doğal bağımsızlığı kaybolur; aksine anne-babaya bağımlılık başlar. İnsani bir varlığın ihtiyaçlarının karşılıksız olarak karşılanması doğal olduğuna göre, çocuğunkiler karşılanmadığına göre artık o doğal bir varlık değildir ve verilen hizmetlerin bir değeri vardır ve karşılığı şu ya da bu şekilde ödenmelidir.

Değersizlik inancı **özgürlük** savaşımızın kaybedilmesiyle yerleşir. Çatışma özgür olmak isteyen yanımızla, yani insani yanımızla, bağımlı kalmak isteyen, bağımlılığa planlanmış bilinçaltı parçamızın arasında sürer.

Bağımlılıktan kurtulacak yönde çalışmalarımızı planlamamız ve o yönde adımlar atmamız gerekir.

5. Mizah; Çocuk her şeye güler. Her şeyde gülünecek bir taraf bulur. Yaşamın her yönü onun için bir eğlencedir. Ama bu mizahi yanı eleştirildikçe duygularını bastırmaya başlar ve mizah anlayışı kaybolmaya başlar.

Gülmek hipnozu bozmaktır derim ben.

Tersten okursak güldüğümüz şeylerin hipnoz etkisi olmaz, bilinçaltına yerleşmez. El 'âleme kendini güldürtme lafına gülebilseydik zamanında, o lafla dalga geçebilseydik eğer, bilinçaltlarımızda el 'alem korkusu ve dolayısıyla değersizlik algısı yerleşemezdi. O halde gülmek çözülmektir. Kendimizle alay etmeden, dalga geçebildikçe, hele gizlenme çabalarımızı makaraya aldıkça gerçek çözülme başlayacaktır. Her olayda mizah ve gülecek bir yön aramaya çalışalım. Değersizlik inancını yıkma çalışmalarının içine mümkün olduğunca mizahı katmaya çalışalım.

6. Esneklik; Çocuk deneme yanılma yöntemiyle öğrenir. İstediğini yapana ya da elde edene kadar tekrar tekrar denemekten kaçınmaz. Hem esnektir, hem ısrarcıdır. Masadaki gördüğü bir anahtarlığı alana kadar, onu alıp ağzına götürene kadar denemekten vazgeçmez. Ama bazı anne ve babalar, farkında olmadan, kucaklarındaki bebeklerin bu hareketliliğini engellerler ve çocuklarına "sen esneyemezsin, katı olmak zorundasın" mesajını verirler.

Çocuklar denemekten korkmazlar, cesurdur.

Ama onun bu denemeleri sınırlandıkça, yaşam korkusu denemeleri engellemeye başlar. Kendi keşfetmek yerine kendine öğretilenlere inanmaya başlar. Biraz bir şeyleri keşfetmeye çalışsak yaşamımızda, biraz özgürlüğe ve esnekliğe yeltensek hemen o çocuklukta annemizin o sert pençelerini sırtımızda bir his olarak hissederiz. Özgürleşmeye çabalayan kişilerde bel ve sırt ağrısına sık rastlanır.

O halde pes etmekten vazgeçmeliyiz. Hele konu değersizlik inancını besleyen gizlenme çabalarını zayıflatmak olduğunda, inatla ve ısrarla sonuç alana kadar değişik yol ve yöntemleri denemekte ısrarcı olmalıyız.

7. Özgür Oyun; Çocukların hayal dünyası geniştir. Doğal bir özgürlükleri vardır. Bunu oyunlarına yansıtırlar. Oyunlarında doğal bir akışkanlık, bir kendiliğindenlik vardır. Günümüz materyalist anlayışı, toplumun değersizlik inancını destekleyişi çocukların bu özgür hayal gücünü elinden almıştır. Her şey hazır verilir. TV, bilgisayar oyunları, oyuncaklar özgür düşünceyi engelleyen yönde etki ederler. Yaşamın kendiliğinden akışı kaybolur. Doğallıktan maddeleşmeye kayış vardır. Egemen güçler insanları maddeleştirdikçe, madde bağımlısı yaptıkça içlerindeki değersizlik inancını derinleştirdiklerini keşfetmişlerdir.

Önce değersizleş. Maddeleş.

Sonra da değersizliğini gizlemek için sahip olmaya çalış. Mal sahibi, mülk sahibi, para sahibi, prestij sahibi, ün sahibi, unvan sahibi, marka sahibi olmaya çalış. Böylece önce kazan sonra kazandıklarını değersizliğini gizleyecek yönde harca. Oynama ders çalış. Sokağa çıkmak yasak. Hatta o maddesel araçlarla bile oynamak yasak. Gelecek kötü, hayat acımasız, ekmek aslanın ağzında, ağlamayana mama vermezler, okumazsan adam olamazsın, büyüyünce sürünmek mi istiyorsun. Büyüklerden dinlediğimiz masallar.

Değersizlik inancından kurtulmak isteyenler, hadi yeniden çocuklaşmaya doğru adımlar atmalıyız. Çocukluk etmeliyiz. Çocuklarla çocukça oyunlar oynamalıyız. Bilinçaltını terse yatırmalıyız. Şaşırtmalıyız.

8. Eşsizlik; Her çocuğun içinde doğal bir bütünlük duygusu vardır. Eşsizdir ve mükemmeldir. Doğuştan gelen herkesle bir olduğu, herkesle aynı değere sahip olduğu duygusu vardır. Çocuk için kimse kimseden daha değerli değildir, hele kimse kendisinden daha değerli değildir. Çocuk kendisini dünyanın merkezi zanneder. Her şey onun etrafında döner. Yaptığı her şeyin beğenilmesini, takdir edilmesini bekler. Çünkü eşsizdir ve yaptıkları sadece ona özgüdür.

"Sen onlar gibi değilsin, senin de onlardan farkın yok" telkinleri geldikçe, ona gerçekten hak ettiği sen eşsizsin muamelesi yapılmadıkça bu içsel eşsizlik farkındalığı yok olmaya başlar ve çocuk sıradanlaşır, sıradanlaştıkça değersizleşir.

Aynaya bakarak kendimize "sen eşsiz birisin" demek ne kadar işe yarar bilemiyorum. Bilinçaltının inanmadığı bir şeye siz gerçekten inanıyorsanız, inanıyorsanız demek yanlış, bilinçli düzeyde kabul ediyorsanız ve gerçekten, samimi olarak öyle hissetmek istiyorsanız inanmasanız bile söyleyin. Çünkü zaman içinde içsel olarak bunun inancını yaratmaya başlarsınız.

Gerçekten de bu dünyada eşsizsiniz.

Sizinle aynı özelliğe sahip başka hiç kimse gelmedi ve gelmeyecek.

Bu yaşam sizin ve sadece size ait, o halde size sunulmuş olan hayatı, başkalarının hayatını değil, yaşamaya başlamanızın zamanıdır.

9. Doğal spiritüellik; Spiritüellik içsel bütünlük halidir. Hepimizin yüce bir güç tarafından oluşturulduğuna dair doğal bir farkındalık halidir. Kendi içindeki eşsizliğini hissetme halidir. Herkesle ve evrenle, geçmişle gelecekle bir ve bütün olduğunu hissetme halidir. Tüm bunlar çocuklarda doğal olarak mevcuttur. Zaman içinde mallaşma başladıkça spiritüellikten kopuş başlar. Çocuk ait olduğu yeri, geldiği yeri unutur, unutturulur. Bu dünyada kendisini pazara sunulmak için hazırlanması ve parlatılması gereken bir mal gibi hissetmeye ve ona göre davranmaya başlar. Spiritüelliği yeniden yaşayabilmek tüm diğer çalışmaları yaptıkça, özellikle de değersizlik inancını besleyen birikmiş duygular boşaldıkça kendiliğinden yaşanmaya başlanan çok özel bir duygu halidir. Spiritüellik düzeyimiz arttıkça, değersizlik algısı azalmaya başlar, ya da değersizlik inancı zayıfladıkça spiritüelliğimiz artmaya başlar.

10. Sevgi; Çocuklar doğal olarak sevgiye ve şefkate eğilimlidir. Karşılıksız sevgi doğal bir beklentidir. Sevgi evrensel enerjidir. Tüm evreni bir arada tutan doğal güçtür.

Ünlü hipnoterapist Stephen Parkhill'in deyişiyle "sevgi kendisine benzer olmayan her şeyi açığa çıkarmak için kışkırtır ve iyileştirir"[109].

Kişi içindeki çocuksu sevgiyi buldukça iyileşmeye başlar.

Sevgi enerjisi ile değersizlik inancını besleyen enerji birbirinin tersidir. Enerji kaybolmaz ama form değiştirebilir. O halde değersizlik inancının negatif enerjilerini pozitif sevgi enerjisine çevirecek yolları, çareleri aramalı ve bu dönüşümü yaratmaya çalışmalıyız.

Özetle insan olmak insan olduğunu içsel olarak hissetmek halidir. Bu spiritüel bir kavramdır. Ama somut olarak hissedilen bir durumdur. Değersizlik inancını yaratan gizlenme mekanizmalarından kurtuldukça, yani egoyu zayıflattıkça kendiliğinden ortaya çıkan doğal bir durumdur.

Yeni bir insan yaratmayacağımız, değersizliğin altında ezilmiş kalmış o insan tarafımızı yeniden ortaya çıkaracağız. Bir kil kalıbından bir şaheser

---

[109] S. Parkhill. Answer Cancer

yaratmış ressamın dediği gibi, "o hep oradaydı ben sadece fazlalıkları attım".

İnsan sosyal yaşama uymaya çalışan doğal bir varlıktır.

İnsan hem sosyal, hem de doğal bir varlıktır. Sosyallik kuralları gerektirir. Kurallar insanların toplu yaşayabilmek için tanımladığı kısıtlamalardır. Eğer bu kısıtlamalar doğallıkla çelişirse **hata** dediğimiz durumlar ortaya çıkar. Bu çelişmeler her zaman olur. O zaman insan hata yapan bir varlıktır. İnsanın hata yapması doğaldır. Bir yerde sosyal yaşamı da hata yaparak öğrenir. Bunları öğrenirken diğer insanlardan yardım alır. Bu normaldir. Yani insan başka insanlarla güç birliği yapar, başkalarından yardım alır.

İnsansam gücüm sınırlıdır. Ama bu güçsüz olduğum anlamına gelmez. Gücüm neyse odur. Kimseye olduğumdan güçlü görünmeye ihtiyacım yoktur.

Bir arada yaşamak için yaratılmış kuralların insani değerlerimizle çelişmemesi gerekir. İnsan değeri olmayan ama değerleri olan bir varlıktır. Bu değerler insan olmanın gerekliliğidir.

Kurallar topluma ve çağa göre değişebilir ama insani değerler değişmez, değişiyor ya da farklı yorumlanıyorsa ya o değer insani bir değer değildir, ya da farklı yorumlayanın insanlıkla pek alakası yok demektir.

BÖLÜM 40

Self Esteem ve Değersizlik İnancı

Self esteem ve değersizlik inancı[110]

Self esteem (selfestim diye okunuyor) psikolojik bir kavramdır. Kavramı İngilizce olarak kullanmamın nedeni tek kelimeyle ifade edilebilecek bir karşılığının Türkçe'de olmamasıdır.

Özgüven diyenler var, özdeğer diyenler var ama tek bir kelime karşılığını ifade etmiyor.

Değersizlik inancını yazdığım bu kitaba self-esteem konusunu koydum, çünkü kişinin kendisine bilinçaltı düzeyde biçtiği değer algısıyla self-esteem kavramı arasında paralellik var. Self-esteem konusu kitaplarda işlenirken, yükseklik ya da zayıflıktan bahsedilir. Self-esteem'i yüksek olanların kendilerine verdiği değer, düşük olanlara göre daha yüksektir.

Ancak "ben değerliyim" diye tekrar etmekle self esteem artmaz, aksine içsel düzeyde değerlilik algısı arttıkça self-esteem artışa geçer. Self-esteem konusunda dünya çapında ün yapmış olan psikolog **Nathaniel Branden** (nedense hiçbir kitabı Türkçeye çevrilmemiş) self-esteem'in bilincin immün sistemi olduğunu söyler.

Bu ne anlama geliyor? Demek ki bilincimizi koruyabilmek için self-esteem'imizin yüksek düzeyde olması gerekmektedir. Kişisel değer algımız yükseldikçe yaşamımızı daha bilinçli olarak sürdüreceğimizi ve akıl sağlığımızı daha kolay dıştan gelen akıl dışılıklara karşı koruyacağımızı anlayabiliriz.

Self esteem nedir?

Self-esteem'in iki ayrı parçası vardır.

Birinci parçaya özgüven diyebiliriz. **Özgüven** sahip olduğumuz doğal ve sonradan geliştirdiğimiz düşünme yeteneğimize olan güvendir. Ayrıca bu sayede yaşamın temel zorluklarıyla başa çıkma güvenidir. Issız bir adada tek başına kaldığımız zaman hayatta kalacağımıza inanıyorsak, ya da hayatta kalacağımıza güveniyorsak özgüvenimiz yerinde demektir.

Self-esteem'in ikinci parçası ise başarılı ve mutlu olma hakkımızı kendimize tanımaktır. Kendimizi değerli hissetmek, istek ve ihtiyaçlarımızı belirtmek ve bu isteklere layık olduğumuz onaylamak, yaptıklarımızdan ve başardıklarımızdan keyif almaktır. Yani kendimize saygı duymak diyebiliriz.

---

[110] Bu bölümün hazırlanmasında Nathaniel Branden'in "Six Pillars of Self Esteem" kitabından yararlanılmıştır.

O halde self-esteem **özgüven** ile **öz saygı**nın toplamı olmaktadır.

Self-esteem'i olması gereken düzeyde olan kişiler kendilerine söylediği cümleler şunlardır.

"Yapabilirim, kararlarımı uygulayabilirim, aklıma güveniyorum, çıkarlarımı biliyorum."

"Yaşama ve mutlu olma hakkım var."

"Neşe ve tatmin duygusunu tatmak doğal hakkımdır."

"Sevme ve sevilme hakkım var."

Güçlü bir self-esteem yaratmak için kişinin sahip olması ve geliştirmesi gereken özellikler ise odaklanma, özgür düşünme, farkında olma, açıklık ve aydınlık, gerçeğe saygı göstermek, doğruya saygı göstermek, anlamak için çaba göstermek, kendine olan dürüstlüktür.

Self-esteem'i sağlıklı düzeyde olan bir kişi mantıklıdır, gerçekçidir, sezgileri yerindedir, yaratıcıdır, bağımsızdır, esnektir, değişim sağlama yeteneğine sahiptir, hatalarını kabul etmekten korkmaz, iyilik arzusuna sahiptir ve uyumludur.

Self esteem azaldıkça, kişinin yetersizliği ön plana çıkmaya başlar. Yetersiz kişi yenilgiye odaklıdır, çaresiz hisseder, kaçmayı seçer, kendini yetersiz görmeyi seçer, kararsızlığı seçer.

Kendisine saygısı olan kişi için arkadaşlık, sevgi ve mutluluk beklemek doğaldır. Bu hakkı kendisine tanır. Kendi değerini kabul eder. Yarışmaya ve karşılaştırmaya ihtiyaç hissetmez.

Self-esteem'i yetersiz kişilerde korku idareyi ele alır. Kişi gerçeklerden korkar. Kendim hakkındaki gerçeklerden korkar. Başkaları hakkında gerçeklerden korkar. Reddedilmekten, onaylanmamaktan, açıkta kalmaktan korkar. İçsel bu değer eksikliği sağlıklı düşünmeyi engeller, düşünceyi çarpıtır, gerçeği görmeyi engeller.

Self esteem'i yüksek olan ya da yükseltmek için çalışma yapacak kişilerin güçlendirmesi gereken inançlar vardır. Bu inançlar her ne kadar inanç olsa da gerçekçi yanı olan tartışılmadan kabul etmemiz gereken, bizi insan yapan tartışmasız kabullenmelerdir.

Var olmaya hakkım var.

Kendimle ilgili üstün değere sahibim.

İhtiyaç ve isteklerime saygı duyuyorum.

Dünyaya başkalarının beklentilerini gerçekleştirmek için gelmedim.

Kimsenin malı değilim. Kimse de benim malım değil.

Ben sevilenim. Ben hoşlanılanım. Hoşlandığım ve saygı duyduğum insanlarda benden saygı duyarlar ve hoşlanırlar.

Bana saygısız davranan kişiler kendini yansıtır, beni değil.

Aklıma güveniyorum, ne görüyorsam odur, ne biliyorsam odur.

Israr edersem anlamam gerekenleri anlarım.

Hedeflerim gerçekçiyse, başarırım.

Hata yapmaya hakkım var.

Self esteem'i arttırmak için yapılması gereken 6 ayrı çalışma vardır. Bu 6 çalışmayı self esteem'i destekleyen 6 sütun olarak kabul ediyoruz. Sütunlardan biri bile eksik kalsa self esteem yıkılır.

1. sütun **bilinçli yaşamak**tır.

Bilinçli oldukça, çıkar, değer, arzu ve hedeflerim daha iyi işleyecek. Aklımı çalıştırmak keyiftir. Hatalarımı görmemek yerine düzeltmeyi seçerim. Değerlerime körü körüne bağlı olmak yerine onları yeniden değerlendirmeyi ve düzeltmeyi isterim.

2. sütun **kendini kabul etmek**tir.

Eksiklerimizi ret etmemek, yok saymamak. En temel düzeyde kendimi kabul ediyorum. Düşüncelerimin gerçeğini kabul ediyorum, onlara göre davranamasam da. Duygularımı kabul ediyorum. Yaptıklarımı kabul ediyorum, pişman olsam da. Sorunlarımı kabul ediyorum, ama korkularım, şaşkınlıklarım, hatalarım benim özüm değildir.

3. sütun **sorumluluğu kabul etmek** ve üstlenmektir.

Varlığımdan sorumluyum. Arzularımın gerçekleşmesinden sorumluyum. Seçimlerimden ve eylemlerimden sorumluyum. Davranışlarımdan sorumluyum. İlişkilerimin kalitesinden sorumluyum.

4. sütun **kendini ifade etme** hakkıdır.

Düşüncelerimi, inançlarımı, duygularımı, ifade etme hakkım var. Uygun koşullarda kendimi ifade etme hakkım var. Değerlerimin ve duygularımın önemli olduğunu gösterme hakkım var. Kendime ve haklarıma saygı duyuyorum.

5. sütun **amaçlı yaşamak**tır.

Kendi hedeflerimi kendim seçerim. Öğrenmem ve plan yapmam gerekir. Eylemlerimin sonuçlarına dikkat etmem gerekir. Gerçekçi olarak kendi çıkarlarıma hizmet ederim. İnanç, eylem ve amaçlarımı karşılayan geribildirimleri ve bilgileri ararım. Kontrol ederim. İç disipline sahibim. Bu kendimi kurban etmek demek değildir. Ama arzularımı başaracak temel ön koşuldur.

6. sütun **bütünlük**tür.

Söylediklerimle yaptıklarım bir olmalı. Sözlerimi tutmalıyım. Sözleşmelerime saygı göstermeliyim. Diğer insanların haklarına saygı göstermeliyim. Anlayış, şefkat, iyilik göstermeliyim.

Gerçek hakkındaki inançlar.

Gerçek gerçektir. İstemli körlük gerçek dışıyı gerçek, gerçeği gerçek dışı yapmaz. Gerçeğe saygı duymak daha doyurucu sonuçlar doğurur.

Yaşamak ve iyilik hali bilinç için yapılacak uygun çalışmalara bağlıdır. Farkında olmanın sorumluluğundan kaçmak uyum değildir. Teslimiyettir.

İlke olarak; bilinç güvenilirdir. Bilgi ulaşılabilirdir. Gerçek bilinebilir.

Bireyin yaşamını destekleyen ve besleyen değerler tehdit eden ve tehlike yaratan değerlerden üstündür.

İnsan bir mal değildir. Hiçbir topluluğun ya da organizasyonun malı değildir. Kendi sonunu tayin hakkı vardır. Başkalarının sonuna hizmet etmemelidir.

Kendi benliğimiz başkalarına kurban etmemeliyiz, ne de başkalarınınkini kendimize. Fedakârlığı ve kendimizi kurban etmeyi moral değerler arasından çıkarmalıyız. Değerlerin değişimine dayalı ilişkiler kurmalıyız, fedakârlığa dayalı değil. Kişisel sorumluluğumuzu kabul etmeliyiz. Mantıkla anlaşılabilir ahlaki değerler ancak uygulanabilirdir.

BÖLÜM 41

İnancı Nasıl Ortadan Kaldırabiliriz?

Değersizlik inancından kurtulmak aynı anda birçok düzeyde yapılacak çalışmalarla mümkündür. Bu kitapta bu tekniklerin kullanma ilkelerinden bahsedeceğim. Ama her bir tekniğin tek tek nasıl kullanılacağı ve uygulamalar yapılacağı bu kitabın kapsamını fazlasıyla aşar. Değişim için uygulama yapacak okuyucularımın tavsiye edeceğim kaynaklara başvurması gerekecektir.

İyileşmenin amacı zihin ruh ve beden dengesini kurmaktır. Bu nedenle de her 3 sektörde ayrı ayrı çalışma yapılması gerekir.

Bedensel düzeyde yapacağımız çalışmalar sağlıklı yaşam yönünde olmalıdır. Sağlıklı beslenme, düzenli egzersiz, yoga, sosyal yaşamın zenginleştirilmesi, doyurucu ilişkiler kurulması, mevcut sağlık sorunlarının çağdaş tıbbi çarelerle düzeltilmeye çalışılması bu çalışmaların arasında sayılabilir.

Ruhu iyileştirecek bir çare yoktur. Amacımız ruhu iyileştirme değil ruhsal düzeyimizi kabul etmek ve daha spiritüel bir yaşamı benimsemek olabilir. Bu amaçla yapılacak çalışmalar kişilerin yaşamı kabul edişine göre değişecektir.

Spiritüel gerçeklikle bağlantılı yaşamak için en uygun çalışma meditasyondur.

Bizi esas ilgilendiren zihinsel düzeyde yapılacak çalışmalardır ve çünkü özünde değersizlik inancı zihinsel boyutta bir fenomendir. Zihin duygu, düşünce ve davranışların (3D) bir bütünü olduğuna göre zihinsel çalışmalar bu 3 D yi hedef alacak şekilde olmalıdır.

Zihinsel düzeyde yapılan çalışmalar için birçok teknikten yararlanmak mümkündür. Bu kitabın yazarı olarak benim kullandığım, denediğim ve yararını gördüğüm tekniklerden bahsedeceğim. Tabiki bahsetmediğim daha başka yararlı teknikler olabilir.

Çalışmaların fayda sağlayabilmesi için kişinin düzenli ve ısrarlı olması gerekir. İnatla çalışmadan sonuç almak mümkün değildir. Bir taraftan bilinçli düzeyde farkındalığımızı arttırırken diğer taraftan bilinçaltının düzenli çalışma yapmamızı engelleyen gücünü fark etmek ve onunla mücadele etmemiz gerekir.

Bilinçaltı doğası gereği tembel ve muhafazakârdır. Mevcudu korumaya odaklıdır. En az enerji harcayacak şekilde organize olmuştur. Bu nedenle alıştığı düzeni sürdürmek ister. Değişime karşı direnir. Fazladan çalışma yapılması karşısında da direnç oluşturur. Direnci bazen içsel bir hisle, bazen mantıklı düşüncelerle, bazen basitçe *canım istemiyor* duygusuyla yaratmaya çalışır. Bu nedenle başlangıçta yapılan çalışmalar yeni bir alışkanlık yaratana kadar zorlayıcıdır. Başlanılan çalışmalar bir sürse sonra tavsar. Sonra yeniden başlar. Kişi bu mücadelenin de farkında olmalı ve bilinçaltının bu direncine karşı enerjik bir mücadele vermelidir.

Kısa sürede değişimi beklememek gerekir. İyileşme sürecinde değersizlik inancının değişik yönleri çalışmayı sabote etmeye çalışacaktır. Bunlardan bir tanesi aceleci olmaktır. Bilinçaltı değersizlik inancını açığa çıkaran her türlü durumu hızlı bir şekilde ortadan kaldırmaya çalışır. Değersizlik inancını ortadan kaldırmak için yapılan çalışmaları bile değersizlik inancını gizleyen çabaların bir parçası olarak kullanmaya başlar.

Acele ettiğinizi fark ederseniz bilin ki yanlış yoldasınız demektir. Akılla değil, yine hislerle karar veriyorsunuz demektir. O halde her an ne yaptığınızı fark ederek, bilinçaltının çalışmaya her an burnunu sokarak sabote edebileceğinin farkında olarak, kararlı ve ısrarlı bir şekilde çalışmayı sürdürmelisiniz.

Çalışmanın diğer bir boyutu inancın gücünü ortadan kaldırmaya yönelik olmalıdır. İnancı besleyen güç birikmiş duygulardır. O halde birikmiş duygular üzerinde çalışma yapacak teknikleri sürekli ve düzenli kullanmak gerekir. Duygularla yapılan bu çalışma bilinçaltı düzeyde etki yaratacaktır. Bu amaçla kullanacağımız tekniklerin başında EFT gelir. Ayrıca regresyon, nefes çalışmaları da duygu boşaltmada etkindir.

Bir diğer çalışma eylemi değiştirme yönünde olmalıdır. Gizlenme çabalarının yarattığı eylemleri saptadıktan sonra yeni eylemi sağlayacak çalışmaları yapmamız gerekir. Bu çalışmalar için yararlanabileceğimiz teknikler hipnoz, oto telkin ve imajinasyondur.

Regresyon hipnoterapisi ancak deneyimli bir terapistle uygulandığında olumlu sonuç verir.

Duygu boşaltıcı otohipnoz teknikleri içinde en bilineni 7-PATH otohipnoz sistemidir.

EFT son derece etkin, kişinin kendi kendine uygulayabileceği bir tekniktir.

İyileşme çalışmalarını gizlenme çabaları üzerine kuruyoruz. Çünkü gizlenme çabalarının yarattığı savunmalar yıkıldıktan sonra zaten inancı besleyen bir güç kalmaz[111].

Sevgi arayışını EFT ile durdurmak

İyileşmenin yolu farkında olmakla başlar. Çoğu kişinin değersizlik inancı serüveni beklediği sevgiyi bulamamakla başlar. Sevgi beklentisi doğumla birlikte gelen doğal bir beklentidir. Psikologlar bebeğin ilk 3 yılda narsistik dönem denen bir dönemde karşılıksız sevgi beklediğini yazar. Bilinçaltı için sevgi emniyette ve güvende olmanın garantisidir. Bu nedenle beklenen bir şeydir. Ama hazır bir tarifi yoktur. Bilinçaltı için kendini emniyette ve güvende hissettiren her türlü rutin ya da tekrarlayan davranış sevgidir. Bilinçaltı bu rutini arar. Bu meme vermek de olabilir, ağzına emzik vermekte... Hatta düzenli azarlama bile olabilir. İlerleyen yıllarda da bilinçaltı o alıştığı sevgi tanımını arar. Bir şekilde sevilmediğini hissettiği ya da karar verdiği her durumda o rutinin peşinden koşar.

Bilinçaltı neyin sevgi olduğunu bilmez. Bir şekilde kendini emniyette ve güvende hissetmek için sevgiye ihtiyacı olduğunu bilir. Bu nedenle de sevginin karşılığı olan her şey onun için ihtiyaç haline gelir.

Bebeklikten başlayan *yeteri kadar sevilmiyorum* inancı değersizlik inancının yerleşmesine katkıda bulunurken, bu değersizliği gizleme çabaları da bu sevgi arayışını güçlendirir. Onu sevdiğine inandığı kişiler yanında rahattır. Onu seven insan onun içindeki değersizliği fark etmemiş demektir. Bu nedenle kendini değerli kılma çabalarının hepsi aynı zamanda sevgi kriterleri olur. Onu takdir eden insan seviyordur. Onu beğenen insan seviyordur. Ona ilgi gösteren insan seviyordur.

Ama yaşamın gerçeği nedir? Gerçek şudur. Sevginin doğrudan ölçümü bugüne kadar yapılamamıştır. Sevgi sadece kişinin beklentisine göre var olduğuna inandığı bir şeydir. Ve yaşamak için sevginin gerekli olduğu da kanıtlanmış bir şey değildir. İlgi ve bakımla sevgiyi karıştırmamak gerekir. Bebeğin ilgi ve bakıma ihtiyacı vardır. Bu ihtiyaçlar giderildiğinde sevildiğine karar verir. Bu ihtiyaçların giderilmesi aksadıkça, ya da bazı koşullara bağlandıkça sevilmediği ve dolayısıyla bu sevgiyi hak etmediği yani değersiz olduğu inancı yerleşmeye başlar. Ama sevgi bir ihtiyaç değildir.

---

[111] EFT hakkında daha fazla bilgi almak ve değersizlik inancını gizleyen katları tabaka tabaka soymanın ayrıntılarını öğrenmek isteyen okuyucular yazarın "EFT ile İyileşin, İyileştirin" isimli kitabından yararlanabilirler.

Değersizlik inancının yarattığı derin hipnoz hali içindeki kişi sevgiyi bir ihtiyaç zanneder. Kişiler kolay kolay bu hipnozdan ayıkamaz. En aklı başında görünen kişiler bile iş sevgi tartışmasına geldiğinde bu hipnozu fark etmekte çok zorlanırlar.

- Sevgisiz nasıl yaşanır?

diye sorarlar. Hem böyle sorarlar hem de bugüne kadar yeteri kadar sevilmediklerinin iddia ederler. Yani sevgi olmadan yaşadıklarını kendileri söylerler. Tüm bu kendini değerli kılma çabalarının oluşturduğu gizlenme çabalarını ortadan kaldırmak için önce gerçekten sevgiye ihtiyacımız olmadığını bilmemiz gerekir. Sevilmek ancak yaşamın bir güzelliği olabilir. Sevildiğine inanmak güzel bir hipnoz olabilir.

Ama öte yandan sevildiğine inanmak baş belası bir durumdur.

Kişiyi başkalarına bağımlı kılan bir baş belasıdır. Bilinçaltı artık o sevgiyi kaybetmemek için kendisine yapılan her türlü kötü muameleyi görmezlikten gelmeye başlar. Yani yeni bir hipnoz yaratır. Normalde o davranışlar başkasından gelse "eyvah değersizliğim fark edildi" diye panikleyecek olan bilinçaltı aynı davranışlar sevdiği birinden geldikçe o davranışların hepsini sevgi diye yorumlamaya başlar.

Özetle yapılacak çalışmanın özü "sevgiye ihtiyacım var" inancını kırmaya yönelik olmalıdır. Bu inancı besleyen ya da destekleyen birçok yan inanç olabilir.

Başka insanlar beni takdir ediyorsa seviyordur, beni arıyorsa seviyordur, bana ilgi gösteriyorsa seviyordur, onaylıyorsa seviyordur gibi yan inançların her biri için hem EFT ile duygusal temizlik, hem de inancı destekleyen eylemin yerine yeni davranış eylemini yerleştirecek oto-telkin çalışmaları yapılmalıdır.

Örneğin sevdiğini düşündüğümüz kişinin bir davranışına takılıp öfkelenmek eylemi yerine gereksiz öfkemizi fark edip EFT ile bu öfke hissini temizleme çalışması yapmayı yeni eylem olarak benimseyebiliriz.

Değersizlik inancını gizlemek için bir diğer önemli çaba **güçlü görünme** takıntısıdır.

Güçlü görünmeye çalışmak hem başkalarını değersiz kılma çabasının hem de kendini değerli göstermenin bir ürünü olabilir. İnsanlar arasında karşılıklı hipnoz güçlü görünme çabasının işlerliğini geçerli kılar. Bazı görüntüler, örneğin kadının erkek gibi görünmesi, giyinmesi, heybetli duruş, giyim tarzı, soğuk görünüş, hata affetmez ve kendisi hata yapmaz bir imaj gibi özellikler bireylere diğer bireyler nezdinde güçlü bir görüntü çizer. Kişilerin kırmakta zorlandığı ve kurtulmak için oldukça çaba harcadığı bir gizlenme aracıdır güçlü görünmeye çalışmak. Hâlbuki bir kişinin gücü neyse odur. Ne kadar zorlarsa zorlasın belli ağırlığın üstünü kaldıramaz. Yapabileceklerinin mutlaka bir limiti vardır.

Bir kişi kendini ne kadar güçlü göstermeye çalışıyorsa içsel olarak o kadar güçsüz olduğuna inanmaktadır. Buradaki bakış açısı güçlü görünmek zorunda değilim olmalıdır. Güçlü görünme inancını besleyen her türlü duygu, parazit düşünce, yan inançlar EFT ile sabırlı bir çalışmaya temizlenebilir[112].

Kızgınlığı ortadan kaldırmak...

Başkalarını karşı onları değersiz kılma çabalarını uyguladığımızı kabul etmek kendimizi onlara değerli bir mal gibi pazarlama çabalarını kabul etmek ve fark etmek daha zor olabilir.

Burada en çok farkında olmamız gereken duygu **öfke**dir.

Genellikle öfkelendiğimiz durumlarda başkalarını değersiz kılma çabasını ya da savunma mekanizmalarını kullanma olasılığımız daha fazladır. Öfkenin kendisi de başkalarını korkutma ve kaçırma hedefine yöneliktir. Başkalarını değersiz kılma çabamızda bir yerde o kişiyi yanımızdan kaçırmaya yöneliktir. Eğer öfke hissetmişsek o kişiyi bir şekilde dişimize göre bulmuşuz demektir. O zaman otomatik olarak ona karşı daha eylemci olabiliriz demektir. Bu nedenle öfkemizi fark ettiğimiz zaman ardından onu değersiz kılacak bir davranışımızın ortaya çıkmasını bekleyebiliriz.

Kızgınlık çoğu zaman bu davranışın ardında gizlenir. Çünkü bilinçaltı için kızgınlıkta kabul edilen bir davranış değildir. Ya da küçükken zaten kızgınlığımızı belli etme hakkımız elimizden alınmıştır.

Gizlenme yöntemleri içinde ağırlıklı olarak başkalarını değersiz kılma çabasına sahip bir kişinin bilinçaltında değersizlik inancını yaratan davranışların başında kendisine karşı yapılmış bu tip davranışlar gelir.

Yani o kişi de çocukken kendini büyütenler tarafından aşağılanmıştır, eleştirilmiştir, suçlu ilan edilmiştir. Bu durumda da zaten çocuktan kızgınlık göstermesi kabul edilemez bir davranış olacaktır. Kendi çocuğunu değersiz

---

112 Bu çalışmaları EFT ile iyileşin, iyileştirin kitabımda bulabilirsiniz.

kılma çabası içinde olan bir anne-babadan çocuğun kızgınlığına tahammül göstermesi beklenmemelidir. Bu tip gizlenme aracına sahip bir bireyin en tahammül edemeyeceği davranış kendisine kızgınlık gösterilmesi olacaktır. Kızgınlığa daha güçlü bir kızgınlıkla yanıt verir. Bu nedenle kızgınlık gösterilmemesi gereken bir tepki olur.

Çoğu kişide **kızgınlık duygusu** üretilir ama hızla bastırılır.

Kişi bu duyguyu bastırdığını fark etmez ve kızmadığını zanneder. Hem kızgınlık hissimizi bastırdığımızı, hem de kızgınlığı eyleme çeviriyorsak bu eylemleri karşımızdaki kişileri değersizleştirmek için kullandığımızı fark edelim ve bu duygu ve eylemler üzerine zihinsel düzeyde çalışmalar yapalım.

Özellikle geçmişte biriktirdiğimiz kızgınlıkları boşaltmak ve affedici bir kimliğe bürünmek oldukça uzun bir süreci ve emeği gerektirecektir.

Kızgınlık duygusu aynı zamanda insani varlığımızı koruyan bir bekçidir.

İnsani varlığı tehdit altında olan her durumda, yani bu kitapta ayrıntılarıyla bahsettiğim değersizleştirme eylemlerinin her birinde beden aygıtı otomatik olarak kızgınlık duygusunu üretir. Bunların çoğu çocuklukta olduğundan çocuk bu duyguları içine atmak durumundadır. Bedeninin bu koruyucu mekanizmasının farkında değildir.

Biriken her duygu inancın yakıtı olur demiştim. İşte varlığımızı korumak için üretilen ama kendini ifade edemeyen bu kızgınlık duyguları değersizlik inancımızı besleyen en güçlü duygusal enerjiler olur.

O halde kızgınlık kötü bir şey değildir.

Aksine çok iyi bir şeydir. Çocuklarımıza kızgınlıklarını uygun şekilde ifade etmeleri gerektiğini öğretmemiz gerekir.

3. grup gizlenme çabalarında EFT

Gizlenmek bilinçaltı korunma mekanizmaları arasında en güçlü olanıdır. Çünkü en garanti olanıdır. Tehlikelerden uzak durmanın, zayıflığını gizlemenin en garanti yoludur. Ama insan için sıkıntı vardır. İnsan sosyal yaşamak zorunda olan bir varlıktır. Bu nedenle tam siper olamaz. Ormanda tavşan olsan sorun yok. Bir çalı arasına gizlenirsin. Etrafına bakarsın. Kimse yoksa çıkar yiyeceğinin bulursun, sonra yine çalı arasına dönersin. Böyle yaşayıp gidersin.

Ama insansan sorun var. Başka insanların arasındasın. Bu durumda olabildiğince insanlardan uzak durmalısın. Bilinçaltı bunu bilir bunu uygular. Bu nedenle de seni diğer insanların arasında tutmaktan alıkoyacak her şeyi yapar. Basit bir korkudan panik atağa kadar ilerleyen duyguları harekete geçirir. Senin için nelerin utanç olabileceğini test ederek bulur ve onu bulduğu anda kullanmaya başlar. Bunlardan en çok bilineni yüz kızarması, ellerde ve başta titreme, terlemedir. Kişi bu durumu fark edilecek diye çok korkar. Yani korku bu durumu yaratır ama yaratılan bu durumda tekrar korku yaratır. Çoğu kişi "ah şu yüz kızarmam geçse" hiç bir sorunum kalmaz der. Ama bu kendini kandırmacadır.

Bilinçaltı ile inatlaşmak olmaz.

Meselenin özünü anlamadıkça sorun devam eder. Kişi sadece yüz kızarmasının geçmesiyle iyileşeceğini zanneder. Diyelim ki bir çare bulduk. Yüz kızarmasını bir ilaçla engelledik. Bilinçaltının derdi bu değil ki. Onun derdi senin içindeki değersizlik inancının fark edilmesini engellemek. Sen yüzünün kızarmasını engellersen o da sana bulantı ve baş dönmesi yaratır. Bu sefer bir süre bununla uğraşırsın. Sonra başka bir ilaçla buna da çare bulursun. Ama bakarsın ki bir süre sonra dizlerin ağrımaya başlamış. Bilinçaltı seni insan içine çıkarmamakta kararlıdır. Bir süre sonra dizlerin içinde ilaç kullanmaya başlarsın. Ama bir bakarsın bu sefer de kasların zayıflamış. Yani sorunlar birbirini takip eder. Her seferinde ne kadar şanssız olduğuna hayıflanırsın. Tam iyileşecekken tüm hastalıklar seni bulmaktadır. Meselenin özünü anlamadıkça sorunlar devam eder. Burada öncelikle utanma duygusunun üzerine saldırmak gerekir. Utanma üzerine yapılacak EFT ler iyi sonuç verecektir.

BÖLÜM
42

Bilinçli Bakış

Bilinç kişinin içinde bulunduğu durumu sorgulayabilmesidir. Gerçekle hayali birbirinden ayırabilmesidir. Bilinç yaşadığı yaşamı daha yaşanabilir hale getirebilecek bir araçtır. Bu dünyada hiç kimsenin elinde bu yaşamın niçin var olduğuna dair bir kanıt yoktur. Bilincin amacı yaşamı anlamlı hale getirmektir. Bu amaçla yaşamımızı sınırlayan inançlardan kurtulmayı öncelikle kalpten ve coşkuyla istememiz gerekiyor. Bu istekten sonra EFT gerçekten elimizde bir mücevherdir.

Çünkü inancı besleyen güç – enerji duygudur

O inancı inanç yaparken bastırılan duygular inancın yakıtı olur. O halde bir inancın gücünü ortadan kaldırmak demek, o inancı yaratan bedendeki birikmiş duyguyu ortadan kaldırmak demektir. Yani duygusal enerjiyi boşaltırsak inancı besleyen bir güç kalmaz. İnanç basit bir düşünce haline döner. EFT'nin bedendeki duyguları boşaltan güçlü bir araç olduğunu artık biliyoruz.

EFT ile sınırlayan inançları besleyen duyguları boşalt, inancı yok et, iraden yeniden güçlü hale gelsin. Bu bizi insanlığımızdan çıkarmış olan inançları ortadan kaldırarak yeniden insan olduğumuzu hatırlarız ve insan gibi yaşamaya başlarız.

Yani değersizlik inancının karşısına insan olmayı koyuyoruz.

- İnsansam gücüm sınırlıdır.

- Sosyal bir varlıksam hata yaparım.

- İnsansam başkalarından yardım alabilirim.

- İnsansam istek ve arzularımı gerçekleştirebilirim.

- İnsansam yaşamımı kendim ve başkaları için anlamlı kılacak bilinçli çabaları gösterebilirim.

- Özetle insan olmak insan olduğunu içsel olarak hissetmek halidir. Bu spiritüel bir kavramdır. Ama somut olarak hissedilen bir durumdur.

- İnsan olmak iyi hissetmekle paralel bir durumdur. İç içedir. İyi hissetmeden insan olduğumuzu hissedemeyiz. İnsan olmayı istemeden kötü hislerimiz boşaltamayız.

- İnsan gibi hissetmek değersizlik inancını yaratan savunma mekanizmalarından kurtuldukça, kendiliğinden ortaya çıkan doğal bir durumdur.

EFT ile değersizlik inancını yaratan savunma mekanizmalarını hızla ve etkin bir şekilde yıkmak ve ortadan kaldırmak mümkündür. Bu amaçla bu savunma mekanizmalarını oluşturan inançları, kavramları tanımalı, sorgulamalı ve yok olmasını istememiz gerekir.

EFT yapısı gereği üzerinde çalıştığımız engelleyici inancın arka planındaki duyguları boşaltacaktır. Bu nedenle bu bölümdeki çalışmalar için doğrudan duyguları bedende hissetmek ya da duyguyu adlandırmak gerekmez. Doğrudan inanç cümleleri üzerinden EFT yapabiliriz. Çoğu zaman bir derecelendirmede gerekmez. Bir şekilde o inançtan kurtulduğumuza ikna olana kadar çalışmaya devam ederiz.

Ama mutlaka derecelendirme yapmak istersek inancımızı olumlu bir cümle haline getirip sesli olarak tekrarlarız. Sonra bu cümlenin içsel olarak ne kadar doğru hissettirdiğine bakarız. Burada öncelikle, tabi ki, cümlenin bilinçli olarak doğru olduğuna inanmamız lazım.

Bilinçli olarak doğruluğunu onaylamadığımızı bir değişimi gerçekleştirmemiz mümkün değildir.

Örneğin başka insanların üzmekten çok korkuyoruz ve bu tip davranışları bu nedenle yapmaktan kaçınıyoruz. Burada bilinçli olarak insanları üzecek bir gücümüzün olmadığını, bizim davranışlarımızdan ötürü üzülen insanlar varsa bunun onların seçimi olduğunu, isterlerse üzülmeyeceklerini kabul etmemiz gerekiyor. Yani *keşke sürekli acaba bu davranışımdan başkaları üzülür mü diye kaygılanmasam* arzumuzu ve onayımızı alacağız. Bunu kabul etmek iyileşmeyi sağlamaz. Çoğu kişi böyle düşündüğü anda iyileştiğini ve değiştiğini zanneder. Hayır, aksine bu daha fazla çatışma yaratır. Bu andan itibaren mutlaka duygularla çalışmak gerekir. İşte tam burada derecelendirme için şöyle bir cümle oluşturabiliriz.

"Başkaları üzme kaygısı taşımadan kendimi ifade eden bir kişiyim."

Bunun içsel olarak ne kadar doğru olduğunu ölçeriz. 10 çok doğru. 0 hiç doğru değil. Bundan sonra çalışmamızı yapar, aynı cümleyi tekrar edip doğruluk derecesinin yükselip yükselmediğini kontrol ederiz. 10 'a ulaşana kadar çalışmaya devam ederiz.

Davranışı değiştirmek

Değişim eylemler üzerinden olur. İnanç ya bir eylemi zorlar, ya da bir eylemi yapmamızı engeller. İnancın gücü inancın oluşumu sırasında biriken duygulardan gelir. Bedende biriken duygular enerji bedeninde enerjinin koherant bir şekilde akmasını engeller.

Enerji kanalının tıkandığı bölgelerde beden olumsuz hisler üretir.

Bozuk titreşen enerji hücre reseptörleri tarafından beyine ulaştırılır ve beyin parietal loblardaki sensoriyal bölgeler o bölgede olumsuz bir his algısı yaratır. İlginç olan kişi bu hissi hissetmemek için eyleminin yönünü değiştirir. Bu hisler değersizlik inancını güçlendirecek yönde eylemlerin seçilmesine neden olur. Hisler güçlendikçe kişi hislerin daha da etkisi altında kalır. Bilinçli yapı sadece bu hislerin güdümünde düşünür, seçimler yapar. Kişi bu seçimlerini akla uygun hale getirmek için uğraşır durur. Bilinç bahane üretme aygıtına transfer olur.

Kişinin farkındalığı arttıkça neleri değiştirmesi gerektiğini daha iyi anlamaya başlar. Burada kişiye düşen önce hisleri hissetmenin bir zararı olmadığını fark etmektir.

O nedenle herhangi bir durum karşısında özellikle değersizleştirdiğini düşündüğümüz ya da bilinçaltının değersizliğim fark edecek kaygısına düştüğü durumlarda *neremde ne hissediyorum* sorusunun sorulması gerekir. Bu soru çok önemlidir. Bu bilinçli bakıştır.

Kişi bedenine bilinçli bakmalıdır.

O durum karşısında bedenin neresinde hangi vasıfta ve hangi şiddette his hissetmektedir?

Bu hissi fark ettikten sonra böyle bir hissi hissetmek gerekip gerekmediği sorulur. Tabii ki hissetmeye gerek yoktur. Farkındalığımız korkacak, gizlenecek bir şey olmadığını bilmektedir. Varlığımızda değersizlik diye bir şey yoktur. Bu durumda kaçacak bir şey yoktur. O zamanda böyle gereksiz ve kritikal faktörümüz devre dışı bırakan hislere gerek yoktur.

Hissin gereksiz olduğuna karar verildikten sonra değersizlik inancının yarattığı birçok paradoksa karşılık olarak bu sefer biz burada paradoksik bir işleme geçeriz.

O gereksiz hissi hissetmeye odaklanırız.

Hissi dağıtmak, kaçırmak, ya da uyuşturmak yerine inadına odaklanarak hissetmeye başlarız.

Bu odaklanmanın birkaç avantajı vardır.

Birincisi hislerin kaçacak, korkulacak bir şey olmadığını fark ederiz.

İkincisi bilinçaltına histen kaçmaya gerek olmadığını yani ortada gizlenecek bir tehdit olmadığı mesajını veririz.

Hissi hissetmeye devam ettikçe bedende his algısı değişmeye başlar.

Ya his güçlenmeye başlar, ya yeri değişir, ya vasfı değişir, ya da hepsi birden olmaya başlar. Hangileri hangi kombinasyonla olursa olsun hissi hissetmeye devam ederiz. Bu değişimler bilinçaltının değersizlik inancını besleyen duyguları titreştirmeye başladığını gösterir. Yani bir konsensüs oluşmuştur. Bilinçaltı bilincin arzusunu onaylamıştır. Artık o durumlar karşısında herhangi bir tehlike üretmeye niyeti yoktur ama duyguyu bilincin yardımı olmadan boşaltması mümkün değildir. İşte bu aşamadan sonra devreye duygu boşaltma teknikleri girmeye başlar.

Duygu boşaltma tekniklerinin kendi kendine uygulananları olmakla birlikte çoğu zaman deneyimli bir terapiste ya da yardımcıya gerek vardır. Basit duygu boşaltma teknikleri nefes çalışmaları, ses çalışmaları, enerji dengeleme çalışmalarıdır. Daha yoğun duygu boşaltmak için regresyon çalışmaları gereklidir. Regresyon ilk bölümlerde de bahsettiğim gibi geçmişin duygusunu boşaltmaya ve geçmişi güncellemeye yarar.

Bu çalışmaların her birinin önemi ve yeri vardır.

Duygu boşaltmakla iş biter mi?

Hayır, sadece enerji boşalmıştır. Ama davranış kalıpları ortada durmaktadır.

Bu durumda davranışı değiştirmek için telkine ihtiyacımız vardır. Yeni davranışı telkinlerle, imajinasyonla tekrarlarla bilinçaltına yerleştirmek gerekir.

Yanlış olarak bu çalışmalar hipnoz olarak bilinmektedir.

Hipnoz inançlara dayalıdır.

Bizim amacımız yeni inançlar yaratmak değildir. Ama yeni davranış kalıpları yaratabiliriz.

Değersizlik inancının kendisi zaten hipnozdur. Amacımız bu hipnozu bozmaktır. Yeni hipnozlar yaratmak değil. Hipnozda yaşamak evrensel gerçeklerle uyuşmayan sanal bir gerçeklikle yaşamak demektir. Evrensel gerçekle sanal gerçekliğin çatıştığı her durum acı ve hastalık yaratacaktır. Ne kadar zengin olursan ol, değersizlik inancını ne kadar derine gömersen göm, bu çatışmanın acı sonuçlarından kurtulamazsınız.

Burada davranış kalıbı derken yeni bir hipnoz yaratmaktan bahsetmiyorum. Yeni hipnoza ihtiyacımız yok. Yeni hipnoz yeni gerçek dışılıkları bilinçaltına yerleştirmek demektir. Biz ise evrensel gerçekle uyumlu davranışları arıyoruz. O nedenle yeni davranış kalıplarımızın evrensel gerçeklerle uyumlu olması gerekir. Örneğin "kimsenin takdirine ihtiyacım yok" derken evrensel gerçeğe uygun bir cümle ve yeni bir istek oluşturuyorum demektir. Gerçek budur. Kimsenin takdirine ihtiyacımız yoktur. Tabi burada bazı okuyucularımız "ama olur mu, takdir almadan hayatın ne anlamı olur?" diye sorabilir. Takdir güzel bir şeydir. Hoş bir şeydir. Hayatımıza keyif katar, renk katar. Buradaki kritik kelime *ihtiyacı* olmaktır.

İhtiyaç ile güzelliği birbirinden ayırmamız gerekir.

Evrensel gerçekle uyumlu bu cümlemizi sürekli kendimize tekrar etmemizde yarar vardır. Bu cümle bilincimizden bilinçaltına transfer olmaya başladıkça davranışlarımızda kendiliğinden daha özgürleşmeye başlar.

Hipnozda yaşamaktan kurtuldukça daha spiritüel yaşamaya başlarız. İnsan özünde spiritüel bir varlıktır. Yani evrenin gerçekleriyle uyumlu yaşayan bir varlıktır. Evrende işleyen bizim bildiğimiz ve bilmediğimiz hangi gerçeklikler varsa hepsi insanda da vardır. Spiritüel yaşamak aklı havada yaşamak demek değildir. Spiritüel yaşamak dünyanın gerçeklerinden kopuk, kendi içine çekilmiş yaşamak demek değildir. Aksine tam tersine gerçekleri yakalamaya dönük yaşama eylemlerini sürdürmek demektir.

Hipnozlarımızdan ayıktıkça daha spiritüel yaşamaya başlarız. Daha spiritüel yaşamaya başladıkça daha fazla hipnozumuzu yakalar ve değiştirmeye başlarız.

Spiritüel yaşamak mevcut bilimsel bilginin bile daha ötesindeki bilgilere ulaşarak yaşamak demektir. Ama dünya kurulduğundan beri insanlık daha spiritüel yaşamak yerine daha hipnotik yaşamayı seçmiştir. Tüm bu hipnozda yaşama eğilimine rağmen dünyayı tanımaya yönelik meraklar neyse ki bitmemiştir.

Dünyanın yuvarlak olduğunu keşfeden ve bu kabule göre yaşayanlar düz olduğuna inanarak yayanlardan daha spiritüel olmuştur. Newton fiziğine göre rölativitenin ne olduğunu anlayıp düz Newton fiziğinden ayrı düşünerek yaşayanlar daha spiritüel olmuştur. Bunlar günümüz fiziğinin bile açığa çıkardığı gerçeklerdir. Ama henüz açığa çıkmayan ama bir şekilde *hissedilen* durumlar vardır.

Ruh, sevgi, evrensel enerji kavramları genellikle spiritüel kavramlardır. Ruhsallığı yaşamımızın bir parçası yapmadan değersizlik inancından kurtulmak mümkün değildir. Spiritüel düşünceyi benimsemiş birçok insan tıbbın iyileştiremediği birçok hastalıktan kurtulmuştur.

İnsan olmak salt maddi bir varlık olmaktan çok öte bir kavramdır.

İnsan bedeni ruhu deneyimlemek için yaratılmıştır. Bu amaçla hissetme sistemi yaratılmıştır. Özünde hissetmek bilinç üstü bir aygıttır. Bedenimizle ruhu birbirine bağlayan bir aygıttır.

Bilinçaltı fiziksel bedenle ruh arasına, yarattığı değersizlik inancıyla bir duvar örer. Zamanla insan olduğumuzu yani bir ruha sahip olduğumuzu unutmaya başlarız. İnsanlığımızın bekçisi olan vicdanımızın yerini bastırdığımız korkular alıyor. Tüm yaşamımızı bu korkular yönetmeye başlıyor. Ancak zamanla bu korkularımızdan da korkmaya başlıyoruz. Onları bastırmak, yok etmek için ya daha çok çalışıyoruz, ya kötü alışkanlıklara sapıyoruz ya da psikiyatrik ilaçlardan çare arıyoruz. Ancak bunların hiç biri çare olmuyor. İçimizdeki ruhu ne kadar unutmaya çalışsak da, onu bastırmaya çalışsak da o varlığını hissettirmeye ve bizi rahatsız etmeye devam ediyor. İnatla çoğu insan bu ruhsal enerjiyi yok etmeye çalışıyor ama bir türlü çare bulamıyor. Ruhun varlığı bir şekilde "sen insansın unutma ve şu anda insanlığından çıktın" mesajını yolluyor. Kişi bunu anlamamakta ısrar ederse ve çatışmayı ortadan kaldırmazsa yavaş yavaş fiziksel hastalıklar ortaya çıkmaya başlıyor.

Meditasyon, yoga, Reiki gibi birçok doğu kökenli zihinsel iyileşme teknikleri kişiyi yeniden bu ruhuyla ya da insan tarafıyla buluşturmaya çalışıyor. Ancak bu teknikleri uygulayan kişilerin çoğu bir türlü aradıkları o huzuru bulamıyorlar. Çünkü programlanan bilinçaltı tarafından yaratılmış duvar arada duruyor. O duvar orada durduğu sürece ruhunuzla buluşmanız ve bedenle ruhu tekrar bir bütün haline getirmeniz mümkün olmuyor.

Sadece ruhu bulmaya yönelik çalışmalar bu duvarla engelleniyor.

Doğrudan bu duvar üzerinde çalışmadan, duvarı ortadan kaldırmadan ruhu hissetmek ve onunla tam bir bütünlük sağlamak mümkün olmuyor. Hedefimiz bedenle ruhu tekrar aynı uyumun içine sokmak, madde ile enerjinin dengesini kurmaktır.

Hedef spiritüel yaşamaktır.

Hedef ruhu deneyimleyerek yaşamaktır.

Hedef insan olarak insan gibi yaşamaktır.

Yararlanılan Kaynaklar

1. Alfred Adler. Bireysel Psikoloji. Say Yayınları, 2011.

2. Alfred Adler. İnsanı Tanıma Sanatı. Say Yayınları, 2011.

3. Alfred Adler. Nevroz Sorunları. Say Yayınları, 2011.

4. Aliye Çınar. Değerler Felsefesi ve Psikolojisi. 2013.

5. Bruce D. Perry, Maia Szalavitz. Born for Love: Why Empathy Is Essential--and Endangered. William Morrow, 2011.

6. Bruce D. Perry, Maia Szalavitz. The Boy Who Was Raised as a Dog: And Other Stories from a Child Psychiatrist's Notebook--What Traumatized Children Can Teach Us About Loss, Love, and Healing. Basic Books, 2007.

7. Bruce Lipton. The Biology Of Belief: Unleashing The Power Of Consciousness, Matter And Miracles. Elite Books. Santa Rosa CA 2007.

8. Bülent Uran, Nilgün Çalık. EFT ile İyileşin, İyileştirin. 5. Baskı. Gün Yayıncılık. 2014.

9. Bülent Uran. Geçmişin Hipnozunu Bozmak. Gelişim Yolculuğu Yayınları, 4. Baskı, 2013.

10. Bülent Uran. Hipnoz ve Beyin. Pusula Yayıncılık. 2014.

11. Bülent Uran. Hipnozun Kitabı. Gelişim Yolculuğu Yayınları,2. Baskı, 2013.

12. Calvin D. Banyan. The Secret Language of Feelings. Abbot Publishing House Minnesota USA, 2003.

13. Cemal Dindar. Bi'at ve Öfke; Recep Tayyip Erdoğan'ın Psikobiyografisi. Cadde Yayınları. 2014.

14. D. F. Swaab. We Are Our Brains: A Neurobiography of the Brain, from the Womb to Alzheimer's. Spiegel & Grau; 1 edition. 2014.

15. David Eagleman Incognito; Beynin Gizli Hayatı. Domingo Yayıncılık, 2013.

16. Dawson Church. The Genie in Your Genes. Energy Psychology Press, 2009.

17. Debbie Ford. The Secret of the Shadow: The Power of Owning Your Whole Story. Harper Collins, 2002.

18. Deepak Chopra. Quantum Healing: Exploring the Frontiers of Mind/Body Medicine, Bantam, 1990.

19. E. A. Bennet. Jung Aslında Ne Dedi?. Say Yayınları, 2011.

20. Eckhart Holle. Var Olmanın Gücü. Koridor Yayıncılık, 2005.

21. Engin Geçtan. İnsan Olmak. Metis Yayınları, 2014.

22. Erdal Atabek. Kışkırtılmış Erkeklik Bastırılmış Kadınlık. Cumhuriyet Kitapları, 2012.

23. Frans de Waal. İçimizdeki Maymun. Metis Yayınları, 2014.

24. Hande Akın. Kadın Olmak. Aya Yayınevi, 2014

25. Jared Diamond. Tüfek, Mikrop ve Çelik. Tübitak Yayınları/ Popüler Bilim Kitapları, 2013.

26. Joanna Moncrieff. İlaçla Tedavi Efsanesi; Psikiyatrik İlaç Kullanımına Eleştirel Bir Bakış. Metis Yayınları, 2010.

27. John Bradshaw. Bradshaw On: The Family: A New Way of Creating Solid Self-Esteem. HCI, 1990.

28. John Bradshaw. Healing the Shame that Binds You. HCI, 2005.

29. John Bradshaw. Homecoming: Reclaiming and Championing Your Inner Child. Bantam, 1992.

30. John Gribbin. Schrödinger'in Kedisinin Peşinde & Kuantum Fiziği ve Gerçeklik. Metis Yayınları, 2010.

31. John Sarno. Healing Back Pain: The Mind-Body Connection. Grand Central Life & Style, 2010.

32. Julian Jaynes. The Origin of Consciousness in the Breakdown of the Bicameral Mind. Mariner Books, 2000.

33. L. Michael Hall Communication Magic. Crown House Publishing, 2002.

34. L. Michael Hall. The Sourcebook of Magic. Crown House Publishing Ltd . Norwalk USA, 2004.

35. L. Michael Hall. The Structure of Personality (Nlp and Neuro-Semantics Approach). Crown House Publishing, 2001.

36. Lise Eliot. What's Going on in There? : How the Brain and Mind Develop in the First Five Years of Life. Bantam, 2000.

37. Louise Hay. You Can Heal Your Life. Hay House; 2 edition,1984.

38. Michael D. Yapko. Essentials Of Hypnosis. Routledge,1994.

39. Michael Talbot. The Holographic Universe. Harper Perennial, 1992.

40. Nathaniel Branden. The Six Pillars of Self-Esteem. Bantam Books,1995.

41. R. Dawkins. Gen Bencildir. Tubitak Yayınları, 2004.

42. Randal Churchill. Regression Hypnotherapy: Transcripts of Transformation. Transforming Press, 2002.

43. Ray Moynihan, Alan Cassels. Satılık Hastalıklar Hayy Kitap. 2014.

44. Robert D. Enright. Forgiveness Is a Choice: A Step-By-Step Process for Resolving Anger and Restoring Hope. American Psychological Association (APA), 2001.

45. Robin Kelly. The Human Antenna: Reading the Language of the Universe in the Songs of Our Cells. Energy Psychology Press. Second Edition, 2010.

46. Rupert Sheldrake. The Sense of Being Stared at; and other Unexplained Powers of Human Mind. Park Street Press; 3rd Edition, 2013.

47. Scott O. Lilienfeld, Steven Jay Lynn, Jeffrey M. Lohr. Science and Pseudoscience in Clinical Psychology. The Guilford Press, 2004.

48. Stanislav Grof, Hal Zina Bennett. The Holotropic Mind: The Three Levels of Human Consciousness and How They Shape Our Lives. HarperOne, 1993.

49. Stephen Parkhill Answer Cancer. Online Yayın

50. Sultan Tatlıcı. Kuantum Beyin; Bilinç- Beyin Sorununa Yeni Bilimsel Yaklaşım. Kişisel Yayın, 2009.

51. Taşkın Su, Eren Demir. 1111 Maddede RTE Sözlüğü & Bir Başbakan'ın Türk Siyasetine Damga Vuran Sözleri. Akis Kitap, 2011.

52. Thomas Verny, John Kelly. Doğmamış Çocuğun Gizli Yaşamı. Kuraldışı Yayınları, 2014.

53. Virginia Satir. Conjoint Family Therapy. Science and Behavior Books, 1983.

54. William A. Tiller, Walter Dibble. J. Gregory Fa 56, 69, 314, 342

55. Wyne Dyer. Change Your Thoughts - Change Your Life: Living the Wisdom of the Tao. Hay House, 2009.

Dizin

7-PATH otohipnoz, 30, 386

Adler, 64

Altruistik, 40

Anal dönem, 204

aşağılık kompleksi, 64

ayna nöronlar, 108

Ayna nöronlar, 111, 138

aynalama, 130

Bağımlılık, 136

Behçet Sendromu, 54

beş faktörü teorisi, 208

Bilinç, 179

Bilişsel psikoloji, 203

Bipolar bozukluk, 306

Bruce D. Perry, 169

Bruce Lee, 252

Bruce Perry, 170

çan eğrisi, 145

çarpıtma, 169

çifte bağımlılık, 184

Davranışçılık, 203

Dawson Church, 106

Debbie Ford, 232

Değersizlik duygusu, 29

Değersizlik paradoksu, 325

Depresyon, 304

dil sürçmeleri, 156

Duyarlılaşma, 135

Eckhart Tolle, 232

EFT, 37, 241, 386, 387, 388, 389, 390, 391, 395, 396

Ego, 205

Egoizm, 231

Einstein, 39

Elliot Sober, 39

enerji bedeni, 75

Engin Gençtan, 64

Erik Erikson, 205

Erken boşalma, 314

Extra sensory perception, 90

Fallik dönem, 204

false memory, 71

fiksasyon, 203

fobi, 269

Fobi, 71, 105, 210, 215, 314

Freud, 37, 156, 177, 178, 203, 204, 205, 207, 226, 231

G.C. Williams, 40

Geçmişin Hipnozunu Bozmak, 27, 75

gelişim normları, 145

genelleştirme, 169

Henry Murray, 208

Hickam, 41

Hipnoterapi, 28

hipnotik zihin modeli, 55

hipnoz, 25, 27, 124, 196, 386

hipnozda yaşamak, 62

Hipnozun Kitabı, 55

hislerin hipnozu, 61

holodek, 76

holografi, 106, 139

Hulusi Behçet., 54

humanistik psikoloji, 206

İd, 205

iktidarsızlık, 313, 314

İmajinasyon, 386

John Bradshaw, 369

Jung, 278, 279, 283, 326

Kaotik etki, 107

kara madde, 92

Karanlık madde, 52

Karen Horney, 204, 208

Karl Popper, 39

karma, 138

Kızgınlık, 59

Kohlberg, 206

Kompleks eşitlik, 148

kritikal faktör, 62, 91, 160

kromozom, 138, 157

Louise Hay, 351

Maslow, 207

Matriks, 139

meditasyon, 353

Mendel, 137

Mesmer, 195, 196

Metafor, 148

Micheal Talbot, 106

Milton Erickson, 228

mültipl skleroz, 303

Myastenia gravis, 295

Neden sonuç ilişkisi, 148

Nevrotik semptomlar, 64, 65

NLP, 20, 37, 153, 356

Nominalizasyon, 148

Occam'ın Usturası, 38

Oral dönem, 204

orgazm, 311, 313

Ödipus kompleksi, 204

Paralojik, 199

Piaget, 203

plasebo etkisi, 196

psikoseksüel gelişme, 203

Recep Tayyip Erdoğan, 225

Regresyon, 28, 92, 127, 398

Revivifikasyon, 103

rezonans, 279, 283

Richard Swinburne, 39

Rizzolatti, Giacomo, 111

Rupert Sheldrake, 89

semptomatik, 298

sendrom, 54, 55

Seymuor Levine, 135

sinaptik bağlantı, 136

Somutluk, 146

Sosyal fobi, 270

Soyutlama, 146

standart sapma, 145

Stephen Parkhill, 28, 70, 76, 93, 374, 407

string teorisi, 40

Substans, 53

Superego, 205

takıntı, 306

Telkin, 167

Tolerans, 135

Trans durumu, 197

Utanç duygusu, 124

Virginia Satir, 106

Zihin, 179